KB003438

100대 기업 ESG 담당자가
가장 자주 하는 질문

100대 기업 ESG 담당자가 가장 자주 하는 질문

김태한 · 정현상 지음

SAY KOREA

추천사

중요하지만 어렵고 모호한 주제를 읽기 쉽고 이해하기 쉽게 설명한 책을 발견하면 저자에 대한 고마움과 지식의 효용에 대한 믿음이 폭발한다. 이 시대 기업의 화두 중 하나인 ESG에 대해 이렇게 명쾌하고 설득력 있는 책을 발견한 기억이 없다. 기업이 시대의 문제 해결에 동참하며 성장할 수 있는 실용적인 방법을 명료하게 보여주고 있다.

– 장재연, 재단법인 숲과나눔 이사장, (전)환경운동연합 공동대표

이 책은 시중에 나와 있는 여러 ESG 관련 서적이 관련 배경과 이론적 측면에 치우친 것과는 달리 기업, 금융기관 등의 현업에서 실제 맞부딪치는 ESG 관련 의문과 이슈에 풍부한 설명을 제공하고 있다는 점에서 차별화되어 있다. 특히 중소기업의 ESG 전략, 중대재해 처벌 등에 관한 법률, 미디어 산업의 CSR 등의 내용을 ESG 맥락에서 설명하고 ESG 전문가가 되는 길을 제시하고 있어 현업 실무자와 ESG에 관심 있는 학생, 일반인 모두에게 유용한 서적으로 생각된다.

– 조명현, 고려대학교 경영대학 교수, (전)한국ESG기준원 원장

ESG에 대한 논쟁이 뜨겁다. 환경과 사회 문제를 해결하면서 동시에 돈도 벌 수 있는 '새로운 경제 패러다임'으로 주목받은 것이 사실이지만, 이제는 이론을 넘어 현실에서 제대로 연착륙하기 위한 시간을 지나고 있다. 이 책은 입문자부터 초심자에 이르는 기업 ESG 담당자가 실무와 전략을 익혀 숙련가, 전문가로 나아가는 길을 차근히 보여준다. 책이 보여주는 길을 따라서 나아간다면 성과와 사회 문제 해결이라는 두 마리 토끼를 모두 잡을 수 있을 것이다.

– 이형희, SK SUPEX추구협의회 SV위원회 위원장, 서울상공회의소 부회장

최근 ESG 열풍이 불고 있다. 매일같이 ESG 전문 서적이 출간되고 있다. 그러나 한국에서 2005년부터 ESG 문제를 고민해온 입장에서 보면 대부분의 서적들이 핵심을 놓치고 있다는 느낌을 항상 가지고 있었다. ESG는 만병통치약도 아니고, 모른 체 피해갈 수 있는 위험도 아니다. ESG의 기회와 위험을 동시에 보는 균형 잡힌 안내서가 절실히 필요한 시기이다. 이번 이 분야에 젊음을 불태우고 있는 김태한 씨와

정현상 씨 두 분의 연구자가 심혈을 기울인 이 책은 이런 시대적 요구에 대한 아주 적절한 대응이라고 생각한다. ESG에 관심 있는 모든 분들에게 시의적절한 지침이 될 것으로 확신한다.

– 양춘승, 한국사회책임투자포럼 상임이사, CDP한국위원회 상임부위원장

손에 잡히는 ESG 백과사전! 이 책 초안을 보면서 처음 든 생각이다. 그동안 ESG, 탄소중립과 관련된 컨설팅, 평가, 연구, 비즈니스, 투자를 하면서 여기 저기서 들었던 질문들이 많은데 그것들을 모두 모아 그 답변까지 담백하게 핵심을 우려냈다. 시간 날 때마다 들여다보고 싶은 책이다. ESG 확산 일변도의 추세는 실물경제와 자본주의의 변화, 정책과 제도화를 통해 계속 이어지고 있다. 이 트렌드에 대한 기업전략의 핵심은 비즈니스 포트폴리오에 ESG를 녹여낼 수 있느냐에 달려 있다. ESG를 보다 더 자세히 알고 싶은 분들께 이 책을 추천한다.

– 임대웅, BNZ 파트너스 대표, 유엔환경계획 금융이니셔티브 한국대표

ESG를 설명하는 자료는 많지만, ESG를 어떻게 실행할지 알려주는 자료는 드물다. 이 책은 ESG 이슈에 대한 깊은 통찰과 쉬운 해설로 ESG 실행을 안내한다. 인사이트가 필요한 CEO나 임원뿐 아니라 하루하루 ESG를 실무에서 담당하는 분들께도 이 안내서를 권한다.

– 김동수, 김앤장법률사무소 ESG경영연구소장

머리글

자본의 새 흐름 ESG

• 세계의 항로

이 세계가 나아갈 항로는 정해졌다. 바로 '지속가능성'으로 가는 항로다. 기업이라는 수많은 비행기가 엄청난 속도로 그 길을 따라 나아가고 있다. 이미 이륙해 멀찌감치 날아가는 기업이 있는가 하면, 아직 출발조차 하지 못한 기업도 많다. 이 비행에서 우리는 승객(이해관계자)을 안전하게 데려가는 비행사(CEO)와 승무원(임직원)이 될 것인가, 혹은 비행기를 아예 띄우지도 못하는 사람이 될 것인가. 그것은 오로지 본인의 판단과 역량에 달렸다.

• ESG의 한계와 미래

ESG Environmental, Social & Governance 열풍이 식고 있다는 언론 보도가 나왔다. ESG의 위기라는 말도 들린다. 테슬라 CEO 일론 머스크 Elon Musk는 ESG를 '사기'라고까지 말했다. 전 세계적인 인플레이션과 저성장, 전쟁과 코로나 팬데믹, 에너지 위기와 보호무역주의가 ESG에도 먹구름을 드리웠다. 기업들이 눈앞의 생존경쟁에 내몰리며 ESG라는 지속가능성의 영역이 축소될 것이라는 우려가 있는 게 사실이다.

ESG에 대한 회의는 ESG를 과장해 돈을 벌려던 그린워싱Greenwashing, 위장 환경주의 사례들이 등장하면서 더욱 눈에 띄게 나타났다. 그러면서 ESG의 한계가 제대로 드러났다. 내로라하는 한 국내기업의 사장은 ESG 경영이 기업의 운명을 좌우한다며 직원들을 독려했지만 바로 그 기업이 그린워싱 논란에 휩싸이기도 했다.

2022년 4월 21일 〔블룸버그〕 보도에 따르면 행동주의 투자자인 칼 아이컨은 “미국 월가에서 펼쳐지는 ESG 활동은 우리 시대의 가장 큰 위선이 될 수 있다”고 일갈했다. 기업들이 실제 사회에 끼치는 임팩트에 관해서는 관심이 없고, 이익을 얻는 투자 전략으로서만 ESG를 받아들이고 있는 것에 대한 경고였다. 아이컨은 맥도날드의 주주들에게 보내는 서한에서 “명백하게도 월스트리트 증시에서 현재 상태의 ESG는 변화가 필요하다”고 말했다.

ESG 열풍을 주도했고 10조 달러를 굴리는 세계 최대 자산운용사 블랙록이 우크라이나 전쟁 이후 전 세계 에너지난이 심해지면서 ESG에 대한 태도를 바꾸어 눈길을 끌었다. 2022년 5월 11일 영국 〔파이낸셜타임스〕에 따르면 블랙록은 “과도한 기후변화 대책은 우리 고객사들의 이익에 일치하지 않는다”며 자사가 투자한 주요 기업들의 기후변화 대책에 반대표를 던지겠다고 선언했다. 놀라운 변화가 아닐 수 없다. 불과 2년 전인 2020년 초 래리 핑크Lawrence Douglas Fink 블랙록 회장은 투자기업의 CEO들에게 보낸 연례 서한에서 기후변화 정책을 도입하도록 요구했고, 거대 석유기업 엑손모빌이 기후변화 대응에 미흡하다며 이 회사 이사 3명을 교체하는 데 표를 던지지 않았던가.

블랙록은 보도 이후에 기본 태도가 바뀐 것은 아니라며 기업들에 더 투명한 ESG 정보공개를 요구하고, 전환정책이 없는 기업에는 그런 정책을 만들도록 압력을 가하겠다고 밝혔다. 이 말은 블랙록이 우크라이나 전쟁과 인플레이션, 에너지 가격 상승 같은 외부 요인들 앞에 다소 주춤거린 것은 사실이지만 ESG 경영의 큰 흐름을 거스를 수는 없다는 뜻이다. 외부 요인이 잠잠해지면 블랙록은 다시 ESG 투자에 집중할 수밖에 없다. 그것이 바로 돈을 버는 길이고, 지속가능한 항로이기 때문이다. 세계 경제를 이끌어가는 힘을 제대로 봐야 한다. 먹구름 뒤에서 ESG는 더욱 찬연히 빛나고 있다. 공시 의무화 등 제도화가 진척되면서 거품이 빠지고 더욱 단단한 ESG 구조가 만들어지고 있다.

● ESG 2.0은 제도화 과정

ESG의 제도화 움직임이 빨라지고 있으므로 준비를 서둘러야 한다는 목소리가 높다. 물론 자발성에 기반한 ESG를 규제의 틀에 가둘 수 있다는 우려의 목소리도 함께 나온다. 그러나 기후 리스크에 대한 금융감독 강화, ESG 정보공시 의무화 등 최근 논의되고 있는 ESG 규제는 기업 활동을 위축시키는 새로운 규제를 만드는 것이 아니다. 기존의 시장 규칙에 ESG를 편입하는 과정이다.

ESG는 이제 시장의 주류가 됐다. 시장의 규칙도 걸맞게 변해야 한다. 기업은 규칙에 따라 공정하게 경쟁하고, 소비자와 투자자는 정확한 정보를 바탕으로 자신의 의지에 따라 상품과 투자기업을 선택하면 된다. 이것이 우리가 가진 자유시장경제 시스템이다.

하지만 아직 우리의 시스템은 ESG라는 새로운 흐름을 제대로 담아내지 못하고 있다. ESG로 위장한 상품이 소비자의 선택을 받는가 하면, ESG를 위해 큰 비용과 노력을 투입한 기업이 투자자에게 제대로 평가받지 못하기도 한다. 기업의 노력과 성과가 시장에서 제대로 보상받지 못한다면 결국 시장은 무너지게 된다.

ESG 2.0은 기업의 ESG 성과를 시장의 보상체계와 연결하는 과정이다. 금융기관은 금융 리스크관리 체계 및 투자 결정 과정에 ESG 요소를 어떻게 반영하고 공시해야 하는지, 소비자는 어떻게 상품 및 서비스의 ESG 정보를 확인해야 하는지, 기업은 전사적 ESG 경영성과와 상품의 ESG 정보를 어떻게 공시해야 하는지 등을 다룬다. 그리고 이 새로운 게임의 규칙에 ESG의 핵심인 장기주의와 이해관계자를 어떻게 반영할지는 우리 모두가 함께 고민해야 하는 과제다.

● ESG는 최신 돈벌이 수단

ESG의 원래 개념인 지속가능성Sustainability은 돈보다 사회·환경의 지속가능한 발전, 사람과 지구를 염두에 둔 말이다. 유엔이 사회책임투자SRI, Socially Responsible Investment를 장려하는 방법으로 비재무적 영역인 ESG의 영향을 강조하기 시작했고, 2~3년 전 금융권이 세계적인 ESG 열풍을 추동했다. 금융권이 안전한 투자를 위한 방법으로 ESG를 강조하자 기업들이 이를 수용하면서 대세가 됐다. 이제 ESG는 바뀐 사회적·환경적 흐름을 반영한 최신 '돈벌이' 수단이 됐다. 이익 추구가 본성인 기업이 ESG 시대가 됐다고 지속가능한 발전이라는 큰 그림만 바라보겠는가. 당장 눈앞의 이익을 포기할 리 만무하다. 그럼에도 덩샤오핑이 취한 흑묘백묘론의 시각에서 보면 ESG는 우리가 직면한 환경과 사회 문제라는 '쥐'를 잡아줄 뛰어난 '고양이'다.

ESG를 통해 돈을 벌려면 그 작동원리를 제대로 알고 제대로 준비해야 한다. ESG에 대한 피상적 논의, 핵심이 빠진 정보, 그린워싱 등을 경계해야 한다. 아마추어가 아니라 스페셜리스트가 되어야 한다.

● ESG는 재무성과와 연결된다

요아니스 요아누Ioannis Ioannou 런던 비즈니스 스쿨 교수는 자신의 홈페이지ioannou.us에서 다음과 같이 주장했다.

"최근 연구에서 지속가능성(ESG)과 기업의 재무성과 간에 매우 긍정적인 인과관계가 분명히 있다는 것이 밝혀졌다. 다른 말로 하면, 기업 전략에 환경, 사회 이슈를 실제적으로 통합하면 장기적으로건 단기적으로건 재무성과를 높이는 데 도움이 된다는 것이다."

그는 바이팅 청Beiting Cheng, 조지 세라파임George Serafeim 등과 같이 쓴 논문 「기업의 사회적 책임과 금융 접근성Corporate Social Responsibility and Access to Finance」을 통해 기업의 사회적 책임CSR 성과에서 더 나은 이해관계자 참여와 투명성이 자금의 제약을 줄이는 데 중요하다는 증거를 공개했다. 또 CSR과 금융 서비스 이용의 관계는 CSR의 사회적, 환경적 측면이 좌우한다는 것도 확인했다.

● ESG 전략 세우기의 핵심

ESG 전략 세우기를 요리에 비유하는 이들이 있다. 그런 인식은 ESG에 대해 자발적이고 행복한 접근을 가능하게 한다. 우리는 요리할 때

재료의 속성과 영양분을 파악한 뒤 적당한 절차에 따라 재료를 다듬고 섞고 조리하여 맛을 극대화한다. 일단 한번 만들어보면 이내 복기가 가능해진다. 스스로 만들 수 있게 되면 요리가 더는 고난이 아닌 행복의 과정이 된다. ESG 전략도 비슷하다. 일단 큰 틀에서 이해하고 전략을 세워서 한번 실천해보면 두려움이 사라진다. 위기가 닥쳐도 얼마든지 대처할 수 있다. 배가 고플 때 조금만 참고 음식을 만들면 금세 큰 기쁨을 만끽할 수 있지 않은가. 우리를 믿고 따라와 주길 바란다. 기업의 배고픔도 없애고, 사회에 선한 영향력을 행사하는 기쁨에 몸을 떨게 될 것이다.

질박하게 비유한다면, ESG 전략 세우기는 건강검진 과정과 비슷하다. 우리 몸의 현 상태를 점검하기 위해 몸무게, 혈당, 소화기관의 상태를 확인하듯 기업을 둘러싼 여러 경영 요소를 하나씩 점검해야 한다. 매출이나 순익과 같은 재무 상태는 기본이고, 눈에 잘 보이지 않는 기후위험과 평판, 이사회의 의사결정 과정 같은 비재무적 요소들도 들여다보아야 한다. 전략은 진단의 결과다. 당뇨, 고혈압, 고지혈증 같은 성인병투성이로는 건강한 삶을 영위할 수 없다. 암이 있다면 비용이 많이 들어도 근본 치료를 해야 한다. 회사의 ESG 요소가 어떤 상태인지 진단하고 비전을 제시하는 것. 그것이 바로 ESG 전략 세우기의 핵심이다.

• ESG의 창의적 모호함

예술에서는 모호함이 창의성의 근원이다. 박찬욱 감독의 영화 〈헤어질 결심〉에서도 안개가 주요 모티프로 등장해 말할 수 없는 아름다

움과 창의적 복선을 만든다. 경계가 흐릿한 지점이 꼭 나쁘기만 한 것은 아니다.

비즈니스 세계에서는 이제까지 경계가 대부분 선명했다. 내 것과 남의 것이 분명했다. 내가 차지하지 못하면 그건 다른 사람의 이익이 됐다. 하지만 불분명한 경계가 ESG에는 있다.

오랫동안 기업 운영의 결과가 사회와 환경에 미치는 긍정적 혹은 부정적 영향(임팩트)이 분명하게 측정되지 못했다. 공익적 요소를 과연 내 것과 남의 것으로 구분하는 게 가능한가. 지속가능성 요소를 과연 명확하게 가려낼 수 있는가. ESG 실행 과정에서는 여전히 막연함과 모호함이 따라붙는다. 이 책은 그 어려움을 쉽게 풀어내는 데 집중하고자 했다.

● 에코필리아

도시에서 태어난 사람도 자연을 사랑하는 본성이 마음속에 있다. 에드워드 윌슨Edward Osborne Wilson은 『창의성의 기원The Origins of Creativity』이라는 책에서 미국 워싱턴대 고든 하월 오라이언스Gordon Howell Orians의 주거지 선호도에 대한 연구를 소개했다. 사람들은 작은 나무들과 관목 숲이 넓게 펼쳐진 사바나와 울창한 숲이 내려다보이는 높은 곳을 가장 원했고, 다음으로 호수나 강 등 물이 가까이 있는 곳을 택했다고 한다. 이것은 선행 인류의 조상이 기원한 아프리카의 환경과 비슷하다. 높은 곳에서 인간은 풀을 뜯는 동물이나 다가오는 적을 한눈에 내려다볼 수 있었을 것이다. 사바나 평원이 내려다보이는 언덕을 누가 싫어할 수 있겠는가.

기후 위기로 인류의 미래가 걱정되는 지금, 인류는 자연과의 공존과 친밀함을 의미하는 에코필리아Ecophilia가 마음속에서 더욱 강한 힘으로 작동할 수 있도록 자극해야 한다. 유엔의 기후변화에 관한 정부간 협의체IPCC, Intergovernmental Panel on Climate Change가 펴낸 6차 보고서는 현재 수준대로 지구 온난화가 지속되면 사람이 살 수 없는 지구가 될 수 있다고 경고하고 있다. 파국을 막으려면 전 세계 이산화탄소 배출량을 2030년까지 2010년 대비 45%로 줄이고, 2050년까지 탄소중립을 이루어야 한다. 전 세계 기업의 ESG 경영은 이 목표와 연동해서 작동하는 듯하지만, 실제는 그에 미치지 못하고 있다. 2022년 4월 IPCC 최근 보고서에 따르면 현재의 기후변화 정책으로는 지구 온난화를 1.5℃ 이내로 제한하기 어렵다는 확정적 전망이 나왔다. 1.5℃가 넘어가면 되돌릴 수 없는 파국이 우리를 기다리게 된다.

- **ESG는 기업의 공감 능력**

기업은 여러 사회적, 환경적 문제를 야기하지만 다른 한편으로는 우리 사회를 떠받치는 거대한 축이다. 심지어 어떤 기업은 웬만한 국가 단위보다 더 큰 경제주체다. 지구상에서 가장 큰 경제주체는 단연 미국이다. 2020년 기준으로 미국의 국내총생산GDP은 25조 달러였고, 2위인 중국은 19조 달러였다. 20위권인 스위스 GDP는 8419억 달러였다. 그런데 포브스가 매출, 순익, 자산, 시장가치를 종합해서 정하는 세계 기업순위에서 1위를 차지한 버크셔 해서웨이의 자산은 스위스 GDP보다 큰 9588억 달러였다. 종합 순위에서 7위를 차지한 애플의 시장가치는 2조 6403억 달러에 달했다.

이런 큰 힘을 가진 기업들이 나서면 인류가 맞닥뜨린 심각한 문제들을 해결하는 데 큰 도움이 될 것이다. 코피 아난 전 유엔 사무총장도 인류가 가난을 퇴치하려면 기업이 나서야 한다고 강조했다. 그의 재임 시절에 유엔 밀레니엄개발목표UN MDGs, United Nations Millennium Development Goals, 유엔글로벌콤팩트UNGC, United Nations Global Compact, 유엔책임투자원칙UN PRI, United Nations Principles for Responsible Investment이 만들어졌고, 여기에 기업의 동참이 이어졌다. UNGC 'Who Cares Wins 이니셔티브'에서 'ESG' 용어가 사용됐고, PRI에서 이 용어를 공식적으로 채택했다. 이처럼 ESG 정신의 뿌리에는 기업의 힘으로 인류의 문제를 해결하자는 정신이 담겨 있다.

기업이 인류와 지구를 궁극적으로 껴안는 일체감, 포용적 책임의식은 어떻게 나올까. 록펠러 형제재단 전 의장인 스티븐 록펠러Steven Clark Rockefeller 교수는 2004년 8월 필리핀대 강연에서 '영성' 개발이 답이라고 강조했다.

> "공정하고, 지속가능하며 평화로운 세상을 만드는 것은 인간의 영적 운명이라고 주장하는 이들이 있다. 이런 이상을 실현하기 위해 우리의 윤리적, 영적 의식의 진화 과정에서 더 많은 발전이 일어나야 한다고 믿는다. 이러한 영적 도전을 가슴으로 받아들이지 않고는 인류가 맞닥뜨린 거대한 문제들에 대한 항구적 해결책을 찾기 어렵다."

기업은 자신이 속한 사회로부터 '운영권Licence to operate'을 부여받는다. 어디에서도 기업 혼자만 존재할 수는 없다. ESG 경영을 실행하는 것은 사회에 긍정적 영향을 미치는 일이므로 사회의 공감을 받으면서 운영 권리를 부여받을 수 있다. ESG 경영만 잘해도 지구의 미래에 희망이 있다.

• ESG 스페셜리스트들을 위해

ESG로 가는 이 비행에 동행하려는 기업인, 투자자, 정책 입안자와 집행자, 기업의 광범위한 이해관계자, 청년 세대 모두에게 꼭 필요한 내용을 이 책에 담으려 했다. ESG 경영의 핵심 조건을 이해하는 것이 먼저이므로 1부에 관련 내용을 배치했다. ESG의 근간이랄 수 있는 기후변화와 탄소중립 관련 내용을 2부에, 기업에 실질적인 도움이 될 수 있는 공시와 평가를 3부에 담았다. ESG의 배경을 이해할 수 있는 내용들을 4부에, 입문자를 위한 일종의 가이던스를 5부에 실었다. 100대 기업을 포함해 한국 경제를 지탱하고 있는 여러 기업의 ESG 현장에서 땀 흘리고 있는 실무자들의 질문을 받으며 고민한 내용들이다. 여느 책보다 자세하고 쉽게 서술하려고 노력했다. ESG 스페셜리스트가 되어 새로운 세계의 기회에 동참하기를 바란다.

• 리즈 시절

우리 저자 두 사람은 2009년 영국 북부의 아름다운 도시 리즈Leeds의 대학원에서 지속가능성을 공부하면서 만났다. 요즘 전성기를 말할 때 곧잘 '리즈 시절'이라고 말하는데, 바로 그 말이 지칭하는 리즈라는 도시다. 이곳은 방직 산업이 발달하여 산업혁명의 발상지 중 하나였는데, 흥미롭게도 지금은 지속가능성 학문이 깊이 뿌리내린 도시가 됐다. 13년 전만 해도 한국에서 지속가능성은 신학문이었다. 영국에서도 리즈대University of Leeds처럼 지속가능성을 대학원 코스 이름으로 붙인 곳은 거의 없었다. 그런 대학에서 새로운 학문을 배운다는 흥분이 마음속에 자리 잡고 있었다.

부족한 실력이지만 세상을 이롭게 하는 데 쓰일 수 있다는 생각에서 즐겁게 글을 썼다. 이 책이 여러분의 '리즈 시절'을 만드는 데 도움이 되길 바란다.

2022년 가을

김태한, 정현상

차례

4부 흐름을 읽는 눈: ESG의 현재와 미래

1부

기업이 이익을 내는 새로운 공식

1장

ESG 경영 시작에 앞서 알아야 할 것들

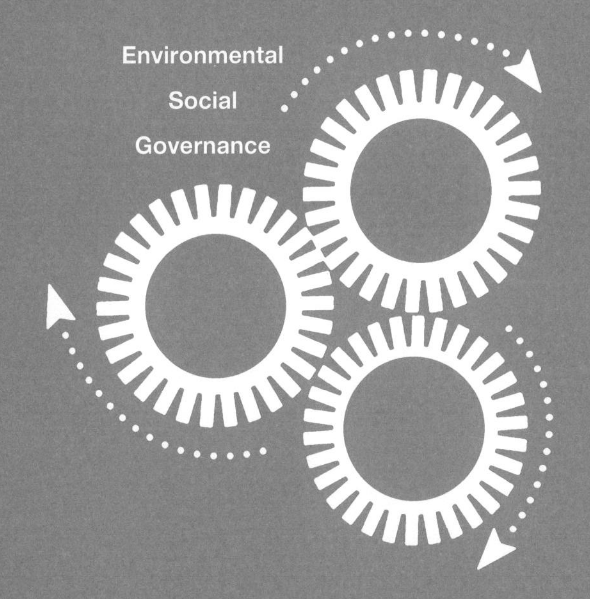

Contents

1

ESG는 과연 착한 경영인가

착한 경영, 착한 투자, 착한 소비. 인터넷에서 ESG를 검색하면 항상 따라붙는 단어들이다. 정말 ESG 시대에는 착하면 성공할 수 있을까?

아직도 '착함'에는 '손해 본다', '성공하기 힘들다' 등의 부정적 표현이 많이 따라붙는다. 드러내고 말하지는 않아도 '착함과 경제적 성공이 함께하기 어렵다는 것'에 공감하는 사람도 적지 않을 것이다. 하지만 ESG에 대한 폭발적 관심의 근간에는 '이제 착해도 돈을 벌 수 있는 시대가 되었다'는 인식이 있다. 맞는 말이다. 시대가 바뀌었고, ESG는 착한 경영이다. 하지만 이를 제대로 이해하려면 그보다 더 주목해야 할 것이 있다. 바로 돈의 흐름이다.

ESG는, 어쨌든 '돈' 이야기다

ESG는 환경E, 사회S, 지배구조G의 머리글자를 따서 만들어진 단어다. 유엔환경계획 금융 이니셔티브UNEP FI, United Nations Environmental Programme Finance Initiative에 따르면 ESG는 환경오염, 온실가스, 유전자 변형 농수산물GMO, Genetically Modified Organism, 공급망 인권, 기업 지배구조 개선 등 기업의 지속가능성 및 기업가치와 연관된 비재무적 요소들을 의미한다. 평가기관인 한국ESG기준원KCGS, Korea Institute of Corporate Governance and Sustainability• 에서는 기후변화, 환경 위험 관리, 이해관계자 대응 등을 환경 요소로, 근로자, 공정거래, 지역사회, 사회공헌 등을 사회 요소로, 주주 권리 보호, 이사회 구성 및 운영, 공시 일반 등을 지배구조 요소로 놓고 분야별로 수십 개의 검토 항목을 분류하고 있다.

그러나 ESG는 환경, 사회, 그리고 지배구조 이야기만은 아니다. 그리고 윤리, 도덕 이야기만은 더더욱 아니다. ESG는 '돈' 이야기다.

기관별 다양한 ESG 정의와 키워드

기관	ESG 정의	키워드
유엔 책임투자원칙(UN PRI)	더 나은 리스크관리와 지속가능한 장기 수익을 창출하기 위한 투자 결정 요소.	투자자 의사결정, 지속가능성 창출, 경영 리스크, 중장기 수익
CFA 인스티튜트	투자자들이 기업 활동 측면에서 고려하고 있는 요소들. 이런 ESG 이슈는 원래 비재무적이고, 수치화할 수 없는 것으로 여겨져 왔으며, 중장기에 걸쳐 기업에 영향을 미친다.	투자자 고려 사항, 기업행동, 중장기 기간, 비재무
지속가능한 주식거래 이니셔티브(SSEI)	비즈니스 전략을 실행하고 가치를 창출하는 기업의 능력에 영향을 미칠 수 있는 다양한 ESG 고려 요소들.	환경 사회 지배구조, 사업전략, 가치 창출, 기업 역량 영향력
나스닥(NASDAQ)	장기에 걸쳐 비즈니스 전략을 실행하고 가치를 창출하는 기업의 능력에 영향을 미칠 수 있는 다양한 ESG 고려 요소들.	기업 역량 영향력, 사업전략, 가치 창출, 장기적
런던 주식거래소 그룹	ESG 활동과 관련한 전략이나 프로그램을 말하는 지속가능성, 기업 책임, 혹은 기업의 사회적 책임.	지속가능성, 기업의 사회적 책임, 전략 혹은 활동
토론토 주식거래소	기관의 성과와 그 결과로 인한 가치에 영향을 미칠 수 있는 ESG 3대 요소.	성과 요소, 가치
로베코샘(RobecoSAM)	지속가능성과 함께 기업과 국가가 얼마나 향상될 수 있느냐에 대해 평가하는 요소.	평가 요소, 지속가능성

자료출처: KRX ESG포털

• 한국기업지배구조원이 2022년 9월 22일부터 이름을 '한국ESG기준원'으로 변경했다. 영문명은 'Korea Institute of Corporate Governance and Sustainability'이나 약자는 KCGS로 유지한다.

ESG는 금융권에서 시작된 용어다. 당연히 ESG를 가장 열심히 주창하는 곳도 금융권과 금융자본이다. 골드만삭스, 모건스탠리 등 월스트리트 금융자본들이다. 아이러니다. 월스트리트 금융자본은 2008년 글로벌 금융위기를 촉발한 주범이다. 그리고 그 이후에도 탐욕스러운 활동으로 많은 비판을 받아왔다. 그런데 갑자기 ESG라니? 그들이 어느 날 갑자기 모두 착한 사람이 되었을까? 그들이 ESG에 적극적인 이유는 간단하다. 더 많은 돈을 벌기 위해서다. 투자자는 기업의 착한 행동 자체에는 큰 관심이 없다. 그 행동이 기업의 미래가치에 어떤 영향을 줄지에만 관심이 있다. ESG를 윤리적, 도덕적 관점으로 접근하는 사람들에게는 매우 '불편한 진실'이다. 하지만 ESG를 덩샤오핑의 '흑묘백묘론'과 같은 실리적 관점에서 접근하면 ESG는 오늘날 우리가 직면한 환경과 사회 문제라는 쥐를 잡아줄 뛰어난 '고양이', 즉 '도구'가 될 수 있다.

돈 버는 공식이 어떻게 바뀌었나?

투자자들은 기업의 미래가치에 돈을 건다. 그리고 투자자들은 ESG 경영을 잘하는 기업이 그렇지 않은 기업에 비해 앞으로 성공할 확률이 더 높다고 보고 있다. 투자자들이 그렇게 판단하는 이유는 무엇일까?

기업의 목적은 이익 극대화다. 기업이 이익을 극대화하려면 상품을 많이 팔고 비용을 적게 쓰면 된다.* 최근 투자자들이 ESG에 주목하는

* 이익에 관한 최근의 이슈는 '누구의' 이익을 극대화해야 하느냐에 대한 논쟁이다. 주주의 이익을 극대화해야 한다고 주장하는 주주 자본주의에 이어 주주뿐만 아니라 임직원, 지역사회, 협력사, 환경 등 기업을 둘러싼 이해관계자 모두의 이익을 극대화해야 한다는 이해관계자 자본주의가 새롭게 부상하고 있다.

이유는 기업의 목적 자체가 바뀌어서가 아니라 목적을 달성할 수 있는 경영환경, 즉 기업이 돈을 버는 조건이 바뀌었기 때문이다. 몇 가지 간단한 예를 들어보자. 각각의 상황에서 내가 만약 투자자라면 어떤 기업에 투자할까.

예시 1

동일하게 10만 톤의 온실가스를 배출하는 기업 A와 B가 있다. A 기업은 온실가스 감축을 위해 10억 원을 투자해 5만 톤을 줄였고, B 기업은 감축에 투자하지 않았다. 온실가스에 대한 감축 의무 및 거래 가격이 없는 상황 1의 경우 A 기업은 감축에 투자한 10억 원이 모두 손실이 된다. 반면 상황 2와 같이 3만 톤을 의무적으로 감축해야 하고 온실가스 가격이 톤당 5만 원으로 책정된다면, A 기업은 15억 원의 투자수익이, B 기업은 감축 의무 미이행에 따른 15억 원의 비용이 발생한다.

		기업 A	기업 B
온실가스 배출량		10만 톤	10만 톤
온실가스 감축 투자금		10억 원	0원
온실가스 감축량		5만 톤	0톤
상황 1	온실가스 가격	0원	
	감축의무	없음	없음
	투자손익	−10억 원	−
상황 2	온실가스 가격	5만 원/톤	
	감축의무	3만 톤 감축	3만 톤 감축
	투자손익	+15억 원	−15억 원

예시 2

제품의 생산 및 유통 과정에서 노동착취나 인권유린 없이 생산자에게 공정한 보상을 제공하는 형태를 공정무역이라고 하고, 이러한 제품에 공정무역 라벨을 부착한다. 기업 A와 B는 커피 생산기업으로 두 기업의 매출액 및 영업이익은 동일하다고 가정해보자. A 기업은 공정무역 인증을 위해 1억 원의 추가 비용을 지출했지만, B 기업은 공정무역 인증을 진행하지 않았다. 공정무역 인증 여부가 매출에 영향을 미치지 않는 상황 1의 경우는 A 기업의 영업이익이 1억 원 줄어든다. 한편 공정무역 인증 여부가 A, B 두 기업의 매출에 모두 영향을 미치는 상황 2의 경우라면 A 기업 영업이익이 증가하고 B 기업 영업이익은 감소한다.

당신이 투자자라면 각각의 상황에서 어떤 선택을 할 것인가. 상황 2에서는 누구나 쉽게 A 기업에 대한 투자를 선택할 것이다. 옳은 일을 한 기업이 그렇지 않은 B 기업에 비해 재무적 수익도 높기 때문이다. 하지만 상황 1에서는 어떨까? 상황 1에서는 윤리적으로 옳은 일을 한 A 기

		기업 A	기업 B
판매량		100만 개	100만 개
개당 판매가격		1만 원	1만 원
매출액/영업이익		100억 원/10억 원	100억 원/10억 원
공정무역관련 추가비용		1억 원	0원
상황 1	판매량 변화	없음	없음
	매출액/영업이익 변화	없음/-1억원	없음/없음
상황 2	판매량	20만 개 증가	20만 개 감소
	매출액/영업이익 변화	+20억 원/+3억 원	-20억 원/-2억 원

업은 재무적 손해를 보게 된다. 일부 윤리적 개인투자자나 자선단체에 기반한 기금의 경우라면 손해를 감수하고서라도 A 기업에 투자할 수도 있다. 그러나 투자자에게 투자수익은 최우선 가치이므로 투자자 대부분이 B 기업을 선택할 것이다.

과거와 달리 시장은 점차 상황 1에서 상황 2로 변해가고 있다. 금융기관들이 ESG에 주목하는 이유도 이러한 변화를 감지했기 때문이다. 저명한 리스크 전문가 피터 샌드먼Peter Sandman은 리스크를 실제적 위험요인hazard, 발생가능성+심각성과 사회적 분노outrage의 합이라고 분석했다. 이러한 측면에서 보면 기업이 ESG 이슈에 대해 제대로 대응하지 못했을 때의 리스크는 점차 높아지고 있고, 기업의 재무에 미치는 직접적 영향도 커지고 있다고 볼 수 있다.

먼저, 위험요인 측면을 살펴보자. 산업화 이후 세계 경제는 지속해서 성장하고 있다. 미래에도 지속적인 성장이 가능할지에 대한 우려가 있기는 하지만, 일부 예외적인 기간과 지역을 제외하면 지금까지 세계 경제 성장 그래프가 우상향해 왔다는 점은 명백하다. 경제가 성장하면 도시화, 집적화, 고도화 등이 함께 진행되고 사회적 자본이 축적된다. 그 결과 예전에는 사고로 인식되지 않았던 것들이 사고가 되고, 그 피해 규모도 커질 수밖에 없다. 그만큼 기업과 시민의 물리적 거리가 가까워지고 있다. 허허벌판에 세워졌던 공장 주변은 이미 도시로 변한 곳이 많다. 기업이 일으킨 작은 사고가 사회에 미치는 영향이 커질 수밖에 없는 환경이다. 사고에 대한 기업의 책임, 즉 배상이나 보상금액도 증가할 수밖에 없다.

다음은 사회적 분노의 시각에서 보자. 경제가 성장하면 시민의식과 시민의 기대 수준도 함께 올라간다. 2020년대에 사는 우리가 1970년대 한국으로 돌아가 그 시대 삶의 수준에 만족하기란 쉽지 않은 일이다. 예전에는 무심코 지나쳤던 일도 이제는 심각한 문제가 되는 경우를 종종 발견한다. 대표적인 것이 '갑질'에 대한 사회적 반응이다. 대기업 사주 일가의 전횡이나 대기업의 협력사에 대한 갑질은 어제오늘의 문제가 아니다. 오히려 과거에 그 빈도나 정도가 지금보다 더했을 것이다. 하지만 갑질에 대한 사회적 분노의 크기와 지속성은 오늘날이 훨씬 크고 길다고 할 수 있다. 예전 같으면 신문에 한 번 실리고 금방 잊혔을 일도 이제는 소비자의 구매 의사결정에 직접적인 영향을 미치게 됐다. 남양유업과 대한항공의 사주 갑질 사건과 소비자의 불매운동이 대표적 예다. 이는 사안의 본질이 달라진 것이 아니라, 사안을 바라보는 시민의 의식이 달라졌기 때문이다.

달라진 시민의식과 사회적 분노는 소비 과정뿐만 아니라 정책과 정책의 집행에도 영향을 준다. 1989년 발생한 엑손-발데즈호의 알래스카만 원유유출사고와 2010년 영국 최대 석유회사인 BP의 멕시코만 원유유출사고는 ESG와 관련하여 기업의 경영환경 변화를 극명히 보여준다. BP사는 지난 2015년 미국 역사상 최대 금액인 187억 달러의 배상금을 지급하기로 미국 정부와 합의했다. 알래스카만 사고로 엑손모빌이 손해배상금과 징벌적 손해배상금으로 총 10억 달러를 지급한 것과 단순 비교하면 20배 가까이 큰 규모다. 물가상승률을 감안한다고 하더라도 5배 이상이다.

2

사기와 혁신 사이, ESG가 작동하기 위한 조건들

"ESG는 사기다ESG is a scam."

전기 자동차 기업 테슬라의 CEO인 일론 머스크가 트위터에 남긴 글이다. 테슬라가 S&P 500 ESG 지수•에서 제외된 것에 대한 분풀이라고 그의 발언을 평가절하하는 시각도 존재하지만, ESG를 비판하는 목소리는 일론 머스크 한 명에 그치지 않는다. ESG 투자 관련 진정한 내부자라고 할 수 있는 세계 최대 자산운용사 블랙록의 전前 지속가능 투자 담당 최고 투자책임자CIO인 타리크 팬시Tariq Fancy는 〔USA투데이〕 기고문에서 ESG를 "위험한 속임수dangerous placebo"라고 주장했다. 그리고 HSBC의 책임투자 담당자인 스튜어트 커크Stuart Kirk는 공개석상에서 중앙은행과 금융 리더들이 기후변화 위협을 지나치게 과장하고 있다고 발언했다. 그는 이 발언으로 직무가 정지됐다.

ESG는 사기인가, 아니면 환경과 사회 문제를 해결하면서 동시에 돈도 벌 수 있는 '자본주의 혁명'인가?

논리적으로만 보면 ESG는 실제로 재무적 수익과 사회의 지속가능성을 동시에 실현할 방법이다. 하지만 현재 금융기관이나 기업이 운용하는 ESG 투자나 ESG 경영을 제대로 된 ESG라고 부르기에는 부족

• S&P 500 지수(Standard & Poor's 500 index)는 미국의 스탠더드앤드푸어스사가 보통주 500종목을 대상으로 작성해 발표하는 주가지수로 미국에서 가장 많이 활용되는 대표적인 지수다. S&P 500 ESG는 500개 종목 중 ESG 스코어링을 반영하여 종목을 선별한다.

하다. 기존의 활동이나 제도를 그대로 유지한 채 이름만 ESG로 바꾼다고 갑자기 모든 문제가 해결될 리 없다. ESG가 제대로 작동하기 위해서는 여러 가지 복잡한 조건을 모두 만족해야 한다. 우리가 해결해야 할 과제는 ESG 이론이 사기냐 아니냐가 아니다. ESG를 제대로 작동시키기 위한 기반을 어떻게, 그리고 얼마나 빨리 갖출 수 있느냐가 진짜 문제다. 기반이 갖춰지면 기업들은 알아서 ESG에 매진할 수밖에 없게 된다. 그렇게 되려면 다음 세 가지 조건이 필수적이다.

조건 1: ESG 잘하는 기업이 돈도 잘 번다

첫 번째 조건은 ESG 잘하는 기업이 돈을 더 잘 벌어야 한다는 것이다. ESG를 잘하는 기업과 그렇지 않은 기업의 재무적 성과에 차이가 없다면 투자자도 기업도 ESG를 고려할 필요가 없다. 돈은 버는 방법은 언제나 '많이 팔고, 적게 쓰고'다. ESG를 잘하는 기업이 그렇지 않은 기업보다 더 많이, 더 높은 가격에 제품이나 서비스를 판매할 수 있는 환경이 갖춰져야 한다. ESG 제품에 대한 소비자 선호도가 높아져야 할 뿐만 아니라 기업 간 구매 및 정부의 조달에도 ESG 요소가 반영되어야 한다.

ESG 기업의 비용 지출도 그렇지 않은 기업에 비해 낮아져야 한다. 누군가의 활동으로 다른 누군가가 뜻하지 않은 피해나 이익을 얻는 것을 외부효과externality라고 한다. ESG 기업의 상대적 비용이 줄어들기 위해서는 외부효과를 내재화internalization하는 정책이 뒷받침되어야 한다. 대표적인 것이 탄소가격제도다. 이산화탄소는 지구 온난화의 주범으로, 기업이 탄소를 배출하면 사회 전체에 손해를 끼친다. 기업은 탄소배출을 통해 사회에 끼친 부정적 영향만큼의 비용을 지불해야 한다. 높은 수준의 탄소 가격이 매겨져 탄소배출이 많은 기업이 그렇지 않은 기업에 비해 더 큰 비용을 부담하는 환경이 만들어져야 한다.

그린워싱이 등장한 것은 ESG 기업이 돈을 잘 버는 환경이 만들어지고 있기 때문이다. 실제 ESG를 잘하고 있지 않더라도 잘하는 것처럼 보이고자 하는 유혹에 누구나 빠질 수 있다. 누가 진짜 ESG를 잘하는 기업인지 소비자들이 구분할 수 있으려면 기업이나 제품의 ESG 관련 정보가 일반 소비자들도 쉽게 이해할 수 있는 형태로 전달되어야 한다. 제품에 대한 정보를 쉽게 인지할 수 있도록 로고 형태로 만든 것을 라벨링labelling이라고 하는데, ESG 라벨링 제도가 방법이 될 수 있다. ESG를 활용한 기업의 허위, 과대광고 또는 홍보에 대한 제재도 함께 마련되어야 한다.

조건 2: ESG 정보공시와 평가는 선택이 아닌 의무다

두 번째 조건은 투명한 정보공시와 정당한 평가 시스템이 갖추어져야 한다는 것이다. 그래야 금융기관의 돈이 ESG 잘하는 기업으로 흘러갈 수 있다.

금융기관이 ESG를 고려하는 이유는 앞으로 돈을 더 잘 벌 기업을 찾아내기 위해서다. 금융기관은 기업의 비재무정보, 즉 ESG 정보를 재무정보와 함께 활용한다. 하지만 전 세계의 무수히 많은 기업 가운데 자발적으로 ESG 정보를 공개하는 기업은 극소수다. 게다가 불리한 정보는 빠뜨리고, 유리한 정보는 과장하는 경우가 많다. 정보공시의 투명성을 높이기 위해서는 금융기관이 모든 투자 대상 기업의 ESG 정보에 쉽게 접근할 수 있어야 하고, 그 정보의 신뢰성과 비교가능성도 높아야 한다.

ESG 공시 의무화는 조건 2의 첫 단계다. 미국과 유럽은 연차재무보고서를 통한 ESG 정보공시 의무화를 추진하고 있다. 공시 의무화는 ESG 평가기관의 시장 진입장벽을 낮춘다. 실질적으로 투자자가 수백, 수천에 이르는 투자 대상 기업의 ESG 정보를 하나하나 검토하기는 매우 어렵기 때문에 투자기관은 대부분 평가기관이 분석·가공한 기업 ESG 정보를 구매하여 함께 사용한다.

그런데 공시 의무화가 평가 기준의 획일화로 진행되는 것은 바람직하지 않다. 감독기관은 투자자들이 각각의 목적과 투자성향에 맞는 평가상품을 선택할 수 있도록 다양한 ESG 평가상품이 시장에 공급될 수 있는 여건을 조성해야 한다. 동시에 평가의 기본적인 품질과 투명성을 유지하고, 평가과정에서 발생할 수 있는 부정을 방지하는 감독 방안을 마련해야 한다.

조건 3: 투명한 금융 시스템은 개인에 달려 있다

마지막 세 번째 조건은 고객이 맡긴 돈으로 투자하는 금융기관이 수탁자책임 의식으로 ESG를 고려해 투자하고 이를 투명하게 공개하는 시스템이 갖추어져야 한다는 것이다.

금융기관, 그 가운데서도 자산운용사는 두 가지 형태로 돈을 번다.

하나는 자기자본을 투자하여 자산가치 상승에 따른 차익을 실현하는 투자수익이고, 다른 하나는 타인의 자산을 대신 운용하고 얻는 수수료 수익이다. 자산운용사의 전체 영업이익에서 수수료 수익이 차지하는 비중은 매우 높다.

최근 ESG에 대한 사회적 관심이 높아지면서 ESG 펀드에 대한 수요도 함께 높아지고 있다. ESG 펀드는 투자과정에서 기업의 재무정보와 더불어 ESG 정보를 함께 반영해야 하므로 운용 수수료가 다른 펀드에 비해 높다. 이 과정에서 자산운용사가 실제 ESG 요소를 제대로 고려하지 않으면서 ESG 펀드라고 포장하는 그린워싱 또는 ESG 워싱의 유혹에 빠질 수 있다. 따라서 금융소비자가 자신이 맡긴 돈이 원래의 의

ESG(기후금융)의 작동원리

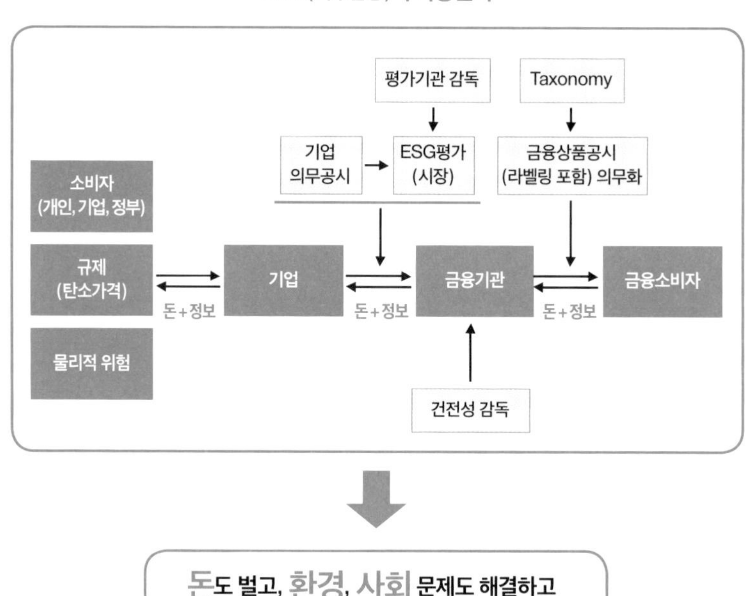

도대로, 또 제대로 투자되고 있는지 투명하게 확인할 수 있는 시스템이 갖춰져야 한다. 그리고 어떤 기업 또는 활동에 투자하는 것이 ESG 금융상품인지 분류할 수 있는 최소한의 기준도 마련되어야 한다.

다시 처음 질문으로 돌아가 보자. ESG는 사기인가? 사기는 아니지만, ESG를 돈벌이만을 위해 '더 예쁜 포장지'로 악용하는 행위를 막기에는 역부족이다. 그러면 모든 제도가 갖춰지고 기업과 금융기관이 그 책임을 다하면, ESG는 원래의 목적을 달성할 수 있을까? 아니다. ESG를 움직이는 진짜 힘은 '기업'도 '금융기관'도 아니기 때문이다. ESG를 움직이는 진짜 동력은 '개인'으로부터 나온다. 세상의 모든 돈은 개인에서 출발한다. 기업과 금융기관은 ESG 세계에서 독립변수가 아니라 종속변수에 불과하다. 어떤 기업이 만든 제품을 살지, 어떻게 만들어진 제품을 살지, 어떤 기업에 투자하는 금융상품을 구매할지 등 돈과 관련된 '개인'의 무수히 많은 의사결정이 모여 변화를 만든다. 그러면 '기업'과 '금융기관'은 변화된 조건에서 살아남기 위해 ESG를 강화하게 된다. 그리고 '기업'과 '금융기관'의 ESG 활동은 다시 사회를 지속가능하게 하고 개인의 삶의 질을 높이는 선순환 구조가 만들어진다. ESG를 통한 과실은 사회 모두가 누릴 수 있다. ESG를 제대로 작동시키기 위한 열쇠는 무엇보다 '개인', 즉 우리 각자가 쥐고 있다. 이에 대한 사회 인식이 높아져야 한다.

2장

ESG 경영 혁신 전략

Contents

1

기업의 목적을 바꾸려면?

ESG는 지속가능성의 큰 뿌리에서 성장해왔다. ESG 경영은 곧 투자자의 시각이 반영된 지속가능경영이라고 말할 수 있다. ESG를 기업 경영의 핵심 전략으로 채택할 때 가장 먼저 해야 할 일은 무엇인가. 가장 중요한 것은 직원들의 마음에 ESG에 대한 열정을 불어넣는 것이다. 우리 기업이 왜 ESG 경영을 해야 하고, 그것이 어떤 결과를 가져오는지에 대해 직원들이 공감하게 하는 것이 먼저다. 그러기 위해서는 ESG 경영의 결과로 어떤 이익을 보는지, 어떤 가치가 생기는지에 대한 이해가 있어야 가능할 것이다.

공감을 위해 필요한 세 가지 포인트가 있다. 지속가능성 전문가 다시 히치콕Darcy E. Hitchcock과 마샤 윌러드Marsha Willard는 『지속가능성 계획을 짜기 위한 단계적 가이드The Step-by-Step Guide to Sustainability Planning』• 에서 절박감, 챔피언, 논리적 출발점을 꼽았다.

첫째, ESG 경영을 꼭 해야 한다는 '절박감'이 있어야 한다. 이것 아니면 더는 생존할 수 없다는 절박감을 찾는다면 ESG 경영에 대한 공감대가 매우 빠르게 형성될 것이다. 몇 년 전 한 석유화학 기업 CEO는 환경 문제를 혁신의 동력으로 삼겠다는 비전을 발표하면서 절박하게 호소했다. 그는 "국제신용평가기관인 스탠더드앤드푸어스S&P에서는

• Routledge. 2008

탄소 위기를 반영해 에너지·화학 기업의 기업가치를 지금보다 30% 낮게 봐야 한다고 분석한다"며 "기후변화가 더 빠르게 진행돼 급격하게 전환할 경우, 기존 에너지·화학 기업은 생존을 걱정할 수준으로 기업가치가 하락할 것"이라고 강조했다. 그 CEO는 절박감을 찾았고, 그것을 직원들과 공유했다.

둘째, '챔피언'이 있어야 한다. 권한을 부여받은 지속가능성 챔피언이 없다면 조직이 어디로 갈지 구성원들이 제대로 알기가 어렵다. CEO의 전폭적 지지를 받는 임원급 리더가 그 역할을 맡는다면 모든 조직이 지속가능성을 뿌리내릴 수 있도록 안내할 것이다. 챔피언은 1인이 아니라 팀이 될 수도 있고, 여러 부서를 아우르는 위원회가 될 수도 있다. 중요한 것은 끊임없이 깜박이며 방향을 알려주는 등대와 같은 존재가 있어야 한다는 점이다. 그래야 사업 전반에 ESG 경영이 내재화되며 지속가능한 기업으로 성장해갈 것이다.

셋째, '논리적 출발점'을 내부에서 찾아야 한다. 기존에 해오고 있는 사업 프로그램 가운데서 지속가능성과 연결되는 지점을 찾는다면 좋은 출발점이 될 수 있다. ESG의 모든 영역을 그 프로그램에 적용할 수 있는지 따져봐야 한다. 이미 예산과 기한이 정해진 프로그램이라 해도 과감하게 변화를 시도해봐야 한다. 혹은 내부의 혁신가나 CEO가 컨설팅 등 외부의 도움을 받아서 조용한 변화를 준비해나가는 것도 좋은 출발이 될 수 있다. 다만 가능하면 일찍 그 내용을 직원들과 공유해나가야 한다. 그래야 직원들이 환경과 사회를 생각하며 투명하고 공명정대하게 사업을 하겠다는 ESG 사고에 눈을 뜰 수 있다.

위 세 가지 요소를 찾으면서 기업의 목적을 재정립하는 것도 필요하다. 어쩌면 이것이 ESG 경영을 위한 더욱 중요한 출발점일 수 있다. 2019년 미국 200대 대기업은 협의체인 '비즈니스라운드테이블BRT, Business Round Table'에서 주주 자본주의의 종언을 고하고 이해관계자 자본주의를 선언했다. 《기업의 목적에 관한 선언》을 통해 주주와 개별 기업의 이익 극대화에서 종업원, 고객, 협력업체, 지역사회 등 모든 이해관계자의 이익에 복무하겠다고 천명한 것이다. 이후 이 선언은 전 세계 비즈니스의 흐름이 됐다. 그 흐름을 받아들여야 한다. 이해관계자의 이익이 무엇인지 파악하는 것, 그리고 그에 따른 본업의 재정립이 시작돼야 한다. SK그룹은 경영의 궁극적 목적을 구성원 행복으로 정하고, 그것을 위해 구성원 행복과 함께 회사를 둘러싼 이해관계자 행복을 동시에 추구해나가는 경영철학을 제시했다. 지속가능경영으로 유명한 파타고니아는 '우리의 집인 지구를 구하기 위해 비즈니스를 한다'라는 기업 목적을 정했다.

기업의 목적을 다시 정할 때는 이해관계자가 원하는 것이 무엇인지 명확하게 찾을 필요가 있다. 그 구체적인 방법론은 뒤에서 다루고 먼저 기업의 목적 재정립이 과연 무엇을 의미하는지에 대한 간단한 일화를 소개하고자 한다.

경영학을 접목한 성장소설 『만약 고교야구 여자 매니저가 피터 드러커를 읽는다면』[•]이라는 책에 흥미로운 일화가 있다. 주인공 가와시마 미나미는 고교 2학년 여름 우연히 만년 하위팀 야구부 매니저가 된다. 일본에서 고교야구 매니저는 운동 연습과 시합에서 준비 및 진행 보조를 맡는다. 감독도 아니고 그저 매니저일 뿐이지만 그녀는 야구

• 이와사키 나쓰미 지음, 권일영 옮김, 동아일보사, 2022.

부를 변화시켜 일본 전국 고교야구 대회에 진출시키겠다고 결심한다. 실력도 엉망인 데다 연습도 잘 하지 않는 야구부를 전국 대회에 진출시킨다는 건 불가능에 가깝다. 매니저의 역할에 대해 고민하던 미나미는 서점에서 매니저나 매니지먼트와 관련해 세상에서 가장 많이 읽힌다는 피터 드러커Peter Ferdinand Drucker의 『매니지먼트』라는 책을 추천받는다. 야구에 대한 내용이 나오지 않아 처음에는 잘못 샀다고 생각했는데, 읽다 보니 영감을 주는 내용이 많다는 것을 깨닫는다.

『매니지먼트』의 제1장 '기업의 성과'에는 "모든 조직에서 공통된 관점, 이해, 방향 설정, 노력을 실현하기 위해서는 '우리 사업은 무엇인가? 무엇을 해야 하나?'를 반드시 정의해야만 한다"라는 내용이 있다. 미나미는 이 부분을 읽고 야구부가 어떤 조직이고, 무엇을 해야 하느냐를 정의해보려고 한다. 친구는 "야구부는 야구를 하기 위한 조직"이라고 말하지만, 미나미는 그런 뻔한 대답 말고 야구부를 변화시킬 무언가가 필요했다. 책에는 "기업의 목적과 사명을 정의할 때, 출발점은 단 하나뿐이다. 바로 고객이다. 사업은 고객에 의해 정의된다"라고 나와 있다. 미나미는, 실력은 없지만 진지한 성격에 경영자를 희망하는 야구부원 마사요시로부터 단서를 얻는다. 이미 『매니지먼트』를 읽은 마사요시가 '고객'이 누구인지에 대한 단서를 알려준다. 1930년대의 대공황 때 GM 캐딜락 자동차 사업부의 경영을 책임진 니콜라스 드레이슈타트Nicholas Dreystadt는 "우리의 경쟁 상대는 바로 다이아몬드나 밍크코트다. 우리 고객이 구입하는 것은 운송 수단이 아니라 사회적 지위다"라고 말했고, 이를 계기로 캐딜락이 성장 사업으로 변신했다는 내용을 찾아준 것이다. 야구부의 고객이 학생뿐만 아니라 학부모,

고교야구연맹, 후원금을 내는 도쿄도都, 심지어 야구부원까지 해당한다는 걸 깨달은 미나미는 고객이 야구부에 원하는 것은 다름 아닌 '감동'이라는 것을 인식하게 된다. 야구부를 '고객에게 감동을 주기 위한 조직'이라고 정의하고 나자 전국 대회에 나가는 것은 개인적인 목표가 아니라 야구부의 목표가 될 수 있었다. 미나미는 이후에도 많은 어려움을 겪지만 분명한 목표를 가지고 야구부원들을 변화시켜 나가는 데 성공한다.

지속가능성 관점에서 기업의 목적을 다시 설정하는 것이 결코 쉬운 일은 아니지만 적어도 경영학 구루 드러커의 근본적인 관점에서 차근차근 돌아볼 필요가 있다. 더욱이 앞서 ESG를 실천해나가고 있는 수많은 선두주자들이 있다. 그들을 벤치마킹하자. 그것이 가장 쉬운 방법일 수 있다.

2

ESG 경영 도입이 마주할 쟁점들

ESG 경영 도입을 검토하는 과정에서는 필연적으로 몇 가지 이론적 논쟁에 직면한다. 가장 대표적인 것이 기업의 목적에 관한 '주주 자본주의Shareholder Capitalism vs. 이해관계자 자본주의Stakeholder Capitalism' 논쟁과, 기업 ESG 정보공시와 관련된 '단일 중대성Single Materiality vs. 이중 중대성Double Materiality' 논쟁이다. 학문적인 주제일 수 있지만 기업 ESG 경영 전략의 방향을 수립하기 위해서는 반드시 알고 있어야 하는 매우 중요한 사안이다. 먼저 각 논쟁에 대해 간단하게 설명하고, 기업이 ESG 경영 전략을 수립할 때 고려해야 하는 사항을 짚어보자.

누구를 위한 이익인가: 주주 자본주의 vs 이해관계자 자본주의

기업의 목적은 무엇인가? 기업은 주주의 이익만을 위해 일해야 하는가, 아니면 주주뿐만 아니라 노동자, 지역사회 등 공공의 이익을 함께 고려해야 하는가? 기업의 목적에 관한 논쟁은 100년을 이어온, 그야말로 해묵은 논쟁이다. 1930년대에 시작된 이 논쟁은 신자유주의와 금융자본주의의 득세로 주주의 이익이 승리했다고 여겨졌다. 하지만 최근 ESG 열풍과 함께 다시 논쟁에 불이 붙기 시작했다.

'주주 자본주의'는 주주 가치 극대화를 기업 경영의 목적으로 삼아야 한다는 미국식 자본주의를 의미한다. 노벨 경제학상을 받은 신자유주의 경제학자 밀턴 프리드먼Milton Friedman이 〔뉴욕타임스〕에 기고한 「비즈니스의 사회적 책임은 이윤을 늘리는 것이다」라는 글은 주주 자본주의를 대표하는 표현이다. 반면 '이해관계자 자본주의'는 기업이 주주뿐만 아니라 기업을 둘러싼 다양한 이해관계자의 이익을 동시에 고려해야 한다는 이론이다. 여기서 이해관계자는 기업의 활동으로 인해 이익이나 손해를 주고받을 수 있는 집단이나 개인을 의미하는데, 주주뿐만 아니라 노동자, 고객, 협력업체, 지역사회, 환경 등이 포함된다. 한동안 이어져 왔던 주주 자본주의의 우세는 2019년 미국 BRT의 《기업의 목적에 관한 선언》으로 완전히 뒤집혔다. 181개 미국 주요 기업의 CEO가 기업의 목적을 '주주 가치 극대화'에서 '주주를 포함한 여러 이해관계자의 이익에 복무'하는 것으로 변경했기 때문이다.

한국에서도 2022년 5월, 대한상공회의소를 중심으로 74개 기업이 신기업정신협의회ERT, Entrepreneurship Round Table를 발족하며 《기업선언문》을 발표했다. 선언문은 미국 BRT의 《기업의 목적에 관한 선언》과 맥을 같이하는데, 다음과 같은 내용이 포함되어 있다.

우리 기업은 성장을 통해 일자리와 이윤을 창출하는 과거의 역할을 넘어 고객은 물론 조직구성원과 주주, 협력회사와 지역사회 등 기업을 둘러싼 모든 이해관계자를 소중히 여기고 함께 발전할 수 있도록 '새로운 기업가정신'을 선언, 실천하고자 합니다.

1 지속적 혁신과 성장으로 좋은 일자리를 창출하고 경제적 가치를 높이겠습니다.

2 기업 외부 이해관계자에 대한 신뢰와 존중으로 윤리적 가치를 높이겠습니다.

3 조직구성원이 보람을 느끼고 발전할 수 있는 기업 문화를 조성하겠습니다.

4 청정한 미래와 더 좋은 삶을 위해 친환경 경영을 실천하겠습니다.

5 일과 삶의 터전인 지역사회와 함께 성장하기 위해 노력하겠습니다.

이렇게 막을 내릴 것 같던 논쟁은 최근 다시 '깨어 있는 자본주의Woke Capitalism' 논쟁으로 재점화되고 있다. 여기서 '깨어 있는woke'은 비꼬는 표현으로, 실제는 '깨어 있는 척하는'을 뜻한다. 기업들이 이해관계자 자본주의를 내걸고 환경 및 사회 문제에 적극적으로 참여하는 것은 사회적으로 적절하지 않으며, 동시에 주주의 이익에도 반한다는 주장이다. 특히 미국 보수진영을 중심으로 ESG 경영에 적극적인 기업에 대한 비판이 거세게 일어나고 있다. 이들 기업에 대한 지원을 중단하겠다는 움직임도 나타났다. 플로리다주州정부가 제정한, 성 정체성 교육을 금지하는 '부모의 교육권리법'에 월트디즈니가 반대 입장을 보이자 공화당 소속인 드샌티스Ronald Dion DeSantis 주지사가 디즈니월드의 특별지구 지위를 박탈할 것을 주의회에 요구한 것이다. 또한 흑인의 투표 참여를 어렵게 하는 조지아주의 선거법 개정을 반대한 델타항공에는 3500만 달러 규모의 감세 제도 철회를 추진하고 있다. 이 정도의 극단적 상황은 아니라 하더라도 최근 러시아-우크라이나 전쟁으로 촉발된 에너지 위기를 바라보며 ESG에 대한 기존의 시각을 뒤집은 기업이 많을 것이다. 현실적 에너지 위기 속에서도 화석연료에 대한 투자 중단 정책을 유지해야 하는가, 불황기에도 현재와 같은 ESG 관련 투자를 지속하는 것이 기업의 목적에 부합하는 것인가 등의 현실적 고민이 있을 수 있다.

기업과 사회의 상호작용: 단일 중대성 vs 이중 중대성

기업의 모든 정보를 공시하는 것은 현실적으로 가능하지도 않고, 정보 이용자에게 필요하지도 않다. 기존의 재무 보고 체계에서는 어떤 정보를 공시에 포함해야 하는지를 판단하기 위한 기준으로 '중대성Materiality' 개념을 사용했다. 이는 공시정보 이용자에게 중요한 내용을 중심으로 공시해야 한다는 뜻이다. 최근 ESG 정보공시 의무화 움직임이 빨라지면서 ESG 정보공시에 중대성 개념을 어떻게 적용할지에 대한 논쟁도 활발해지고 있다.

기업은 언제나 사회 속에 존재하고, 기업과 사회는 상호 영향을 주고받는다. 기업을 중심으로 사회와 환경이 기업의 목표, 전략 및 성과에 미치는 영향을 분석하는 것을 '아웃사이드-인 관점Outside-in perspective'이라고 하며, 이 관점에서 기업의 재무에 중대한 영향을 주는 지속가능성 이슈를 가려내는 것을 '재무 관련 지속가능성 중대성Financial-related sustainability materiality'이라고 한다. 반대로 기업이 사회와 환경에 미치는 영향을 분석하는 것을 '인사이드-아웃 관점Inside-out perspective'라고 하며, 이 관점에서 중대한 이슈를 가려내는 것을 '임팩트 중대성Impact materiality'라고 한다.

ESG 정보공시에 '재무 관련 지속가능성 중대성'만 적용하자고 하는 것을 단일 중대성 관점이라고 하며, '임팩트 중대성'까지 두 가지를 모두 적용하자고 하는 것이 이중 중대성 관점이라고 한다.

미국이나 국제회계기준IFRS, International Financial Reporting Standards은 단일 중대성 기준의 적용을 추진하고 있다. ESG 정보공시는 투자자를 위한 것이므로 기업의 재무적 가치에 영향을 주는 ESG 요소만 공시하면 된다는 입장이다. 반대로 EU는 이중 중대성을 적용하는 방향으로 ESG 공시 체계를 구축하고 있다. 여기서 EU가 추가로 제시한 것이 '리바운드 또는 부메랑 효과Rebound or boomerang effect'와 '동적 중대성Dynamic materiality'이라는 개념이다. 기업이 환경이나 사회에 미치는 영향은 다시 기업의 재무에 영향을 미칠 수 있다는 논리다. 예를 들어 농업기업이 토양을 황폐화하거나 생물다양성을 훼손하면Inside-out 중장기적으로 수확량이 줄어들어 수익이 낮아질 수 있다Outside-in.

과일은 언제 따야 할까?: 단기주의 vs 장기주의

EU가 제시한 '동적 중대성'의 개념을 장기주의적 관점으로 주주 자본주의에 적용해보자. 기업의 이익은 사회에서 나오고, 기업에 대한 사회의 기대 수준은 지속해서 높아지고 있다. 기업은 중장기적 성장과 경쟁력을 위해서 변화하는 이해관계자의 요구를 먼저 파악하고 대응해야 한다. 당장은 법이나 제도에 저촉되지 않는다 해도, 다수의 기업이 지속해서 특정 이해관계자의 이익을 훼손한다면 결국에는 사회적 필요에 따라 법이나 제도가 제정되기 마련이다. 변화를 먼저 파악하고 선제적으로 대응한 기업은 살아남아 주주의 이익을 높여줄 것이고, 그렇지 못한 기업은 도태되어 주주의 이익을 훼손하고 말 것이다.

ESG에 대한 시각은 다양하다. ESG를 '이해관계자 자본주의'와 동일하게 여기는 시각이 있지만, '주주 자본주의'를 위한 위장술이라고 보는 시각도 있다. 세계 최대 자산운용사 블랙록의 회장 래리 핑크가 투자 대상 기업 CEO에게 보낸 2022년 연례 서한을 통해 주류 투자기관의 ESG에 대한 시각을 살펴보는 것이 기업이 ESG 경영 전략 방향을 설정하는 데 도움이 될 것 같다.

래리 핑크는 '자본주의의 힘'이라는 제목을 붙인 이 서한에서 이해관계자 자본주의는 정치적인 논의가 아니고 사회적·이념적 논의도 아니며, 지속가능성에 초점을 맞추는 것은 환경론자가 아니라 자본가이기 때문이라고 했다. 그는 수탁자로서 고객자산의 장기 수익성을 추구하고 있으며, 장기 수익성이야말로 시장이 기업의 성공을 판단하는 궁극적인 척도라는 점을 강조했다. 그리고 이해관계자 자본주의의 핵심은 주주에게 지속적인 장기 수익을 제공하는 것이고, 모든 이해관계자를 위해 가치를 창출하고 모든 이해관계자가 그 가치를 인정할 때만 기업이 주주에게 장기적 가치를 제공할 수 있다고 역설했다.

래리 핑크는 시종일관 '이해관계자 자본주의'라는 용어를 사용했지만 그 내용은 한 가지를 제외하면 주주 이익의 극대화를 주창하는 '주주 자본주의'와 차이가 없다. 다만 그 한 가지가 큰 차이를 만드는데, 그것은 바로 '장기주의'다. 장기적인 주주 이익 극대화를 위해서는 ESG라는 수단을 활용하여 이해관계자와 소통하고 이해관계자와 함께 성장해야 한다는 것이다.

ESG 경영 전략을 수립할 때 가장 중심이 되는 것은 '장기주의'와 '이해관계자'와의 소통이다. 하지만 이 두 가지는 기업이 ESG 경영 전략을 수립할 때 가장 간과하기 쉬운 것들이기도 하다. 기업 내부의 단기주의적 시각을 극복하지 못한 상태에서 수립된 ESG 경영 전략은 지속되기 어렵다. 그리고 이해관계자의 목소리가 배제된 상태에서 수립된 전략은 그 자체로 무의미하다.

3

코리아디스카운트가 일어나는 이유

기업지배구조는 성장과 공정 분배가 얽힌 실타래다

ESG의 마지막 글자 G는 거버넌스Governance의 약자다. 우리말로는 지배구조 또는 기업지배구조라는 용어로 번역된다. 환경E이라 하면 기후변화, 수질오염, 삼림파괴 등이, 사회S라 하면 노동, 인권, 안전 등이 쉽게 연결되지만, 지배구조G가 의미하는 바를 직관적으로 떠올리기는 쉽지 않다. 지배구조가 ESG 가운데도 가장 복잡하고 풀어내기 어렵다고 이야기하는 사람도 많다. 비록 지배구조가 ESG라는 용어의 마지막에 위치하지만, 기업의 지속가능성을 이야기할 때 가장 먼저 다루어야 하는 요소라는 것을 부정하는 사람은 아무도 없다. 어렵고 복잡하지만, 반드시 해결해야 하는 요소다.

쉬운 것부터 차근차근 실타래를 풀어보자. 먼저 용어다. '지배'라는 단어는 어떤 조직이나 집단을 원하는 방향으로 나아갈 수 있도록 다스린다는 의미다. 즉 '기업지배구조'란 기업을 원하는 방향으로 이끄는 체계를 의미한다. 그러면 누가 원하는 방향으로 기업을 지배해야 하고, 그들이 원하는 바는 무엇인가? 주식회사에서 기업의 주인은 주주다. 그리고 주주는 자신의 이익이 극대화되기를 원한다. 다시 정리하면 '기업지배구조'란 '기업의 주인인 주주의 이익을 극대화할 수 있도록 기업을 경영하는 체계'라는 뜻이다.

'주주의 이익을 극대화한다'는 것의 의미를 풀어보자. 주주 이익 극대화를 위해서는 우선 기업 전체의 이익이 극대화됨으로써 기업이 성장해야 한다. 하지만 기업이 성장한다고 해서 반드시 주주 개개인의 이익이 극대화되는 것은 아니다. 이를 위해서는 그 성장의 과실이 모든 주주에게 적절하게 분배되어야 한다. 주주 이익 극대화가 실현되기 위해서는 '성장'과 '공정한 분배'라는 두 가지 조건이 동시에 충족되어야 하는 것이다. 기업지배구조와 관련된 모든 문제는 이 두 가지에서 일어나고, 지배구조와 관련된 여러 법·제도 및 권고안 등은 모두 이 두 가지 문제를 해결하기 위한 조치라 볼 수 있다. 그런데 '공정한 분배'라는 것이 단순하게 기업의 이익을 주주에게 얼마나 많이 환원, 즉 배당하느냐의 문제만은 아니다. 공정한 분배 문제는 성장 이슈와 다시 실타래처럼 얽혀 있다. 그리고 그것을 가장 잘 보여주는 것이 한국기업의 지배구조 문제다.

북한 핵무기보다 더 위협적인 이슈

한국에서 기업지배구조를 논하면 항상 따라오는 단어가 있다. 바로 '코리아디스카운트'다. 코리아디스카운트란 한국증시에 상장된 기업의 주가가 해외증시에 상장된 비슷한 수준의 기업에 비해 낮게 평가받는 것을 의미한다. 그리고 지배구조는 코리아디스카운트의 가장 큰 요인으로 지목받는다. 그동안 북한 이슈와 한국기업의 불투명한 지배구조가 주요 원인으로 지목되어왔으나, 최근에는 북한 이슈가 국내

증시에 미치는 영향이 현격히 줄어들고 있다.

한국기업의 지배구조 개선이 필요하다고 보는 이유는 단순하다. 전체 주주의 이익을 극대화하는 데 소극적이거나, 때로는 의도적으로 주주 이익을 훼손하고 있다고 의심받고 있기 때문이다. 일반적으로 주주는 배당 그리고 기업의 성장에 따른 지분가치 상승이라는 두 가지 방법으로 이익을 극대화한다. 한국기업은 이 두 가지 측면 모두에서 개선이 필요하다고 평가받는다.

우선은 배당 문제다. 한국기업은 해외 기업에 비해 배당정책이 불분명하고, 배당 성향도 낮은 편이다. 즉 기업이 이익을 얻게 되면 언제 그리고 얼마만큼을 주주에게 돌려줄지 예측하기 어렵고, 돌려주어도 그 비율이 낮다는 것이다.

배당보다 더 큰 문제는 성장에 있다. 많은 외부 이해관계자들은 한국기업이 특정 대주주의 이익을 위해 의도적으로 성장하지 않거나, 심지어 성장 기회를 포기하는 경우가 빈번하다고 보고 있다. 예를 들어 경영권 승계 목적으로 기업 내 성장 가능성이 큰 자회사나 사업부를 의도적으로 매각한다거나, 총수 일가 지분이 높은 특정 기업에 일감을 몰아주어 비용 절감 기회를 포기한다거나 하는 식이다. 다시 말해 한국기업은 총수 일가가 지배력을 가진 그룹 전체는 성장할지 몰라도, 불합리한 인수·합병, 물적분할을 통한 쪼개기 상장, 일감 몰아주기 등으로 인해 그룹 내 개별 기업은 원래의 성장 잠재력만큼 성장하지 못하고 있다. 이러한 일이 발생하는 가장 큰 이유로 불투명한 내부 의사결정 구조와 이사회 및 감사위원회의 독립성 부족 등이 지적되고 있다.

기업이 생존 앞에 마주한 두 과제

지배구조는 한국기업에 유독 어려운 숙제다. 그런데 최근 이 어려운 숙제를 더욱 어렵게 만들고 있는 것이 바로 급변하는 경영환경이다. 누가 뭐래도 기업 경영의 본질은 성장이다. 그런데 성장의 패러다임이 급변하고 있다. 지속가능성, 즉 ESG를 고려하지 않는 과거의 경영 방식으로는 기업이 시장에서 살아남기 어려운 시대가 됐다. 생존을 위해서는 기업지배구조도 ESG 이슈를 기업 전반에 반영할 수 있는 체계로 바뀌어야 한다. 한국기업은 기존에 가지고 있던 지배구조 문제를 해결함과 동시에, 지속가능성 이슈를 사업 전반에 반영할 수 있는 경쟁력 있는 경영시스템을 구축하는 두 가지 문제를 한 번에 해결해야 하는 도전에 직면해 있다.

다음 절에서는 기존의 지배구조 문제를 해결하는 방법과, ESG 시대에 새롭게 경쟁력을 확보하기 위한 지배구조로 구분해서 접근해보자.

4

기업지배구조가 가진 문제를 해결하는 방법은?

500만 삼성전자 주주가 경영에 직접 참여한다면

대한민국 헌법 제1조 2항은 "대한민국의 주권은 국민에게 있고, 모든 권력은 국민으로부터 나온다"이다. 국민이 대한민국의 주인이기는 하지만, 5000만 명이 넘는 국민 개개인이 국가 운영과 관련된 모든 의사결정에 직접 참여하는 것은 현실적으로 불가능하다. 그 때문에 우리는 선거라는 제도를 통해 국민의 의사를 대리해 국가를 운영할 대통령, 국회의원 등을 선출한다. 선출된 권력은 다시 국가 운영에 필요한 여러 정부 기관을 맡을 사람을 임명한다. 하지만 국민이 투표를 통해 대리인을 선출했다고 해서 반드시 대리인이 국민을 위해서 봉사하는 것은 아니다. 때때로 권력형 비리가 일어나기도 하고, 투명하지 않은 방법으로 국민 의사에 반하는 의사결정을 내리기도 한다. 이에 따라 대의민주주의는 감시, 감독 및 상호 견제 장치를 마련하여 정치인 개인이 아니라 최대한 국민 다수의 이익에 부합하는 의사결정이 이루어지도록 발전하고 있다.

오늘날의 주식회사 제도는 여러 면에서 대의민주주의 제도와 유사하다. 한 조사에 따르면 전 국민 10명 중 1명이 삼성전자의 주식을 가지고 있다고 한다. 주주가 기업의 주인이기는 하지만, 500만 명 이상의 주주가 삼성전자 경영에 직접 참여한다는 것은 현실적으로 불가능하다. 이에 따라 주주는 대리인으로 이사회를 선출하여 기업 경영과 관련한 포괄적 권한을 부여한다. 이사회에서는 다시 최고경영자를 임명하여 기업 경영의 실무를 위임한다. 그리고 감사위원회, 외부감사인 등의 제도를 두어 기업 경영을 감시·감독한다.

하지만 민주주의와 주식회사 제도는 몇 가지 큰 차이가 있다. 하나는 모든 권력이 국민 개개인에서 나오는 민주주의와 달리, 주식회사 제도에서는 주식이라는 종이에서 권한이 나온다는 점이다. 즉 민주주의가 1인 1표라면 주식회사는 1주 1표다. 많은 주식을 가진 주주는 더 큰 권한을 가진다. 또 하나는 민주주의 체제에서 모든 국민은 태어날 때부터 자동으로 권리를 부여받지만, 주식은 취득해야 한다는 점이다. 일반적으로 주식회사의 경우 주식을 발행한 시점에 참여한 소수의 주주가 다수의 주식을 보유하는 경우가 많다. 주식 보유자 구조는 대부분 소수의 지배주주와 다수의 소액주주 형태를 가진다. 마지막으로, 민주주의의 투표권이 일정 시점 이후 평생 가지는 권리라면, 주주가 가지는 주주권 및 의결권•은 주식을 보유하고 있을 때만 주어지는 한시적 권한이라는 점이다.

유진투자증권에 따르면 2008년부터 2021년까지 14년 동안 평균 국내 주식 보유기간은 개인투자자가 5.2개월, 기관투자자가 7.4개월 그리고 외국인 투자자가 13.2개월이라고 한다. 투자자가 회사의 주주로서 주인의식을 형성하기에는 매우 짧은 기간이다.

• 주주가 가진 모든 권리를 주주권이라 부르는데, 그 가운데 주주총회에 상정된 안건에 대해 찬성 또는 반대 투표를 할 수 있는 권리를 의결권이라고 부른다.

이러한 차이점으로 인해 소수의 지배주주는 자신의 이익을 극대화하기 위해 적극적으로 의사를 표출하는 반면, 다수의 소액주주는 권한 행사에 매우 소극적이다. 상법에서 규정한 기업지배구조와 관련된 절차적 요건을 모두 충족한다고 해도, 현실에서는 소수 지배주주의 의견이 더욱 비중 있게 반영될 수밖에 없는 구조적 특징이 있다. 지배주주의 이익을 위해 소액주주의 이익을 희생시키는 결정이 빈번하게 발생하는 이유다.

지배구조 관련 법·제도·권고안은 이러한 실제적 조건에서 어떻게 주주의 권한을 보호하면서 기업 경영의 투명성과 합리성을 높여 기업 가치를 극대화할 수 있을까 하는 고민의 산물이다. 기업지배구조와 관련된 이슈는 크게 주주, 이사회, 감사기구의 3가지로 구분해 살펴볼 수 있다. 이와 관련된 자세한 내용은 한국ESG기준원KCGS의 '지배구조 모

기업지배구조 핵심지표

구분	핵심 지표
주주	① 주주총회 4주 전에 소집 공고 실시 ② 전자투표 실시 ③ 주주총회의 집중일 이외 개최 ④ 배당정책 및 배당실시 계획을 연 1회 이상 주주에게 통지
이사회	⑤ 최고경영자 승계 정책(비상시 선임정책 포함) 마련 및 운영 ⑥ 내부 통제 정책 마련 및 운영 ⑦ 이사회 의장과 대표이사 분리 ⑧ 집중투표제 채택 ⑨ 기업가치 훼손 또는 주주권익 침해에 책임이 있는 자의 임원 선임을 방지하기 위한 정책 수립 여부 ⑩ 6년 초과 장기 재직 사외이사 부존재
감사기구	⑪ 내부 감사기구에 대한 연 1회 이상 교육 제공 ⑫ 독립적인 내부 감사부서(내부 감사업무 지원 조직)의 설치 ⑬ 내부 감사기구에 회계 또는 재무 전문가 존재 여부 ⑭ 내부 감사기구가 분기별 1회 이상 경영진 참석 없이 외부 감사인과 회의 개최 ⑮ 경영 관련 중요 정보에 내부 감사기구가 접근할 수 있는 절차를 마련하고 있는지 여부

범규준'과 한국거래소의 '기업지배구조보고서 가이드라인'을 참조할 만하다. 한국거래소는 기업지배구조 관련 15개 핵심지표를 선정하여 이행 수준을 보고하도록 하고 있어 기업별 지배구조 수준을 비교하기에 적절하다.

알아두면 쓸모있는 지배구조 개선 제도와 배경

• 주주총회 집중일

한국에서는 여러 기업의 주주총회가 동일한 날, 동일한 시간대에 열리는 경우가 많다. 이를 '슈퍼 주총데이'라고 부르기도 하는데, 주주의 참여를 저해하는 요인 가운데 하나다. 최대한 많은 주주가 참여할 수 있도록 주주총회 시행일을 서로 나누도록 권고되고 있다.

• 서면투표제, 전자투표제, 대리투표제

기업의 주주총회는 공직선거일과 달리 임시공휴일이 아니다. 일반 주주 대부분은 본업을 가지고 있어 특별히 휴가를 내지 않고서는 주주총회장에 참석하는 것이 물리적으로 쉽지 않다. 또 여러 회사의 주식을 가지고 있는 주주는 '슈퍼 주총데이'로 인해 의지가 있더라도 참석할 수 있는 주주총회가 한정되는 경우가 있다. 이에 따라 주주가 물리적으로 주주총회장에 방문하지 않고도 의결에 참여할 수 있도록 전자투표제, 서면투표제, 대리투표제의 도입을 권고하고 있다. 윤석열정부가 온라인으로 열리는 주총에서 의결권을 행사하는 전자 주총을 도입할 계획이어서 주주 권리가 크게 향상될 것으로 기대된다.

● 최고경영자 승계 정책

한국에서 유독 기업지배구조 관련한 문제가 많이 발생하는 이유는 바로 경영권 승계 과정 때문이다. 이에 따라 KCGS의 '지배구조 모범규준'은 이사회 차원에서 경영권 승계 정책 및 절차를 구축하도록 요구하고 있으며, 경영승계 내부규정, 후보군 관리 및 추천에 관한 사항을 정기적으로 공시하도록 하고 있다.

● 이사회 의장과 대표이사 분리

기업의 이사진은 기업 내부 경영진 가운데서 선출되는 사내이사와 외부에서 선출되는 사외이사로 구성된다. 대표이사는 사내이사 중에서만 선출할 수 있다. 대표이사가 이사회 의장을 겸하게 되면 이사회의 경영진 감독이라는 역할이 소홀해질 수 있으며 동시에 사외이사의 주도성이 낮아질 수 있다.

● 집중투표제

집중투표제는 주주총회에서 이사를 선출할 때 주식당 선출하고자 하는 이사 수만큼 의결권을 주는 제도다. 예를 들어 기업이 동시에 이사 3명을 선출할 경우, 10주를 가진 주주는 3배(30개)의 의결권을 갖게 되고, 이를 특정 후보에 몰아줄 수 있다. 이 제도는 '1주 1의결권 제도'에서 실질적인 이사 선임 권한을 행사하기 어려웠던 소액주주들이 '거수기 이사회'를 막을 수단 중 하나로 평가받는다. 반면 재계에서는 '대주주 지분율이 낮은 기업들이 경영권 공격을 받았을 때 위기를 겪을 수 있다'는 논리로 반대해온 제도다.

● 물적분할, 인적분할 그리고 주주권 보호

한 회사에 여러 개의 사업 부문이 있는 경우 필요에 따라 특정 사업 부문을 별도의 법인으로 분할하기도 한다. 회사를 분할하는 방법은 물적분할과 인적분할 두 가지가 있다. 물적분할은 주주가 기존회사(모회사)의 지분을 그대로 유지하되, 기존회사가 새롭게 분리된 회사(자회사)의 지분을 100% 소유하는 방법이다. 인적분할은 각각의 주주가 기존회사의 지분비율만큼 그대로 새로운 회사의 지분도 갖는 방법이다. 물적분할은 모회사의 지배주주가 자회사의 지배력을 유지하면서 동시에 새로운 자금을 조달할 수 있으므로 지배주주에게 상대적으로 유리한 방법으로 평가된다.

최근 LG에너지솔루션, SK온 등이 물적분할을 하면서 주주권 보호 이슈가 제기됐다. 이에 금융위원회는 2022년부터 '기업지배구조보고서'를 공시할 때, 물적분할, 합병 등 기업의 소유구조 변경 시 주주 보호를 위한 정책을 공시하도록 하고 있다. 예를 들어 향후 주가 하락을 우려하여 분할, 합병이 있을 시 이에 반대하는 주주가 있다면 반대주주에게 주식매수청구권, 즉 기업이 주식을 공정가격으로 매수하도록 요청할 수 있는 권리를 부여하는 방안이 대표적으로 거론되는 주주권 보호 정책이다.

● 감사위원회와 감사위원 분리 선출

상법은 자산총액 2조 원 이상의 기업에 의무적으로 내부 감사위원회를 설치하도록 하고 있으며 그 외의 기업들도 감사위원회 설치가 권고된다. 감사위원회는 이사 및 경영진의 준법 경영을 감독하는 역할을 맡으며, 3인 이상의 감사위원으로 구성된다. 감사위원회가 기업 경영을 제대로 감독하기 위해서는 독립성과 기업 경영 및 재무회계에 대한 전문성이 요구된다. 상법은 감사위원의 독립성과 전문성을 높이기 위해 감사위원의 3분의 2 이상을 사외이사로, 그리고 반드시 한 명 이상은 재무·회계 전문가로 구성하도록 하고 있다. 이와 더불어 대주주에 우호적인 감사위원의 선출을 막기 위해 감사위원 선출 시 대주주의 의결권을 3%로 제한하고 있다. 이를 '3% 룰'이라고 하는데, 예를 들어 대주주가 20%(20표)의 지분을 가지고 있다고 하더라도 실제 투표권 행사가 가능한 지분율은 3%(3표)로 제한된다. 하지만 이미 회사의 이사진을 대주주와 우호적인 이사로 구성했을 경우 이 또한 별 효과가 없을 수 있다. 그래서 새롭게 제시되고 있는 방안이 바로 감사위원회 분리 선출이다. 기존 이사 중에서 감사위원을 뽑는 것이 아니라 처음부터 별도로 선출하자는 방안이다. 더불어 기존에는 감사위원 선출 시 최대주주의 의결권만 3%로 제한했으나, 이를 최대주주와 특수관계인•의 지분을 합쳐서 3%로 제한하자는 의견도 나오고 있다.

• 주주대표소송제도와 국민연금

이사회를 비롯한 경영진은 회사 내부 의사결정의 핵심 주체로, 잘못된 기업 경영에 대한 이들의 책임을 묻는 것은 현실적으로 쉽지 않다. 주주대표소송제도는 회사에 손실을 끼친 이사 및 감사를 상대로 주주가 회사를 대표하여 소송을 제기할 수 있도록 한 제도다. 상장기업의

• 회사의 대주주와 특수한 관계에 있는 사람. 상법·공정거래법·자본시장법 등에서 규정된 개념으로, 통상적으로 '6촌 이내의 혈족'과 '4촌 이내의 인척'을 특수관계인으로 정하고 있다.

0.01% (비상장사는 1%) 이상 지분을 확보하면 소송제기가 가능하다. 하지만 소액주주의 힘만으로 소송 가능 지분을 확보하고 소송비용을 감당하는 것은 어려운 일이다. 그래서 주목받고 있는 것이 기관투자자, 그 가운데서도 국민연금이다. 국민연금은 실제로 2021년 국내 20여 개 기업에 주주 가치 훼손과 관련된 사건의 정확한 사실관계를 확인하기 위한 비공개 서한을 발송한 사실이 있다. 일각에서는 이를 주주대표소송을 위한 사전작업으로 해석하기도 했다.

5

경쟁력 있는 지배구조로 업그레이드하려면

기업에게 ESG는 위기이자 기회다. 기업을 둘러싼 경영환경은 급격하게 변하고 있다. 과거의 경영 방식을 답습해서는 ESG 시대에 경쟁력을 가지기 힘들다. ESG 경영을 위해서는 기업 경영의 중추인 이사회의 리더십과 전문성이 매우 중요하다.

이사회의 ESG 리더십: 권한을 주고 책임을 물어라

투자자를 비롯한 외부 이해관계자는 ESG를 기업 경영의 핵심으로 통합하기를 요구한다. 이를 위해서는 ESG 부서 하나의 노력이 아니라 전략, 기획, 마케팅, 생산, 판매 등 기업 경영의 모든 분야에 일관된 목표를 부여하고 이끌 수 있는 추진력이 필요하다. 이사회는 기업의 최고 의사결정기구로, 외부에서 기업의 ESG 경영 수준을 판단할 때 가장 먼저 확인하는 것이 이사회의 ESG 리더십이다. ESG 관련 글로벌 이니셔티브들은 경영 목표, 사업전략, 사업계획 및 예산, 리스크관리, 인수·합병 등 기업의 모든 주요 의사결정과정에 ESG 요소를 반영할 것을 요구하고 있다. 일반적으로 이사회 ESG 리더십을 판단하는 기준은 다음과 같다.

- 이사회 또는 이사회 산하 위원회* 또는 특정 이사가 기업의 ESG에 대한 최종적인 권한과 책임을 가지고 있는가?
- 이사회 또는 이사회 산하 위원회에서 정기적으로 ESG 안건을 검토·심의·의결하는가?
- 이사회의 운영 규정에 구체적인 ESG 관련 권한과 역할을 명시하고 있는가?
- 이사회에서 실질적으로 ESG 안건을 다룬 기록이 있는가?

이사회의 전문성: 이사 선정 과정에서부터 살펴야

이사회가 실질적인 리더십을 발휘하고 이사회 중심 경영이 실현되기 위해서는 개별 이사들의 전문성이 전제되어야 한다. 마찬가지로 ESG 이슈를 의사결정에 반영하기 위해서는 담당 이사가 ESG에 대한 기본적 지식뿐만 아니라 기업이 속한 산업에 해당하는 ESG 관련 이슈를 정확히 이해해야 한다. 이사의 후보 선정과정에서부터 ESG 이슈에 대한 전문성 및 이해도를 고려할 수 있다. 그리고 이사회의 ESG 관련 전문성을 높이기 위해 정기적인 교육을 진행하거나, 이사회나 이사회 산하 ESG 위원회를 보좌하는 별도의 ESG 자문기구를 둘 수도 있다.

이사회의 다양성과 소통 능력: 여성 임원이 중요한 이유

이해관계자와의 소통은 ESG 경영의 핵심이다. 이를 위해서는 우선 여러 이해관계자의 시각으로 사안을 바라볼 수 있도록 이사회 구성

* ESG 위원회, 사회책임위원회 등.

에 다양성이 갖춰져야 한다. 한국뿐만 아니라 대부분의 국가에서 남성 중심의 조직문화가 주류를 이루고 있다. 따라서 S&P 글로벌, 모건스탠리캐피털인터내셔널MSCI, Morgan Stanley Capital International 등 주요 ESG 평가기관은 이사회 내 여성 임원의 비율을 기업의 ESG 수준을 평가하는 주요 기준으로 제시한다. 미국 캘리포니아주의 경우 이사회의 40% 이상을 다른 성性으로 구성하도록 하고 있으며, 한국도 2020년 개정된 자본시장법에서 자산총액 2조 원 이상 기업은 이사회 내 이사 전원을 특정 성性으로 구성하지 못하게 하고 있다.

ESG 이슈 관리를 위한 이사회의 역할

ESG 위험 파악	· ESG 위험의 영향을 식별 · 기존 위험 식별 프로세스의 ESG 위험 식별 가능 여부를 평가 · ESG 위험 식별을 위한 다양한 정보원을 고려 · 위험 식별 절차의 가정을 확인 · 전사적 위험관리 체계에 ESG 요소를 통합
ESG 위험 평가	· 위험의 우선순위 평가 · 중대성 기준 적용 · 이사회의 ESG 평가 역량 향상 · 중요 ESG 위험 논의
ESG 위험 관련 의사결정	· 전략 수립 시 중요 ESG 위험 고려 · ESG 위험 완화/적응 전략 이해 · ESG 위험에 대한 경영진 책무 설정
ESG 위험 감독	· 이사회 수준의 ESG 위험 감독 공식화 · 위원회 간 ESG 심의 협조
ESG 위험 공시	· 이사회 역할 공개 · 주요 ESG 위험 공개

출처: CERES, 「Running the Risk」, 2019

3장

ESG 금융

Environmental

Social

Governance

Contents

1

스튜어드십 코드는 의무인가, 자율인가?

투자 의사 결정에 재무성과와 더불어 비재무적 요소, 즉 ESG 요소를 함께 반영하는 투자를 ESG 투자라고 부른다. ESG라는 용어가 지금처럼 일상화되기 이전에는 사회책임투자SRI, 책임투자Responsible Investment 또는 지속가능투자Sustainable Investment 등으로 불렸다.

ESG 요소가 기업의 가치에 미치는 영향이 확대됨에 따라 ESG 투자 자산 규모도 지속해서 늘어나고 있다. 글로벌 지속가능 투자연합GSIA, Global Sustainable Investment Alliance에 따르면, 2020년 6월 기준 전 세계 ESG 투자 자산 규모는 40.5조 달러로 2012년(13.2조 달러) 대비 3배 이상 늘었다. 도이치방크는 2030년까지 전 세계 투자 자산의 95%(130조 달러)가 ESG 요소를 고려할 것으로 전망하기도 했다. 국내 ESG 투자 자산 규모도 빠르게 성장하고 있다. 최근 5년 사이 10배 가까이 성장하여 2021년 6월 기준 212조 원의 자산이 투자 시 ESG를 고려하고 있다.

'내 것인 듯 내 것 아닌' 금융사의 돈

금융기관이 투자과정에서 ESG 요소를 고려하는 것은 논리적으로 당연한 귀결로 보인다. 그리고 이제 현실에서도 필수가 되어 가고 있다. 그렇다면 왜 이제야 ESG가 이슈가 되는 것일까? 금융기관은 왜 그동안 ESG 요소를 투자 의사 결정에 반영하지 않았던 것일까? 앞으로 금융기관은 ESG 요소를 투자과정에 제대로 반영할 것인가? 이 질문에 대한 답을 구하기 위해서는 금융기관이 가지고 있는 자산의 소유권과 그들의 '시간에 대한 관점'을 먼저 살펴볼 필요가 있다.

은행, 보험사, 자산운용사 그리고 국민연금과 같은 연기금은 막대한 규모의 자금을 운용한다. 기업이나 프로젝트에 대출해주기도 하고, 주식이나 채권 또는 부동산에 투자하기도 한다. 그런데 그들이 운용하는 자금의 원주인은 따로 있는 경우가 많다. 예를 들어 은행이 운용하는 자금의 상당수는 예금자의 돈이고, 보험사는 보험가입자, 연금은 연금가입자의 돈이다. '제3자로부터 기금을 모아 그들을 대신해서, 그러나 자신의 이름으로 투자를 행하는 기관'을 기관투자자라고 부르는데, OECD는 기관투자자를 "스스로가 투자의 주인owner이지만 최종 수익자final beneficial owner가 아닌 법인 형태의 투자자"라고 정의한다.

문제는 돈을 맡긴 최종 수익자와 돈을 받아서 운용하는 기관투자자의 '시간에 대한 관점'이 일치하지 않는 경우가 많다는 점이다. 국민연금이나 퇴직연금의 예를 들어보자. 연금가입자는 대개 20대 후반 또는 30대 초반부터 연금 보험료 납부를 시작해서 60대 이후 연금을 받게 된다. 즉 가입과 수급 시점에 30년의 시차가 발생한다. 연금가입자 입장에서는 연금기금의 1년 수익률보다는 30년 기간 누적수익률이 훨씬 더 중요하다. 반면 연금에서 자산을 직접 운용하는 펀드매니저나 연금의 자산을 대신 운용하는 위탁운용사는 단기간에 자신의 성과를 입증해야 하는 경우가 일반적이다. 펀드매니저부터 CEO까지 금융기관 내에서는 단기수익률이 개인의 성과를 결정하는 경우가 매우 흔한 일이다. 또한 상대적으로 이직이 자유롭고 개인의 투자성과가 자신의 가치를 결정하는 투자업계의 문화도 단기수익률에 집중하게 만드는 요인으로 작용한다.

반면 ESG는 기본적으로 장기주의적 속성을 가진다. 장기적으로 봤을 때 ESG가 우수한 기업의 가치는 그렇지 않은 기업에 비해 높을 가능성이 크다. 하지만 단기적으로 보면 꼭 그렇지만은 않다. 우크라이나-러시아 사태에 따른 에너지 기업의 자산가치 변화가 대표적인 사례다. 많은 투자자는 중장기적으로 화석연료 자산 및 관련 기업의 가치가 추세 하락할 것이라는 전망에 동의한다. 그렇지만 단기적 성과가 필요한 투자자라면 최근 급변하고 있는 석탄 및 천연가스 가격과 관련된 기업의 주가는 단기 투자수익을 올리기에 매우 좋은 기회라고 판단할 것이다.

집사가 주인을 위해 할 일: 수탁자책임과 지속가능성

금융기관의 단기주의는 2008년 서브프라임 모기지 사태로 촉발된 세계 금융위기의 근본적인 원인으로 지목받아왔다. 그리고 이를 극복하기 위한 방안으로 '수탁자책임'에 대한 논의도 함께 활발해졌다. 수탁자受託者란 실제 주인으로부터 돈을 받아서 관리하는 기관을 의미한다. 수탁자책임을 영어로는 '스튜어드십 코드Stewardship code'라고 부르는데, '스튜어드'는 주인을 대리해서 집안을 관리하는 집사를 의미한다. 즉 수탁자책임 또는 스튜어드십 코드는 돈을 맡아서 관리하는 기관이 자신의 단기적 이익이 아니라 돈을 맡긴 주인의 이익을 위해 일을 해야 한다는 지침이다.

수탁자인 금융기관이 돈을 맡긴 고객의 이익을 위해서 일해야 한다는 것은 일견 당연한 말처럼 들릴 수 있다. 그리고 지금까지 사람들 대부분은 금융기관이 그렇게 행동할 것이라고 기대하고 자신의 자산을 금융기관에 맡겨왔을 것이다. 하지만 '수탁자책임'이라는 개념이 주목받고 있다는 자체가 그동안 많은 금융기관이 단기적 성과를 위해 고객의 장기적 이익에 반하는 선택을 해왔거나, 장기적 이익에 도움이 되는 활동을 소홀히 해왔음을 방증한다. 그 대표적인 사례가 ESG다. ESG는 고객의 장기 수익에 도움을 줄 수 있을지는 모르지만, 자산을 직접 운용하는 투자기관의 단기적 성과에는 도움을 주지 못하는 경우가 많다. 단순히 수익률의 문제를 넘어 ESG 펀드를 운용하는 데 상당한 양의 추가적인 인력과 시간의 투입이 필요하기 때문이다. 기존의 재무정보에 더해 투자 대상 기업의 ESG 정보를 검토해야 할 뿐만 아니라 때에 따라서는 투자한 기업의 가치를 높이기 위한 주주 활동에도 나서야 한다.

2010년 영국을 시작으로 미국, 일본 등 전 세계 22개국이 스튜어드십 코드를 도입했다. 한국에서도 2016년 스튜어드십 코드가 도입되어 2022년 6월 말 기준 190개 금융기관이 참여하고 있다. 2022년 4월 기준으로 운용자산이 920조 원에 달하며, 세계 3대 연기금 가운데 하나인 국민연금은 2018년 7월 '국민연금기금 수탁자책임에 관한 원칙'을 제정하여 스튜어드십 코드에 참여했다. 한국 스튜어드십 코드(또는 기관투자자의 수탁자책임에 관한 원칙)은 도입목적을 다음 세 가지로 규정하고 있다.

- 투자 대상 회사의 중장기 가치 향상 및 지속가능성장
- 고객·수익자의 중장기 이익 도모
- 한국 자본시장 및 경제의 건전한 성장과 발전

스튜어드십 코드 참여 금융기관은 아래의 7가지 원칙을 준수해야 하고, 일부 원칙을 이행하지 않을 경우 그 사유를 공개해야 한다.

한국 스튜어드십 코드 7대 원칙

원칙1	고객, 수익자 등 타인 자산을 관리·운영하는 수탁자로서 책임을 충실히 이행하기 위한 명확한 정책을 마련해 공개해야 한다.
원칙2	수탁자로서 책임을 이행하는 과정에서 실제 직면하거나 직면할 가능성이 있는 이해 상충 문제를 어떻게 해결할지에 관해 효과적이고 명확한 정책을 마련하고 내용을 공개해야 한다.
원칙3	투자 대상 회사의 중장기적인 가치를 제고하여 투자 자산의 가치를 보존하고 높일 수 있도록 투자 대상 회사를 주기적으로 점검해야 한다.
원칙4	투자 대상 회사와의 공감대 형성을 지향하되, 필요한 경우 수탁자 책임 이행을 위한 활동 전개 시기와 절차, 방법에 관한 내부 지침을 마련해야 한다.
원칙5	충실한 의결권 행사를 위한 지침·절차·세부 기준을 포함한 의결권 정책을 마련해 공개해야 하며, 의결권 행사의 적정성을 파악할 수 있도록 의결권 행사의 구체적인 내용과 사유를 공개해야 한다.
원칙6	의결권 행사와 수탁자 책임 이행 활동에 관해 고객과 수익자에게 주기적으로 보고해야 한다.
원칙7	수탁자책임의 적극적이고 효과적인 이행을 위해 필요한 역량과 전문성을 갖추어야 한다.

의결권: 주총 소집통지서를 함부로 버리면 안 되는 이유

최근 인터넷, SNS 등이 일상화되면서 편지를 주고받는 일이 드물어졌다. 실제로 택배 이외의 1인당 우편 이용 물량은 2012년 평균 91통에서 2021년 57통으로 감소하고 있다. 하지만 우편물 가운데 오히려 물량이 늘어나고 있는 유형이 하나 있는데, 바로 매년 3월경에 발송되는 기업의 주주총회 소집통지서다. 특히 코로나19 이후 '주린이', '동학개미', '서학개미' 등의 신조어가 등장할 정도로 주식투자에 대한 일반인의 관심이 높아지면서 주주총회 소집통지서를 우편으로 받는 사람의 수도 급격히 늘고 있다. 한국예탁결제원에 따르면 2021년 기준 국내 상장사 주식 소유자 수는 1,384만 명으로, 코로나19 시기를 거치면서 2019년의 618만 명에 비해 2배 이상 증가한 것으로 나타났다.

투자라는 행위는 단순히 주식을 사고파는 것을 넘어 주식을 보유하고 있는 기간 동안 그 회사의 주인이 된다는 것을 의미한다. 주주총회 소집통지서는 회사의 주인에게 주주총회에 참석하여 회사의 주요 의사결정에 대한 의견을 표현해달라는 것이다. 하지만 주식투자를 하는 사람 가운데 주주총회 소집통지서에 포함된 주주총회 안건을 관심 있게 읽어본 사람은 많지 않을 것이다. 처음 한두 번은 호기심에 열심히 살펴보기도 하지만, 익숙해지면 어느새 분리수거함으로 직행하기 일쑤다. 이는 개인투자자뿐만 아니라 기관투자자들도 마찬가지다.

주주가 권리를 행사하는 방법들: 기관투자자의 수탁자책임 이행

투자자가 투자수익을 올리기 위해서는 좋은 타이밍에 주식을 매수하거나 매도하는 방법도 있지만, 주식을 계속 보유하고 있으면서 그 기업의 가치를 올리는 전략도 있다. 특히 대규모의 자금을 장기적으로 운용하는 기관투자자에게는 매수, 매도 전략 못지않게 지분을 장기 보유하면서 기업가치를 높이는 인게이지먼트 전략이 중요하다.

국민연금의 예를 들어보자. 국민연금은 국내 주식시장에서 가장 큰 규모의 기관투자자다. 2021년 말 기준으로 삼성전자, SK하이닉스, 현대차나 포스코를 포함해 한국을 대표하는 기업 40여 곳의 지분을 10% 이상 가지고 있을 뿐만 아니라 5% 이상 지분을 가지고 있는 기업 수도 250개 이상이다. 국민연금의 기금은 2040년경까지 지속해서 늘 것으로 전망돼 일정 수준 이상의 기업 지분을 장기간 보유할 수밖에 없다. 연금가입자의 최종적 이익을 위해서는 지분을 보유하고 있는 기간 동안 주주로서 최대한 기업의 가치를 올리는 노력을 해야 한다. 하지만 얼마 전까지 기관투자자들은 단기적으로 그 성과가 명확하게 나타나지 않는 주주권 행사에 소홀했던 것이 사실이다.

스튜어드십 코드를 도입한 국가들은 기관투자자의 이런 소극적 태도가 투자 대상 기업의 비효율적 경영을 방치하는 결과로 이어져 기업의 중장기적 가치를 떨어뜨릴 가능성이 크다고 판단했다. 그리고 이는 궁극적으로 투자수익률 저하로 연결될 수 있다고 봤다. 이에 스튜어드십 코드를 도입한 모든 국가에서는 투자 대상 기업에 대한 주기적 점검과 의결권 및 주주권 행사 강화를 수탁자책임 이행의 핵심으로 두고 있다. 그리고 기업의 ESG 요소를 점검해 주주권 행사에 반영하도록 권고하고 있다.

주주권은 주주가 회사에 가지는 모든 권리를 의미한다. 주주가 그 권리를 행사하는 것을 주주권 행사 또는 주주 활동이라고 말한다. 주주 활동은 일반적으로 의결권 행사, 서신 발송, 사적 대화, 주주제안, 소송, 캠페인, 위임장 경쟁으로 구분되며, 이 가운데 가장 일반적인 것은 의결권 행사와 서신 발송이다.

의결권 행사는 제안된 안건에 대해 주주총회에서 찬성 또는 반대를 나타내는 것을 의미한다. 앞서 말한 주주총회 통지서는 주주에게 주주총회에 참석하여 의결권을 행사해달라는 내용을 담고 있다. 주주총회에 상정된 일반적인 안건은 참석한 주주의 동의가 과반수를 넘고, 발행주식 총수의 4분의 1 이상이 찬성하면 통과된다. 그동안 소액 개인투자자들뿐만 아니라 기관투자자들도 의결권 행사에 소극적이었으며, 이에 따라 경영진의 의사에 따라 안건이 처리되는 경우가 많았다. 스튜어드십 코드는 기관투자자에게 적극적인 의결권의 행사를 권고하며 그 내역에 대해 공시하도록 하고 있다. 스튜어드십 코드 도입 이후 기관투자자들의 의결권 행사와 반대투표 비율 모두 증가하는 추세를 보이고 있다.

서신 발송은 투자 대상 기업의 경영진에게 자신의 의견을 서면으로 전달하는 것을 의미한다. 비공개 형태로 진행하는 것이 일반적이지만, 최근 들어 효과를 높이기 위해 외부에 공개하는 경우도 늘고 있다. 유럽 최대 연기금인 네덜란드 연금자산운용APG, All Pension Group은 2020년 2월 삼성전자, LG화학 등 국내기업 10곳에 기후변화 대응을 촉구하는 서신을 발송했고 이를 언론에 공개했다.

주주제안은 일정 지분 이상을 소유한 주주가 직접 주주총회에 안건을 상정하는 것을 말한다. 이사회는 안건을 제안하고 주주는 제안된 안건에 대해 주주총회에서 의결권을 행사하는 것이 일반적이다. 그런데 주주제안은 이사회에서 논의되지 않은 안건을 주주가 직접 상정한다는 측면에서 적극적 형태의 주주 활동으로 분류할 수 있다. 스튜어드십 코드 도입 이후 국내에서도 ESG와 관련된 주주제안이 늘고 있다. 특히 대표이사-의장 분리, 횡령·배임 전력이 있는 이사의 자격 박탈 등 지배구조 관련 주주제안이 증가하고 있다. 해외에서는 기후변화를 포함하여 다양한 ESG 관련 이슈에 대한 주주제안이 늘고 있으며, 주주제안이 통과되는 사례도 속속 발생하고 있다. 미국 최대 에너지 기업인 엑손모빌의 사례가 대표적이다. 2021년 5월 26일 열린 엑손모빌의 주주총회에는 12명의 이사 중 4명을 교체하는 안건이 상정되었다. 불과 0.2%의 지분을 보유한 행동주의 펀드 엔진넘버원Engine No. 1은 주주제안을 통해 환경전문가 3명을 이사로 추천했다. 블랙록, 뱅가드 등 다수의 기관투자자는 기후변화 투자 강화를 요구한 엔진넘버원의 주장을 지지하여, 최종적으로 엔진넘버원이 추천한 3명의 환경전문가가 이사로 선임되었다.

블랙록을 배후 조종하는 의결권 자문 서비스의 위력

다음 표는 세계 최대 기관투자자인 블랙록의 한국기업에 대한 의결권 행사 내역이다. 블랙록은 2020년 7월부터 2021년 6월까지 전 세계 1만

7000여 개 기업의 16만 5000여 개 주주총회 안건에 대해 ESG에 기반한 '블랙록 투자 스튜어드십 BIS, Blackrock Investment Stewardship 지침'에 따라 의결권을 행사했다. 그리고 주요한 투자기업에 대한 의결권 행사 방향과 자세한 결정 이유는 별도로 공개하고 있다.

기업명	안건	주주총회일자	찬반	사유
삼성전자	사외이사 신규 선임	2022.3.16	찬성	새로운 기후변화 목표 및 전략이 수개월 내로 발표될 것으로 기대되며, 신규 선임 이사가 이사회의 기후변화 전문성 강화에 도움을 줄 것으로 평가
포스코 인터내셔널	사내/사외 이사 재선임	2022.3.21	반대	팜오일 사업의 환경, 사회 리스크 정책 이행에 대한 투명성 부족
현대산업개발	사외이사 재선임	2022.3.29	반대	중대재해 감독 실패와 이로 인한 기업가치 하락

출처: 블랙록 홈페이지 https://www.blackrock.com

블랙록은 삼성전자, SK하이닉스, 네이버, KB금융지주 등 국내 50개 이상 기업의 2대 또는 3대 주주다. 불과 얼마 전까지만 하더라도 국내에서 생소한 이름이었던 '블랙록'이라는 투자기관은 이제 기업 경영진의 단골 대화 메뉴가 되었다. 블랙록의 ESG 정책이 한국기업의 경영에 직접적인 영향을 미치기 시작했기 때문이다. 블랙록뿐만이 아니다. 해외 주요 연기금 및 기관투자자의 의결권 행사 비율과 의결권 행사 시 반대표를 던지는 비율은 지속해서 높아지고 있다. 또한 한국형 스튜어드십 코드 도입 이후 그동안의 기권 또는 기계적 찬성 관행에서 벗어나 안건을 내부 의결권 행사 원칙에 따라 분석하고 실질적 의결권을 행사하고자 하는 국내 기관투자자도 증가하고 있다.

일반적으로 기관투자자들이 투자하고 있는 기업의 수는 수백, 수천 개에 이른다. 투자한 기업의 주주총회에 상정된 모든 안건을 기관투자자가 직접 검토하는 것은 현실적으로 매우 어려운 일이다. 자연스럽게 기관투자자의 의결권 행사를 지원하기 위한 서비스가 만들어졌고, 이를 '의결권 자문 서비스'라고 부른다. 전 세계 의결권 자문 서비스 시장의 양대 산맥은 ISSInstitutional Shareholder Services와 글래스루이스Glass Lewis라는 기관이다. 두 기관의 시장점유율은 각각 60%와 37% 수준이다. 한국에서는 서스틴베스트, 한국ESG기준원KCGS, 대신경제연구소, 좋은기업지배구조연구소가 의결권 자문 서비스를 제공하고 있다.

이들 의결권 자문사의 영향력은 실로 막강하다. 예를 들어 블랙록이 2017년 주주총회에서 찬성한 안건의 87.9%는 ISS가 찬성을 추천한 것이고, 반대한 안건의 69.2%는 ISS가 반대를 추천했다. 세계 2위 자산운용사인 뱅가드 역시 찬성 제안의 88.2%는 ISS가 찬성을 추천한 것이고, 반대한 제안의 80.3%를 ISS의 반대 추천을 따랐다. ISS의 자문 서비스를 받은 기관투자자가 3000여 곳이고 글래스루이스의 고객이 1300여 곳이니, 전 세계 대부분의 기관투자자가 이들의 권고안을 바탕으로 의결권을 행사하고 있는 셈이다.

기관투자자가 의결권 자문사의 권고안과 배치되는 방향으로 투표하기 위해서는 그에 상응하는 논리가 필요하다. 하지만 기업의 안건을 분석할 수 있는 내부 인력이 절대적으로 부족한 여건에서 핵심적인 투자기업이나 안건을 넘어 대부분의 기업과 안건에 대해 그러한 논리를 검토하는 것은 쉽지 않은 상황이다. 다시 말해, 내부 역량을 갖추기 전까지는 자문사의 권고안을 따르는 것이 기관투자자 입장에서 가장 안전한 선택이 될 수 있다. 일각에서 주주총회 안건의 통과 여부는 의결권 자문사의 손에 달렸다는 목소리가 나오는 이유다.

기업의 주주총회 시즌이 되면 주요 기업의 안건에 대한 통과 가능성을 분석하는 기사가 쏟아진다. 이때 기자들이 가장 먼저 찾는 것은 주요 의결권 자문사의 해당 안건에 대한 권고안이다. 만약 ISS, 글래스루이스 또는 국내 자문사의 의견이 모두 '찬성'이라면 통과 확률이 높고, '반대'라면 통과 확률이 낮다고 분석하는 식이다. 그리고 자문사 간 의견이 엇갈리는 경우에는 각 자문사 서비스를 이용하는 기관투자자들이 그 기업에 가진 지분율을 바탕으로 통과 가능성을 분석하기도 한다. 예를 들어 LG화학의 배터리사업부(현 LG에너지솔루션) 물적분할 안건의 경우, 임시주주총회 개최 이전부터 통과 가능성이 크다고 분석하는 기사가 많았다. 그 이유는 서스틴베스트를 제외하고 ISS, 글래스루이스, KCGS 등 대다수 의결권 자문사가 '찬성'을 권고하는 보고서를 냈기 때문이다.

그런데 주주총회 안건을 들여다본 적이 있는 사람이라면 주주총회 안건에 대한 찬반 여부가 기업의 환경 및 사회 이슈와는 큰 관련이 없다고 생각했을 수 있다. 실제로 주주총회에 상정되는 대부분의 안건은 이사의 선임 및 연임 등과 같은 지배구조 관련 사안이기 때문이다. 하지만 현실은 그렇지 않다. 기관투자자와 의결권 자문사 모두 의안을 분석하는 기본적인 기준으로 ESG를 적용하고 있기 때문이다. 예를 들어 '이사 연임의 건'이 상정되었다고 가정해보자. 의결권 자문사는 찬반을 판단하는 기준으로 해당 이사가 ESG 분야에 전문성이 있는지, 기업의 ESG 성과에 얼마나 기여했는지, 앞으로 얼마나 더 기여할 수 있을지 등 ESG 요소를 판단의 근거로 사용한다. 앞서 보여줬던 블랙록의 한국기업의 '이사 선임' 안건에 대한 의결권 행사 사유에 기후변화, 안전 등 ESG 요소가 반영된 것과 동일한 맥락이다.

3

ESG 금융에는 트렌드가 있다

금융 분야의 ESG 트렌드는 9600조 원을 주무르는 세계 최대 자산운용사 블랙록이 이끌어가고 있다. 래리 핑크 블랙록 회장은 2021년 1월 초 최고경영자들에게 보내는 연례 서한에서 "고객의 우선순위에서 기후변화만큼 중요한 것은 없다"고 강조했다. 그는 2020년에도 기업들에게 기후변화에 대응하는 장기 전략을 공개하라고 요구하고 양질의 ESG 정보공시를 강조했다. 발전용 석탄처럼 지속가능하지 않은 사업에서는 자금을 빼고, ESG 정보를 공개하지 않는 기업에는 의결권을 행사해 이사회에 책임을 묻겠다고도 했다. 이에 따라 국내 금융계에서도 ESG 열풍이 불었다.

ESG 가운데 특히 주목해야 할 부분이 환경E이다. 기후변화가 심각해지고 미세먼지와 신종 코로나바이러스 감염증 등 환경·보건 관련 문제가 전 세계적으로 심각한 사회 문제가 되면서 'E' 이슈가 최대 관심사가 됐다. 더욱이 각국이 탄소세 등 환경 관련 규제를 만들면서 막연한 기후변화 문제가 아니라 기업 생존의 요소로 그 중요성이 부각됐다. EU는 2023년부터 탄소배출이 많은 국가나 기업을 대상으로 '탄소국경조정제도CBAM, Carbon Border Adjustment Mechanism' 시행을 앞두고 있다. 미국 바이든 정부도 탄소국경세를 도입할 가능성이 있다. 문재인 전前 대통령은 2020년 12월 '2050 탄소중립 비전'을 선언하면서 "더 늦기 전에, 지금 바로 시작합시다"라며 탄소중립과 관련된 제반 정책의 중요성을 언급했다.

이런 흐름을 반영해 국내 금융기관 112곳이 2021년 3월 9일 2050년 탄소중립을 달성하기 위한 '기후금융' 실행을 선언했다. 기후금융이란 기업과 사회의 탄소배출 경감을 유도하고 저탄소 경제로 이행하는 데 기여하는 금융회사의 대출과 투자, 관련 금융상품 개발 등을 말한다.

한국사회책임투자포럼KoSIF, Korea Sustainability Investing Forum과 국회기후변화포럼이 주최한 '2050 탄소중립 달성을 위한 기후금융 지지 선언식'에서 참여 금융기관은 기후금융 실천을 위한 6대 약속을 천명했다. 6대 약속은 △2050 탄소중립 적극 지지 △금융 비즈니스 전반에 ESG 요소 통합 △기후변화 관련 국제적 기준의 정보 공개 지지와 재무정보 공개 노력 △대상기업에 ESG 정보 공개 요구 △다양한 기후 행동으로 탈탄소 산업 자본 유입 노력 △기후변화 대응 관련 금융상품 출시 등이다.

종합금융그룹인 KB·신한·우리·NH·하나와 주요 은행 등 참여 금융기관의 2020년 말 운용자산 규모는 5563조 원이다. 이 지지 선언에 IBK기업은행, 공무원연금 등 일부 공적 금융도 참여했다. 국회ESG포럼을 발족한 김성주 더불어민주당 의원은 "기후금융 지지 선언 행사가 우리 사회의 급격한 변화를 상징적으로 보여준다"고 말했다.

KoSIF에 따르면 금융권은 2022년 6월 27일 기후 위기 관련 정보공시에 대한 국제적 압력에 대응하기 위해 민간 플랫폼 '한국TCFD얼라이언스'를 출범시켰다. TCFDTask force on Climate-related Financial Disclosures는 2017년 발족한 '기후변화 관련 재무정보 공개 협의체'로, 기업에 지배구조, 전략, 위험 관리, 지표(온실가스 배출량) 및 목표로 분류된 기후변화 관련 정보를 공개토록 요구하고 있다. 여기에는 금융회사 18곳, 일반기업 35곳, 기관 2곳 등 55곳이 참여했다. 금융회사로는 KB금융지주, 신한금융지주, 하나금융지주, 농협금융지주, 삼성생명, 교보생명, 삼성화재, 미래에셋증권, 삼성증권 등이, 일반기업으로는 SK, 현대자동차, 기아, KT, LG화학, 롯데케미칼, 현대중공업 등이 참여했다. KoSIF는 "삼성전자 등 10개 이상의 기업이 참여 의사 결정 과정을 밟고 있다"고 설명했다.

한편 국내 금융권에 ESG 열풍을 촉발한 블랙록이 2022년 들어 약간의 태도 변화를 보였다. 인플레이션과 우크라이나 전쟁 등으로 인해 세계 경제가 침체기를 걷게 되자 블랙록은 기업들이 기후변화 대응에 지나치게 많은 돈을 쓸 경우 성장에 영향을 미친다며 우려를 드러냈다. ESG 경영 자체가 목적이 되어서는 안 되고, 주주 가치를 증진하는 것이 더 중요하다는 입장을 표명한 것이다. 블랙록은 "우크라이나 전쟁이 탄소중립으로의 전환에 중대한 영향을 미쳤다"며 "러시아산 에너지를 대체하기 위해서라도 화석연료 생산업체는 생산량을 늘릴 필요가 있다"고 강조했다.

하지만 블랙록의 기조가 완전히 바뀌었다고 보기에는 이르다. BIS 지침에 따르면 블랙록은 ESG 리스크와 기회를 고려하는 기업이 장기적 가치를 높이는 데 더 나은 위치에 있다고 보고 있다. 블랙록은 2022년 투자 스튜어드십 보고서에서도 "기업이 기후 리스크와 기회를 지배구조와 전략, 위기관리에 어떻게 통합하고 있는지, 또 기업이 스코프 1, 2영역• 에서 온실가스 공개 정보와 단·중·장기에 대한 과학적 감축목

• 157쪽 참고.

표를 투자자들에게 공개하고 있는지를 살펴보고 있다"고 밝혔다.

국내 금융권은 ESG 투자에서도 보수적 성향이 강했다. 그런데 돌다리도 두드려보고 다리를 건너던 금융권이 이제는 기후금융이라는 초유의 분야에 적극적 드라이브를 걸고 있다. 국회와 금융 정책 당국도 기후금융을 밀고 있다. 인플레이션과 저성장 기조가 길어져도 기후변화 대응과 탄소중립 전환 시대를 되돌릴 수 없다. 금융권이 뒤따르지 않을 수 없는 상황인 것이다.

4

ESG 금융 정책의 최대 이슈들

ESG 금융 정책의 미래: EU 지속가능금융 액션플랜

롤 모델이 있으면 일을 추진하기가 한결 수월해진다. 앞서 실행했던 누군가의 전략을 벤치마킹하여 계획을 수립할 수도 있고, 또 이에 따른 전략의 성공 가능성 및 효과를 예측하기도 쉬워진다.

이상하게 들릴지 모르지만, 국내 ESG 정책의 방향을 예측하는 것은 매우 쉽다. 국내 ESG 정책이 EU의 정책을 벤치마킹하여 수립되고 있기 때문이다. 그 가운데서도 EU가 2018년에 발표한 'EU 지속가능금융 액션플랜EU Sustainable Finance Action Plan'이 핵심이다. 비단 한국만 그런 것은 아니다. 국가별로 범위와 강도는 차이는 있지만 전 세계 국가 대부분이 ESG 정책을 수립할 때 EU 정책을 참고하고 있다.

마찬가지 이유로 ESG 관련 정책의 속도나 강도를 예측하는 것도 어렵지 않다. 유럽이 ESG를 현실 정책에 반영하기 위한 노력을 가장 먼저, 그리고 가장 오랫동안 해왔으며 이 분야에서 가장 앞서 있다는 것은 누구도 부정할 수 없는 사실이다. 하지만 정작 ESG 및 기후변화 정책의 확산 속도와 강도는 미국이 키를 잡고 있다. EU가 정책의 기틀을 잡고, 미국이 동참하는지의 여부에 따라 속도와 강도가 결정되는 양상이다. 최근 기후변화 및 ESG 정책이 전 세계적으로 매우 빠르게 퍼지고 있는 이유를 미국이 ESG 정책 수립에 적극적으로 나서고 있기 때문이라고 보는 전문가도 많다. 유럽과 미국은 여전히 세계 경제의 주도권을 쥐고 있는 지역으로, 미국과 유럽이 보조를 맞춘다면 나머지 국가들이 이를 따라가지 않을 수 없는 것이 현실이다.

ESG의 시작점은 금융이다. 하지만 금융기관을 1차 정책 대상으로 만들어진 ESG 금융 정책은 투자 기업 선정, 대출금리 반영, 의결권 및 주주권 행사 등 금융기관의 활동을 통해 '기업 경영'에 직접적인 영향을 미친다. 따라서 기업 입장에서도 ESG 경영 전략을 수립하고 이행하기 위해서는 ESG 금융 정책을 이해할 필요가 있다.

한국에서 ESG 금융 정책이 포괄적으로 논의되기 시작한 시점은 금융위원회와 환경부를 중심으로 한 '녹색금융 추진 TF'가 구성된 2020년이다. 그리고 실제로 '녹색금융 추진 TF'는 정책의 기본방향을 설계할 때 EU의 지속가능금융 액션플랜을 벤치마킹 자료로 활용했다. 기업들

목적 1	**지속가능한 경제를 위한 자본흐름 유도**
	1) 지속가능한 활동에 대한 EU 차원의 분류체계(Taxonomy) 개발 2) 지속가능 또는 녹색금융 상품 표준, 표지 및 녹색채권 표준 개발 3) 지속가능성 향상을 위한 프로젝트에 대한 민간 투자 유도 및 확대 4) 투자자문 제공 시, 지속가능성 이슈 반영 5) 지속가능성 관련 벤치마크 개발
목적 2	**지속가능성 관련 이슈를 리스크관리의 핵심에 반영**
	6) 시장조사분석 및 신용 평가에 지속가능성 통합 7) 연기금 등 기관투자자와 자산운용사의 수탁자책임 명확화 8) 은행, 보험사의 건전성 요건(prudential requirement)에 기후변화 등 지속가능성 포함
목적 3	**금융의 투명성 및 장기주의 확산**
	9) 지속가능성 이슈에 대한 정보공시 및 회계규정 강화 10) 기업 지배구조의 지속가능성 향상 및 자본시장의 단기주의 압력 완화

출처: EU commission, 2018

이 ESG 정책 또는 규제라고 느끼는 한국형 녹색분류체계, 녹색채권 가이드라인, ESG 정보공시 의무화 등이 모두 그 출발점은 EU인 셈이다. 그러므로 EU의 지속가능금융 액션플랜을 알면 향후 국내외 ESG 정책의 방향을 예측할 수 있다.

2018년 3월 발표된 EU의 지속가능금융 액션플랜은 3가지 목적과 목적 달성을 위한 10가지 행동계획으로 구성되어 있다.

주전자 속 개구리는 누구인가?

"개구리 한 마리를 잡아다가 뜨거운 주전자 속에 넣으면, 개구리가 제 죽을 줄 알고 뛰쳐나옵니다. 개구리의 점프력으로 얼마든지 주전자의 높이를 오를 수 있기 때문입니다. 그러나 개구리를 잡아다가 찬물이 들어 있는 주전자에 넣고 불로 서서히 물을 끓이기 시작하면 개구리는 온도의 변화에 적응하면서 가만히 있습니다. 계속 물을 끓이면 개구리는 자기 몸이 익는 줄도 모르고 주전자 속에 가만히 있다가 마침내 죽고 마는 것입니다."

조지 바나George Barna가 쓴 『주전자 속의 개구리The Frog in a kettle』•라는 책에 나오는 이야기다. 단기적 현실에 매몰되어 지구가 뜨거워지는 것을 알면서도 이에 제대로 대응하지 않는 우리 인류의 모습을 빗대어 자주 인용된다. 그런데 '주전자 속 개구리' 같은 모습은 의외의 곳에서도 발견된다. 바로 금융이다. 금융은 리스크를 활용하여 돈을 버는 산업이다. 리스크에 관해 그 누구보다도 전문가인 사람들이 모

• Regal Books. 1990.

여 있는 곳이 바로 금융기관이다. 하지만 이런 금융기관도 '주전자 속 개구리'와 같은 모습을 보이곤 하는데, 가장 대표적인 사례가 금융기관의 기후 리스크관리다. 최근 기후 리스크관리에 적극적으로 나서는 금융기관이 늘고 있기는 하지만 여전히 많은 금융기관은 기후 위기관리에 소홀한 것이 현실이다.

다른 산업이라면 한두 개 기업이 리스크 대응에 실패하여 도산한다 해도 사회적으로 큰 문제가 되지 않는다. 하지만 금융은 다르다. 한 군데 금융기관의 실패가 금융산업, 더 나아가 사회 전체의 위기를 불러올 수 있다. 오늘날 금융산업은 매우 복잡한 실타래처럼 상호 연결되어 있기 때문이다. '리먼 브라더스'라는 하나의 금융기관이 파산하면서 시작된 2008년 금융위기는 미국을 넘어 전 세계 경제에 막대한 피해를 가져왔다.

우수한 금융기관의 수를 늘리는 것 못지않게 사회적으로 중요한 것은 낙오하는 금융기관을 막아 내는 일이다. 2014년 튀르키예에 모인 G20 국가의 재무장관과 중앙은행장들은 기후 리스크가 금융기관의 재무 건전성에 영향을 미칠 수 있다는 점에 뜻을 같이했다. 기후변화는 필연적으로 기업 및 자산가치의 변화를 가져오고, 기업이나 자산에 투자 또는 대출한 금융기관이 기후 리스크로 인한 가치 변화를 미리 대비하지 못한다면 2008년 금융위기와 같은 상황이 되풀이될 수 있다고 판단했다. 이에 금융안정위원회FSB, Financial Stability Board에 대응책 마련을 주문했고, FSB는 2015년 마이클 블룸버그 전 뉴욕시장을 수장으로 하는 TCFD를 출범했다. TCFD는 2017년 독일 본에서 열린 G20 정상회의에 권고안을 전달했다.

냉정하게 말하면 국제사회에서 약속이나 권고는 지켜지지 않는 경우가 허다하다. G20 또한 회원국에 TCFD 권고안의 이행을 담보할 어떠한 권한도 가지고 있지 않다. 하지만 기후변화에 관심이 있는 사람이면 누구나 TCFD 권고안의 영향력을 실감한다. 사실 TCFD 권고안에 막대한 영향력을 부여하는 것은 녹색금융을 위한 중앙은행·감독 간 글로벌 협의체(이하 녹색금융협의체)인 NGFSNetwork of Central Banks and Supervisors for Greening Financial System라는 기구다. 금융기관의 '저승사자'라고 표현되기도 하는 금융감독 기관들이 모여 기후·환경 금융 리스크 관리 방안을 논의하기 위해 2017년 자발적으로 수립한 기구가 바로 NGFS다. 2022년 7월 기준 전 세계 116개 기관이 회원으로, 19개 기관이 옵서버로 참여하고 있다. 한국은행, 금융위원회, 금융감독원도 각각 2019년과 2021년에 회원으로 가입했다. 참고로 해외에서는 한국과 달리 중앙은행이 통화정책뿐만 아니라 금융감독 권한을 겸하는 경우가 많다. 한국에서는 과거 한국은행이 금융감독 권한을 가지고 있었으나, 1999년 금융위원회가 설치되면서 금융감독 권한이 분리되었다.

NGFS는 2019년 녹색금융 촉진에 관한 6개 권고안을 발표했으며, 권고안의 주요 내용 가운데는 '기후 리스크의 금융감독 정책 반영'과 'TCFD 권고안에 따른 기후공시체계 구축'이 들어 있다. 주요국의 금융감독 기관은 실제로 감독 정책에 기후 리스크를 반영하고 있으며, 한국에서도 '녹색금융 추진 협의체'를 중심으로 관련 정책 도입을 추진 중이다. 금융위원회와 금융감독원은 5개 금융협회와 함께 '금융권 기후리스크포럼'을 도입했으며, 금융감독원은 2021년 12월 금융회사의 '기후 리스크관리 지침'을 발표했다. 그리고 2022년에는 기후변화 시나리오에 따른 금융기관의 재무 건전성 변동을 분석하는 스트레스 테스트를 시범 실시했다.

금융감독 정책의 변화는 기업의 자금조달 환경에도 중대한 변화를 가져올 수밖에 없다. 금감원의 '기후 리스크관리 지침'에 따르면 금융회사는 고객의 기후 리스크를 식별하고 평가할 수 있다. 평가 시에는 기후 리스크관리에 대한 고객의 활동 및 역량, 기후 리스크 경감을 위한 고객의 능력과 의지를 고려할 수 있다고 명시하고 있다. 그리고 고객의 기후 리스크관리를 유도하기 위해 탄소배출량 감축 등 환경 목표를 달성한 고객에게는 금융거래 비용 절감 등의 인센티브를, 그리고 적절히 관리하지 않는 고객에게는 금융거래 비용 부과, 거래 한도 설정, 고객과의 관계 재설정(관계 축소, 관계 종료 등)의 조치를 고려할 수 있도록 하고 있다. 쉽게 말하면 기후변화에 적절히 대응하지 않는 기업에는 금리 인상, 대출한도 축소 또는 대출만기 연장 거절 등의 조치를 할 수 있게 한 것이다. '기후 리스크관리 지침'의 모든 조항은 '할 수 있다'라는 표현을 사용하여 금융기관에 선택권을 주고 있으나, 금융감독 기관과 금융기관의 관계를 고려하면 상당한 강제력을 가지고 있다고 해석하는 것이 맞을 듯하다.

키코 사태가 알려주는 ESG 금융상품 공시의 중요성

금융상품의 불완전판매가 종종 뉴스에 오르내린다. 불완전판매란 금융회사가 소비자에게 금융상품을 판매하는 과정에서 지켜야 할 중요사항을 누락하거나 허위·과장으로 오인하게 하는 것을 말한다.

2008년 키코KIKO 사태로 723개 기업이 3조 3000억 원의 피해를 봤다. 은행이 위험에 대한 정확한 설명 없이 기업들에게 환헤지(환율 변동 위험 회피) 목적 통화옵션계약인 키코를 판매했고, 글로벌 금융위기로 환율이 급격히 상승하며 기업에 피해가 전가되었다. 2013년에는 동양그룹 사태가 있었다. 동양증권이 동양그룹에서 발행한 회사채와 어음을 일반 고객에게 위험성 설명 없이 판매했고, 이에 따라 4만여 명이 1조 7000억 원의 피해를 봤다. 그 외에도 DLF 사태, 라임펀드 사태 등 금융상품의 불완전판매로 인한 피해는 지속되고 있다.

투자에 대한 책임은 투자자 개인에게 있다. 하지만 금융기관은 투자자들이 정확한 정보를 바탕으로 의사결정을 할 수 있도록 금융상품에 대한 정보와 위험성을 명확히 설명해야 할 책임이 있다. 그리고 금융기관은 투자자들에게 설명한 대로, 즉 투자설명서에 기술한 대로 자산을 운용해야 한다. 이 두 가지 조건을 모두 만족시키는 경우에만 투자자 개인이 투자 결과에 대한 책임을 진다.

ESG 펀드도 일반 금융상품과 같은 금융상품이다. 차이점이 있다면 ESG 금융상품에 투자할 때 투자 대상 자산의 ESG 요소를 추가로 반영한다는 것이다. 따라서 ESG 금융상품을 판매할 때 금융기관은 금융소비자에게 어떠한 ESG 요소를 어느 수준으로 반영할지를 고지해야 하며, 고지한 방법대로 ESG 요소를 투자에 적용해야 한다. 그러지 않으면 불완전판매가 된다. 과거에는 ESG 금융상품의 소비자가 주로 연기금과 같은 대형 자산 소유사였고, 양자 간에 위탁계약을 맺어 사모펀드 형태로 운용하는 경우가 많았다. 하지만 최근 들어 개인금융 소비자의 ESG 펀드 가입이 빠르게 늘고 있다. 특히 개인이 퇴직금을 이용하여 펀드 상품에 가입하여 운용할 수 있는 DC형 퇴직연금을 주요 타깃으로 하는 ESG 펀드 상품의 수가 늘고 있으며 가입자도 늘고 있다.

금융기관의 그린워싱뿐만 아니라 불완전판매로 인한 금융소비자의 피해를 막기 위해서도 ESG 펀드 상품을 운용하는 금융회사 및 상품 자체에 대한 공시가 시급한 상황이다. EU는 2018년 발표한 '지속가능금융 액션플랜'의 과제 가운데 하나로 금융기관의 ESG 공시를 포함했으며, 2021년 3월 지속가능금융 공시규제SFDR, Sustainable Finance Disclosure Regulation를 도입했다. 이에 따라 EU에서 금융상품을 판매하는 자산운용사, 은행 등의 금융기관은 투자 대상 기업의 지속가능성 위험을 파악하고 투자에 반영하는 방법(금융회사 단위)과 금융상품의 지속가능성 관련 정보(금융상품 단위)를 공시해야 한다. 금융상품의 경우 ESG 금융상품뿐만 아니라 일반 금융상품의 지속가능성 수준도 공시하도록 했다. 금융기관은 ESG 반영 방법을 자사 웹사이트 및 상품별 투자설명서에 공시해야 하며, 온실가스 배출량 등 투자가 지속가능성 요소에 주는 영향을 고려하고 실사 여부도 공시해야 한다. 또한 금융기관의 모든 홍보 및 마케팅 자료는 SFDR에서 공시하는 정보와 상충하여서는 안 된다고 규정했다.

2023년 9월 미국 증권거래위원회SEC, Securities and Exchange Commission에서도 펀드명에 ESG를 포함하거나 ESG 투자를 표방하는 펀드는 포트폴리오의 80%이상을 펀드명과 일치시키도록 '펀드이름 규칙'을 개정했다. 한국에서는 2023년 10월 금융감독원이 'ESG 펀드에 대한 공시기준'을 도입했다. 펀드 명칭에 "ESG"를 포함하고 있거나, 투자설명서 상 투자목적, 전략 등에 ESG를 고려하고 있음을 표시하는 등 스스로 'ESG'임을 표방하는 펀드는 증권신고서에 투자목적, 전략, 운용능력, 투자위험 등 중요정보와 ESG 연관성을 사전공시하고, 자산운용보고서를 통해 정기적으로 운용경과를 보고해야 한다. 이 기준은 개정 이후 설정되는 신규 펀드뿐만 아니라 기존 펀드에도 적용된다.

다양한 ESG 채권의 세계

우리는 대출을 받을 때 은행에서 지정한 이자율에 따라 이자를 지급하기로 약속하고 돈을 빌린다. 반대로 채권의 경우 돈을 빌리는 사람이 얼마의 이자를 지급하겠다고 먼저 정하고, 이 조건으로 나한테 돈을 빌려줄 사람을 찾는다. 쉽게 말해 만약 내가 친구들에게 '10% 이자를 줄 테니 돈 빌려줄 사람?' 하고 물어보고, 실제로 돈을 빌려준 친구에게 증서를 써줬다면 그것이 바로 채권이 되는 것이다.

채권은 크게 두 가지 정도로 구분할 수 있는데, 빌린 돈을 어디에 사용할지 미리 고지하고 발행하는 채권을 '특수목적채권', 그렇지 않은 채권을 '일반채권'이라 부른다. ESG 채권은 ESG 활동에 사용하겠다고 약속하고 돈을 빌리는 것이므로 특수목적채권에 해당한다.

ESG 채권은 세부적으로 기후변화 및 환경개선을 목적으로 발행하는 '녹색채권', 일자리, 사회 기본 인프라 등에 대한 투자를 목적으로 발행하는 '사회적 채권', 환경 및 사회적 목적에 모두 사용할 수 있는 '지속가능채권', 환경·사회·지배구조 목표치와 연동해서 이자율이 달라지는 '지속가능연계채권'으로 구분된다. 전 세계 ESG 채권 신규 발행 규모는 2017년 1960억 달러에서 2021년 1조 310억 달러로 최근 들어 급격한 성장을 보이고 있다. 국내 신규 ESG 채권 발행 규모도 2018년 1.25조 원에서 2021년 86.8조 원으로 대폭 증가했다. 채권 유형별로는 해외의 경우 녹색채권이 전체의 절반 이상을 차지하는 데 반해 국내는 사회적 채권이 녹색채권보다 발행 비중이 월등히 높다.

최근 자본시장에서 ESG 관련 채권에 대한 수요가 뜨겁다. 이에 따라 기업도 ESG 채권 발행을 통해 상대적으로 낮은 금리로 기후변화 및 ESG 관련 투자자금을 조달하고자 ESG 채권 발행에 적극적으로 나서고 있다. 아울러 ESG 채권 발행 자체를 기업 내부의 ESG 경영 성과 지표로 활용하는 기업도 늘고 있다. ESG 채권을 발행하기 위해서는 단순히 발행목적을 공시하는 것을 넘어 몇 가지 추가적인 조건이 갖춰져야 한다. 우선 무엇이 ESG 활동인지에 대한 정의가 필요한데, 이를 '분류체계' 또는 '택소노미Taxonomy'라 부른다. 다음으로는 발행기관의 발행목적이 ESG 기준에 부합한 지, 그리고 목적에 따라 조달자금을 집행할 수 있는 관리능력을 갖췄는지를 확인하는 절차가 있어야 한다. 마지막으로 발행목적에 맞게 자금이 실제로 사용되었는지를 확인하고 이를 투자자에게 보고하는 절차도 필요하다.

이러한 조건을 세부적으로 규정한 것을 'ESG 채권표준'이라고 하는데, EU 녹색채권 표준EUGBS처럼 국가 차원에서 표준을 정하기도 하고, 국제자본시장협회ICMA, International Capital Market Association의 녹색채권 원칙GBP, Green Bond Principles처럼 민간에서 표준을 만들기도 한다. 어떤 채권 표준을 따를 것인가는 채권발행자, 즉 기업이 자율적으로 정하면 된다. 금융위원회와 환경부는 2020년 12월 '녹색채권 가이드라인'을 발표했는데, 가이드라인에 따르면 채권 발행 전 ①조달자금의 사용 ②프로젝트 평가와 선정 과정 ③조달자금 관리 ④사후 보고체계에 대해 의무적으로 외부 기관에 검토받도록 했으며, 발행 후에는 자금배분 보고서 및 영향 보고서에 대한 외부 검토를 자율적으로 하도록 권고하고 있다. 금융위원회와 환경부는 2022년 12월 '한국형 녹색채권 가이드라인' 개정안을 발간했다. 개정안에서는 발행 후 보고에 대한 외부검토도 의무로 전환했다.

ESG 채권은 조달금리 측면과 기업 ESG 활동의 대외 홍보 측면에서 장점이 있다. 반면에 발행 과정에서 외부 검토를 거쳐야 하므로 추가적인 비용이 발생한다는 점과, 조달한 자금의 관리 절차가 일반적인 채권에 비해 까다롭다는 단점이 존재한다. 특히 금융기관의 경우 조달한 자금을 직접 사용하는 것이 아니라 기업에 투자나 대출 형태로 재집행하기 때문에 관리가 상당히 복잡할 수 있다. 투자 또는 대출을

ESG 채권발행 프로세스

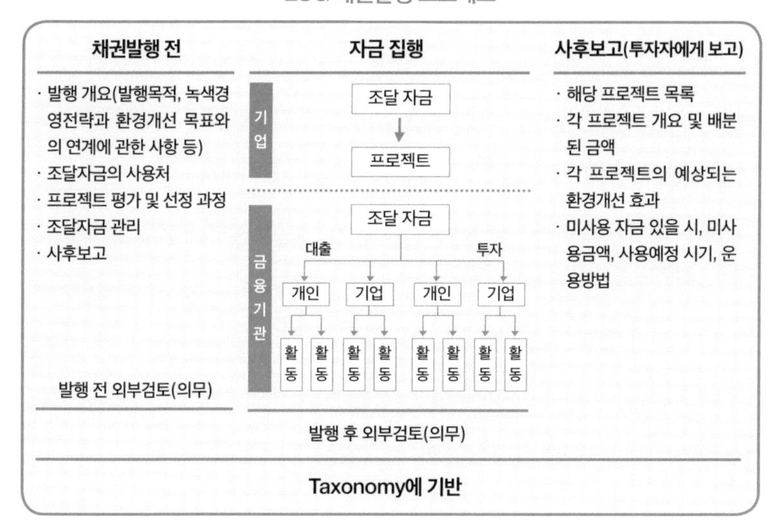

받은 기업이 실제로 ESG 목적에 부합하게 자금을 사용했는지를 확인해야 하기 때문이다. 기업 입장에서도 유행에 따라 또는 홍보 목적으로 ESG 채권을 발행하기보다는 ESG 채권을 발행하기 전에 그 득실이 무엇인지, 조달한 자금을 제대로 관리할 수 있는 내부 역량이 갖추어졌는지 등을 신중히 검토할 필요가 있다.

택소노미가 금융기관의 그린워싱을 막기 위한 제도라고?

ESG 금융시장이 성장하며 그린워싱에 대한 유혹도 커지고 있다. 얻을 수 있는 이익도 그만큼 커지기 때문이다. 금융기관의 그린워싱을 막기 위해서는 우선 자금이 ESG 목적에 맞게 사용되었는지를 금융소비자가 확인할 수 있어야 한다. 즉 ESG 금융상품에 대한 정확한 공시가 이루어져야 한다. 그런데 공시제도에 앞서 먼저 정리가 되어야 하는 것이 있다. 무엇이 ESG 금융 또는 녹색금융에 부합한 금융 활동인가에 대한 정의다. 예를 들어 어떤 금융기관이 녹색채권을 발행하여 조달한 자금을 석탄화력발전소의 온실가스 저감 설비를 설치하는 데 대출했다고 가정해보자. 온실가스 감축에 기여했기 때문에 정당한 자금 집행인가? 기후변화의 주범이라고 할 수 있는 석탄화력발전소 관련 프로젝트에 자금이 사용됐으므로 원래 목적에 어긋난 활동인가? 이를 판별하기 위해 나온 것이 그린 택소노미(Green Taxonomy, 녹색분류체계)다. 즉 녹색금융이라고 이름 붙은 자금이 녹색이 아닌 곳에 사용되는 것을 막기 위해 어떤 경제활동이 녹색인지를 규정한 체계다.

택소노미의 파급효과

택소노미의 원어 'Taxonomy'는 그리스어로 '분류하다'라는 의미의 'Tassein'과 '규칙'을 뜻하는 'Nomos'가 합쳐져 만들어진 단어다. 원래 생물학에서 종種을 분류할 때 사용하던 용어다. 말하자면 호랑이(종)를 큰고양이(속)-고양이(과)로 분류하는 체계를 지칭할 때 사용하는 용어가 바로 택소노미다. 사실 일상생활에서 우리가 '분류체계'라는 의미로 가장 쉽게 접할 수 있는 영어단어는 'Classification'이다. 표준산업분류체계, 표준무역분류체계, 표준환자분류체계 모두 'Classification'이라는 용어를 쓴다.

택소노미라는 단어가 생물학이 아닌 경제용어로 사용되기 시작한 것은 EU가 지속가능금융 액션플랜을 발표한 2018년부터다. EU는 무엇이 지속가능한 활동인지를 정의하는 택소노미 개발을 지속가능금융 활성화를 위한 첫 번째 과제로 정했다. 다시 말해 택소노미는 녹색금융 또는 ESG 금융을 표방한 금융기관이나 금융상품이 기준에 맞지 않는 활동에 사용되는 것을 막기 위한 정책이다. 반대로 이야기하면, 녹색금융 또는 ESG 금융을 표방하지 않는 자금은 택소노미를 사용할 필요가 없음을 의미하기도 한다.

금융 정책의 일환인 택소노미가 최근 큰 이슈로 떠오르는 이유는 그 영향이 금융에만 한정되지 않기 때문이다. 흔히 금융을 산업의 '핏줄'로 비유하곤 한다. 투자, 대출, 보증 등 금융의 지원 없이 기업을 운영하는 것은 현실적으로 매우 어렵다. 금융의 변화는 이제 산업과 기업에도 직접적인 영향을 미친다. 택소노미가 우리 사회 또는 기업에 미치는 영향력의 크기는 ESG 금융 또는 녹색금융의 규모와 직결된다.

ESG 금융 규모는 빠르게 성장하고 있다. 2020년 기준 ESG 투자 규모는 35조 3000억 달러로 전 세계 운용자산의 36%에 이른다. 국내에도 투자, 대출, 상품, 채권 발행 등 ESG를 고려한 금융 규모는 2020년 기준으로 531조 원에 달한다. 다수의 연구기관이 ESG 금융의 성장세가 앞으로도 지속될 것으로 예측하고 있다. 이는 택소노미가 적용될 자금 규모가 계속해서 늘어난다는 것을 의미한다. 앞으로 택소노미 기준에 적합한 기업 및 프로젝트는 더 좋은 조건으로 자금을 조달할 수 있을 것으로 전망된다. 반대로 택소노미 기준에 미달하는 기업 및 프로젝트의 자금조달은 더 어려워질 것이다.

하지만 시간은 충분하다. EU의 분석에 따르면 그린 택소노미 기준에 부합한 자금 수요처는 아직 전체 자금 규모의 5%에 불과하다. 지금 당장은 그린 택소노미 기준에 부합하지 않는 사업 모델을 가진 기업이라도, 중장기적 비전을 가지고 저탄소 모델로 전환하고자 한다면 시중에 풀린 녹색자금을 쉽게 유치할 수 있다. 사업 포트폴리오 전환을 계획하고 있는 기업에는 오히려 기회이기도 하다.

EU는 그린에 이어 2022년 2월 소셜 택소노미(Social Taxonomy, 사회적 분류체계) 최종보고서를 발표했다. 국내에서는 아직 구체적 계획이 발표되지 않았으나 기획재정부에서 사회적 채권 가이드라인을 마련하기 위한 준비 작업이 시작되었다. 녹색채권 가이드라인이 만들어진 이후 한국형 녹색분류체계 마련 작업이 시작된 전례를 볼 때, 조만간 사회적 분류체계에 대한 여론 수렴이 이루어질 것으로 보인다.

천연가스와 원자력 발전은 과연 녹색인가?

한국과 EU 모두 녹색분류체계에서 가장 논쟁이 활발했던 분야는 LNG 발전과 원자력 발전이다. EU 택소노미의 LNG 발전과 원자력 발전 관련 세부 기준을 확인하면 과연 LNG 발전과 원자력 발전을 녹색으로 포함했다고 명확하게 말할 수 있을지 의문이 든다. 우선 LNG 발전은 전력 생산 시 kWh당 온실가스 배출량 270gCO_2e• 미만, 그리고 설계수명기간 동안 평균 100gCO_2e 미만을 달성하는 발전 프로젝트만을 녹색으로 인정하기로 했다. 그런데 LNG 발전 최신기술을 적용해도 배출량을 300gCO_2e 미만으로 줄이기는 어렵다. EU 기준을 만족하기 위해서는 반드시 발전 시에 LNG와 수소를 함께 사용하거나, 배출되는 온실가스를 포집하는 탄소 포집 및 저장 설비CCS, Carbon Capture and Storage를 적용해야 한다. 두 가지 모두 상용화가 되지 않은 기술로, 한동안은 LNG 발전 프로젝트에서 EU의 녹색자금을 조달하는 것은 현실적으로 쉽지 않아 보인다. 한국도 기준이 조금 낮기는 하지만 비슷한 상황이다.

원자력 발전 역시 사정은 마찬가지다. EU가 제시한 사고 저항성 핵연료봉은 아직 존재하지 않는 기술이다. 더욱이 고준위방사성폐기물, 즉 사용후핵연료봉 처분장 건설은 더 큰 난제다. 전 세계적으로 사용후핵연료 처분장이 운영 중인 곳은 핀란드가 유일하다. 그마저도 계획부터 운영까지 30년가량 걸렸다. 나머지 국가들도 오랜 기간 여러 차례에 걸쳐 핵폐기물 처분장 도입을 시도했지만, 안전과 주민 수용

• CO_2e: 온실가스 배출량을 대표 온실가스인 이산화탄소로 환산한 양. 150쪽 참고.

EU와 한국의 녹색분류체계 내 LNG 발전과 원자력 인정 세부 조건

	EU	한국
LNG 발전	· 온실가스 배출량 기준 - 발전 시: 270gCO_2e/kWh 이내 - 설계수명기간: 100gCO_2e/kWh 이내	· 온실가스 배출량 기준 - 발전 시: 340gCO_2e/kWh 이내 - 설계수명기간: 평균 250gCO_2e/kWh 이내 달성 계획 제시
원자력 발전	· 2025년까지 사고 저항성 연료 적용 · 2050년까지 고준위폐기물(사용후핵연료) 처분시설 운영할 수 있는 구체적 계획 및 실행단계 문서화 등	· 2031년부터 사고 저항성 연료 적용 · 고준위폐기물(사용후핵연료) 저장 및 처분을 위한 문서화된 세부계획 존재 및 법률 제정

출처: EU 집행위원회, 한국 환경부

성 등의 문제로 스웨덴을 제외하고는 모두 진전이 없는 상황이다. 한국 또한 마찬가지다. 이런 상황에서 2050년 이전에 핵폐기물 처분장을 운영할 수 있는 구체적 계획을 마련하라는 것은 매우 어려운 일이다. 한국은 당초 녹색분류체계 발표 때 원자력 발전을 제외했으나, 윤석열정부 출범 이후 원자력을 포함하는 것을 전제로 다시 수정작업을 진행하였으며 환경부는 2022년 12월 신규 원자력발전소 건설, 기존 원자력발전소의 계속운전과 원전관련 R&D가 포함된 '한국형 녹색분류체계 개정안'을 확정 발표했다.

다시 강조하고 싶은 것은 녹색분류체계는 녹색금융을 표방하는 자금에만 적용된다는 것과, 금융기관의 자금은 금융소비자들에게서 나온다는 것이다. LNG 발전과 원자력 발전이 녹색분류체계에 포함된다고 해도 여론에 민감한 금융기관이 이들처럼 논란이 많은 프로젝트에 실제로 자금을 집행할 것인지는 미지수다.

4장

중소기업의 ESG 전략

Environmental

Social

Governance

Contents

1

해야만 하나? 해야만 한다!

중소기업에 ESG 경영이 필요한 4가지 이유

ESG는 대기업에만 영향을 미치는 게 아니다. 대기업의 협력업체로서, 수출기업으로서, 정부와 금융기관을 상대하는 기업으로서 중소벤처기업도 생존을 위해 ESG를 고려해야 하는 시대가 왔다. 중소벤처기업진흥공단은 중소벤처기업이 ESG를 해야 하는 이유로 다음 네 가지를 들고 있다.

- 공급망 실사 시 ESG 반영으로 협력업체 선정에서 탈락 위험 증가
- 소비자의 수준 향상, 결과뿐 아니라 과정도 중요하게 생각하며 소비, 기업이 제대로 대응하지 못하면 소비자 불매운동 등 발생
- 정부의 ESG 규제로 공공입찰 참여 시 불이익 발생 우려
- 투자자 및 금융기관도 ESG 우수기업에 우선 투자 및 자금 공급

국내외에서 탄소배출 규제가 강화되면서 환경 전략이 절실해졌고, EU를 중심으로 공급망 ESG 실사 제도가 시작되면서 사회·지배구조 측면도 관리가 강화되는 추세다. EU 집행위원회는 2022년 2월 '기업 공급망 실사법'을 공식화하면서 2024년부터 이를 기업에 적용할 것

이라고 밝혔다. 이 법은 기업의 전 공급망에 걸쳐 ESG 요인에 대해 실사하고 그 내용을 공개할 것을 요구한다. 유럽 지역 내 사업장을 가진 기업과 그 공급망까지 실사 범위에 두고 있으므로, 중소기업도 ESG를 관리하지 않으면 계약에서 배제될 가능성이 커진 것이다.

ESG 관리지표별 체크리스트와 추진 전략

국내 중소기업의 경우 대기업보다 이에 대한 대처가 부족한 상황이다. 무엇보다 소유와 경영이 분리되어 있지 않아 투명한 의사결정 체제(지배구조)가 제대로 작동하기 어려운 곳이 많다. 또 장기 전략에 의해서 움직이기보다는 단기 이익에 더 민감하며, ESG를 관리할 전문인력도 부족한 편이다. 따라서 중소기업은 대기업과 다른 ESG 추진 전략이 필요하다.

물론 ESG 경영 전략의 큰 틀은 대기업이나 중소기업이나 크게 다르지 않다. ESG 관점에서 기업의 비전과 목표를 다시 정하고, 그 실행 과제와 체계를 갖춰서 추진하는 것이 핵심이다. 하지만 무엇을 어떻게 해나가야 하는지를 자문하면 그 답을 찾기가 쉽지 않다.

중소기업은 유관 기관들이 만든 ESG 관리체계를 참조하면 큰 도움이 된다. 예컨대 대한상공회의소와 삼정KPMG가 글로벌 공급망 ESG 평가 이니셔티브인 책임있는비즈니스연합RBA, Responsible Business Alliance과 에코바디스EcoVadis의 협력사 ESG 평가 기준을 참고해 만든 '중소기업 ESG 관리지표'가 하나의 기준이 될 수 있다. 이 지표는 환경, 사회, 지배구조의 지표를 모두 14개로 나누고 관리의 용이성(단기간 또는 적은 비용으로 성과 개선 가능)과 시급성(국내 규제 수준, 공급망 요구사항 등)을 따져 접근할 것을 권하고 있다. 아래 내용은 두 기관이 만든 연구보고서 「중소기업 ESG 추진전략」을 참조해 구성했다.

중소기업 ESG 관리 주요 지표

영역	지표
환경(6)	· 환경경영체계 구축 · 온실가스 배출 저감 · 자원 사용/폐기 및 재활용 · 유해 물질 배출/폐기 · 제품 탄소발자국 · 친환경 기술 기회
사회(6)	· 고용 관행 · 공급망 포함 아동 노동/강제 노동 금지 · 차별 및 직장 내 괴롭힘 금지 · 산업 안전 보건 · 지적재산 및 고객정보 보호 · 제품 안전 및 품질
지배구조(2)	· 투명경영 · 반부패/준법 경영

출처: 대한상공회의소·삼정 KPMG

중소기업들은 위에서 제시된 각 지표에 대해 구체적 관리 방향을 정해야 한다. '환경경영체계' 지표의 경우 환경경영을 위한 시스템 구축, 내부 관리 인력, 데이터 관리 등 체계 정비, 목표 수립 및 환경 성과 개선 이행, 대외 환경경영인증시스템(ISO 14001 등) 획득 등을 점검한다. 조직 내 담당 인력이나 부서가 있는지, 에너지 사용에 대한 측정이 정기적으로 이루어지는지, 인증시스템을 어떻게 취득할 것인지 등을 묻고 점검하는 것이다. 따라서 지표별 체크리스트를 만들어 확인하는 것이 관리를 구체화하는 데 도움이 된다.

체크리스트로 자사의 현황을 진단하면 개선이 필요한 내용을 시기별로 정리해볼 수 있다. 또 이 과정에서 ESG 기반의 비즈니스를 새롭게 발굴할 기회도 찾을 수 있다. 친환경 제품군을 확대하거나, 대기업과의 파트너십을 통해 투자를 유치할 수도 있다. 대기업의 중소협력사 지원사업들도 도움이 된다.

LG화학의 경우 협력사를 대상으로 ESG 교육 간담회를 통해 화학물질의 안전 등 국내 법규 내용을 공유하고, 에너지 효율을 위한 설비 및 관리 체계를 교육하고 있다. SK하이닉스의 경우 반도체 산업 내 환경 문제를 공동으로 해결하기 위해 'Eco Alliance'를 구축하고 환경경영, 지적재산 보호, 산업 안전과 보건 등에 대해 전문 컨설팅과 교육을 지원하고 있다.

관리지표별 ESG 체크리스트

영역	관리 지표	관리 방향
환경	환경경영 체계	· 조직 내 환경 관련 업무를 담당하는 인력 또는 부서가 지정되어 있는가? · 전력/수자원 사용량, 탄소 배출량 등 환경 성과의 측정이 주기적·연속적으로 이루어지고 있는가? · ISO 14001 등 외부 환경경영인증을 취득할 계획 및 필요성이 있는가?
	온실가스 배출	· 조직이 직접 발생시키거나 에너지 사용을 통해 간접적으로 발생시키는 온실가스 배출량을 측정 및 관리하고 있는가? · 온실가스 배출량 감축에 대한 계획 및 목표가 수립되어 있는가?
	자원 사용/ 폐기 및 재활용	· 조직의 수자원 사용량과 폐기물 배출량은 법적 요구 수준을 충족하고 있는가? · 폐수 및 폐기물 처리 방식은 적법한가? · 조직 내 수자원 사용량 절감 및 폐기물 감축/재활용 확대에 대한 계획이 수립되어 있는가?
	유해 물질 배출/ 폐기	· 유해 물질 배출량과 폐기 방식은 법적 요구 수준을 충족하고 있는가? · 유해 물질 배출량 절감에 대한 계획 및 목표가 수립되어 있는가?
	제품 탄소발자국	· 제품 단위당 탄소 배출량을 측정 및 관리할 수 있는가? · 저탄소 제품 제조 및 출시를 통한 경쟁력 확보가 가능한가?
	친환경기술 기회	· 조직은 친환경 기술에 투자 및 개발하고 있는가? · 동종/경쟁사 대비 자사 제품이 우월한 친환경성을 보유하는가? · 현재 조직이 영위하고 있는 사업과 미래에 영위할 사업은 소비자의 친환경 제품 선호 증대에 따라 더 많은 수익을 확보할 수 있는가?

사회	고용 관행	· 조직이 고용한 정규직 임직원들은 공정한 대우와 보상을 받고 있는가? · 조직이 고용한 계약직/임시직 직원들에 대해 적정한 근로 조건을 명시한 계약서를 작성하였는가? · 고용 과정에서 성별, 인종, 국적, 신체적 자유 등에 대해 차별이 없도록 관리하고 있는가? · 조직 내 근로자들에게 결사의 자유가 보장되는가? · 조직의 근로자들은 적법한 수준의 근로 시간 및 휴식 시간을 준수하고 연장 근로 현황이 관리되고 있는가?
	공급망 포함 아동 노동/강제노동 금지	· 조직의 고용 관행 내 아동 노동/강제노동을 금지하고 있는가? · 조직의 핵심 공급망 내에서 발생 가능한 아동 노동/강제 노동 리스크는 없는가?
	차별 및 직장 내 괴롭힘 금지	· 근로자가 조직 내에서 발생하는 고충에 대해 논의할 수 있는 의사소통 채널이 존재하는가? · 조직문화 및 근무 만족도에 대해 주기적으로 평가/측정할 수 있는 시스템이 존재하는가? · 조직 내 근로자에 대한 부당한 대우, 괴롭힘 또는 성희롱 등의 인권침해 발생 시 이를 처리하는 적절한 프로세스가 마련되어 있는가?
	산업 안전 및 보건	· 공정 및 사업장 내 위험작업을 식별하고 관리하며 위험작업에 대한 적절한 완화 조치를 이행하고 있는가? · 근로자에게 안전/보건 교육을 제공하고 있는가? · 근로자 재해율의 최근 3개년 추세는 어떠한가?
	지적재산 및 고객정보 보호	· 조직 내 모든 지적재산 및 주요 영업 정보의 반출/입이 적절한 보안 관리시스템 하에서 행해지는가? · 근로자 대상 정보보안 교육을 실시하는가? · 인적, 물리적 보안 리스크를 주기적으로 점검하는가? · 사내 정보보호 담당자가 지정되어 있는가?
	제품 안전 및 품질	· 제품/상품의 품질을 검수/평가하고 관리하는 프로세스가 공식화되어있는가? · 지난 3년간 제품 관련 품질 이슈 및 반품, 리콜 등의 발생 추세는 어떠한가? · 제품에 대한 고객 만족도 및 피드백을 체계적으로 관리하고 제품 개선에 반영하고 있는가?
지배구조	투명경영/ESG 경영	· 경영상의 주요 현안에 대한 의사결정에 앞서 최고경영진이 조직 내 일부 또는 전체 구성원과 충분한 소통을 이행하는가? · 조직의 자금 관리 및 집행이 독립적인 부서/인력에서 투명하게 이루어지는가? · 조직의 손익계산서와 재무상태표가 적법한 형태로 주기적으로 작성되고 관련 법인세를 성실히 납부하는가? · 조직의 주요 ESG 리스크/기회에 대해 관리하고 고객사 요청 시 관련 정보를 공개할 수 있는가?
	반부패/준법 경영	· 조직은 사업 운영상 준수해야 하는 경제/사회/환경 측면의 법규 동향을 모니터링하고 관련 리스크가 없도록 관리하고 있는가? · 윤리경영에 대한 임직원 행동강령/방침 등이 명문화되어 있는가? · 고객사와 계약체결 시 발생 가능한 리스크를 관리하고 입찰 단계부터 거래 성사, 용역 종료 시까지 법률 및 절차상의 공정성을 준수하고 있는가? · 임직원의 윤리규정 준수에 대해 주기적으로 점검하고 내부에서 발생 가능한 부패/뇌물수수/자금세탁 등의 리스크를 관리하고 있는가?

출처: 대한상공회의소·삼정 KPMG

ESG 경영의 마무리는 대외 커뮤니케이션이다. 대기업의 경우 축적된 ESG 정보를 이해관계자와 외부에 알리기 위해 지속가능경영보고서를 쓰는 게 관례다. 하지만 중소기업의 경우 비용 부담 등으로 보고서 작성이 어렵다면 관련 내용을 홈페이지나 SNS를 통해 알리는 것도 하나의 방법이 될 수 있다.

일방적인 홍보가 아니라 객관성을 띠려면 ESG 성과에 대해 제3자 검증을 거치는 것이 좋다. 기왕에 검증을 거칠 계획이라면 보고서 작성이 더 효율적이다. 사실 보고서를 만드는 작업 자체가 ESG 전략을 짜는 것과 유사하므로 최종 목표를 보고서 작성으로 두고 ESG 경영을 시작하는 것도 좋다. 보고서를 작성하기 위해 경영의 기초자료를 검토하고, 내·외부 이해관계자의 요구를 파악하면서 중대성 이슈를 정하며, 글로벌 표준과 이니셔티브를 참고해 ESG 이슈를 정하고 내용 작성 및 검증까지 거친다면 완성된 형태의 지속가능경영보고서가 나온다. 이 보고서를 재무정보가 담긴 사업보고서 발간 시기에 맞춰 공개한다면 언론도 관심을 가질 수 있고 그 효과가 배가될 것이다.

2

모르면 손해 보는 중소기업 ESG 지원 정책

ESG 경영을 요구하는 대외 환경은 급변하고 있으나 중소기업은 정보·인력·자금 부족에 시달리는 경우가 많아 정부나 민간기관에서 중소기업의 ESG 활동을 지원하는 사례가 적지 않다. 중소기업은 이를 적극적으로 활용할 필요가 있다. ESG 이슈별 특성과 자사 현황을 고려해 적극적으로 대응한다면 고객과 투자자의 신뢰, 리스크와 규제 대응, 기업 경쟁력과 가치 제고 등의 기대효과를 얻을 수 있다.

중소벤처기업부는 2022년 초 중소기업의 탄소중립과 ESG 활동을 지원하기 위한 계획을 공개했다. 중소기업 탄소중립 예산을 4744억 원으로 잡아 2021년 대비 2배 확대하고, ESG 지원도 강화하기로 했다. 또 탄소중립 관련 법령 마련 등을 통해 중소기업 공정·경영의 전환을 지원하고, 중소기업 ESG 체크리스트를 세분화하는 동시에 관련 교육·컨설팅·수출 등도 지원한다.

ESG 체크리스트를 활용해 기업 스스로 ESG 수준을 진단할 수 있도록 마련된 '중소기업 ESG 자가 진단 시스템'• 에는 국내외 ESG 평가지표를 기반으로 23개 문항이 준비돼 있다. 이 시스템을 통해 자가 진단에 참여한 기업은 2022년 6월 기준으로 1만 2000여 개사다. 특히 참여사의 28.6%가 수출기업이었는데, 이는 해외의 기업이 ESG 관

• kdoctor.kosmes.or.kr

련 대응을 요구하고 있기 때문으로 보인다. 중기부는 2022년 하반기에 수출 중소기업을 지원하기 위해 국가별 ESG 요구 특성 등을 정리한 『중소기업 ESG 경영안내서(수출편·업종 편)』를 발간할 예정이다. 또 하반기에 국내외 ESG 통계, 정책 등의 정보와 고도화된 진단시스템을 포함한 '중소기업 ESG·탄소중립 온라인 종합 플랫폼'을 구축할 예정이다.

2022년 2분기까지 자가 진단 데이터를 분석한 결과 중소기업은 ESG 분야 가운데 '환경' 분야 대응에 가장 큰 어려움을 느끼는 것으로 나타났다. 이에 중기부에서는 분석 결과와 조사 내용을 정책에 반영해 탄소중립 관련 지원을 확대하고, 정책자금과 컨설팅 등을 통해 기업이 환경 분야에 대응할 수 있도록 돕고 있다.

IBK기업은행도 중소기업을 위한 'IBK ESG 자가 진단 툴'을 출시했다. 이는 중소·중견기업 누구나 서비스를 이용할 수 있다. 자가 진단은 ESG 종합·분야별 등급과 이슈별 진단을 바탕으로 실시된다. IBK기업은행 기업인터넷뱅킹과 모바일뱅킹 아이원i-ONE 뱅크에서 배너를 통해 'ESG 자가 진단 시스템'에 접속이 가능하다. 사업장정보등록을 하면 간단하게 자가 진단 서비스를 받을 수 있다.

중소벤처기업부의 ESG 벤처투자 표준 지침을 챙겨라

중소벤처기업부는 벤처·창업초기기업(스타트업)의 ESG 역량을 제고하기 위해 'ESG 벤처투자 표준 지침(가이드라인)'을 마련해 2022년 7월 13일 발표했다. 벤처캐피탈이 벤처투자에 이를 활용할 경우 벤처·창업

초기기업의 ESG 경영을 유도해나갈 수 있을 것으로 보인다. 표준 지침은 이들 기업의 성장단계·산업별 특성을 고려해 선정하도록 설계돼 있지만, 펀드운용사의 투자 포트폴리오와 전략에 따라 수정이 가능하다.

기업 성장단계별 투자 검토 기업 분류

	기업 발전 단계	구분 예시
LEVEL 1	· 비즈니스 모델 확립 전 · 주요 평가대상은 창업자와 팀의 역량과 비전, 보유 기술	시드, 프리시리즈A 또는 해당 라운드 총투자 금액 20억 원 이하 또는 기업가치(Pre 기준) 100억 원 이하
LEVEL 2	· 비즈니스 모델 확립 단계	시리즈 A, B 또는 해당 라운드 총투자 금액 20~150억 원 또는 기업가치(Pre 기준) 100~750억 원
LEVEL 3	· 본격적인 성장단계 · IPO나 M&A 가능성	시리즈 C 이상 또는 해당 라운드 총투자 금액 150억 원 이상 또는 기업가치(Pre 기준) 750억 원 이상

출처: 중소벤처기업부

벤처·창업초기기업은 정책자금을 마련하거나 판로를 개척할 때 혹은 기업을 공개할 때 ESG 경영을 요구받고 있다. 정책금융기관은 공공 조달에 참여하는 기업이 ESG 우수기업일 경우 우대한다. 그리고 주요 대기업들이 'RE100'* 에 가입할 경우 공급망인 중소기업에도 ESG 경영을 요구한다. 기업을 공개할 때는 코스피 상장기업 기업지배구조보고서나 지속가능경영보고서 공시 의무화 단계를 밟아야 한다. 더욱이 해외 주요 국부펀드나 공공 연기금, 대형 자산운용사 등을 중심으로 ESG 경영 상황을 벤처투자 의사 결정에 반영하는 추세이므로 ESG 경영은 벤처기업이 글로벌 유니콘으로 성장하는 데 중요한 요소

* 215쪽 참고.

산업별 주요 ESG 요소 분류

산업 분류	LEVEL 1	LEVEL 2 & LEVEL 3
바이오·의료	임상 시험 참가자의 안전, 제약·의료서비스에 대한 접근성, 인적자원의 개발 및 유지	제품에 대한 가격 접근성, 위조 의약품 방지, 제품 안전, 윤리적 마케팅, 공급망 관리, 윤리경영
ICT 서비스/게임	데이터 프라이버시와 표현의 자유, 데이터 보안, 인적자원의 다양성	하드웨어 인프라의 환경 부하, 지식 재산권 존중 및 공정경쟁, 서비스 중단 리스크관리
영상·공연·음반	콘텐츠와 제작·관리진에서의 다양성 및 포용성	보도·공연·방송 윤리, 저작권 보호
ICT 제조	제품에서의 정보 보안, 인적자원의 다양성, 제품 수명 주기 관리	공급망 관리, 지속가능한 원료 구매, 온실가스 배출 관리, 에너지 사용량 관리, 용수 사용량 관리, 폐기물 배출 관리, 산업 안전, 지식 재산권 존중 및 공정경쟁
전기·기계·장비	제품 수명 주기 관리	제품 안전, 에너지 사용량 관리, 위험 폐기물 관리, 지속가능한 원료 구매, 윤리경영
화학·소재	사용 단계에서 제품 환경성 개선, 화학물질의 안전·환경 관리	온실가스 배출 관리, 대기오염물질 배출 관리, 에너지 사용량 관리, 위험 폐기물 관리, 지역사회와의 관계, 산업 안전, 법률 및 규제 관리, 환경 사고 예방 및 대응 체계
유통·서비스	근로자 인권 보호, 인적자원의 다양성	에너지 사용량 관리, 고객 정보 보호, 제품·포장·마케팅에서의 환경·사회적 지속가능성 개선

출처: 중소벤처기업부

가 된다.

'ESG 벤처투자 표준 지침'의 주요 내용은 크게 네 가지다.

첫째, ESG 펀드(모태펀드 출자)를 운용하는 벤처캐피탈은 ESG 벤처투자 정책을 수립하고, ESG 투자심의기구를 설치·운영해야 한다.

둘째, ESG 가치에 반하는 기업을 투자 대상에서 배제하는 부정 선별Negative screening 평가 기준을 도입해 투자 절차에 적용해야 한다. 즉 유엔 책임투자원칙UN PRI을 준용해 마약, 술·담배 등 비非가치재의 생산·유통, 도박, 성 윤리 위반 서비스, 탄소배출 과다 기업은 투자에서 배제된다. 2020년 6월 유럽투자기금EIF, European Investment Fund의 설문조사에 따르면 유럽 벤처캐피탈, 엔젤투자자들의 약 50%가 ESG 기준에 근거한 부정 선별 전략을 활용하고 있다.

셋째, ESG 투자 검토기업의 ESG 리스크 분석을 위해 ESG 표준 실사 체크리스트를 제공한다. 다만 벤처캐피탈은 투자 검토 기업의 성장단계·산업군별 특성에 맞게 ESG 항목별 50% 범위에서 체크리스트 항목을 수정할 수 있어 탄력적으로 운영할 수 있다.

넷째, 표준 지침 도입 초기임을 고려하여 투자 기업 발굴 및 심사단계는 지침(가이드라인)이 의무사항이나, 이후 투자 의사결정, 사후관리, 투자비 회수 단계에서는 자산운용사의 자율 운영이 가능하다.

이런 지침은 167억 원 규모 ESG 전용 펀드에 처음 시범 적용됐다. 투자를 유치하려는 중소기업이라면 위 내용에 유의해야 한다.

놓치지 말아야 할 은행권 ESG 대출상품

KB국민은행과 동반성장위원회는 2022년 7월 중소기업의 ESG 경영을 지원하기 위한 업무협약을 체결했다. 국민은행은 동반성장위원회가 시행 중인 '협력사 ESG 지원사업'을 통해 선정된 ESG 우수 중소기업을 대상으로 경영진단, ESG 컨설팅, ESG 특화 대출 지원 및 최고 0.4%p의 우대 금리를 제공한다. 또 ESG 우수 중소기업에 대해 'KB ESG 컨설팅 서비스'도 제공한다.

ESG 경영이 본격화되면 시중은행에서 ESG에 특화된 대출상품을 이용할 기회도 생긴다. 신한은행의 경우 '신한 ESG 우수상생지원대출' 상품으로 ESG 우수기업에 연 0.2~0.3%p의 우대 금리를 적용하고 있다. 환경 기여도에 따라 금리를 우대하는 상품들도 여럿 출시돼 있다.

대한상공회의소가 IBK기업은행과 함께 '지속가능성 연계 대출SLL, Sustainability Linked Loan' 협력사업의 일환으로 2022년 2월 출시한 'ESG 경영 성공지원 대출'도 유용하다. 이 대출은 현재 ESG 경영 수준이 높지 않은 중소기업이라도 ESG 경영 목표를 세우면 최대 1%p 범위에서 금리 인하 혜택을 받을 수 있다. 총 대출 규모가 2000억 원에 이르며 대출한도는 동일인당 최대 10억 원이다. 단 신용등급이 BB+ 이상이어야 하고, 대한상공회의소가 발급한 '지속가능성과목표' 확인서를 보유한 기업이어야 한다.

5장

실무자가 꼭 챙겨야 하는 ESG 이슈

Environmental

Social

Governance

Contents

중대재해처벌법은 살아 있다

2022년 들어 국내 사업장에 산업 보건 및 안전 이슈가 큰 관심을 끌었다. '중대재해 처벌 등에 관한 법률(중대재해처벌법)'이 1월 17일부터 시행되면서 생긴 현상이다. 경영자는 과도한 처벌을 우려했고, 노동자는 더는 억울한 죽음이 없기를 기대했다. 하지만 시행 이후의 상황을 보면 애초의 우려 또는 기대와는 사뭇 다른 결과로 나타났다.

시행 이후 6개월간 중대재해처벌법 적용 사업장에서 85건(직업성 질병 2건 포함)의 사고가 발생했다. 중대재해로 92명이 사망하고 29명이 유독물질에 중독됐다. 이 중 73건은 수사 중이고, 고용노동부가 기소 의견으로 검찰에 송치한 건은 12건이다. 검찰이 기소한 건은 1건에 불과했다. 유해화학물질이 든 세척제를 사용하면서도 안전보건 조치를 제대로 하지 않아 직원 16명이 독성 간염에 걸리게 한 혐의로 두성산업 대표를 불구속기소한 건이다. 3명의 사망사고가 일어나 1호 중대재해처벌법 적용 기업이 된 삼표산업의 경우 수 개월간 수사만 이어지고 있다. 검찰의 기소율이 낮아 아직 중대재해처벌법의 효과를 판단하기 어려운 것이다.

그러나 윤석열정부는 경영자 단체의 건의를 받아들여 중대재해처벌법과 시행령 개정을 예고했다. 시행령에 담긴 경영책임자의 안전보건 확보 의무에 규정된 '충실히' 등과 같은 모호한 규정을 구체화하고, 현장의 목소리를 반영해 기업의 법적 수용성을 높이겠다는 취지다.

중대재해처벌법의 규정과 처벌조항을 분석해보니

경영자 단체는 중대재해처벌법의 불명확한 규정으로 현장에서 혼란을 겪고 있고, 과도한 처벌 규정으로 경영활동이 위축되고 있음을 강조해 왔다. 한국경영자총협회(경총)는 △직업성 질병자 기준에 중증도 기준 명시 △중대산업재해에 해당하는 사망자 범위 한정 △경영책임자 대상과 범위 구체화를 위한 시행령 개정 △안전보건 관리체계 구축 등 중대산업재해 관련 경영책임자 의무 명확화 △안전보건 교육 수강 대상 신설 및 교육 시간 완화(20시간→6시간) 등을 요구했다. 전국경제인연합회(전경련)는 △중대산업재해 정의 △중대시민재해 정의 △경영책임자 등 정의 △경영책임자 등 안전보건 확보 의무 △도급 등 관계에서의 안전보건 확보 의무 △안전보건교육의 수강 △종사자의 의무 △경영책임자 등 처벌 △손해배상의 책임 등 총 9가지에 대해 개선 과제를 제시했다.

반면 노동자 단체는 경영계가 건의한 내용은 법에서 위임하지 않은 부분으로 산재 사고가 발생할 경우 경영책임자의 책임을 강화하겠다는 법 취지를 훼손하고 있다고 주장했다. 7월 7일 중대재해 예방을 위한 학자·전문가 네트워크인 '중대재해전문가넷'은 용산 대통령실 인근에서 기자회견을 열고 경영계의 건의 내용을 조목조목 반박했다. 예컨대 직업성 질병 사망을 '급성 중독'에 한해 중대산업재해로 규정하고 직업성 질병자 정의에 '6개월 이상 치료 기간'을 명시하도록 한 내용은 직업성 질병을 중대재해 정의에서 제외하는 것과 마찬가지라고 지적했다. 경영책임자 대상과 범위를 구체화하기 위한 시행령 개정 요구에 대해서는 "법률로 정한 정의 조항 의미를 대통령령으로 제정하는 것은 위헌적"이라며 "경영책임자의 정의는 대표이사를 포함해 안전보건에 관한 전적인 권한과 책임이 있는 자 모두에게 적용돼야 한다"고 주장했다.

노동자의 억울한 죽음이 없고, 이윤보다 생명과 안전이 먼저인 사회가 선진사회다. 하지만 그동안 우리 사회의 노동 현장은 낙후돼 있었다. 2019년 국내 산재 사망자는 2020명이었고, 산재를 당한 노동자가 10만 9242명이었다. 고용노동부가 2018년 산재 현황을 취합해 2019년 말에 발표한 자료에 따르면 중대재해가 발생한 사업장 중 연간 재해율이 같은 업종의 평균보다 높은 곳이 671개소에 달했다. 대우건설, 포스코건설, 현대산업개발 등 건설업 사업장이 382개였고, 금호타이어, 현대제철 당진공장, KCC 여주공장 등 제조업 사업장도 169곳이었다. 연간 사망자가 2명 이상인 곳은 현대중공업, 포스코, TCC한진, 코레일, 현대엔지니어링 등 20곳이었다.

2022년 1분기에도 산업재해 사망자가 157명이나 된다. 전년 같은 기간보다 8명 줄었지만 제조업 사망자가 전년보다 6% 정도 늘었다. 노동자의 안전을 지키기 위한 산업안전보건법은 처벌 수위가 낮아 재범률이 무려 97%나 됐다. 기존의 법체계와 양형 기준을 뛰어넘어서라도 엄정한 처벌로 재발률을 낮추기 위해 등장한 것이 중대재해처벌법이다.

중대재해처벌법은 '재해'를 산업재해로 인한 중대산업재해와 공중이용시설 등에서 발생한 중대시민재해로 구분해서 정의하고 있다. 건설사 시공현장 사망사고, 현대중공업 아르곤 가스 질식 사망사고, 태안화력발전소 압사사고, 물류창고 건설 현장 화재사고 등이 중대산업 재해에 해당하고, 가습기 살균제 사건 및 4·16 세월호 사건 등이 중대 시민재해에 해당한다. 법의 원안 명칭은 '중대재해기업처벌법'이었지만 재해의 구분, 경영자 단체의 우려 등으로 '기업'이 빠졌다.

이 법의 핵심 내용은 상시 근로자가 5명 이상인 사업장에서 1명이라도 사망하거나 2명 이상 중상을 입는 사고가 날 경우 안전·보건 조치 의무를 위반한 기업이나 원청회사의 경영책임자가 1년 이상 징역 또는 10억 원 이하 벌금형을 받을 수 있다는 것이다. 경영책임자에는 중앙행정기관장 또는 지방자치단체장도 포함된다. 처벌조항은 법안 심사 과정에서 낮아졌지만, 법원이 징역과 벌금을 함께 선고할 수 있도록 했다. 법인이나 기관에 대한 벌금은 50억 원 이하이며, 중대재해를 일으킨 사업주나 법인은 최대 5배 이하까지 징벌적 손해배상을 해야 한다.

공무원 및 학교, 상시 근로자 수 5인 미만 사업장, 상시 근로자 10인 이하 소상공인, 점포 규모가 1000㎡ 미만인 자영업자 등은 법 적용 대상이 아니다. 50인 미만 사업장은 3년간 적용이 유예된다. 5인 미만 사업장이라도 원청업체가 법 적용 대상일 경우에는 원청업체 경영책임자가 처벌받는다.

국내 5인 미만 사업장에 고용된 노동자 규모가 2021년 기준으로 380만 명에 이르고, 산재사고 사망자 3명 가운데 1명(2020년 기준)이 5인 미만 사업장 소속이었음을 감안하면 5인 미만 사업장 사고 문제에 대한 해결책도 필요한 상황이다.

2021년 1월 국회 환경노동상임위원회 소속 노웅래 의원(마포갑)과 만나 법 제정의 의의와 과제에 대해 인터뷰한 적이 있다. 〔신동아〕 2021년 2월 호에 게재된 내용 가운데 참고가 될 만한 내용을 정리했다.

- 재계의 반발이 크다. 기업 경영 환경이 너무 어려워졌다는 것이다.

"안전 의무를 고의로 위반하려고 하는 사업주는 없을 것이다. 재계의 반발을 모르는 건 아니지만 시대가 바뀌었다. 현대중공업 아르곤 가스 질식 사망사고 같은 산재나 가습기 살균제 사건 같은 시민재해로 인한 사망사고를 크게 줄여야 한다."

- 국회 본관 앞에서 김용균 씨 어머니 등이 단식농성을 하면서 정의당과 함께 경영책임자·공무원·원청 처벌, 과실과 결과 사이의 인과관계 추정 등을 담은 원안 처리를 주장했다.

"경영자나 노동자 어느 한쪽만 일방적으로 만족하는 법은 나오기 어렵다. 예컨대 이 법에서 처벌 대상자를 어디까지로 정할 것인가 하는 문제도 양쪽을 다 감안해야 했다. 우리나라 기업 비율을 보면 99.9%가 중소기업(기업 종사자는 83.1%)이다. 모든 기업을 대상으로 하다 보면 처벌을 요구하는 이도 우리 사회의 '을'이고, 처벌받아야 하는 이도 '을'이 될 수 있었다. 처음 논의됐던 원안 수준에서 보면 처벌 수위가 낮아졌지만, 분명히 사업주의 안전 규정 위반을 처벌하는 규정 때문에 예방이나 억지 효과가 있을 것이다. 영국의 중대재해처벌법도 실제로 처벌된 횟수는 손에 꼽을 정도고, 예방과 억지 효과가 더 컸다. 따라서 앞으로 우리 기업의 경영책임자들도 안전 의무를 철저하게 점검하지 않을 수 없을 것이다."

- 영국에서 중대재해처벌법에 따른 처벌 횟수가 적은 것은 그만큼 법의 실효성이 떨어지는 것 아니냐는 주장도 있다.

"일하다 죽는 것은 기업의 살인 행위다. 제일 억울한 게 일하다 죽는 것 아닌가.

중대재해는 대부분 개인 실수에 의한 것이 아니라 예방과 관리 부실에 의한 기업 범죄다. 우리나라가 경제협력개발기구(OECD) 회원국 가운데 산재 사망사고 1위라는 오명을 벗기 위해서도 안전 의무를 확실하게 해둘 필요가 있다."

- 2020년 산재 사망자 185명에 대한 벌금 평균액이 518만 원에 불과하다는 〔경향신문〕 보도가 있었다. 산재 사고에 대한 '비용'을 획기적으로 높여야 한다는 주장이 나온다.

"예컨대 지난 5년간 포스코 포항제철소에서 10명의 노동자가 산재 사고로 목숨을 잃는 동안 포항제철소장은 단 한 차례 벌금 1000만 원 형을 받았다. 이런 솜방망이 처벌이 대한민국을 산재 왕국으로 만들었다. 잘못이 있다면 벌금도 내고 징역형도 받아야 한다. 다만 최대 10억 원의 벌금이 기업 규모에 따라 무겁거나 가볍게 느껴질 수 있으므로 앞으로 매출 규모에 따라 벌금액을 산정하는 방법도 고민해볼 필요가 있을 것이다."

- 중대재해와 관련해 해외 선진국에선 어느 정도의 법이 마련돼 있는가.

"해외 선진국에선 우리와 달리 사람 중심 문화가 정착돼 있다. 그것이 우리와 가장 큰 차이다. 일하는 공간이라면 노동자의 안전과 생명을 지켜야 한다는 기본 인식이 있는 것이다. 우리 사회에선 단기성과에 치중하고, 사고가 나도 처벌되지 않으니까 안전시설에 투자하는 것보다 얼마 되지 않는 범칙금 내면 된다는 생각이 만연해 있다.

미국엔 기업을 처벌하는 특별법은 없지만, 산업안전보호법에 따른 처벌 강도나 수위가 높다. 2016년 미국 앨라배마주에 있는 현대기아차의 하청업체에서 노동자가 사망한 사고가 있었다. 당시 미국 산업안전보건청은 원청에 책임을 물어 현대기아차에 벌금 30억 원을 부과했다. 호주는 캔버라주에서 2003년 산업살인법이 제정됐고, 벌금 최고액은 약 60억 원에 징역은 25년형으로 처벌 강도가 매우 높다."

- 재계에선 처벌 강화보다는 산재 예방 시스템을 만들고 현장 관행을 개선해나가는 게 우선이라고 주장한다.

"국가 단위에서 안전과 재해에 대해 책임을 묻는 것보다 그 전에 사회 전체가 안전과 재해를 예방하는 기본 인프라를 갖춰야 하는 것은 맞다. 하지만 우리 사회에선 여러 산재뿐 아니라 세월호 침몰, 성수대교 붕괴 등의 시민재해를 많이 겪었음에도 그 인식이 매우 낮다. 사람과 노동에 대한 존중이 아직도 부족한 것이다. 법도 법이지만, 법 제정을 계기로 생명과 노동, 안전에 대한 인식이 달라져야 한다."

출처: 〔신동아〕 2021년 2월 호. ©동아일보사

중대재해처벌법과 산업안전보건법 비교

중대재해처벌법은 말 그대로 중대재해 발생에 대한 책임을 묻는 법이다. 중대재해의 의미도 '사망자 1명 이상 발생, 동일 사고로 6개월 이상 치료 부상자 2명 이상 발생, 동일 유해 요인으로 1년 이내 직업성 질병자 3명 이상 발생' 등으로 명확히 규정돼 있다. 하지만 중대재해처벌법상 처벌의 대상인 '경영책임자'가 누구인지, 공중이용시설이나 공중교통수단 등의 규정에 예외가 많고 해석이 모호한 경우들이 있어 보완이 필요한 상황이다.

중대재해처벌법을 보완하는 법률로 대표적인 것이 산업안전보건법이다. 예컨대 지방의 건설 현장에서 사망사고가 발생하면 두 법이 동시에 적용될 수 있다. 본사의 경영책임자는 중대재해처벌법으로, 지

중대재해처벌법과 산업안전보건법 비교

	중대재해처벌법	산업안전보건법
안전 및 보건 확보 의무 주체 및 처벌 대상	개인사업주, 경영책임자(자연인, 법인)	사업주(자연인, 법인), 공장장 등 안전보건 관리책임자
보호 대상	시민, 종사자	노무 제공자
처벌 수준	사망 사건 발생 시 1년 이상 징역 또는 10억 원 이하 벌금형(법인: 50억 원 이하 벌금)	· 사망 사건 발생 시 7년 이하 징역 또는 1억 원 이하 벌금 · 중대재해 발생 현장 훼손 등 1년 이하 징역 또는 1000만 원 이하 벌금
적용 범위	5인 미만 사업장 적용 제외(50인 미만 사업장은 3년 유예)	사업 또는 사업장(안전보건 관리체제는 50인 이상 적용)
재해 정의	· 중대산업재해: 산업재해 중 사망자 1명 이상, 동일 사고로 6개월 이상 치료 부상자 2명, 동일 유해 요인으로 직업성 질병자 1년 이내 3명 발생 · 중대시민재해: 특정 원료 및 제조물, 공중이용시설 및 공중교통수단으로 발생한 재해. 사망자 1명 이상, 동일 사고로 2개월 이상 치료 부상자 10명, 동일 원인으로 3개월 이상 치료 질병자 10명 이상 발생	· 중대재해: 사망자가 1명 이상 발생, 3개월 이상 요양 부상자 동시에 2명 이상 발생, 부상자 또는 직업성 질병자 동시에 10명 이상 발생한 재해 · 산업재해: 노무를 제공하는 자가 업무와 관계되는 건설물, 설비 등에 의하거나 작업 또는 업무로 인하여 사망, 부상, 질병에 걸리는 것.
징벌적 손해배상	손해액의 5배 이하(고의, 중과실로 인한 중대재해)	–

방의 안전보건관리책임자는 산업안전보건법으로 처벌될 수 있다.

중대재해와 관련된 산업 안전 보건 이슈는 ESG 가운데 S(사회)의 '노동 관행 및 양질의 일자리'와 관련 있는 주제다. 작업장 보건 및 안전 관리 시스템, 위해 인식, 위험 평가 및 사고 조사, 작업장 보건 서비스, 근로자 건강 증진, 업무 관련 부상과 질병 등의 내용을 담고 있다. 지속가능성회계기준위원회SASB, Sustainability Accounting Standard Board 중대성 지도Materiality Map* 에서는 인적 자본 영역 중 직원의 건강 및 안전, 노동

* 140쪽 참고.

관행 이슈에 해당한다. ESG 경영 실무자는 기업의 노동 환경 개선에 특별한 관심을 가져야 한다. 테슬라가 S&P 글로벌 ESG 지수에서 빠진 이유 가운데 하나가 바로 특정 사업장 노동자들의 열악한 근무 조건이었다.

2

STOP 뇌물! 반부패는 기업 평판의 핵심이다

반부패는 무거운 주제이지만 ESG의 핵심 요소 가운데 하나다. ESG를 우리말로 바꾸면 곧 지속가능경영이고, 이를 단순화하면 투명경영이다. 환경, 사회, 지배구조 각 부문에서 내밀한 기업 정보를 투명하게 공개하려면 무엇보다 부패가 없어야 가능해진다. 부패는 뇌물, 담합, 탈세, 돈세탁, 이해 상충, 내부자 거래, 불법적 정보 중개, 영향력 행사에 의한 거래, 직권남용 등 다양한 형태로 나타난다.

반부패 문제는 ESG 보고서에도 자세하게 다뤄진다. 예컨대 사회책임 경영을 강조해왔던 이마트는 2022년 7월 중순 GRI Global Reporting Initiative 가이드라인에 맞춰 첫 지속가능경영보고서(2021)를 펴냈다. 여기에는 공정거래, 반부패 및 윤리경영 실천 내용도 소개돼 있다.

부패를 방지하기 위해 윤리경영을 선언하는 곳도 많다. 2022년 7월 한국주택금융공사HF는 반부패 청렴 문화를 조성하기 위해 노사가 공동으로 참여하는 'HF 노사 공동 윤리경영 선포식'을 가졌다. 경영 전반에서 발생할 수 있는 이해 충돌 상황과 부패행위 등을 예방하려는 것이었다. 우리은행의 경우 600억 원 규모의 직원 횡령 사건으로 한국ESG기준원KCGS 2022년 3분기 ESG 등급 조정에서 지배구조 등급이 한 단계 떨어져 C등급을 받았다.

세계은행은 매년 1100조 원 이상의 돈이 뇌물로 사용된다고 추정했고, 이 부패의 핵심에는 대부분 기업이 연루된 것으로 파악했다. 대표적인 기업 부패의 사례는 미국 에너지기업 엔론의 분식회계 비리였다. 엔론은 38억 달러에 이르는 분식회계로 파산에 이르렀다. 이후 기업의 투명경영에 대한 사회적 요구가 커지면서 기업회계의 투명성을 높이기 위한 사베인스-옥슬리법Sarbanes-Oxley Act이 2002년 도입됐다.

투자자와 기업이 반부패에 주목하는 이유는 경제적인 면과 사회적인 면으로 나눌 수 있다. 경제적인 면은 기업 운영비 증가, 벌금 징수 등 법적 리스크, 사업 불확실성으로 인한 경쟁력 리스크, 평판 리스크, 경영진의 사익 편취 등이다. 사회적인 면은 부패로 인한 사회적 약자 서비스 축소, 공공 조달 비용 증가, 외국인 투자 제약, 범죄 증가와 사회 불안으로 인한 정부 신뢰 상실 등이다.

국민연금 중점 관리 사안 선정 기준

1. 기업의 배당정책 수립
합리적인 배당정책을 수립하지 않거나, 합리적인 배당정책에 따른 배당을 하지 않을 경우
2. 임원 보수 한도의 적정성
보수 금액, 기업의 경영성과 등과 연계되지 않은 이사 보수 한도를 제안하여 주주 권익을 침해하는 경우
3. 법령상의 위반 우려로 기업가치를 훼손하거나 주주권익을 침해할 수 있는 사안
국가기관의 조사 등 객관적 사실에 근거하여 아래의 상황에 해당할 경우 ① 당해 회사와 관련한 횡령, 배임 행위 ② 부당하게 특수관계인 또는 다른 회사를 지원하는 행위(부당 지원행위) ③ 특수관계인에게 부당한 이익을 귀속시키는 행위(경영진의 사익 편취)
4. 지속해서 반대의결권을 행사하였으나, 개선이 없는 사안
회사의 주주총회 안건 중 기금이 지속해서 반대 의사를 표시했음에도 불구하고 개선되지 않는 안건의 경우
5. 정기 ESG 평가 결과가 하락한 사안
정기 ESG 평가 결과, 종합 ESG 등급이 2등급 이상 하락하여 C등급 이하에 해당할 경우

국민의 연금을 관리하는 공기관이자 국내 최대 투자기관이기도 한 국민연금은 스튜어드십 코드 이행 차원에서 횡령, 배임, 부당 지원 행위, 경영진 사익 편취 등 반부패 관련 이슈를 중점 관리 사안으로 지정해 관리해오고 있다. 국민연금은 2022년 3월 유엔글로벌콤팩트UNGC 한국협회와 한국사회책임투자포럼KoSIF이 주관한 '2022년 반부패 서밋'에서 반부패 우수기관으로 선정되기도 했다. 이 행사는 세계은행과 지멘스 청렴성 이니셔티브Siemens Integrity Initiative가 공정하고 투명한 기업 경영 강화를 위해 2019년부터 진행한 3개년 프로젝트다.

3 다양성과 형평성을 갖춘 포용적 조직(DE&I)을 위하여

요즘 국내기업에도 여성 이사들이 늘어나고 있는 것을 보면 조직 다양성 이슈가 매우 중요하게 대두되고 있음을 실감하게 된다. 인종, 성별, 종교, 문화, 국적 등에 차이를 두지 않고 인적 자본을 관리하는 것은 ESG 경영의 기본이다. 이런 조직 다양성 이슈는 SASB 중대성 지도에서 인적 자본 범위에 속해 있다. 인적 자본의 일반 이슈는 노동 관행, 직원 건강과 안전, 종업원 참여와 다양성 및 포용이다.

SASB의 투자은행 및 중개 산업 기준은 특히 종업원의 다양성 및 포용을 강조하고 있다. SASB에 따르면, 투자은행 및 중개 산업에 속한 기업들은 전문적인 지식을 갖춘 직원을 확보하기 위해 치열하게 경쟁하다 보니 종업원의 다양성 수준이 낮아지는데, 특히 고위직에서 그런 현상이 두드러진다. 이 산업의 상장사에서 발생한 성차별 사례들이 언론에 많이 노출되기도 했다. SASB의 지속가능성 회계기준은 성별과 인종 다양성을 확보한 기업이 인력 후보군을 더욱 확장할 수 있고, 이는 고용 비용을 낮추며 운영 효율성을 개선할 수 있다고 봤다. 투자은행 및 중개 산업에서 위험이 높은 거래 활동에 관여하는 종업원의 위험 부담을 줄일 수 있고, 전체적으로 기업의 위험 노출 정도도 낮출 수 있다고 본 것이다. 주주들도 이를 참고해 기업의 위험과 기회 관리 방법을 평가할 수 있다. 따라서 SASB는 기업 측에 경영진, 관리

SASB 중대성 지도

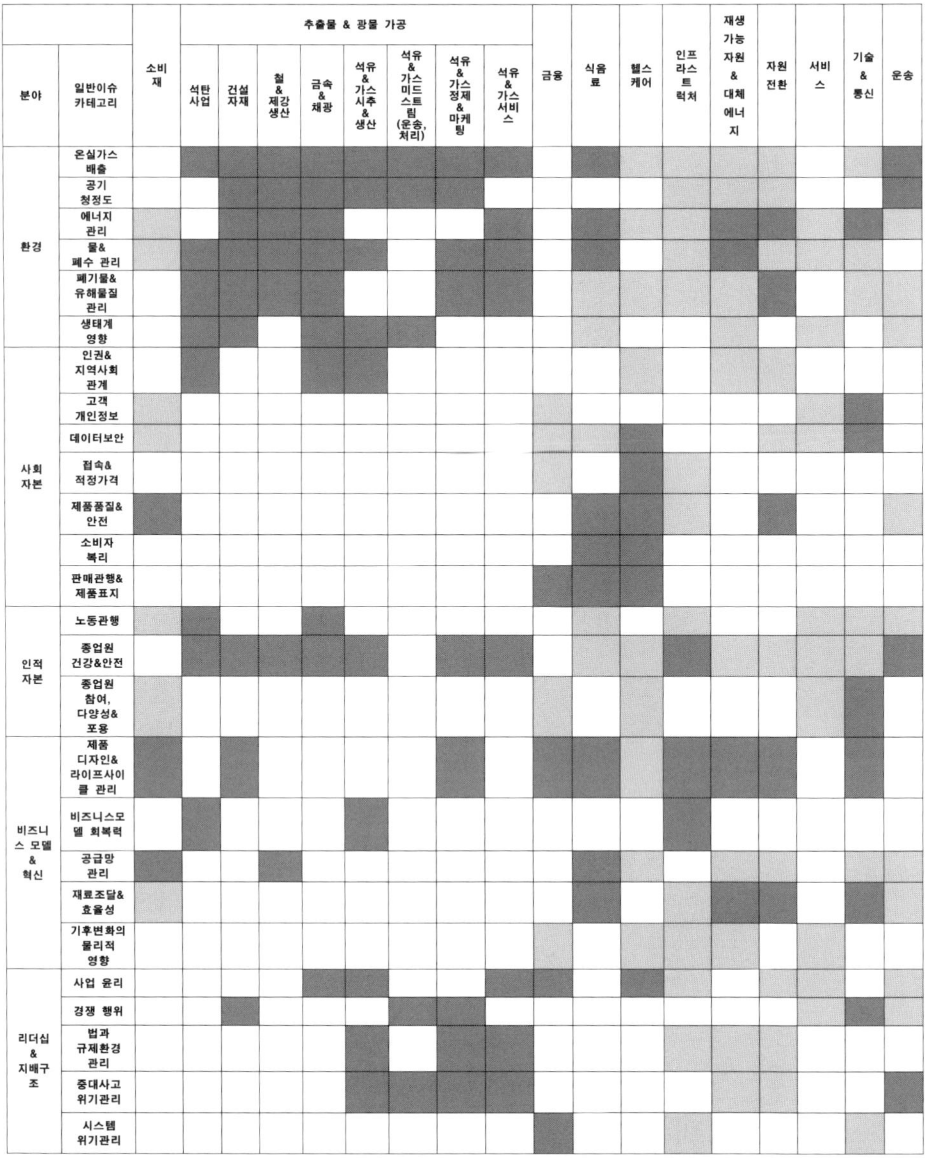

분야	일반이슈 카테고리	소비재	추출물 & 광물 가공								금융	식음료	헬스케어	인프라스트럭처	재생가능자원 & 대체에너지	자원전환	서비스	기술 & 통신	운송
			석탄사업	건설자재	철 & 제강생산	금속 & 채광	석유 & 가스시추 & 생산	석유 & 가스미드스트림 (운송, 처리)	석유 & 가스정제 & 마케팅	석유 & 가스서비스									
환경	온실가스 배출																		
	공기 청정도																		
	에너지 관리																		
	물& 폐수 관리																		
	폐기물& 유해물질 관리																		
	생태계 영향																		
사회 자본	인권& 지역사회 관계																		
	고객 개인정보																		
	데이터보안																		
	접속& 적정가격																		
	제품품질& 안전																		
	소비자 복리																		
	판매관행& 제품표지																		
인적 자본	노동관행																		
	종업원 건강&안전																		
	종업원 참여, 다양성& 포용																		
비즈니스 모델 & 혁신	제품 디자인& 라이프사이클 관리																		
	비즈니스모델 회복력																		
	공급망 관리																		
	재료조달& 효율성																		
	기후변화의 물리적 영향																		
리더십 & 지배구조	사업 윤리																		
	경쟁 행위																		
	법과 규제환경 관리																		
	중대사고 위기관리																		
	시스템 위기관리																		

출처: SASB

- 섹터 내 산업에 50% 이상 중요한 이슈가 될 가능성이 있는 이슈
- 섹터 내 산업에 50% 이하 중요한 이슈가 될 가능성이 있는 이슈
- 섹터 내 어느 산업에도 중요한 이슈가 될 가능성이 없는 이슈

직, 전문직, 기타 모든 종업원의 성별 구성비와 미국 종업원의 인종(민족) 구성비를 백분율로 공시할 것을 요구하고 있다.

여성할당제는 EU 집행위원회에서 2012년부터 논의됐다. 하지만 10년 동안 진전을 보지 못하다가 2022년 프랑스와 독일 등 주요 회원국들의 찬성으로 확정되기에 이르렀다. 2026년 6월부터 EU 내 상장기업의 여성 사외이사 비율이 40%를 넘도록 의무화한 것이다. 또 최고경영자를 비롯한 상임이사와 비상임이사를 합쳐 여성 할당 비율을 33%로 정했고, EU 기업들이 이를 어기면 벌금 등 제재를 받게 했다.

국내기업들에도 변화가 나타나고 있다. 한국 ESG연구소에 따르면 2022년 정기주주총회 결과 기준으로 72개 기업에서 78명의 여성 이사가 선임돼 이사회 내 성별 다양성이 확보된 기업 수가 전년도 82개사에서 136개 사로 늘어났다. 이처럼 여성 이사가 늘어난 것은 2020년 2월 자본시장법 개정으로 여성 이사 할당제가 도입돼 자산총액 2조 원 이상인 상장사의 이사회는 단일 성별로 구성할 수 없게 되어 있기 때문이다. 물론 국내 여성 이사 비율이 계속 늘어나고 있지만 글로벌 평균에 비하면 아직 매우 낮은 수준이다. 2021년 국내 여성 이사 비율은 5.2%였지만 전 세계 평균은 19.7%였다.

기계적인 여성임원할당제에 대해 회의적인 시각도 있다. KB증권의 보고서•는 할당 의무를 충족하기 위해 이사로서 요구되는 전문성과 독립성이 부족한 사람들을 선임하는 경우가 많아지면서 오히려 해당 기업의 기업가치가 하락한 사례들도 다수 있는 것으로 확인했다고 밝혔다. 이 보고서는 단순히 이사회 내 여성 이사 비율을 확대하는 것보

• 여성 이사 할당제보다 중요한 'DE&I'(2022).

다 다양성Diversity, 형평성Equity, 포용성Inclusion을 뜻하는 'DE&I' 중심의 기업 문화가 재무적 성과에 미치는 영향이 더 크다고 지적한다. 다양성은 다양한 사람들이 번영할 공정한 기회와 다양한 가치관 및 시각을 수용하는 포용성이 갖춰진 문화에서 나타나는데, 다양한 배경의 조직원이 내놓는 시각들이 포용돼 좋은 재무적, 비재무적 성과를 끌어낸다는 것이다. 실제로 근래 주식 시장의 변동성이 확대되면서 글로벌 ESG 펀드로 자금이 전년도보다 덜 유입되고 있지만, DE&I 관련 펀드에는 지속적으로 유입되고 있다. 특히 성평등 기업에 집중적으로 투자하는 젠더 렌즈 투자GLI, Gender Lens Investing는 2021년 기준 2019년 대비 250% 증가했다.

2부

기후변화와 탄소중립 그리고 RE100

6장

탄소중립: 병든 지구를 위해 기업이 해야만 하는 일

Environmental
Social
Governance

Contents

'기알못'을 위한 기후변화 입문하기

기후변화와 온실효과의 관계

기후변화는 최근 ESG 열풍을 이끄는 가장 뜨거운 이슈다. 기후변화를 모르고서는 ESG 업무를 하기 어려울 정도다. 하지만 환경·에너지 전공자가 아니라면 익히기 쉽지 않은 영역이 또한 기후변화다. 기초적인 개념을 배울 곳이 많지 않다는 점도 ESG 담당자의 어려움을 더한다. 본 절에서는 기후변화와 관련하여 너무 기초적이어서 어디 물어보기 힘든 몇 가지 개념을 설명하고자 한다.

온실효과는 왜 발생하고, 왜 문제가 되는가?

태양계에서 지구 바로 앞과 뒤에 있는 행성은 금성과 화성이다. 지구에서 두 행성까지의 거리는 금성이 화성에 비해 2배 정도 가깝다. 그런데 두 행성과 지구의 평균기온을 비교하면 금성의 평균기온은 지구보다 445℃가량 높고, 화성은 78℃ 정도 낮다. 화성과 비교해 지구와의 거리는 금성이 2배 가깝지만, 온도 차는 5~6배가 큰 셈이다.

이러한 차이를 보이는 원인은 바로 온실효과Greenhouse Effect다. 태양에너지가 행성에 도달하면 일부는 반사되고 일부는 대기와 지표면에

	평균온도	태양과의 거리
금성	약 460℃	0.723 AU*
지구	약 15℃	1 AU
화성	영하 -63℃	1.524 AU

흡수된다. 흡수된 에너지는 행성을 데우고, 데워진 행성은 다시 그 에너지를 우주로 방출한다. 온실효과란 이처럼 지표면이 방출하는 에너지를 대기가 다시 흡수하여 기온이 올라가는 현상을 말한다. 그리고 대기 중에서 열을 흡수하는 역할을 하는 대표적인 물질이 바로 이산화탄소 CO_2 다. 금성과 화성의 평균기온 차이도 정확하게는 두 행성의 이산화탄소 농도에 원인이 있다. 두 행성 모두 대기 중 이산화탄소 비율은 95% 정도다. 하지만 금성의 대기가 화성에 비해 1400배 이상 두꺼우므로 금성이 화성에 비해 훨씬 많은 이산화탄소를 가지고 있다. 결국 금성의 온도가 이렇게 높아진 이유는 대기 중에 다량으로 존재하는 이산화탄소가 일으킨 온실효과 때문이라 할 수 있다.

온실효과와 이산화탄소 자체는 나쁜 것이 아니다. 얼마 전까지 지구와 인류 모두에 매우 고마운 존재였다. 지구가 오늘날과 같이 사람이 살기에 쾌적한 기온을 가지게 된 것도 온실효과 덕분이다. 만약 온실효과가 없었다면 지구의 평균기온은 지금보다 35℃가량 낮았을 것이라고 한다. 참고로 화성의 대기 밀도는 지구의 1%에도 미치지 못한다. 온실효과가 거의 일어나지 않으므로 매우 춥고 일교차도 크다. 화성에 사람이 살기 위해서는 물과 산소뿐만 아니라 온실효과를 가져올 수 있는 이산화탄소도 필요하다.

* Astronomical unit. 태양으로부터 지구까지의 거리인 약 149,600,000km를 1AU로 삼는다.

지구 대기의 이산화탄소 농도는 자연현상에 따라 주기적으로 변해왔다. 대기 중의 이산화탄소 농도가 증가하면 온실효과가 커져 평균기온이 올라가고, 반대로 농도가 낮아지면 평균기온이 내려간다. 이산화탄소 농도가 안정되면 균형을 이룬다. 즉 지구가 태양으로부터 받은 복사에너지와 지구가 우주로 방출하는 복사에너지의 양이 같아지는 것이다. 그런데 우리는 왜 갑자기 온실효과를 걱정하게 된 걸까? 그건 바로 온실효과를 일으키는 이산화탄소의 농도 상승이 지나치게 빠르고, 그 원인이 인간 활동에 있기 때문이다.

온실가스를 유발하는 7가지 물질의 정체

온실가스GHGs, Greenhouse Gases는 온실효과를 가진 물질, 즉 대기 중에서 열을 붙잡아두는 역할을 하는 물질을 의미한다. 그러나 온실효과를 지녔다고 모두 온실가스라고 부르지는 않는다. 예를 들어 대기 중에서 가장 큰 온실효과를 가져오는 물질은 수증기지만, 수증기나 구름을 온실가스라고 부르진 않는다.• 그리고 프레온가스도 강한 온실효과를 가진 물질이지만 온실가스라고 부르지 않는다. 우리가 일반적으로 사용하는 온실가스라는 용어는 '기후변화에 관한 유엔 기본 협약UNFCCC, United Nations Framework Convention on Climate Change(이하 유엔기후변화협약)'에서 규정한 물질만을 지칭한다. UNFCCC는 온실효과를 가진 물질 가운데 자연발생적이어서 통제할 수 없거나 다른 국제협약을 통해 이미 규제하

• 수증기의 온실효과는 일상에서도 느낄 수 있다. 흐린 날이 맑은 날에 비해 일교차가 적은데, 이는 대기 중의 수증기가 이불처럼 지표면에서 방출되는 열을 흡수하는 역할을 하기 때문이다.

고 있는 물질을 제외한 7대 물질을 온실가스로 규정했다.* 7대 온실가스 물질은 이산화탄소CO_2, 메탄CH_4, 아산화질소N_2O, 육불화황SF_6, 수소불화탄소HFCs, 과불화탄소PFCs 그리고 삼불화질소NF_3다. 삼불화질소를 제외한 6대 온실가스는 1997년 채택된 교토의정서에서 지정했으며, 삼불화질소는 2012년에 추가되었다. 한국은 아직 삼불화질소를 온실가스로 지정하지 않았다.

'CO_2e'의 의미를 알면 온실효과가 보인다

전체 온실가스 배출량 가운데 80%는 이산화탄소다. 그리고 이산화탄소는 대부분 석탄, 석유, 천연가스와 같은 화석연료의 연소과정에서 발생한다. 화석연료는 탄소로 구성되어 있으며, 연소과정에서 탄소C와 대기 중의 산소O가 결합하여 이산화탄소CO_2가 된다. 전체 온실가스에서 이산화탄소가 차지하는 비중이 절대적이기도 하고, 이산화탄소는 화석연료에서 발생하기 때문에 온실가스를 '이산화탄소' 또는 '탄소'라고 부르기도 한다.

엄밀히 말하자면 이산화탄소는 온실가스 가운데 한 유형일 뿐 같은 말이 아니다. 하지만 이산화탄소가 7대 온실가스를 모두 포괄하는 용어로 사용될 때가 있다. 바로 CO_2 뒤에 알파벳 'e'를 붙여 'CO_2e'로 표기할 때다.** 이때 알파벳 'e'는 등가等價를 뜻하는 'Equivalent'의 약자로 이산화탄소를 기준으로 환산한 값을 의미한다. 우리가 글로벌 기

* 프레온가스는 오존층 보호를 위한 몬트리올 의정서에서 이미 규제하고 있다.
** 'CO_2eq' 또는 'CO_2-e'로 표기하기도 한다.

업의 매출액을 비교할 때 미국 달러를 주로 사용하는 것과 비슷하다고 생각할 수 있다. 이산화탄소는 온실가스계의 '기준통화'인 셈이다.

배출된 온실가스가 대기 중에 머무는 시간은 기체별로 제각각이다. 예를 들어 메탄은 12년, 아산화질소는 121년, 육불화황은 3,200년 동안 대기 중에 머문다. 그리고 각 기체가 가지는 온실효과의 크기도 다르다. 그래서 대표적으로 이산화탄소가 100년 동안 (또는 20년, 50년 동안) 대기 중에 머무르면서 가져오는 온실효과의 크기를 기준으로 하는 환산표를 만들고, 그 환산표의 이름을 지구 온난화 지수GWP, Global Warming Potential라고 붙였다. 그리고 국가나 기업이 환산표를 이용해 모든 온실가스의 합산 배출량을 보고할 때는 합산값이라는 것을 알 수 있도록 'CO_2'에 알파벳 'e'를 붙인 'CO_2e'를 사용하도록 했다. 예를 들어 어떤 기업이 이산화탄소 100톤과 메탄(GWP 28) 10톤, 아산화질소(GWP 273) 20톤을 배출했다면, CO_2e는 5840톤이다. 참고로 GWP는 유엔의 기후변화에 관한 정부 간 협의체IPCC 보고서가 나올 때마다 업데이트된다. 그래서 CO_2e로 보고할 때는 IPCC 몇 차 보고서의 몇 년 주기 GWP를 사용했는지를 함께 표기한다. 위의 예를 적용하면 '5840톤/CO_2e (IPCC 6차 보고서 100년 주기)'의 형식이 된다.

400만 년 전 폭염 지구로 돌아가지 않으려면

기후 위기를 말할 때 가장 중요한 숫자가 바로 대기 중 이산화탄소 농도다. 이 수치가 온실효과에 직접적 영향을 미치기 때문이다. 미국 국립해양대기국NOAA은 1958년부터 하와이 마우나로아 관측소에서 이산화탄소 농도를 측정하고 있다. NOAA에 따르면 2022년 5월 대기 중 이산화탄소 농도는 420.99ppm이었다. 2021년 5월보다 1.8ppm 증가했고 지구 역사상 410만 년 만에 최고치를 기록했다.* 산업혁명 이전의 평균치는 280ppm이었다. IPCC에 따르면 안전 농도는 350ppm이다. 이는 1990년도 수준인데 30년 만에 70.99ppm이 늘었다. 지난 10년간만 해도 24.9ppm이 늘었다.

정수종 서울대 환경대학원 교수의 연구를 인용 보도한 〔아주경제〕에 따르면 코로나 팬데믹 이전 서울 대기의 평균 이산화탄소 농도는 451ppm이었다. 지구 평균값인 426ppm보다 25ppm 높은 수치다. 그런데 정 교수는 코로나 팬데믹을 계기로 명확한 사실을 하나 확인했다. 사회적 거리두기 1단계 기간에는 이 추가분이 16.91ppm으로 떨어졌고, 2.5단계 기간에는 14.3ppm까지 내려갔다. 서울 용산의 특정 지점에서 일정 기간 측정한 결과 사회적 거리두기가 강화될수록 차량 통행량이 크게 떨어졌는데, 운행 차량 감소와 이산화탄소 농도 간에 인과관계가 있다는 것을 확인한 것이다. 즉 대기 중 이산화탄소 농도의 증가는 사람의 활동 결과에 따른 것이라는 점이 분명해졌다. 코로나 방역 패스가 도입된 2021년 이후 서울의 이산화탄소 농도는 다시 이전 수준으로 돌아갔다고 한다.

IPCC 보고서는 산업혁명 이후 170년간 인간이 배출한 온실가스 총량이 2조 4000억 톤이라고 밝혔다. 이 가운데 42%가 1990년 이후 30년간 배출된 것이다. 산업혁명 이후 21세기까지 지구의 평균 기온은 1.1℃ 상승했다. 이를 1.5℃ 이내로 유지하려면 온실가스 누적 배출량

* 410만 년 전의 지구는 지금보다 평균 2~3도 높았던 플라이오세 온난기로 인류의 조상이 출현한 시기였다.

이 5000억 톤을 넘으면 안 된다. 그 한계를 넘으면 400만 년 전의 폭염 지구로 돌아갈 수 있기 때문이다. 여기서 탄소 예산Carbon Budget• 개념이 나왔다. 이 탄소 예산을 기준으로 탄소 시계가 만들어졌다. 탄소 시계The MCC Carbon Clock에 따르면 2022년 9월 초순을 기점으로 1.5℃ 상승까지 6년 10개월, 2℃ 상승까지 24년 7개월 남은 것으로 계산된다. 이제는 정말 시간이 얼마 남지 않았다.

• 다른 이름으로 배출 예산(Emissions budget), 배출할당량(Emissions quota), 허용 가능한 배출량(Allowable emissions) 등이 있다.

기업이 온실가스 배출량을 산정하는 방법

'측정'하지 않고 '계산'하는 이유

대개 오염물질의 배출량을 구한다고 하면 굴뚝이나 배수구 주변에 부착된 측정장치에서 자동으로 배출량이 전송되는 모습을 상상할 것이다. 하지만 온실가스 배출량은 일반적으로 생각하는 방식이 아니라, 연료 또는 에너지 사용량에 배출계수EF, Emission Factor를 곱하는 방식으로 계산한다.• 그래서 온실가스 배출량을 구한다는 의미를 전달할 때는 기계나 장치를 이용하여 값을 재는 '측정Measurement'이 아니라 '셈하여 정한다'는 의미의 '산정'이나 '계산Calculation'이라는 용어를 주로 사용한다.

그럼 왜 온실가스 배출량은 측정하지 않고 계산할까? 몇 가지 이유가 있다. 첫 번째는 투입물, 즉 에너지 또는 공정 가스의 사용량과 온실가스 배출량이 비례한다는 점이다. 예를 들어 동일한 석탄 1kg을 사용하면 어디에서 어떤 목적으로 사용했건 동일한 양의 온실가스가 발생한다. 두 번째는 다른 오염물질과 달리 최종배출 전에 저감장치를 부착하여 배출량을 줄이는 것이 쉽지 않다는 점이다. 물론 반도체나 디스플레이 공정에서 사용하는 특수한 산업용 가스에 스크러버Scrubber 장치를 사용하기도 하지만 다른 온실가스에는 적용할 수 없다. 최근 탄소

• 드물지만 측정장치를 부착하여 온실가스 배출량을 산정하는 경우도 있다.

를 대기 중에 배출하기 이전에 포집하는 기술을 개발하고 있으나 아직 상용화 단계에는 이르지 못했다. 마지막이자 가장 중요한 이유는 온실가스가 발생하는 시설이나 장비가 워낙 많다는 점이다. 우리가 일상생활에서 에너지를 사용하는 모든 곳에서 온실가스가 발생한다. 자동차, 보일러, 가스레인지 등 모든 일상 제품에 측정장치를 부착해야 한다면 배출량을 구하는 데만도 엄청난 사회적 비용이 발생할 것이다. 게다가 장치를 가지고 측정하는 방식과 에너지 사용량을 바탕으로 계산하는 방식이 정확도의 차이가 거의 없다면, 굳이 비용이 많이 드는 방법을 선택할 이유는 없다.

앞서 말한 것처럼 온실가스 배출량은 온실가스 배출계수라는 것을 이용해서 산정한다. 배출계수는 연료, 원료, 에너지 등을 한 단위 사용했을 때 배출되는 온실가스의 양을 미리 정해놓은 값이다. 예를 들어 석탄 종류 중 하나인 무연탄의 배출계수는 98,624kgCO_2e/TJ[•]이고 천연가스는 56,112kgCO_2e/TJ이다. 그런데 무연탄이라고 배출계수가 다 같지는 않다. 사용하는 연료의 이름이 같더라도 각각 품질은 다를 수 있기 때문이다. 북해산産 브렌트유가 정제과정을 더 많이 거쳐야 하는 두바이유보다 비싸게 거래되는 것도 이러한 품질의 차이 때문이다. 배출계수는 티어Tier 1, 2, 3으로 구분하는데, 티어 1은 글로벌 평균값, 티어 2는 국가 평균값, 티어 3은 산업 또는 기업이 직접 개발한 값으로 이해하면 된다. 예컨대, 경유의 글로벌IPCC 배출계수(티어 1)는 74,100kgCO_2e/TJ이고 한국의 국가 고유 배출계수(티어 2)는 73,200kgCO_2e/TJ이다.

• Tera Joule. 모든 에너지원의 단위를 J로 환산하여 나타내는 에너지 환산량 단위. 1TJ = 1조 J.

온실가스 배출량 산정 방법

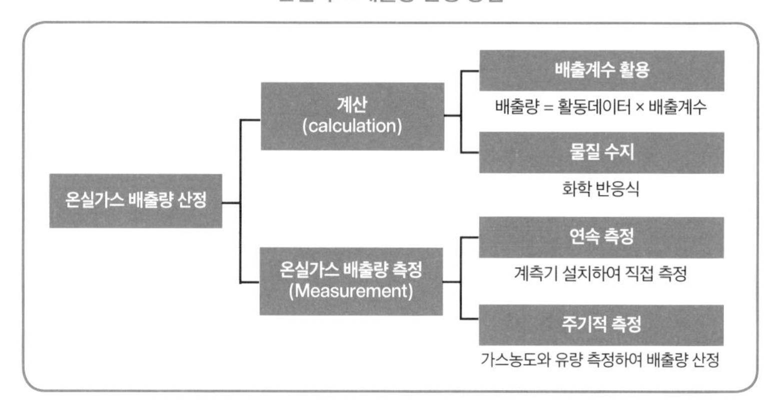

온실가스 배출량 계산 방법

직접배출: 배출량 = 활동데이터 × 순발열량 × 배출계수 × 산화계수 × 지구 온난화 지수

간접배출: 배출량 = 전력 / 스팀 사용량 × 간접배출계수 × 지구 온난화 지수

인벤토리 구축: 온실가스 배출처를 찾아라

온실가스 배출량을 계산하는 방법 자체는 아주 간단하다. 내가 사용한 에너지양과 해당 에너지의 배출계수만 알면 바로 계산할 수 있는, 산수 정도 수준이다. 사실 온실가스 배출량 산정이 어려운 이유는 계산 방법이 복잡해서가 아니라 관리해야 할 대상이 너무 많기 때문이다. 그래서 온실가스 배출량을 산정할 때 가장 먼저 하는 일도 배출이 일어날 수 있는 시설, 장비, 차량 등을 목록화하는 일이다. 온실가스 산정을 시작했다는 것을 다른 말로 '인벤토리를 구축했다'라고 표현하기도 하는데, 그만큼 배출원이 많고 관리가 어렵다는 것을 방증한다. 최근 들어

기후변화 공시가 구체화되면서 기업에 배출량뿐만 아니라 배출량을 어떻게 산정했는지에 대한 정보를 함께 요청하는 사례가 늘고 있다. 인벤토리에는 배출원 목록뿐만 아니라 방법론, GWP, 배출계수 등 배출량 산정에 적용하는 모든 정보가 함께 들어 있다. 외부에서 관련 정보 제공을 요청받았다면 먼저 인벤토리를 확인해보길 바란다.

온실가스 산정등급 분류체계

	산정등급 분류체계		배출량 규모(연간)	산정등급 적용기준
계산법	Tier 1	IPCC 기본 배출계수, 산화계수, 발열량 값을 활용하여 배출량을 산정하는 기본 방법론	5만 톤 미만	A그룹
	Tier 2	국가 고유 배출계수 및 발열량 등 일정부분 시험·분석을 통하여 개발한 매개변수값을 활용하는 배출량 산정 방법론	5만~ 50만 톤 미만	B그룹
	Tier 3	사업장, 배출시설 및 감축기술 단위의 배출계수 등 상당 부분 시험·분석을 통하여 개발한 매개변수값을 활용하는 배출량 산정 방법론	50만 톤 이상	C그룹
연속측정법	Tier 4	굴뚝자동측정기기 등 배출가스 연속측정방법을 활용한 배출량 산정방법론(주기적 정도검사 방법을 포함)		

스코프(Scope), 어디에 쓰는 용어인가?

온실가스를 이야기할 때 지구 차원, 그리고 국가 차원에서와는 달리 기업 차원에서 온실가스를 산정할 때만 특별히 등장하는 개념이 하나 있다. 바로 '스코프Scope'다. 'Scope'는 한국어로 '범주'나 '범위' 등으로 번역하여 사용하기도 하는데, 일반적이지는 않다. 적당한 우리말을 찾아야 하지만 대개는 영어 표현 그대로 사용한다. 얼마 전까지 스코프는 온실가스를 직접 산정하고 관리하는 실무자가 아니라면 굳이 알 필요가 없는 영역이었다. 하지만 최근 RE100과 같이 기업의 재생에너지 사용이 중요해지고, ESG 공시와 탄소국경조정제도 등에도 '스코프 3' 개념이 등장하면서 이제는 모든 ESG 담당자가 꼭 숙지해야 할 항목이 됐다.

스코프란 기업의 온실가스 관리 효율성과 책임성을 위해 배출원별 특성에 따라 세 가지 유형으로 구분한 것이다. 스코프 1(직접배출)은 기업이 소유한 시설에서 직접 배출된 온실가스를 가리킨다. 연료나 공정가스를 사용하는 경우가 대표적이다. 국가 차원에서 배출량을 산정할 때는 중복 계상을 피하고자 영토 내에서 발생한 모든 스코프 1 배출량만을 합산한다.

스코프 2(간접배출)는 외부에서 생산된 에너지를 구매하여 기업이 소유한 시설에서 사용한 경우를 의미한다. 전기나 스팀이 대표적인 예다. 하지만 전기나 스팀을 사용했다고 모두 스코프 2 배출량으로 규정하지는 않는다. 스코프 2 배출량은 외부에서 구매하여 사용한 전환에너지만을 의미하여, 기업이 자체 소유한 발전설비나 보일러에 연료를 투입해서 전기 또는 스팀을 만들어 쓴 경우는 스코프 2가 아닌 스코프 1로 분류한다. 스코프 2 배출량은 기본적으로 중복이 발생한다. 예를 들어 기업이 스코프 2 배출량으로 산정하는 전기의 사용으로 인한 배출량은 이미 전기를 생산하는 발전소에서 스코프 1 배출량으로 산정했기 때문이다. 이렇듯 중복이 발생함에도 기업에 스코프 2 배출량을 산정하고 관리하도록 요구하는 것은 전환에너지의 수요와 공급이 가지는 특성 때문이다. 전기는 시점별로 수요와 공급이 일치하지 않으면 정전이 발생한다. 수요에 비해 공급이 부족해도, 반대로 공급이 넘쳐나도 정전이 발생한다는 뜻이다. 이 때문에 전력 공급은 항상 수요에 반응할 수밖에 없다. 발전소에서 전력의 생산을 줄여 온실가스 배출량을 감축하기 위해서는 먼저 기업의 전력수요가 줄어야 한다. 이 때문에 전력을 사용하는 기업에도 스코프 2 배출량의 산정과 관리 책임을 두고 있다.

마지막 스코프 3(기타간접배출)은 기업이 소유하고 있지는 않지만, 기업과 관련이 있는 이해관계자가 배출한 온실가스 배출량을 말한다. 협력사가 우리 기업에 납품한 부품의 생산과정에서 발생한 온실가스나 소비자가 우리 제품을 사용하면서 배출한 온실가스가 대표적인 예다. 스코프 3 배출량은 유형에 따라 15개 세부 카테고리로 구분하여 배출량을 산정한다.• 그런데 기업 입장에서 스코프 3 배출량 산정은 그야말로 중복의 중복의 중복이다. 또 기업이 직접 소유하지 않은 곳에서 온실가스의 배출이나 에너지 사용이 발생하기 때문에 배출량의 산정과 관리도 매우 어렵다. 그러면 왜 기업에 이렇게 어려운 일까지 요구하고 있는 걸까? 그 이유는 스코프 3이야말로 기업이 책임감을 가지고 나서지 않으면 해결할 수 없는 일이기 때문이다.

대기업에 납품하는 중소기업 처지에서 생각해보자. 그들은 당장의 규제 대상도 아니고 소비자들에게 직접 제품을 판매하는 것도 아니기 때문에 온실가스를 감축할 의무도 없고, 감축한다고 해도 얻을 수 있는 이익이 거의 없다. 즉 고객사가 온실가스 감축을 요구하면서 인센티브나 페널티를 부여하지 않는다면 공급망 대부분을 차지하는 중견·중소기업 처지에서는 온실가스 배출량을 관리할 동기가 전혀 없다. 소비자 역시 개인이 아무리 온실가스를 줄이고자 하는 의지가 있어

• 186쪽 참고.

도 에너지 효율이 높은 제품을 기업이 공급해주지 않는다면 그 한계가 명확하다.

장기적인 관점에서 보면 기업 입장에서도 스코프 3 배출량 산정과 관리는 꼭 필요한 일이다. 기후변화 규제가 강화되면 모든 사회·경제 시스템에 탄소 가격이 직·간접적으로 반영될 수밖에 없다. 기후변화로 인한 공급망 리스크를 관리하고, 변화하는 소비자의 선호도에 맞게 제품전략을 수립하기 위해서는 스코프 3 배출량 관리가 동반되어야 한다.

기업마다 다른 배출량 산정 의무

온실가스 배출량 산정은 의무일까? 답은 '기업마다 다르다'이다. 국가별로 온실가스 배출량 산정 및 보고 관련 규제 유무와 규제 대상 범위가 다르기 때문이다. 한국의 경우 온실가스 배출권거래제 또는 온실가스·에너지 목표 관리제 대상인 법인만 산정 의무가 있다. 그리고 지금까지는 산정을 의무화한 경우에도 기업이 배출하는 모든 온실가스를 산정·보고하도록 하는 경우는 드물다. 대개는 자국에 있는 사업장에서 배출되는 스코프 1과 스코프 2 배출량만을 보고하도록 하고 있다. 하지만 최근 기후변화와 관련된 리스크와 외부 이해관계자의 요구 수준이 증가함에 따라 규제 유무와 무관하게 온실가스 배출량 산정 및 관리는 ESG 경영을 위한 출발점으로 인식되는 추세다.

기업의 온실가스 배출량 산정 방법과 관련하여 가장 일반적으로 받아들여지고 있는 표준은 세계자원연구소WRI, World Resource Institute의

'온실가스 프로토콜: 기업 배출량 산정 및 보고 표준The Greenhouse Gas Protocol: A Corporate Accounting and Reporting Standard'이다. 자발적으로 온실가스 배출량을 산정하는 전 세계 거의 모든 기업이 WRI의 온실가스GHG 프로토콜 산정법을 따르고 있다. 반면 규제에 의해 의무적으로 온실가스 배출량을 산정·보고하는 기업은 해당 규제에서 지정하는 방법론을 따라야 한다. 만약 한국 배출권거래제에 속한 기업이라면, 환경부의 '온실가스 배출권거래제 배출량 보고 및 인증 지침'에 따라 온실가스를 산정해야 한다. 다만 다행인 것은 한국뿐만 아니라 국가 대부분이 산정방법론을 개발할 때 GHG 프로토콜을 벤치마킹했다는 점이다. GHG 프로토콜을 기본으로 하되 이를 규제 특성에 맞게 구체화하고 수정하는 방식을 적용하여, 결과적으로 어떤 방법론을 사용하건 조직 범위를 제외한 다른 영역에서 산정 방법의 차이는 거의 없다.

마지막으로 온실가스 산정 의무와 관련해서 주목해야 할 이슈는 바로 기업공시와 같은 금융규제를 통한 온실가스 산정 및 보고 의무화다. 최근 금융의 기후 리스크관리 필요성이 높아지면서 기후변화를 기업공시에 반영하려는 움직임이 속도를 내고 있다. 이 경우 기업이 그동안 상대적으로 소홀히 관리했던 해외 사업장과 종속법인의 스코프 1과 스코프 2 배출량을 의무공시 범위에 포함할 가능성이 매우 커진다. 더불어 스코프 3 배출량을 기업공시에 반영하자는 목소리도 높아지고 있어 스코프 3 배출량 산정을 위한 체계 구축도 시급해질 수 있다.

3

탄소중립을 위한 세 가지 키워드: 과학, 감성 그리고 돈

탄소중립이라는 용어가 요즘 많이 쓰이고 있다. 하지만 정확한 뜻을 모르고 쓰는 경우가 많다. 탄소중립은 개념을 정확히 알아둘 필요가 있다. 어쩌면 2050년까지 인류가 가장 많이 사용하는 단어가 될 수도 있기 때문이다.

이 용어는 이미 우리 법에도 개념 정의가 들어와 있다. 2022년 3월 25일 시행된 탄소중립기본법•에는 탄소중립에 대해 '대기 중에 배출·방출 또는 누출되는 온실가스의 양에서 온실가스 흡수의 양을 상쇄한 순 배출량이 영零이 되는 상태를 말한다'라고 정의하고 있다.

탄소중립은 영어로는 카본 뉴트럴Carbon neutral 혹은 넷 제로Net zero CO_2 emission라고 쓴다. 지구 온난화에 가장 큰 영향을 미치는 온실가스가 이산화탄소이므로 탄소중립이라고 하지만, 온실가스는 사실 이산화탄소만 있는 게 아니다. 앞서 말한 바와 같이 유엔기후변화협약UNFCCC과 교토의정서는 CO_2, CH_4, N_2O, PFCs, HFCs, SF_6, NF_3 등 7가지를 온실가스 물질로 규정한다. 따라서 엄격한 의미에서 탄소중립이란 이들 온실가스 전체의 순 배출을 제로로 만드는 것이다.

탄소중립으로 가는 길에 필요한 세 가지 키워드는 '과학, 감성 그리고 돈'이다. 과학만으로는 대중에게 다가가기 어렵다. 과학을 이성이

• 기후 위기 대응을 위한 탄소중립·녹색성장 기본법.

라고 한다면 인간의 또 다른 특징인 감성은 과학이 끌어내지 못하는 또 하나의 중요한 힘이다. 감성이 더해질 때 여론에 힘이 실린다. 그리고 핵심 주체인 기업을 움직이려면 돈(이익)이 필요하다. 이 세 가지 키워드를 놓치지 않으려면 큰 그림을 보아야 한다.

IPCC 6차 보고서의 의미: 사람이 살 수 없는 지구가 온다

탄소중립 사회를 만들기 위한 과학적 배경지식을 제공하는 가장 큰 조직은 IPCC다. 이는 1988년 세계기상기구WMO, World Meteorological Organization와 유엔환경계획UNEP, United Nations Environment Programme이 공동으로 기후변화 문제에 대처하고자 설립한 기구다. 세계적인 기후과학자들이 정부 정책 결정자들에게 정보를 제공하기 위해 기후 위기에 대한 전 세계 지식을 알 수 있도록 정기적으로 포괄적인 내용의 보고서를 발간해왔다. IPCC는 3개의 실무그룹으로 나뉘는데, 제1그룹은 기후변화과학, 제2그룹은 영향·적응·취약성, 제3그룹은 기후변화 완화를 주제로 기후변화 평가보고서Assessment Report를 5~7년마다 발표해왔다. IPCC는 정부 간 협의체이므로 총회에는 정부 대표가 참석해 승인 절차를 밟는다. 방대한 본 보고서• 외에도 정책결정자를 위한 요약본SPM이 나오는데, 일반인들도 이를 통해 핵심 내용을 파악할 수 있다.

2015년 파리 기후변화협정에 따라 세계 각국은 산업화 시기와 비교해 지구 온난화를 2℃보다 훨씬 아래, 더 가능하다면 1.5℃ 이내로 제한하도록 노력하기로 합의했다. 이 목표를 이루기 위해서는 각국이

• 제2그룹의 최근 보고서는 3676쪽에 이른다.

2050년까지 온실가스의 탄소중립 상태를 만들어야 한다. 그런데 인류는 파리협정을 맺은 지 몇 년 지나지 않아 기후변화가 점점 더 심각해지고 있음을 과학적으로 확인해가고 있다.

파리협정 이후 3년만인 2018년 IPCC는 파리협정의 합의 수준으로는 부족하다고 판단했다. 그해에 나온 「지구 온난화에 대한 1.5℃ 특별보고서SR15」는 우리가 파국적인 기후변화를 피하려면 기온 상승을 1.5℃ 이내로 제한해야 한다는 것을 매우 엄중하게 강조했다. 지구 온도가 2℃ 이상 상승하면 인간이 감당할 수 없는 자연재해가 이어질 것이라고 경고했다. 실제로 2020년은 기상관측 이래 가장 더운 해였고, 산업화 이전 대비 평균 1.29도가 상승했다. 2014~2020년은 기상관측 이래 가장 더운 7년이었다.

2021년 IPCC의 6차 평가보고서 가운데 제1실무그룹 보고서는 기후변화가 예측한 것보다 더 빨리 진행되고 있고, 이미 지구상의 모든 지역에 영향을 미치고 있음을 명확히 했다. 2018년 IPCC 「1.5℃ 특별보고서」는 산업화 이전 대비 1.5℃ 상승 시점을 2030~2052년으로 예측했으나, 제1실무그룹 보고서는 2021~2040년으로 10년 이상 앞당겼다.

2022년 2월 28일에 제출된 제2실무그룹의 보고서는 더 충격적이었다. 이 그룹은 기후변화로 초래된 산불, 가뭄, 폭염, 홍수 같은 자연재해뿐 아니라 국경을 초월한 경제적 피해와 공동체 약화 등이 예상했던 것보다 훨씬 더 심각하다고 진단했고, 인류가 파국적인 결말에서 벗어날 기회가 얼마 남지 않았음을 경고했다. 현재 수준대로라면 인간의 활동이 지구 온난화에 심각한 악영향을 미쳐 매우 위험하고 광범위한 파국적 결과를 만들어내고, 지구를 사람이 살 수 없는 곳으로 만들고 있다고 했다. 이제까지 나온 과학적 경고 가운데 가장 암울한 것이었다. 제2 그룹의 이번 보고서 가운데 주요 내용은 다음과 같다.

- 기온 상승과 극단적인 날씨와 같은 기후변화의 영향을 받지 않는 곳은 지구상 어디에도 없다.
- 인류의 절반인 35억 명이 기후변화에 매우 취약한 지역에 살고 있다.
- 현재 수준의 기후변화에서도 수백만 명의 사람들이 식량과 물 부족에 시달리고 있다.
- 나무나 산호초 등 수많은 멸종위기종이 사라지고 있다.
- 산업화 이전 대비 기온 상승을 1.5℃보다 높게 유지하는 것은 기후 위기의 악영향이 심각해지고 불가역적인 상황이 되는 것을 넘어 매우 심각한 단계(critical level)가 된다.
- 1.5℃를 넘어서면 전 세계 해안지역과 저지대 섬나라 국가들이 수몰될 수 있다.
- 중요한 생태계가 이산화탄소를 흡수하는 능력을 잃어가고 있으며, 카본 싱크(식물, 바다, 토양처럼 탄소를 내뿜는 양보다 흡수하는 양이 많은 것)에서 카본 소스(화석연료 연소처럼 흡수보다 내뿜는 양이 더 많은 것)로 바뀌고 있다.

우리는 기후 재앙의 문을 두드리고 있다

2021년 제26차 유엔기후변화협약 당사국 총회COP26 마지막 날인 11월 13일 안토니우 구테흐스 유엔 사무총장은 미진한 합의에 대해 안타까움을 담아 이렇게 말했다.

"부서지기 쉬운 우리 지구가 경각에 달려 있다. 우리는 여전히 기후 재앙의 문을 두드리고 있다. 지금 바로 비상 상태로 돌입할 시간이다. 그러지 않으면 탄소중립(Net zero emissions)에 도달할 가능성은 '제로(0)'가 될 것이다."

과연 우리는 탄소중립을 위해 지금 당장 비상 상태로 돌입할 수 있을까. 아직 한국은 탄소중립에 대한 시민 의식이 매우 부족하다. 기후 위기의 심각성을 제대로 체감하지 못하고 있는 게 현실이다. 물론 전 세계가 우리와 비슷하게 이상과 현실 사이의 차이를 좁히지 못하고 있다. COP26에서도 홍수, 가뭄, 산불, 해수면 상승 등으로 인한 피해 사례를 단편 영상으로 보여주고 위기에 처한 작은 섬나라 연합AOSIS 대표자들이 눈물로 호소했지만, 세계의 리더들은 자국 우선주의에 갇혀 최선의 합의를 선택하지 못했다.

많은 사람이 기후 위기가 왜 생기는지 설명하고 있다. 하지만 사람들의 감성을 자극해 마음을 움직일 수 있는 명쾌한 설명은 부족하다. 그나마 이해하기 쉬운 설명이 제러미 리프킨의 책 『글로벌 그린 뉴딜』* 에 나와 있다. 저자는 기후변화가 두려운 이유로 지구 표면과 대기 중에 포진한 수분, 즉 수권(水圈, Hydrosphere)이 파괴된다는 사실을 들었다. 물은 구름과 바다를 통해 순환하는데, 공기의 수분 보유 용량은 지구 온난화로 지표면 평균기온이 1℃ 상승할 때마다 7%씩 증가해 더욱 극단적인 수해와 풍해, 장기적 가뭄과 산불 및 극심한 한파를 가져온다는 것이다.

산업화 이후 현재까지 지구의 평균기온은 약 1.1℃ 상승했다. 2100

* 안진환 옮김. 민음사. 2020.

년까지 1.5℃ 이내로 온도 상승을 유지하겠다는 세계의 목표가 과연 달성 가능한 것일까. 각국이 COP26에 제출한 국가 온실가스 감축목표NDC, Nationally Determined Contributions로 따졌을 때 2.4℃까지 상승할 것이라는 분석이 나왔다. 지금 당장 움직이지 않으면 어떤 파국이 기다리고 있을지 예상할 수 있는 상황이다. 그런데도 우리는 지금 당장 최선의 행동에 나서지 못하고 있다.

우선은 한국 정부가 세운 탄소중립 시나리오와 NDC를 달성하는 것에 총력을 기울여야 한다. 동시에 시민들이 기후변화, 탄소중립이 바로 우리 삶과 밀접하게 연결돼 있고, 바로 내 일이라는 의식을 갖도록 정부, 언론, 기업, 시민사회 모두가 나서야 한다. 2017년 유엔기후변화협약 당사국 총회(COP23)에서 제시된 탈라노아 대화Talanoa Dialogue를 떠올린다. '탈라노아'는 피지어로 서로 대화해서 합의점을 찾아간다는 뜻이다.

기업을 탄소중립에 참여하게 만드는 동인

탄소중립에 참여하는 여러 주체 가운데 가장 중요한 주체는 기업이다. 결국 온실가스를 배출하는 주체도 기업이고, 온실가스를 감축·활용할 수 있는 곳도 기업이다. 기업들은 요즘 사회에서 '운영권'을 유지하기 위해서는 사회적 책임감을 갖고 당장 온실가스 감축에 나서야 한다는 것을 점점 더 절실하게 느끼고 있다. 또 파국적인 기후변화 앞에 생존을 위한 몸부림도 격렬하다. 탄소중립으로 가는 길에 자신들이 이바지할 부분이 무엇인지 고민하고 그 목표를 내놓는 기업들도 늘어나고 있다. 근래 기업들이 내놓은 탄소중립 목표를 보자.

- 현대자동차: 2025년까지 모든 제네시스 신차를 배터리 및 수소 전기차로 바꿈, 2030년 내연기관 차량 판매를 중단하고 탄소중립을 이룸, 현대자동차그룹 차원의 탄소중립은 2045년.
- 엑손모빌: 2020년 12월 탄소 포집·활용·저장 기술(CCUS, Carbon Capture, Utilization & Storage) 및 바이오 연료 기술에 투자하는 등 온실가스 배출 감축을 위한 5개년 계획 발표.
- BMW: 2022년 독일 내 모든 공장에서 전기차 생산, 2025년 전에 전 세계 판매량 25% 이상을 전기차로 할당, 2050년 탄소중립 기업 목표.

이는 그린워싱이든 진심이든 기업들이 움직이고 있음을 보여주는 사례들이다. 하지만 다수의 기업들은 탄소중립으로 가는 길에서 너무 앞서 나갔다가 손해를 보지 않을까 우려하고 있기도 하다.

국내기업의 이익을 대변하는 대한상공회의소는 2021년 11월 17일 산업통상자원부와 '제2차 탄소중립 산업전환 추진위원회'를 열었다. 최태원 대한상의 회장은 "탄소 감축이 기업에 현실적 생존의 문제가 되고 있다"며 "산업계의 온실가스 감축 부담이 매우 커진 것이 사실이고, 현실적으로 달성할 수 있을지에 대한 우려 또한 많은 상황"이라고 말했다. 그는 또 "규제 위주의 관점보다 기업을 포지티브하게 이끌 방법이 무엇인지 생각해보아야 할 때다. 그렇지 않으면 기업들로서는 목표는 높고 비용은 많이 들기 때문에 어렵다고 하면서 미루거나 안 된다는 말만 반복할 수밖에 없게 될 것이다"라고 강조했다.

대한상의는 정부에 탄소중립을 위한 산업계 제언으로 '4R 정책'을 건의했다. '4R'은 혁신 기술 개발·투자 지원R&D, 신재생에너지 활성화Renewable Energy, 자원순환 확대Resource Circulation, 인센티브·제도적 기반 마련Rebuilding Incentive System을 뜻한다.

또 △2022년 탄소중립 예산 대폭 확대 △탄소중립 기술을 국가 전략기술로 지정 △사용 전력의 100%를 재생에너지로 충당하는 'RE100' 참여기업에 송배전망 이용료 인하 △플라스틱 재활용 시 온실가스 감축 실적 인정 △탄소 감축 성과를 측정하고 이에 비례해 인센티브를 부여하는 성과 기반 인센티브 시스템 등도 제안했다.

기업들이 탄소중립에 적극적으로 대응하는 것은 금융의 역할이 있기 때문이기도 하다. 금융에서 시작된 ESG가 전 산업부문으로 확산되고 있다. 이는 2001년 유엔환경계획 금융이니셔티브UNEP FI에서 발의돼 2006년 유엔 책임투자원칙UN PRI 핵심 어젠다로 등장했다. PRI가 제시한 6가지 책임투자 원칙은 다음과 같다.

- 우리는 투자 분석과 의사결정 과정에 ESG 이슈를 통합한다.
- 우리는 투자철학 및 운용원칙에 ESG 이슈를 통합하는 적극적인 투자자가 된다.
- 우리는 우리의 투자 대상에게 ESG 이슈들의 정보공개를 요구한다.
- 우리는 투자산업의 PRI 준수와 이행을 위해 노력한다.
- 우리는 PRI의 이행에 있어 그 효과를 증대시킬 수 있도록 상호 협력한다.
- 우리는 PRI 이행에 대한 세부 활동과 진행 상황을 보고한다.

근래 ESG 열풍이 확산된 중요 요인 가운데 하나가 앞서 언급한 블랙록이다. 세계 최대 자산운용사인 블랙록의 래리 핑크 회장은 석탄 투자에서 발을 빼는 한편, 고객 서한을 통해 기후변화 관련 재무정보 공개 협의체TCFD 및 지속가능성회계기준위원회SASB 기준에 맞춰 기업의 기후 관련 정보를 공개하라고 촉구했다. 포스코가 탄소중립을 선언한 것도 바로 블랙록의 압박 때문이었다는 후문이 있다. 블랙록이 이렇게 '착한 얼굴'로 바뀐 것은 상위 감독기관 때문이었다. 전 세계 중앙은행과 금융감독 기관들이 기후변화가 실물 경제에 피해를 준다는 문제의식을 느끼고 기후환경 리스크관리 가이드를 받아들이기 시작했다. 감독기관의 태도가 바뀌니 제아무리 큰돈을 가진 자산운용사라고 해도 말을 듣지 않을 수 없었다. 국내 금융위원회와 금융감독원도 바뀌고 있다. 금융사의 탄소중립을 추구하면서 온실가스를 줄이지 않는 기업에는 대출이나 투자를 제한하려는 움직임까지 일고 있다.

기업이 탄소중립에 앞장서게 하려면 무엇보다 정부의 탈탄소 인프라 투자가 제대로 이뤄져야 한다. 현재 국내 발전 용량에서 태양광과 풍력 등 재생에너지는 6.6%에 불과하다. 이것을 재생에너지 중심으로 바꾸려면 얼마나 많은 변화가 있어야 할까? 에너지경제연구원에 따르면 재생에너지 발전 비중을 40%로 높이려면 248조 원이 들고, 80%로 높이려면 509조 원이 든다고 한다. 우리 사회는 그런 투자를 과감히 할 수 있을까?

재생에너지 시장을 더 빠르게 활성화해야 한다는 데는 이견이 없다. 하지만 정부의 컨트롤타워 구축, 용지 확보, 인허가절차 등 규제 혁파, 송전선로 투자, 이해당사자 소통 및 설득의 문제는 결코 풀어내기가 쉽지 않다. 한편 현재의 전력시장에도 개혁이 필요하다. 송배전망을 스마트화하고, 전기료도 정상화해야 하며, 건물과 수송 부문에서도 에너지 효율화와 연료 전환에 따른 규제와 지원 제도도 구축해야 한다. 이회성 UN IPCC 의장의 조언이다.

> "기후변화 대책과 경제 발전 대책은 동전의 양면이다. 정부든 기업이든 잘살고 싶으면 꼭 기후변화 대책을 세워야 한다. 세계 각국이 경제 발전, 고용 증진, 빈곤 퇴치에 초미의 관심을 기울이고 있다. 그것은 기후 대책과 별개가 아니다. 액션을 취했을 때 우리에게 돌아올 반대급부가 어마어마하다. 기후 대책을 잘 세우면 그것이 곧 우리 경제에 새로운 기회이고 희망이 될 것이다."

개발의 새로운 개념, 기후탄력적 개발

IPCC 6차 보고서에는 '기후탄력적 개발CRD, Climate-Resilient Development'이라는 내용이 등장한다. 여기서 '탄력적'이라는 말은 여러 가지 의미를 담고 있다. 일차적으로는 어떤 교란이 일어난 뒤에 이전 상태로 돌아가거나 정상 상태로 회복되는 것으로서 '적응adaptation'이라는 의미로 사용하고 있다. 하지만 '탄력성'이 가진 더 넓은 의미는 필수적인 기능, 정체성, 구조를 유지하는 능력뿐만 아니라 변환 능력까지 포함하고 있다고 봐야 한다. 그런 맥락에서 CRD는 인류 모두의 지속가능발전을 위해 온실가스를 줄이는 행동과 기후변화 완화 및 적응을 위한 전략들을 결합한 것이다. IPCC는 이 개념을 이행하기 위한 행동이 매우 시급하다고 강조했다. 만약 지구 평균기온이 2°C 상승한다면 어떤 지역에서는 기후탄력적 개발은 불가능한 목표가 될 것이라고 한다.

개발도상국이나 해안지역, 작은 섬, 사막, 산, 극지방 같은 곳에서는 기후변화의 영향과 위험이 더 크다. 특히나 소외된 지역은 더 취약하고 불평등이 심화될 수 있어 지속가능한 개발이 이루어지기 어렵다. 그렇지만 IPCC는 희망의 끈을 놓지 않았다. 제2그룹 보고서는 빠르고 잘 조정된 투자는 CRD를 촉진할 수 있으며, 국제 협력과 재정 지원을 통해 속도를 낼 수 있다고 보고 있다. IPCC는 각국의 기후변화 적응 노력에 대한 평가를 바탕으로 기후탄력적 개발 경로CRDPs를 제시했다. 이는 정부와 지방자치단체, 민간이 함께 참여하는 협치(거버넌스)가 있을 때 실현이 가능하며, 향후 10년간의 사회적 선택이 미래의 기후탄력성을 결정할 것이라고 한다.•

미국 환경보호청EPA, Environmental Protection Agency은 '기후탄력적 경제'라는 용어를 사용하고 있다. 2016년 EPA가 발표한 '기후탄력적 경제를 위한 계획 프레임워크'는 공동체들이 기후변화에 대한 경제적 취약성을 평가하고, 경제적 탄력성을 높이려는 차원에서 나왔다. 이런 프레임워크가 공동체의 장기적 안녕을 위해 필수적인 방향이라 본 것이다.

• 해당 내용은 IPCC 홈페이지의 FAQ 6번 항목에서 확인할 수 있다.

4

국가 탄소중립 선언과 탄소중립 기본법

탄소중립법의 기본원칙

IPCC 보고서의 정책 권고를 반영하고 있는 한국의 탄소중립법은 탄소중립 사회로 가는 데 필요한 목표와 집행 전략을 담고 있다. '탄소중립 사회'란 화석연료에 대한 의존도를 낮추거나 없애고 기후 위기 적응 및 정의로운 전환을 위한 재정·기술·제도 등의 기반을 구축함으로써 탄소중립을 원활히 달성하고 그 과정에서 발생하는 피해와 부작용을 예방 및 최소화할 수 있도록 하는 사회를 말한다. 탄소중립 사회를 이루기 위해 '기본원칙'에 따라 추진돼야 한다고도 정했다. 다음은 '기본원칙'의 내용이다.

1 미래세대의 생존을 보장하기 위하여 현재 세대가 져야 할 책임이라는 세대 간 형평성의 원칙과 지속가능발전의 원칙에 입각한다.

2 범지구적인 기후 위기의 심각성과 그에 대응하는 국제적 경제환경의 변화에 대한 합리적 인식을 토대로 종합적인 위기 대응 전략으로서 탄소중립 사회로의 이행과 녹색성장을 추진한다.

3 기후변화에 대한 과학적 예측과 분석에 기반하고, 기후 위기에 영향을 미치거나 기후 위기로부터 영향을 받는 모든 영역과 분야를 포괄적으로 고려하여 온실가

스 감축과 기후 위기 적응에 관한 정책을 수립한다.

4 기후 위기로 인한 책임과 이익이 사회 전체에 균형 있게 분배되도록 하는 기후정의를 추구함으로써 기후 위기와 사회적 불평등을 동시에 극복하고, 탄소중립 사회로의 이행 과정에서 피해를 볼 수 있는 취약한 계층·부문·지역을 보호하는 등 정의로운 전환을 실현한다.

5 환경오염이나 온실가스 배출로 인한 경제적 비용이 재화 또는 서비스의 시장가격에 합리적으로 반영되도록 조세체계와 금융체계 등을 개편하여 오염자 부담의 원칙이 구현되도록 노력한다.

6 탄소중립 사회로의 이행을 통하여 기후 위기를 극복함과 동시에, 성장 잠재력과 경쟁력이 높은 녹색기술과 녹색산업에 대한 투자 및 지원을 강화함으로써 국가 성장동력을 확충하고 국제 경쟁력을 강화하며, 일자리를 창출하는 기회로 활용하도록 한다.

7 탄소중립 사회로의 이행과 녹색성장의 추진 과정에서 모든 국민의 민주적 참여를 보장한다.

8 기후 위기가 인류 공통의 문제라는 인식 아래 지구 평균기온 상승을 산업화 이전 대비 최대 1.5℃•로 제한하기 위한 국제사회의 노력에 적극적으로 동참하고, 개발도상국의 환경과 사회정의를 저해하지 아니하며, 기후 위기 대응을 지원하기 위한 협력을 강화한다.

탄소중립법의 의의는 우리가 세계 14번째로 탄소중립의 비전과 이행체계를 법으로 만들었다는 것이다. '2050 탄소중립'에 대한 국가 비전, 중장기 온실가스 감축목표, 기본계획 수립, 이행점검 등이 담겨 있

• 2℃로 명시하지 않은 점이 매우 중요하다.

다. 국가 온실가스 감축목표NDC를 '2018년 대비 35% 이상' 범위에서 논의를 시작하도록 명시했고, 실제로 문재인정부는 2021년 10월 18일 한국의 2030년 NDC를 2018년 배출량 대비 40%를 감축하는 내용으로 발표했다. 2018년 온실가스 배출량은 7억 2769만 톤이었는데, 40% 감축하면 4억 3660만 톤이 된다.

한국에서 탄소중립은 왜 어려운 과제인가?

하지만 이것을 과연 달성할 수 있을지는 불투명하다. 영국(2015년)이나 독일(2019년)은 25~29년에 걸쳐 배출량의 정점에서 35% 이상 감축하는 데 성공했는데, 한국은 12년에 걸쳐 그 수준을 달성해야 하는 상황이다. '2050 탄소중립 시나리오 최종안'도 확정했는데, 화력발전을 전면 중단하는 A안과 LNG 발전을 유지하는 B안 모두에 대해 비판적인 논의가 이어졌다. A안은 현실적으로 달성이 쉽지 않기 때문이고, B안은 사실상 화석연료인 LNG를 사용할 뿐만 아니라 언제 상용화될지 알 수 없는 CCUS 등의 기술을 주요 감축 수단으로 상정하고 있기 때문이다.

윤제용 서울대 교수(전 한국환경연구원 원장)는 "한국은 제조업 비중이 높고, 특히 철강, 석유화학 등 에너지 다소비 업종이자 온실가스 감축이 어려운 산업의 비중이 높아 주요 경제 선진국들보다 탄소중립의 길이 어려울 것으로 예상된다. 2018년 에너지 수입의존도는 93.7%로 사실상 해외로부터 화석연료 수입에 거의 모든 에너지원이 의존하고 있다. 태양광, 풍력 등의 사업이 급속하게 진행되는 과정에서 사회적 갈등, 녹녹綠綠 갈등[•]이 커질 우려도 있다"며 어려운 현실을 지적했다. 그는 "탄소세를 도입할 필요성이 있고, 탄소중립을 추진하는 과정에서 사회적 가치의 훼손을 최소화할 필요도 있다. 기왕에 가야 할 길이라면 대한민국 산업구조를 미래지향적으로 구조조정을 할 계기로 만들어야 한다"고 강조했다.[••]

이창훈 한국환경연구원 원장은 탄소중립을 추진하기 위한 네 가지 큰 방향을 △에너지 절약 및 효율화 △무탄소 에너지 공급 △탄소 흡수 및 제거 △고탄소 산업의 온실가스 감축 등으로 정리했다. 특히 재생에너지 중심의 전력 생산이 핵심 전략으로 마련돼야 한다는 것을 강조했다. 그러고도 배출되는 온실가스는 산림 등 자연 흡수원으로 이산화탄소 흡수 능력을 높이고, CCUS 기술을 통해 제거하는 것이 중요하다. 이 과정에서 미래를 내다보는 친환경 기업이 새롭게 시장을 장악할 수 있게 된다.

탄소중립이라는 목표를 달성하려면 그에 맞는 정책적 변화가 필수적이다. 김정인 중앙대 경제학부 교수가 제시한 정책안들도 흥미롭다.[•••]

- 과감한 규제 개혁: 전력산업, 폐기물, 신재생에너지, 건물, 수송 등 모든 분야에서 혁신적 규제 개혁이 필요하다.

• 개발 대 환경이 아닌 환경 대 환경의 갈등 양상. 환경보전이라는 이상과 그것을 실천하기 위한 행동 사이에 일어나는 모순과 갈등을 이른다. 재생에너지인 태양광 패널 설치를 위해 산림과 저수지 등 생태를 파괴하는 경우가 이에 해당한다.

•• 〔신동아〕'사회적 가치, 경제를 살리다' 포럼, 2021년 12월 18일.

••• 위와 같음.

- 연구 개발의 지원 강화: 중복된 연구 개발 소재를 재검토해 기술 개발의 효율성을 높일 필요가 있다. 전력의 탈탄소화, 교통의 연료 효율성 제고, 저탄소 차량, 건물 에너지의 효율성, 산업의 공정 개선, 농업 생산성 제고 및 산림 관리 효율화, 수소 에너지, 신재생에너지 등에서 핵심 기술을 선정하고 지속적인 지원과 평가가 이루어져야 한다. 이는 또 전력 IT, 배터리, 인공지능, 빅데이터, 로봇 등 4차산업과 연계돼야 한다.
- 적극적 재정 지원과 지원법 마련: 기후 기금 조성 예산의 확대, 녹색금융공사의 설립, 산업은행의 정책 금융 기능 강화, 지역 녹색은행 설립 지원에 관한 법 제정 등이 필요하다.
- 기후에너지부 설립: 기획재정부, 환경부, 산업통상자원부, 국토교통부, 농림축산식품부, 과학기술정보통신부 등에서 환경과 에너지 업무를 재편해 중복을 피하고 경쟁력을 높여야 한다. 판로와 수출 마케팅, 탄소상쇄 프로젝트 개발 등을 지원해야 한다.
- 지방자치단체의 책임과 의무 강화.
- 시민과 함께하는 탄소중립 독립 기구 신설 및 전문 인력 육성 시스템 구축.

탄소중립 비용은 얼마나 들까?

탄소중립을 달성하려면 과연 얼마의 투자액이 필요할까. 그동안 여러 기관이 이 비용을 추산해왔다. 기관마다 분석 모델이 달라 결과가 다르지만, 공통점은 그야말로 어마어마한 금액이 들어간다는 것이다.

2020년 4월 국제재생에너지기구IRENA, International Renewable Energy Agency는 2050년 탄소 제로를 달성하기까지 130조 달러의 투자가 필요하다고 추산했다. OECD는 2℃ 시나리오를 달성하기 위해서는 2016년부터 2030년까지 매년 6.9조 달러가 들어간다고 밝혔다. 2050년까지 탄소 제로를 달성하기 위해 그린 뉴딜을 추진 중인 EU는 2030년까지 해마다 1000억 유로를 투자할 계획이다.

한국은 재생에너지 3020 이행계획*, 문재인정부가 발표한 그린 뉴딜에 들어가는 재원으로 141조 원을 추산했다. 신재생에너지에 92조 원, 저탄소 교통에 20조 원, 에너지 효율에 29조 원이 들어갈 수 있다고 봤다.

한국원자력학회는 2021년 8월 신재생에너지 목표치의 70%를 달성하려면 연간 41조에서 96조 원의 추가 비용이 들어갈 것으로 전망했다. 전망 당시의 재생에너지 전환 정책이 지속될 때 2050년 총 발전 비용이 약 100조 원 증가해 전기요금도 100% 이상 상승할 수 있다고 보았다. 2019년 국내 총 발전 비용이 50조 7000억 원 수준인데 이것이 2050년이 되면 94조 7000억~147조 1000억 원 규모로 늘어날 것으로 예상했다.

산업연구원 정은미 연구원은 2017년 대비 2050년 탄소 배출량을 40% 줄이려면 철강·석유화학·시멘트 3개 업종에서 1억 1006만 톤을 감축할 때 최소 400조 원이 들어갈 것으로 추산했다. 에너지경제연구원은 재생에너지 발전 비중에 따른 투자 비용을 40%일 경우 248조 원, 50%는 312조 원, 60%는 372조 원, 80%는 509조 원이 들어간다고 보았다.

대외경제연구원은 2021년 5월 현재 추세대로 온실가스를 배출할

* 2030년까지 재생에너지 발전 비중을 20%로 늘린다는 계획.

때 2100년까지 한국의 누적 피해 금액은 4867조 원에 이를 것으로 전망했다. 탄소중립 시나리오를 달성할 경우 피해 금액의 46%가 줄어들어 피해액은 1667조 원이 될 것이라고 보았다. 하지만 현재의 배출 추세를 유지할 때 4000조 원 이상의 대규모 기후변화 피해가 발생할 확률이 20%이지만, 탄소중립 시나리오를 이행하면 1.8%로 줄어들고, 탄소중립을 달성한다면 0.0002%가 될 것으로 전망했다.

5

기업의 탄소중립 목표와 SBTi

탄소중립 목표에 SBTi는 왜 필요할까?

국가라는 체계 내에서 실제 온실가스를 배출하는 것은 기업, 개인 등 개별주체다. 국가 차원의 탄소중립 목표를 달성하기 위해서는 개별주체의 탄소중립 목표 수립과 이행이 뒤따라야 한다. 유엔기후변화협약UNFCCC에서 주관한 '레이스 투 제로Race to Zero' 캠페인에는 전 세계 8000개가 넘는 기업이 참여하여 탄소중립 목표 수립을 선언했다.

기업의 탄소중립 목표 수립은 국가에 비해 좀 더 복잡하다. 자국 영토 내에서 발생한 스코프 1 배출량(직접 배출량)만 합산하는 국가배출량과 달리, 기업 배출량은 스코프 2 배출량(간접배출량)과 스코프 3 배출량(가치사슬 배출량)을 함께 산정한다. 목표 수립 시에는 스코프 1, 2, 3 배출량을 어느 수준으로 반영할지 고려해야 한다. 또한 상쇄를 얼마나 적용할지도 고려해야 한다. 탄소중립 목표는 배출량 감축과 감축하지 못한 배출량에 대한 상쇄가 합쳐진 개념이기 때문이다. 그리고 어떤 경로로 탄소중립에 도달할지도 고려해야 한다. 온실가스는 대기 중에서 최소 10년 이상 지속하며 온실효과를 가져온다. 기후 위기를 막기 위해서는 대기 중의 누적 배출 총량을 줄여야 한다. 예를 들어 어떤 기업이 2049년까지는 현 배출량 수준을 유지하고, 2050년 한 해에만 순 배출량을 '0'으로 전환하겠다는 계획을 세웠다면 그 목표는 기후 위기 극복에 전혀 이바지하지 못하는 것이다.

국제적으로 합의된 표준 없이 기업의 자체 기준에 따라 목표를 수립한다면 탄소중립 목표가 그린워싱의 수단으로 악용될 위험이 있다. 아울러 기업에서도 정해진 기준이 없는 상태에서 목표를 수립한다는 것은 실무적으로 어려운 일이다. 또한 발표된 목표가 외부에서 그린워싱으로 오해받지 않을까 하는 우려도 뒤따를 수 있다. 과학 기반 감축목표 이니셔티브SBTi, Science Based Target initiative가 2021년 10월 'SBTi 기업 넷 제로 기준SBTi Corporate Net-Zero Standard'을 발표한 배경이다.

과학 기반 감축목표와 넷 제로 기준

SBTi는 기후변화 관련 비영리 단체인 CDPThe Carbon Disclosure Project, 유엔글로벌콤팩트UNGC, WRI와 세계자연기금WWF, World Wide Fund for Nature이 함께 설립한 이니셔티브다. 2014년 RE100과 함께 '위 민 비즈니스We Mean Business'라는 큰 틀의 이니셔티브 가운데 하나로 시작했다. 2023년 9월 기준 전 세계 6194개 기업, 한국에서는 49개 기업이 참여하고 있다. SBTi는 참여 기업에게 2년 내로 목표를 수립하여 SBTi 기준 충족 여부를 승인받도록 하고 있는데, 국내에서는 LG전자, KB금융, JB금융, SK텔레콤 등이 승인받았다.

기업이 목표를 수립하는 방법은 다양하다. 예컨대 온실가스 감축 잠재량을 우선 파악한 후 현실적으로 달성할 수 있는 수준의 상한치를 목표로 정할 수 있다. 또는 국가 목표나 경쟁사의 목표 수준을 비교하여 같거나 조금 더 높은 수준의 목표를 정하기도 한다.

이에 반해 과학 기반 감축목표는 기후과학에서 제시하는 수준에 근거하여 정한 목표를 의미한다. 이때 기후과학이란 IPCC 보고서에 제시된 과학적 근거를 말한다. IPCC의 6차 보고서에 따르면 1.5℃ 목표를 달성하기 위해서 전 세계가 지금부터 2050년까지 약 30년 동안 배출할 수 있는 누적 온실가스의 총량은 약 400~500GtCO_2e로, 현재의 연간 배출 수준인 40GtCO_2e을 유지한다면 겨우 10~12년 만에 소진될 것으로 예상된다. 따라서 기업이 목표를 수립할 때 1.5℃ 목표 달성에 이바지할 수 있는 수준의 목표를 세워야 한다는 개념을 반영한 것이 과학 기반 감축목표다.

언뜻 생각해보면 앞뒤가 맞지 않는다. 전 세계 배출량의 80% 이상을 차지하는 70개국 이상이 이미 탄소중립 목표를 수립했고, 2030년 감축목표인 NDC를 유엔에 제출했다. 논리적으로 보면 기업은 배출권거래제와 같은 국가 차원의 규제만 맞추면 자연스럽게 1.5℃ 목표 달성에 기여하게 될 텐데 왜 이런 이니셔티브가 생겼고 또 3000여 개의 기업이 참여하고 있을까? 그 이유는 국가들이 제시한 NDC 목표 수준이 아직은 전 지구적 1.5℃ 목표 달성에 턱없이 부족한 실정이기 때문이다. IPCC는 1.5℃ 목표 달성을 위해서는 2030년 연간 배출량이 25GtCO_2e이 되어야 한다고 제시하고 있지만, 세계 각국이 제출한 NDC를 성실히 이행한다고 해도 연간 배출량은 50GtCO_2e에 이를 것으로 전망된다. 국가 차원의 기후변화 대응이 속도를 내고 있지 못하므로 기업이 먼저 나서서 이끌어보자고 시작된 것이 SBTi다.

SBTi가 제시하는 기업의 넷 제로 목표 기준은 매우 높다. 하지만 전

SBTi 넷 제로 목표 기준

	스코프별 포함 범위	목표수준	목표시점
단기목표	· 스코프 1+2: 95% · 스코프 3: 67% 이상*	· 스코프 1+2: 1.5℃ (연간 4.2% 이상 감축 수준) · 스코프 3: well below 2℃ (연간 2.5 % 이상 감축 수준)	2021년 기준으로 향후 5~10년
장기목표	· 스코프 1+2: 95% · 스코프 3: 90%	· 스코프 1+2+3: 1.5℃	2050년

* 스코프 3 배출량이 전체배출량의 40% 이상인 경우만 포함

출처: SBTi

세계 2467개 기업이 기준에 부합하는 넷 제로 목표를 수립하기로 서약했다. 한국에서는 24개 기업이 넷 제로 목표 수립을 서약했으며, 한국타이어와 SK네트웍스는 넷 제로 목표를 승인받았다. 참고로 SBTi에는 넷 제로 목표가 아니라 2030년 단기목표 수립만 서약할 수도 있는데, SBTi에 참여하고 있는 나머지 3600여 개 기업은 단기목표 수립만 서약했다.

SBTi 넷 제로 목표 기준은 아래와 같다. 기업이 넷 제로 목표로 승인받기 위해서는 단기목표와 장기목표를 모두 수립해야 한다.

6

특명! 가치사슬 온실가스 배출량을 관리하라

기업의 미래 가치 달린 스코프 3 관리

앞서 간략히 서술했듯 스코프 3 배출량은 기업의 가치사슬에서 발생하는 온실가스 배출량을 의미한다. 이는 크게 보면 제품이 생산되기 이전 공급망에서 발생한 온실가스와 제품 판매 후 고객이 배출한 온실가스로 구분된다. 예컨대 고객이 엑손모빌이 판매한 석유와 가스를 사용하면서 배출한 온실가스는 모두 엑손모빌의 스코프 3 배출량이 되고, 테슬라의 전기차를 구매한 고객이 자동차를 운행하면서 배출한 온실가스는 모두 테슬라의 스코프 3 배출량이 된다. 엑손모빌은 제품을 판매하면 할수록 스코프 3 배출량이 늘어 기후 위기를 심화시킨다. 반면 테슬라는 제품을 판매해도 자사의 제품 사용으로 인한 스코프 3 배출량이 크게 늘지 않으며, 내연기관차에 비해 기후에 미치는 상대적 영향력도 적다.

기업의 ESG를 평가할 때, 스코프 3 배출량의 중요도를 어느 정도로 둬야 할까? 스코프 3 배출량이 기업의 재무에 미치는 영향은 어느 정도일까? ESG 평가사마다 스코프 3 배출량을 해석하는 방법은 모두 다를 것이다. ESG 평가도 시장에서 경쟁하는 하나의 상품이라는 관점에서 보면 이는 지극히 당연한 일이다. 하지만 현재 우리가 처한 문제는 ESG 평가사의 스코프 3에 대한 관점이 아니다. 진짜 문제는 신뢰할 만한 기업의 스코프 3 배출량 데이터가 존재하지 않는다는 점이다. ESG 평가사가 스코프 3 배출량을 중요하게 반영하고 싶어도, 그렇게 하기 어려운 것이 우리가 처한 현실이다.

최근 발표된 미국, 유럽 및 국제회계기준IFRS의 ESG 및 기후공시 의무화 정책은 하나같이 기업의 스코프 3 배출량 공시를 담고 있다. 그리고 기업들도 스코프 3 배출량 산정 및 보고체계 구축을 서두르고 있다. 스코프 3 배출량이 기업의 미래가치를 평가하는 데 반드시 필요한 요소가 되었다는 것을 보여주는 방증이다.

'머리부터 발끝까지' 온실가스 배출량을 산정하려면

최근 ESG 분야에서는 '머리부터 발끝까지'가 그야말로 핫 이슈다. 이 표현을 ESG 분야에서 사용하는 용어로 바꾸면, 아마도 전全 과정 평가LCA, Life Cycle Assessment 정도가 아닐까 싶다. LCA는 제품 또는 시스템의 모든 주기, 즉 원료 채취부터 가공, 수송, 사용, 폐기까지의 모든 과정에서 발생하는 환경영향을 평가하는 방법이다. 최근에는 제품 차원을 넘어 기업 전체, 그리고 환경 이슈뿐만 아니라 사회 이슈까지 가치사슬 전반에 기업 활동이 미치는 영향을 파악하고 관리하는 방향으로 그 영역이 넓어지고 있다. 부쩍 늘어나고 있는 ESG 관련 제품 인증이나 공급망의 지속가능성 실사 의무화 등이 대표적인 예다.

기후변화와 관련해서는 제품의 생애 전 주기 온실가스 배출량을 산정하는 '탄소발자국'과 기업의 전후방 가치사슬 배출량을 산정하는 '스코프 3 배출량'이 이에 해당한다. 스코프 3 배출량은 크게 전방(upstream, 업스트림)과 후방(downstream, 다운스트림) 가치사슬 배출량으로 구분된다. 업스트림은 주로 공급망기업이 자사에 납품하는 제품이나 서비스를 공급하기까지 발생하는 온실가스를, 다운스트림은 고객이 자사 제품이나 서비스를 사용 및 폐기하는 과정에서 발생한 온실가스를 의미한다. 그리고 다시 업스트림과 다운스트림은 각각 8개와 7개의 세부 카테고리로 구분된다.

스코프 3 세부 카테고리

업스트림		다운스트림	
카테고리 1	구매한 제품 & 서비스	카테고리 9	다운스트림 운송 & 물류
카테고리 2	자본재	카테고리 10	판매된 제품의 가공
카테고리 3	(스코프 1 또는 2에 포함되지 않는) 연료 및 에너지 관련 활동	카테고리 11	판매된 제품의 사용
카테고리 4	업스트림 운송 & 물류	카테고리 12	판매된 제품의 폐기
카테고리 5	운영과정에서 발생한 폐기물	카테고리 13	다운스트림 임대자산
카테고리 6	출장	카테고리 14	프랜차이즈
카테고리 7	직원 통근	카테고리 15	투자
카테고리 8	업스트림 임차자산		

근래 주목받는 스코프 3은 사실 새로운 개념이 아니다. 2001년 GHG 프로토콜이 최초로 '기업 배출량 산정 및 보고 표준'을 발표했을 때부터 스코프 3 개념은 이미 반영되어 있었다. 2012년 스코프 3 배출량 산정 및 보고에 대한 구체적 내용을 규정한 '기업 가치사슬 배출량 산정 및 보고 표준'을 추가로 공개했을 때도 크게 주목받지 못했다. 스코프 3이 심심치 않게 언론에 등장하고 금융기관이나 기업 경영진의 입에 오르내리기 시작한 건 불과 1, 2년 전부터다. 그러면 왜 관심에서

멀어져 있던 스코프 3이 갑자기 주목받기 시작한 걸까? 그 이유는 세 가지 정도로 정리해 볼 수 있다.

첫째, 넷 제로의 등장이다. 전 세계 5000개 이상의 기업이 넷 제로 목표 수립을 약속했다. 기업의 넷 제로 목표와 관련된 기준을 제시하는 유일한 기관은 과학 기반 감축목표 이니셔티브SBTi다. SBTi가 2021년 10월 발표한 '기업 넷 제로 목표 기준'은 스코프 3 배출량을 넷 제로 목표 수립에 포함하도록 하고 있다.

둘째, 기후금융의 확산이다. 은행, 보험, 자산운용사 등 모든 금융 부문별로 넷 제로 금융이니셔티브들이 만들어지고 있으며, 이니셔티브에서는 금융기관의 투자 또는 대출 기업이 배출한 온실가스인 금융 배출량(또는 포트폴리오 배출량) 관리를 의무화하고 있다. 금융 배출량은 스코프 3의 15개 카테고리 가운데 마지막인 '투자' 카테고리에 해당한다. 최근 각국의 금융감독기구에서도 기후변화로 인한 금융 리스크 관리에 금융 배출량을 활용하고자 하는 움직임이 늘고 있어 금융기관의 자발적 또는 의무적 금융 배출량 산정 및 관리가 확산될 것으로 예상된다.

셋째, 기후공시의 의무화다. 기업의 기후공시 관련 표준 역할을 하는 TCFD는 2017년 발표한 권고안에 스코프 3 배출량 공개를 명시하고 있다. 최근 EU, 미국, IFRS 재단 등이 주류기업공시체계를 통한 기후변화정보 공시 의무화를 추진하면서 스코프 3 배출량이 포함된 공시지침 초안을 발표했다.

그동안 대다수의 국내외 기업은 스코프 3 배출량을 산정하지 않았다. 일부 기업이 CDP 등 자발적 기후정보공개 및 ESG 평가 대응을 목적으로 스코프 3 배출량을 산정했으나 체계적 관리시스템 없이 필요에 따라 임시로 대응하는 상황이었으므로 그 수준이 높았다고는 평가하기 어렵다.

이제부터 실무자가 스코프 3 배출량 관리를 시작할 때 가장 궁금해하는 몇 가지를 Q&A 형식으로 알아보자.

Q 스코프 3 배출량 산정은 의무인가?

A 아직은 의무가 아니다. 현재 프랑스*를 제외하고는 스코프 3 배출량 산정 및 공개를 의무화한 국가는 없다. 탄소세나 배출권거래제 등 기존의 기후변화 관련 규제의 틀 안에서 스코프 3 배출량 산정을 의무화할 가능성도 매우 낮아 보인다. 하지만 전통적 환경규제가 아닌 기업공시체계를 통한 스코프 3 배출량 공개를 의무화할 가능성은 매우 크다. 배출량을 공시하기 위해서는 당연히 산정이 이루어져야 한다.

Q 국내에서도 스코프 3 배출량 산정 또는 공시가 의무화될 가능성이 있나?

A 마찬가지로 배출권거래제 등 기존 온실가스 규제를 통해 스코프 3 배출량 산정을 의무화할 가능성은 거의 없다. 하지만 한국은 IFRS에 기반한 한국형 IFRS를 회계표준으로 채택하고 있으므로, IFRS 재단에서 발표한 지속가능성 공시기준을 채택할 가능성은 있다. 또한 국회에서 자본시장법을 개정하여 스코프 3 배출량 공시를 의무화할 가능성도 열려 있다.

* 프랑스는 2015년 에너지전환법 173조를 통해 스코프 3 배출량 가운데 일부인 제품 사용으로 인한 배출량 공시를 의무화했다. EU의 경우 비재무정보 의무공시의 가이드라인에 스코프 3 배출량을 공개하도록 하고 있으나, 가이드라인 자체에 구속력이 없으므로 의무는 아니다.

Q 해외 스코프 3 배출량 공시 의무화가 국내기업에 미치는 영향이 있나?

A 해외 규제 대상이 되는 일부 기업을 제외하면 직접적인 영향을 받은 기업은 많지 않을 것이다. 하지만 해외 기업과 거래관계에 있는 모든 기업이 간접적 영향을 받을 것으로 보인다. 미국과 유럽 기업 대부분이 스코프 3 배출량 공시 의무를 받을 것으로 보이는데, 해당 기업이 스코프 3 배출량을 산정하기 위해서는 공급망기업의 스코프 1과 스코프 2 배출량뿐만 아니라 스코프 3 배출량 데이터도 필요하다. GHG 프로토콜에 따르면, 기업은 1차 협력사의 온실가스 배출량뿐만 아니라 1차 협력사가 공급하는 부품이 생산되는 과정에서 발생한 모든 온실가스를 스코프 3 배출량 산정에 반영해야 한다. 따라서 고객사에서 2차, 3차 협력사 등 전前 과정에서 발생한 온실가스 데이터, 즉 우리 기업의 스코프 3 배출량 데이터를 함께 요청할 가능성이 매우 크다.

Q 스코프 3 배출량 산정 기준은 무엇인가?

A GHG 프로토콜의 '기업 가치사슬 배출량 산정 및 보고 표준'이 스코프 3 산정에 활용할 수 있는 유일한 표준이다. GHG 프로토콜은 카테고리별 세부 산정법과 사례를 다룬 '스코프 3 산정 가이던스'도 제공하고 있으므로 함께 활용할 수 있다. 만약 국가 차원에서 산정 및 공시의 의무화가 이루어진다면, 해당 규제에서 지정하는 기준을 따르면 된다. 다만 향후 새로운 기준이 도입된다고 하더라도 대부분 GHG 프로토콜에 기반할 것으로 예상된다.

Q 15개 카테고리 모두 산정해야 하나?

A 그렇지 않다. GHG 프로토콜은 배출량 산정 여부를 결정할 때 기업이 중대성 기준을 수립하고 그 기준에 따라 중대한 배출원에 대해서만 산정하도록

하고 있다. 따라서 15개 카테고리 가운데 관련성이 전혀 없는 카테고리는 산정하지 않아도 된다. 예를 들어 프랜차이즈업을 하지 않는 기업은 '카테고리 14: 프랜차이즈'의 배출량을 산정하지 않아도 된다. 그리고 기업이 중대하지 않다고 판단한 배출원 역시 산정하지 않아도 된다. 다만 특정 카테고리를 산정하지 않는 경우 중대하지 않다고 판단한 이유를 공개하도록 하고 있다. 일반적으로 스코프 3 배출량이 가장 큰 영역은 '카테고리 1: 구매한 제품&서비스', '카테고리 11: 판매된 제품의 사용', '카테고리 15: 투자'다. 위 3가지 카테고리는 반드시 산정하는 것이 좋다.

Q 스코프 3 배출량은 어떻게 산정하나?

A 일반적인 온실가스 배출량 산정 방법과 같다. 에너지 사용량과 같은 활동 데이터와 배출계수를 곱하여 계산한다. 다만 차이점은 대체로 데이터를 공급망기업이나 고객과 가치사슬 내의 이해관계자로부터 확보해야 한다는 점이다. 공급망기업의 배출량 데이터 확보를 위해 CDP 공급망Supply Chain이나 책임있는비즈니스연합RBA과 같은 이니셔티브를 활용하기도 한다. 공급망이나 고객으로부터 직접 배출량 데이터를 수집하기 어려운 경우 외부에 공개된 평균값 데이터를 활용하기도 한다.

Q 벤치마킹할 수 있는 자료가 있나?

A CDP는 전 세계 2만여 개 이상의 기업이 참여하고 있다. 기업에 스코프 3 카테고리별 배출량, 산정 방법 등의 정보를 요청하고 있으며, 많은 기업이 자세한 사항을 공개하고 있다. CDP를 통해 공개된 기업 정보를 벤치마킹에 활용할 수 있다.

Q 산정한 스코프 3 배출량을 반드시 검증받아야 하나?

A 아니다. 규제에서 의무화하고 있지 않은 한, 스코프 3 배출량을 포함한 모든 ESG 정보에 대한 제3자 검증은 기업의 자율이다. 스코프 3 배출량을 조건부로 의무화한 미국 증권거래위원회의 경우 스코프 1과 스코프 2 배출량에 대해서는 단계적으로 검증을 의무화하는 방안을 발표했으나, 스코프 3 배출량에 대한 검증 의무는 부과하지 않을 계획이다. 다만 의무화 여부와 무관하게 검증은 정보의 신뢰성을 높일 수 있으므로 가능하다면 검증받기를 권한다.

Q 스코프 3 배출량을 산정하니 다른 기업에 비해 월등히 높게 나타났다. 공개 시 불이익은 없을까?

A 스코프 3 배출량은 산업 섹터별로 큰 차이가 날 수밖에 없다. 특히 에너지 사용 제품을 판매하는 기업은 고객이 제품을 사용하는 전체 기간 동안 배출한 배출량을 산정해야 하므로 다른 기업에 비해 월등히 높은 스코프 3 배출량이 발생한다. 그리고 아직은 모든 기업이 스코프 3 배출량 관리 초기 단계이다 보니 배출원의 누락 없이 관리시스템을 체계적으로 구축한 기업일수록 스코프 3 배출량을 많이 보고하는 경향이 있다. 스코프 3 배출량 산정 및 보고의 목적은 스코프 3 배출량의 순위를 매기고자 하는 것이 아니다. 스코프 3 배출량을 통해 기업의 가치사슬로 인한 기후 리스크의 크기를 확인하고, 향후 어떻게 이를 줄여나가고자 하는지를 보기 위한 것이다. 따라서 배출량의 크기 자체에 민감하게 반응할 필요는 없다. 다만 정보이용자도 아직 스코프 3 배출량에 대한 이해도가 낮을 수 있으므로, 당분간은 배출량이 높은 배경을 함께 보고할 것을 권한다.

Q 스코프 3 배출량을 산정하였으나 신뢰도에 대한 확신이 없어 공개가 망설여진다. 공개해도 괜찮을까?

A 공개하는 것이 좋다. 정보이용자 대부분도 현 상황에서 기업이 공개하는 스코프 3 배출량 데이터의 신뢰도가 높을 수 없다는 점을 인지하고 있다. 예를 들어 미국 증권거래소는 스코프 3 배출량 정보에 대해 기업이 배출량 산정에 적용한 방법론, 가정 등을 충실히 공개한다면 수치의 오류에 대한 책임은 면책하는 세이프 하버Safe harbor 조항을 적용하기로 했다.

스코프 3 배출량 정보의 신뢰성이 낮은 이유는 크게 두 가지로 요약할 수 있다. 첫째, 산정 기준에 모호한 점이 많다. 2012년 '기업 가치사슬 배출량 산정 및 보고 표준'이 발표된 이후 아직 한 번도 개정이 이루어지지 않았다. 스코프 3 배출량을 규제화하는 사례가 없다 보니 문제점 파악도 늦어졌다. 기후금융의 제도화에 따라 탄소회계금융협회PCAF, Partnership for Carbon Accounting Financials에서 금융 배출량 산정을 위한 추가 가이드라인이 도입된 것과 유사하게, 스코프 3 공시 의무화가 진행됨에 따라 산업 섹터별로 추가적인 가이드라인이 개발될 것으로 기대된다. 두 번째로 스코프 3 산정에 필요한 정보나 공급망기업의 배출량 정보 제공 체계가 미비하다. 이 또한 스코프 3 배출량 산정 및 이를 위한 정보 제공 요청이 일반화됨에 따라 점차 개선될 것으로 보인다.

금융기관 포트폴리오 배출량 산정 방법

금융기관이 제일 잘하는 일은 무엇일까? 당연히 투자, 대출, 보험과 같은 금융 활동이다. 금융기관은 기후변화로 인한 리스크와 성과가 모두 금융 활동을 통해서 발생한다. 금융기관이 금융 활동을 통해서 배출되는 온실가스를 '금융 배출량' 또는 '포트폴리오 배출량'이라고 부르는데, 금융 배출량은 금융기관 전체 스코프 1, 2, 3 온실가스 배출량의 99% 이상을 차지한다. 이에 따라 전 세계 450개 이상의 금융기관이 참여하고 있는 글래스고 넷 제로 금융연합GFANZ, Glasgow Financial Alliance for Net Zero은 참여 금융기관에게 금융 배출량을 포함한 전체 온실가스 배출량에 대한 넷 제로 이행을 요구하고 있다.

금융 배출량은 금융기관의 자발적 넷 제로 목표 이행뿐만 아니라 금융의 기후 리스크 감독 차원에서도 매우 중요하게 다뤄지는 개념이다. 금융 배출량은 투자 기업의 총 온실가스 배출량에 기업의 총자산 가치 대비 투자 또는 대출금액의 비율을 곱하여 계산한다. 탄소 가격이 높아져 투자 기업의 탄소 비용 부담이 높아지면 그만큼 기업가치나 대출금 상환능력이 낮아질 위험이 커지므로 금융의 기후 리스크 수준을 파악하기 위한 지표로 사용된다.

$$\text{금융 배출량} = \text{투자기업 온실가스 배출량} \times \frac{\text{투자금액}}{\text{기업총자산가치}}$$

금융 배출량은 스코프 3 온실가스의 한 유형으로, GHG 프로토콜 스코프 3 산정 및 보고 표준의 '카테고리 15: 투자'에 해당한다. 스코프 3 산정 및 보고 표준이 발표된 2012년 당시만 하더라도 금융기관의 온실가스 배출에 관한 관심이 크지 않았기 때문에 '카테고리 15: 투자'는 개념과 산정 방법에 대한 간단한 설명 정도로만 기술되었다. 그러나 최근 들어 금융 배출량 산정을 위한 보다 정교한 방법론의 필요성이 대두되었고, PCAF는 2020년 '금융산업을 위한 세계 온실가스 산정 및 보고 표준The Global GHG Accounting & Reporting Standard'을 발표했다. PCAF는 금융자산을 ①상장주식 및 채권 ②기업 대출과 비상장주식 ③프로젝트 파이낸싱 ④상업용 부동산 ⑤모기지(주택담보대출) ⑥자동차 캐피탈 등 6가지로 구분하고 자산군별 배출량 산정 방법을 제시한다.

다른 스코프 3 카테고리 배출량 산정과 마찬가지로 금융기관이 금융 배출량을 산정할 때 가장 큰 어려움을 겪는 것은 투자 기업의 온실가스 배출량을 확보하는 일이다. PCAF는 투자 대상 기업으로부터 직접 받은 배출량 데이터를 사용하는 방법과 통계자료 등을 통해 계산된 평균값 또는 모델링 데이터를 사용하는 방법을 모두 허용하고 있다. 하지만 금융기관이 금융자산의 기후 리스크를 명확히 파악하고 대응하기 위해서는 투자 대상 기업의 직접 데이터 확보가 필수적이다. CDP의 Banks 프로그램과 같이 금융기관의 투자 대상 기업 온실가스 배출량 확보를 지원하기 위한 프로그램의 도입이 시도되고 있기는 하지만 아직은 시작 단계다. 금융기관은 평균값 데이터를 활용하여 대강의 리스크 크기를 우선 파악하고, 점진적으로 투자 대상 기업의 직접 데이터 비율을 높여나가는 단계적 전략이 필요하다.

7

자발적 탄소시장이 주목받는 이유

탄소중립은 감축과 상쇄를 통해 순 배출량을 0으로 만들겠다는 개념이다. 예를 들어 $100tCO_2e$를 배출하는 기업이 $90tCO_2e$를 감축하여 배출량을 $10tCO_2e$로 줄였다고 가정해보자. 기업이 순 배출량을 0으로 만들기 위해서는 대기 중에서 $10tCO_2e$의 온실가스를 제거하여 만들어진 상쇄 배출권을 구매하면 된다.

간단한 식으로 정리해보자. 기업의 자체적인 감축 활동은 「100－90=(+)10」으로, 상쇄 활동은 「(+)10－10=0」으로 정리할 수 있다. 엄격한 의미에서 보면 기업이 대기 중에 배출한 배출량(+)만큼을 다시 대기 중에서 제거(-)해야 순 배출량을 0으로 만드는 넷 제로를 달성했다고 선언할 수 있다. 국가나 기업이 감축을 통해서 배출량을 0으로 만든다는 것은 현실적으로 매우 어렵다. 그러므로 상쇄가 꼭 필요하다. 최근 자발적 탄소시장이 다시 주목받는 이유다.

탄소시장은 의무시장과 자발적 시장으로 구분할 수 있다. 의무시장이란 국가 감축목표 달성을 위해 정부가 배출권거래제와 같은 제도를 도입한 후 규제 대상 기업 간에 배출권을 거래할 수 있도록 한 시장이다. 한국거래소에서 운영하는 배출권거래시장이 대표적인 의무시장이며, 거래제 대상 기업 간 장외거래도 의무시장에 속한다고 볼 수 있다. 자발적 탄소시장이란 규제 대상이 아니거나 규제 수준 이상의 목표를 달성하고자 하는 기업이 자발적으로 탄소배출권을 거래하는 것을 말한다. 현재 기업에 탄소중립 달성 의무를 부여한 국가는 없으므로, 기업이 발표한 탄소중립 목표는 모두 자발적이다.

기업들이 스코프 3 배출량을 포함한 탄소중립을 달성하기 위해서는 막대한 양의 상쇄 배출권이 필요하다. 상쇄 배출권은 제3자의 감축에 의해 만들어진 배출권과, 대기 중에서 실제 온실가스의 흡수나 제거로 일어난 배출권으로 구분할 수 있다. 예를 들어 쿡스토브와 같이 조리기구의 에너지 효율을 높여 온실가스가 적게 나오게 하는 활동과 그 활동을 통해 만들어진 배출권은 전자에 속한다. 기존에 온실가스가 (+)10이 배출되는 스토브를 온실가스가 (+)4만큼 배출되는 고효율제품으로 교체하면 줄인 6만큼의 배출권이 나온다. 이때 주의할 점은 대기 중에는 여전히 (+)4만큼의 온실가스가 배출되고 있다는 점이다. 배출된 온실가스를 없앨 수 있는 대표적인 방법은 조림造林이다. 나무를 심으면 대기 중의 온실가스를 흡수(-)하게 되고, 흡수한 양만큼 배출권이 생성된다. 앞서 언급한 것처럼, 엄격한 의미의 넷 제로는 기업이 대기 중에 방출한 온실가스의 양(+)만큼을 대기 중에서 제거(-)하는 것이다. 현재 상용화되어 있는 흡수·제거 기술은 산림 관련 프로젝트밖에 없으므로 최근 자연 기반 해법NBS, Nature Based Solution이나 산림 프로젝트가 크게 주목받고 있다. 상쇄 배출권 가운데서도 산림 프로젝트로 생성된 배출권의 가격이 매우 높은 이유이기도 하다.

글로벌 컨설팅기업 맥킨지는 자발적 탄소시장의 규모가 2030년까지 500억 달러 수준으로 성장할 것으로 전망했으며, 자발적 탄소시장의 확대 및 투명성 강화를 위해 만들어진 태스크포스인 TSVCMTaskforce on Scaling Voluntary Carbon Market은 2030년까지 최대 1800억 달러 규모에 달할 것으로 예상했다.

자발적 탄소시장에서 거래되는 배출권의 유형은 VCSVerified Carbon Standard, GSGold Standard 등 다양하다. 최근 자발적 탄소배출권의 거래를 지원하는 플랫폼도 속속 등장하고 있다. Climate Trade, Carbon X 등이 대표적이다. 과거에는 거래 규모가 작아 컨설팅기업 등 중개기업을 통해 탄소배출권을 사고파는 것이 일반적이었으나, 앞으로는 거래 플랫폼을 통한 거래가 일반화될 것으로 예상된다.

8

기후변화가 가져온 새로운 무역장벽: 탄소국경세

참치통조림에는 왜 돌고래 라벨이 들어갔을까?

참치통조림은 창고형 대형할인점부터 시골 구멍가게까지 어디서나 쉽게 찾아볼 수 있는 물건이다. 하지만 이렇듯 친숙한 참치통조림이 ESG 세계에도 큰 발자국을 남겼다는 사실을 알고 있는 사람은 많지 않을 듯싶다. 참치통조림 옆면을 자세히 들여다보면 돌고래 그림 하나가 있다. 이 돌고래는 참치통조림과 ESG, 그리고 탄소국경세를 연결해주는 고리다.

돌고래 이야기를 시작하기 전에, 우선 탄소국경세가 무엇인지 간단히 알아보자. 탄소국경세Carbon Border Tax/Carbon Tariff는 온실가스 감축 규제가 강한 국가가 규제가 없거나 상대적으로 규제가 약한 국가로부터 상품을 수입할 때 부과하는 관세를 말한다. 예를 들어 특정 상품에 100원의 탄소 비용을 부과하는 A 국가가 해당 상품에 탄소 비용을 부과하지 않는 B 국가로부터 동일 상품을 수입할 때 B 국가에 탄소 비용 100원을 관세로 징수하는 것이다.

탄소국경세가 본격적으로 화두에 오르기 시작한 것은 2019년 말이다. EU는 EU 그린딜을 발표하며 특정 섹터에 대한 탄소국경조정제도CBAM 도입 계획을 포함했다. EU는 2023년 10월부터 탄소국경제제도를 시작했다. 2025년 말까지 약 2년 동안은 탄소비용 지불없이 배출량 보고의무만 있는 전환기간를 거칠 예정이며, 2026년부터는 실제 비용을 지불하는 본 제도가 시작된다. 또한 미국 바이든 행정부도 탄소국경세 도입을 검토하고 있는 것으로 알려졌으며 2021년 7월 관련 법안이 하원에서 발의되기도 했다.

유럽 및 미국에서 제시하는 탄소국경세 도입의 목적은 탄소누출 Carbon leakage 방지다. 탄소누출은 일부 국가에서만 탄소배출규제를 도입할 때 탄소 다多배출 산업이 배출규제가 약한 지역으로 이전하는 현상을 말한다. 이는 법인세를 높였을 때 기업이 법인세가 낮은 지역으로 빠져나갈 수 있다는 우려와 같은 논리다. 탄소누출이 발생하면 자국 경제산업 보호를 명분으로 한 배출규제 완화 경쟁으로 이어질 수 있어 전 지구적 차원의 온실가스 감축이 어려워진다. 이 때문에 탄소누출의 발생 가능성 및 예방은 글로벌 차원의 기후변화정책 논의 테이블에서 빠지지 않고 등장하는 주제다.

탄소국경세? 탄소국경조정제도?

신문기사나 자료를 보면 탄소국경세뿐만 아니라 탄소국경조정세, 탄소국경조정제도 등 다양한 표현이 나온다. 어떤 게 정확한 표현이고, 그 차이점은 무엇일까? 우선 EU 제도의 공식 명칭은 EU 탄소국경조정제도(CBAM, Carbon Border Adjustment Mechanism)이다. 용어가 너무 길다 보니 영미권에서는 일반적으로 약자인 CBAM을 사용한다. 용어를 좀더 쉽게 이해하기 위해 단어별로 분리해서 살펴보자. 우선 '탄소'는 이산화탄소뿐만 아니라 유엔기후변화협약(UNFCCC)에서 규정하는 7대 온실가스를 포함하는 용어다. 다음으로 '국경조정'은 상품이 국경을 넘어올 때, 즉 상품을 수입할 때 수입 상품도 국내상품과 같은 수준의 규제 수준을 적용받도록 조정하는 것을 말한다. '세'는 관세를 의미하며, '제도'는 관세를 포함하여 수입 상품과 국내상품의 규제 수준을 일치시키기 위해 시행하는 여러 조치를 포괄하는 용어다. 정리하면 탄소국경세와 탄소국경조정세는 같은 의미이며, 탄소국경조정제도는 탄소국경세를 포함하는 광의의 개념이다. EU는 CBAM 발표 당시 관세를 포함한 여러 국경 조정 조치를 검토하고 있어 탄소국경세라는 표현 대신 탄소국경조정제도라는 표현을 사용했다. 결과적으로 관세 형태가 아니라 EU 배출권거래제에 수입업체에 대한 의무를 부과하는 형태를 채택함으로써 탄소국경조정제도라는 표현을 그대로 유지하고 있다.

탄소국경조정제도 도입은 WTO 규범 위반일까?

EU에서 탄소국경조정제도 도입을 발표하자 러시아 등 일부 국가는 WTO 규범 위반을 들어 강력한 우려를 표했다. 탄소국경세는 무역 조치의 일환으로, WTO 회원국은 관세와 같은 무역 조치를 도입할 때 반드시 WTO 규범을 준수해야 한다. WTO는 여타 다른 국제협상 및 국제기구와 달리 규범 위반에 대하여 '보복 조치'라는 강력한 제재 권한을 가지고 있다. EU에서도 탄소국경조정제도를 검토하면서 가장 주의했던 부분이 WTO 규범이었다. 심지어 제도 도입을 위한 EU 의회의 검토보고서 제목이 「탄소국경조정제도와 WTO 규범의 양립 가능성 towards a WTO-compatible EU carbon border adjustment mechanism」이었을 정도다. EU에서 일방적으로 제도를 도입한다고 하더라도, 다른 국가에서 WTO

에 이를 제소하여 규범 불합치 판정이 내려진다면 EU는 제도를 폐기해야 함은 물론, 그동안 입은 피해를 보상해야 한다.

그럼 EU 탄소국경조정제도는 러시아가 주장하는 것처럼 WTO 규범 위반일까? 아직 WTO 분쟁해결기구에 안건이 상정되지 않았으므로 명확하게 판단하기 어렵다. 통상법 전문가들의 의견도 팽팽히 맞서고 있다. 만약 탄소국경조정제도가 시행된다면 우리 기업에 미칠 영향도 적지 않다. 따라서 기업의 ESG 담당자라면 그 근거를 보다 자세히 알고 있을 필요가 있다.

복잡한 것 같은 WTO 규범도 근간에 있는 논리는 간단하다. '동종상품like product'에 대한 '차별금지'다. 이때 차별금지는 국내 상품과 수입상품에 대한 차별금지와 국가 간의 차별금지를 모두 포함한다. 이때 전자를 '내국민대우', 후자를 '최혜국대우'라 한다. 탄소국경세의 도입 가능성 유무를 판단하기 위해서는 '내국민대우'와 '최혜국대우' 그리고 '동종상품'의 개념을 알아야 한다.

먼저 '동종상품'을 살펴보자. 무역에 있어 동종상품이냐 아니냐 하는 것은 매우 중요하다. WTO 규범을 역으로 해석하면 동종상품이 아닌 상품에 대해서는 상품 간에 차등적 조치를 할 수 있다는 뜻이기 때문이다. 그럼 동종상품을 구분하는 기준은 무엇인가? 이는 생각만큼 간단치 않다. 예를 들어 모양과 맛이 같은 두 개의 사과가 있다고 가정해보자. 하나는 재배과정에서 농약을 사용한 사과이고, 다른 하나는 유기농으로 재배한 사과이다. 이 두 종류의 사과는 동종상품일까? 이번에는 탄소의 예를 들어보자. 모든 외형적 특성이 같은 철강 제품이 두 가지 있고, 하나는 제조 전체과정에서 1톤의 탄소가, 다른 하나는 2톤이 배출되었다고 하자. 이 두 제품은 같은 상품일까? WTO는 두 제품을 동종제품이라고 판단할 가능성이 매우 크다. WTO는 제조과정에서 발생한 탄소 배출과 같이 상품의 본질적 특성에 영향을 주지 않는 '상품 무관련 공정 및 생산 방법Non-Product Related Process and Production Methods'은 동종상품을 결정하는 데 영향을 주지 않는다는 일관된 태도를 보여왔기 때문이다.

이러한 상황에서 EU는 왜 계속 탄소국경조정제도 도입을 추진하고 있는 것일까? 그 이유는 바로 예외 조항의 적용을 염두에 두고 있기 때문이다. WTO는 인간, 동·식물의 생명 또는 건강을 보호하거나, 고갈될 수 있는 천연자원의 보전에 관한 조치에 대해서는 차별적으로 대우할 수 있도록 예외를 인정하고 있다. 이 예외 조항의 적용과 관련된 가장 대표적인 사례가 바로 '참치-돌고래'와 '새우--바다거북' 사례다.

● 참치-돌고래 사례

참치, 즉 다랑어는 천적인 상어의 공격을 피하고자 돌고래와 함께 다니기 때문에 그물로 참치를 잡으면 돌고래도 함께 잡히는 경우가 많다. 1980년대 말 미국에서는 이러한 사실이 대중에게 알려지며 참치통조림 불매운동이 일어났으며, 미국 정부는 돌고래 보호장치 없이 포획한 참치에 대한 수입 금지 조처를 내렸다. 이에 멕시코는 1989년 GATT 체제*에서 미국을 제소했다. 미국은 예외 조항의 인정을 주장했으나 GATT는 생산과정을 근거로 수입 금지 조치를 할 수 없다고 판단했다. 하지만 참치통조림에 부착하는 라벨링은 허용했다. 오늘날

* 국제법 '관세와 무역에 관한 일반 협정(General Agreements on Tariffs and Trade)'은 이름 그대로 국가와 국가 간 교역의 기틀이 되는 관세와 무역에 관한 조항들을 담은 법률이다. GATT 체제는 WTO의 전신에 해당한다.

우리가 참치통조림에서 볼 수 있는 돌고래 마크는 그 결과물이다.

● 새우-바다거북 사례

1997년 '참치-돌고래' 사례와 유사한 사건이 발생했다. 새우 어획 과정에서 바다거북이 함께 잡히는 경우가 많은데, 미국은 바다거북 탈출장치를 부착하지 않고서 잡은 새우 제품에 대한 수입을 금지했다. 이에 태국, 인도네시아 등 새우 제품 수출국은 WTO에 제소했으며, 마찬가지로 미국은 동·식물의 생명 보호에 대한 예외 조항 인정을 요구했다. 이 사례도 결론적으로는 미국의 패소로 끝이 났는데, 생산 과정을 바탕으로 한 차별을 근거로 한 것은 아니었다. WTO는 판결문에서 미국의 바다거북 보호조치는 정당화될 수 있다고 판단했다. 그러나 미국의 회원국 간 차별대우 행태, 즉 최혜국대우[•] 위반이 원인이 되어 패소했다고 언급했다.

이 두 사례를 통해 확인할 수 있는 것은 환경 이슈와 관련하여 WTO의 예외 조항 적용이 확대되고 있다는 점과, 예외 조항을 적용한다고 하더라도 다른 조항을 위반해서는 안 된다는 점이다. 앞서 언급한 것처럼 EU 탄소국경조정제도가 예외 조항의 적용을 받을 수 있을지에 대한 의견은 엇갈린다. 하지만 국제사회의 한 축을 이루는 미국이 탄소국경세 도입을 검토하고 있다는 점, 그리고 EU에서 처음부터 예외 조항 적용을 목적으로 제도를 설계하고 있다는 점에서 WTO 규범에

• 통상·항해 조약 등에서 한 나라가 어느 외국에 부여하는 가장 유리한 대우를 당 조약 상대국에도 차별 없이 부여하는 일을 가리킨다.

EU 탄소국경조정제도 주요 내용

	내용
적용 품목	철강, 전력, 비료, 알루미늄, 시멘트, 수소
도입 시기	· 시범 적용: 2023. 10. ~ 2025. 12. · 본제도: 2026. 1.
EU-ETS 무상할당 폐지	2026년부터 2034년까지 단계적 폐지
배출범위	직접배출 + 간접배출(일부)
운영기관	중앙 등록처 신설

출처: 산업통상자원부

합치한다고 판결받을 가능성도 작지 않아 보인다.

탄소국경세가 우리 기업에 미치는 영향은?

EU 탄소국경조정제도는 표면적으로는 수입업체에 수입 상품에 내재한 탄소 배출량에 대한 책임을 부과하고 있으나, 생산기업 또는 판매기업에 의무이행 비용의 전체가 전가된다고 보는 것이 현실적이다. WTO의 과거 사례를 보면 EU 탄소국경조정제도가 예외 조항을 인정받는다고 하더라도 최종적으로 WTO 규범에 합치한다는 판단을 받기 위해서는 내국민대우와 최혜국대우와 같은 WTO의 다른 조항을 위반하면 안 된다. 따라서 EU가 수입업체를 통해 수출기업에 부과할 수 있는 의무의 최대치는 EU 기업이 받는 규제 수준을 넘어설 수 없다. 그리고 모든 국가에 같은 수준의 규제를 적용해야 하므로, 한국기업의 국내 사업장뿐만 아니라 해외 사업장과 공급망도 직접적인 영향을 받게 될 것으로 보인다.

간단히 국내기업의 국내 사업장 경우만을 살펴보자. 한국은 EU와 더불어 가장 모범적으로 배출권거래제를 운용하는 국가로 그 규제 수준이 낮지 않다. 따라서 산업 섹터별로는 큰 차이가 있겠지만 전체적으로 보면 다른 국가보다 그 영향이 높지 않을 것으로 보인다. 영향의 크기를 분석하기 위해서는 단순히 한국과 EU의 배출권 가격 차이뿐만 아니라 기업에 부과되는 탄소 가격 전체를 파악해야 한다. 즉 배출권 할당 방식, 유상할당 비율, 전력 사용으로 인한 간접배출(스코프 2)의

EU와 한국 배출권거래제 배출권 가격 및 할당방식 비교

	EU	한국
배출권 가격 (2022. 4. 1. 기준)	89달러/tCO_2e	15달러/tCO_2e
할당 방식 (벤치마크 방식 적용 범위)	· 적용 범위: 산업배출량의 75% · 적용 기준: 상위 10% 기준	· 적용 범위: 할당량의 60% · 적용 기준: 업종별 상이하나 EU에 비해 기준 낮음
유상할당 비율	2030년까지 단계적 100% 확대	일부 업종 10% 유상할당 (3차 계획기간: 2021-2025)
간접배출 포함	미포함	포함

한국과 EU 탄소배출권 가격 변화

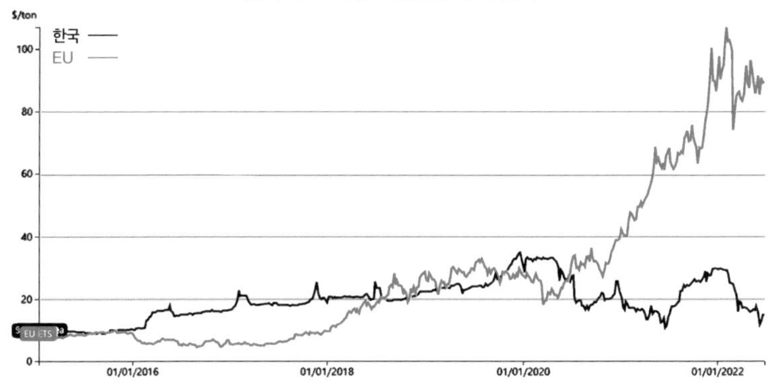

출처: ICAP Allowance Price Explorer

포함 여부 등을 복합적으로 분석해야 한다. 한국은 EU와 비교해 유상할당 비율이 낮아 배출권 가격 차이 이상의 비용이 발생할 것으로 보인다. 하지만 EU와 달리 한국 배출권거래제는 간접배출에 대한 감축 의무를 기업에 부과하고 있어 정부 간 협상 결과에 따라 간접배출 의무이행 비용은 차감 대상이 될 수 있다.

한국 정부의 탄소국경세 대응 방향은?

기업의 담당자는 탄소국경세에 어떻게 대응해야 할까? 대응 전략을 논하기에 앞서 먼저 짚고 넘어가야 할 점이 하나 있다. 탄소국경세라는 제도를 어떻게 판단해야 할까의 문제다. 탄소국경세는 표면적으로는 무역정책 또는 무역장벽으로 볼 수 있다. 하지만 그 근간에 깔린 목적은 무역상대국 간의 탄소규제 차이를 없애려는 것이다.

기업이 아닌 정부의 시각으로 생각해보자. 탄소국경세에 대한 한국 정부의 선택지는 두 가지다. 하나는 국내 규제 수준을 EU나 미국 수준으로 높여 국내기업이 해외에 지불하는 탄소 비용을 최소화하는 것이다. 다른 하나는 국내 규제 수준을 그대로 유지하고 한국기업이 유럽이나 미국에 탄소 비용을 지급하도록 두는 것이다. 기업 입장에서 비용만 놓고 보면 두 가지 옵션이 동일할 수 있다. 하지만 정부 입장에서는 전자가 월등히 유리한 선택지다. 각국은 파리협정에 따라 국가 감축목표의 수립 및 이행 의무를 가진다. 후자의 경우 국내 감축목표 달성에 전혀 이바지하지 못할 뿐만 아니라 국내 경제성장에 이바지할 수 있는 자본이 해외로 유출되는 결과를 가져온다. 정부 입장에서는

EU나 미국의 탄소국경세 도입을 국내 규제 강화의 명분으로 활용할 가능성이 크다. 따라서 해외에서 탄소국경세가 본격화되면 국내 규제의 급격한 변동이 동반될 것으로 예상된다. EU는 이미 탄소국경조정제도 도입을 전제로 배출권의 무상할당을 점진적으로 폐지하고자 하는 계획을 밝힌 상태다. 한국 배출권거래제도 또한 EU와 유사한 방향으로 강화될 것으로 짐작된다.

공급망 배출량 관리가 기업 경쟁력

탄소 관련 모든 규제에 대한 궁극적인 대비책은 하나로 귀결된다. 바로 온실가스 감축이다. 하지만 온실가스 감축은 중장기적 과제이며 달성하기가 쉽지 않다. 우선 단기적인 대비책 중심으로 알아보자.

• 배출량 산정 및 검증 체계 수립

국내기업의 배출량 관리 수준은 매우 높은 편이다. 국내 500개 이상의 기업이 배출권거래제를 통해 매우 엄격한 기준에 따라 배출량을 산정하고 검증받고 있다. 하지만 배출량 관련 규제 수준이 상대적으로 낮은 해외 사업장의 경우 아직 배출량을 산정하지 않고 있거나, 산정하여도 검증받지 않는 경우가 많다. 따라서 아직 온실가스 관리 수준이 낮은 해외 사업장을 중심으로 관리 체계를 고도화해야 한다.

• 제품별 전 과정 배출량 모니터링 체계 구축

탄소국경세는 기업의 전체 배출량이 아닌 제품별 배출량을 기준으로 비용을 부과한다. 그리고 판매기업에서 발생한 배출량뿐만 아니라 생산 전체과정에서 발생한 배출량을 기준으로 비용이 부과된다. EU 또는 미국 등과 같이 탄소국경조정제도 도입을 발표했거나 도입이 예상되는 지역에 수출 비중이 높은 제품을 파악한 뒤 우선순위에 따라 제품의 모든 과정 배출량을 모니터링하고 관리시스템을 도입해야 한다.

- 공급망 배출량 관리

CDP의 분석에 따르면 공급망으로 인한 온실가스 배출은 기업의 직접배출에 비해 평균 11.4배 높다. 또한 국내기업 공급망은 온실가스 관리 역량이 낮은 중소기업의 비중이 매우 높다. 탄소국경세가 도입되면 제품의 탄소 비용이 수출제품 전체의 경쟁력에 영향을 미치게 된다. 이는 곧 공급망의 온실가스 관리 역량이 판매기업의 제품 경쟁력에 직접적인 영향을 미치게 됨을 의미한다. 따라서 공급망의 배출량을 관리하고 지원할 수 있는 시스템 구축이 필요하다.

- 재생에너지 사용 확대

EU 탄소국경조정제도 입법안에 따르면 2026년 이전까지는 전력 사용으로 인한 간접배출은 규제에 포함되지 않는다. 하지만 전환 기간 이후에는 포함 여부를 재검토하겠다는 입장이다. 상당수 국내기업은 이미 배출권거래제를 통해 전력 사용으로 인한 간접배출 규제를 적용받고 있다. 재생에너지 사용 확대는 RE100 이행에 대한 사회적 요구, 국내 배출권거래제뿐만 아니라 EU의 규제 변화에도 선제적으로 대응할 수 있는 수단이다. 설사 EU 탄소국경조정제도에서 간접배출을 포함하지 않기로 결정한다고 하더라도 재생에너지 사용을 통해 한국 배출권거래제 의무이행을 인정받게 되면 EU 수출 시 그 비용을 보전받는 효과를 가져올 수 있을 것이다.

탄소국경세는 선진국의 사다리 걷어차기인가?

기후변화 국제협상 무대에서는 언제나 빠지지 않고 등장하는 원칙이 하나 있다. 그건 바로 '공동의, 그러나 차별화된 책임CBDR, Common But Differentiated Responsibilities'이라는 원칙이다. 기후변화의 원인이 되는 온실가스는 대부분 화석연료의 사용에서 비롯한다. 그리고 오늘날까지 화석연료가 산업화와 경제성장의 견인차 구실을 해왔다는 것은 누구도 부정할 수 없는 사실이다. 각국의 역사적 화석연료 사용량, 즉 누적 온실가스 배출량은 산업화 정도 또는 경제 수준과 비례한다.

이 때문에 등장한 개념이 CBDR이다. 기후변화는 각국의 경제 수준과 무관하게 전 세계 모든 나라에 재앙을 가져온다. 그러므로 전 세계는 기후변화를 막기 위한 공동의 책임 의식을 가져야 한다. 그렇다고 기후변화를 일으킨 역사적 책임 수준까지 모두 같을 순 없다. CBDR은 기후변화에 대한 역사적 책임이 큰 선진국이 더 큰 감축 의무를, 그렇지 않은 국가는 상대적으로 적은 책임을 져야 한다는 원칙이다. 아직 산업화가 이루어지지 않은 최빈국에게 선진국과 같은 수준의 책임을 부여한다는 것은 경제성장을 포기하라는 것과 같은 말이기 때문이다.

CBDR 원칙에 따라 교토의정서는 비非선진국(비부속서 I 국가)에게는 온실가스 감축 의무를 부여하지 않았고, 모든 국가에 감축 의무를 부여한 파리협정에서도 국제사회는 개발도상국이나 최빈국이 낮은 수준의 감축목표를 제시하는 것을 용인하고 있다. 아울러 유엔기후변화협약UNFCCC은 개도국이나 최빈국의 저탄소 경제성장과 기후 위기 적응을 지원하도록 하고 있다.

탄소 배출량 규제가 강한 국가에서 규제가 약한 국가로 탄소배출이 이전되는 것을 막겠다는 EU의 CBAM의 등장 목적은 일견 타당해 보일 수 있다. 하지만 CBDR 원칙과 국제 무역 흐름을 곰곰이 생각해보면 고개를 갸우뚱하지 않을 수 없다. UNFCCC는 국가 간의 협약이다. 각국 정부는 유엔에 감축목표를 제출하고, 감축목표 수준에 따라 자국 기업에 감축 의무를 부여한다. 그런데 탄소국경조정제도는 국가라는 중간조정자를 건너뛰어 바로 구매기업에서 공급망기업으로 넘어가버린다. EU는 수입되는 제품의 생산 전 과정에서 배출된 온실가스의 양만큼 EU와 같은 수준의 탄소 가격을 지불하도록 하는 것을 목표로 하고 있다. 물론 제도적 측면만 보면 탄소 가격 지불의 명시적 최종 책임은 수입업체에 있다. 하지만 납품기업 간 경쟁을 기본으로 하는 글로벌 기업의 공급망 관리정책을 생각해보면, 공급망기업에 그 비용이 전가될 가능성이 크다는 것은 어렵지 않게 예상할 수 있다.

미국이나 유럽 기업의 공급망은 개발도상국에 몰려 있다. 많은 소비재가 인건비가 낮은 아시아 지역에서 생산되어 글로벌 기업의 로고를 달고 유럽과 미국의 소비자들에게 판매된다. 이를 통해 개발도상국은 경제성장의 기회를, 선진국 소비자는 저렴한 가격에 양질의 제품을 사용할 기회를 누렸다. 그런데 탄소 비용이 개도국의 공급망기업에만 전가된다면 개도국 기업은 가격 경쟁력을 상실하고 일자리는 다시 선진국으로 이동할 가능성이 크다. 개도국은 또다시 경제성장의 기회를 잃고 말 것이다.

현실적인 관점에서 보면 CBAM은 UNFCCC의 근간이 되는 '차별화된 책임'이라는 원칙을 무력화하는 결과를 가져올 위험이 크다. CBAM이 개도국의 경제성장 '사다리 걷어차기'가 되지 않으려면 CBDR 원칙에 부합한 공정한 비용부담 메커니즘이 먼저 확립되어야 한다.

7장

이제는 국민 상식!
'RE100'과 에너지 전환

Environmental

Social

Governance

Contents

1

세계 영향력 있는 기업들이 RE100에 동참하는 이유

제20대 대통령 선거를 앞두고 TV 토론에서 'RE100'이 화제가 된 적이 있다. 세계적 관심사인 기후변화 대응에 대한 정치인들의 기본소양 부족을 탓하는 분위기도 있었지만 역설적이게도 기후변화에 관심 있는 사람들 사이에서나 회자되던 이 용어가 갑자기 정치권과 일반 대중에게 널리 알려지는 계기가 됐다.

'RE100'은 100% Renewable Electricity를 줄인 말로, 사용하는 전체 전력을 재생에너지로 대체하겠다고 선언한 영향력 있는 기업의 모임(이니셔티브)을 뜻한다. 일반적인 기업이 아니라 '영향력 있는 기업'이 모여 기후변화 대응책의 하나로 온실가스를 줄이기 위한 행동에 나서겠다는 것이어서 그 자체로 매우 의미 있고 중요하다. 이미 국내에서도 2022년 9월 현재 SK, 아모레퍼시픽, LG에너지솔루션 등 23개 기업이 RE100에 동참을 선언했다.

RE100 이니셔티브의 시작은 2015년 파리협정으로 거슬러 올라간다. 당시 시민사회와 산업계는 전 세계 산업 및 상업 분야 기업이 사용하는 전력이 세계 전력 사용량의 3분의 2를 차지하기 때문에, 기업이 나선다면 온실가스를 많이 내뿜는 화력발전을 줄이고 재생에너지 발전을 늘릴 수 있다고 생각했다. 영향력 있는 기업들이 실질적으로 기후변화 대응에 앞장설 수 있다고 본 것이다. 하지만 각국 정부는 자국 산업과 경제에 악영향을 미칠 수 있다며 온실가스를 감축하는 합의에 도달하지 못했다. 이에 몇몇 기관과 환경단체 등이 모여 강력한 기후변화 합의가 장기적으로는 기업에 도움이 된다는 목소리를 국제사회에 전달했다. 특히 CDP, 더 클라이밋 그룹The Climate Group, 세계지속가능발전기업협의회WBCSD, World Business Council for Sustainable Development, 세계자원연구소WRI, 세계자연기금WWF 등 여러 비영리단체가 모여 '위 민 비즈니스We Mean Business' 연합을 만들었다. 'We mean business'의 원래 뜻은 '우리, 심각해'이지만, 이 연합 모임 자체가 곧 더 나은 비즈니스를 지향한다는 의미이기도 하다.

이 연합은 처음에 6개의 세부 이니셔티브를 도입했는데, RE100은 그 가운데 하나였다. 현재는 SBTi, 저탄소 기술 파트너십, RE100(재생에너지 100% 도입), EP100(에너지 생산성 향상을 위한 약속), Below50(이산화탄소 배출

국내 RE100 가입 기업

가입 기업	가입 연도	달성목표 연도
SK(주)	2020	2040
SK하이닉스	2020	2050
SK텔레콤	2020	2050
SK머티리얼즈	2020	2050
SK실트론	2020	2040
SKC	2020	2050
SKIET	2021	2030
LG에너지솔루션	2021	2030
아모레퍼시픽	2021	2030
미래에셋증권	2021	2025
KB금융그룹	2021	2040

가입 기업	가입 연도	달성목표 연도
한국수자원공사	2021	2050
고려아연	2021	2050
롯데칠성음료	2021	2040
인천국제공항	2022	2040
현대자동차	2022	2045
기아자동차	2022	2040
현대모비스	2022	2040
현대위아	2022	2050
KT	2022	2050
LG이노텍	2022	2030
삼성전자	2022	2050

량을 50% 이하로 줄이는 연료 선택), EV100(전기자동차 활성화를 위한 약속), 산림황폐화 방지, 단기수명 온실가스(SLCPs, Short-lived climate pollutants) 감축, 내부 탄소 가격 도입, 책임 있는 기후변화 정책 인게이지먼트, 주류 재무보고서를 통한 기후변화정보 보고, 수자원 안정성 개선 등 12개에 이르는 세부 이니셔티브가 있다.

CDP와 더 클라이밋 그룹의 파트너십으로 운영되는 RE100은 2014년 9월, 유엔 기후정상회의가 열린 뉴욕 기후주간Climate Week NYC에서 공식 도입되었다. 2022년 7월 현재 전 세계 376개 기업이 재생에너지를 100% 이용하겠다고 선언했는데, 이를 합하면 228TWh에 해당한다.

흥미로운 점은 에너지 소비가 많은 제조업 분야뿐 아니라 금융, 소비재, IT, 건강, 부동산, 통신 분야 기업들도 여기에 참여하고 있다는 것이다. 이런 글로벌 기업들이 RE100 캠페인에 참여하는 이유는 온실가스 배출량 감축과 관리에 유리하기 때문이다. 더욱이 재생에너지 발전단가가 지속해서 낮아지고 있으므로 기존 전력보다 재생에너지 전력을 활용하는 게 더 경제적일 수 있다. 기업의 사회적, 환경적 책임을 다한다는 평판을 얻는 것은 덤이다.

아무나 가입할 수 없는 RE100

어떤 기업이나 RE100에 다 가입할 수 있는 건 아니다. RE100 회원이 되려면 아래 열거한 여러 조건을 충족해야 한다.

- **연간 전력 사용량:** 0.1TWh 초과. 기준 이하인 경우에도 지역, 산업, 정책에 미치

는 영향력이 높다고 판단되는 기업은 가입이 가능

- **최소 목표 수준:** 2030년까지 60% / 2040년까지 90% / 2050년까지 100%
- **이행범위**
  - 모든 스코프 2 전력 배출
  - 전력 생산과 관련된 모든 스코프 1 배출
  - 브랜드 또는 기업그룹이 50% 이상의 지분을 소유한 자회사
  - 프랜차이즈나 지분 50% 미만 소유 회사의 재생에너지 요건은 사례별로 평가
  - 그룹 차원에서 캠페인에 참여
- **이행 보고:** 매년 CDP Climate Change 질의서를 통해 보고
- **목표 달성 및 검증:** 100% 목표 또는 중간 목표를 달성 선언한 기업은 관련 자료를 제출하고 검증받아야 함
- **제외 대상 기업**
  - 가입 시, 화석연료 자산 증가 등 RE100의 목적을 훼손하는 활동을 하지 않겠다는 데 동의해야 함
  - 화석연료, 항공, 무기, 도박 및 담배 관련 기업은 RE100 가입 대상에서 제외
- **탈퇴**
  - 기업의 과거 또는 현재 환경, 사회 관련 활동으로 인한 중대한 이슈가 발생한 경우 멤버에서 탈퇴시킬 수 있음
  - RE100 멤버 기준을 충족하지 못할 경우 멤버에서 탈퇴시킬 수 있음
- **금융기관 추가 기준**
  - 탄소회계금융협회(PCAF) 방법론에 따라 금융 배출량을 산정하고 CDP에 보고
  - 1.5℃ 시나리오에 부합하게 금융 배출량을 감축하고, 2030년까지 선진국, 2040년까지 개도국의 석탄 채굴 및 석탄발전 관련 금융 철회 권고

• 화석연료 관련 프로젝트 및 기업에 중대한 투자를 진행 중이거나 완료한 경우 가입을 제한할 수 있음(협의 후 사례별로 결정)

어떻게 생산해야 재생에너지일까?

RE100의 기준은 무엇보다 재생에너지 전력을 어떻게 인정하느냐와 관련이 있다. 재생에너지 전력시장은 역동적이며 나라마다 그 상황이 다르다. 이를 반영하기 위해 RE100은 운영위원회 및 캠페인 참여기업들과 협의해 기술자문그룹에서 재생에너지 인정 및 사용선언 기준을 정한다.

기업이 100% 재생에너지 전력으로 인정받으려면 재생에너지원으로부터 100%의 전력을 조달하거나 자체 생산해야 한다. 재생에너지 구매 방법에는 특정 발전회사로부터 전력과 재생에너지 인증서를 함께 구매하는 재생 전력 구매계약PPA, Power Purchase Agreement, 공급업체 및 유틸리티를 통해 전력과 인증서를 구매하는 녹색요금제, 전력과는 별도로 인증서만 구매하는 독립 인증서 구매가 있다.

RE100에 가입한 기업은 CDP 질의서의 RE100 기업용 문항을 통해 재생에너지 전력 소비량(필요에 따라 재생에너지 전기발전량)을 조달 유형별로 구분하여 연 단위로 보고해야 한다.

RE100에서 규정하는 재생에너지란 바이오가스를 포함한 바이오매스, 지열, 태양, 수력, 풍력에서 발전된 전기를 말한다. 바이오매스와 수력은 조달과정에서 다른 지속가능성 이슈를 훼손하지 않았다는 지속가능성 인증을 취득한 경우에만 인정된다. 수소는 생산과정에서 온실가스가 배출되지 않는 그린 수소만 인정되며, 원자력은 인정하지 않는다. 기술자문그룹은 이런 기술의 환경적·사회적 지속가능성을 연구하고 새 권장 사항과 기준을 도입하기도 한다.

한국형 RE100은 재생에너지 구매 제도

국내에 재생에너지 구매제도가 도입돼야 한다는 주장이 업계에서 나온 건 2016년이다. 당시 BMW가 부품을 납품받고 있던 삼성SDI에 재생 전력 사용을 확대해달라고 요청했고, 삼성SDI가 산업부에 재생에너지 구매정책 도입을 건의했다. 이에 정부도 당시 추진 중이던 전기사업법 개정안에 재생에너지 발전사업자가 직접 계약을 할 수 있도록 허용하는 내용을 반영해 법안을 발의했다. 하지만 이 법안은 전력시장 민영화 등의 이슈로 인해 통과되지 못했다. 더욱이 당시 삼성SDI 이외의 기업에서는 RE100 관련 이슈가 제기되지 않아 이 문제가 크게 공론화되지는 않았다.

그러다 2017년 그린피스가 삼성전자를 상대로 재생에너지 사용을 요구하는 캠페인을 시작하면서 다시 RE100에 대한 관심이 일기 시작했다. 애플도 국내 공급망에서 재생에너지 사용 확대를 본격적으로 요구했다. 이에 따라 기업, 국회, 정부, 시민사회의 논의가 활발하게 진행됐고, 2019년 산업부는 재생에너지 사용인정제도를 바탕으로 입법이 필요하지 않은 녹색프리미엄, 신재생에너지 공급인증서REC, Renewable Energy Certificates 직접구매, 제3자 PPA, 지분투자 인정, 자가발전 인정 방안 등을 도입하겠다고 발표했다.

한국형 RE100(K-RE100)은 이렇게 도입된 기업 재생에너지 구매제도를 통칭하는 명칭이다. 참고로 한국에너지공단은 2022년 안에 K-RE100 제도의 명칭을 변경할 예정이다. 한국에너지공단은 기업이 구매제도를 이용하여 REC를 확보하면, 재생에너지 사용 실적 확인을 거쳐 '재생에너지 사용 확인서'를 발급한다. 확인서를 발급받은 기업은 해당 확인서를 글로벌 RE100 이행 등에 활용할 수 있다. PPA와 REC 직접구매를 통해 조달한 재생에너지는 환경부에서 운영 중인 배출권거래제의 감축 실적으로 인정받을 수 있다.

한국에너지공단은 재생에너지를 구매하는 기업 가운데 공기업, 중견·중소기업 등 RE100의 연간 전기사용량 기준• 을 충족하지 못해 RE100 참여가 힘든 기업의 홍보를 지원하기 위해 별도의 프로그램도 운영 중이다. 이 프로그램의 이름 또한 K-RE100 제도이다. K-RE100에는 전기사용량 수준과 무관하게 국내에서 재생에너지를 구매하고자 하는 산업용, 일반용 전기소비자 모두 참여가 가능하다. 재생에너지 100% 사용선언 없이도 참여할 수 있으나, 산업부는 참여자에게 글로벌 RE100 캠페인 기준과 같은 2050년까지 100% 재생에너지 사용을 권고한다. 또한 라벨링 부여 등 인센티브 지원을 위한 재생에너지 사용 최소기준을 20%로 설정하고 지속적인 재생에너지 사용 촉진을 위한 다양한 지원방안도 마련하고 있다.

녹색프리미엄제는 전기 소비자가 입찰을 통해 한전에 프리미엄을 더 주고 재생에너지로 생산된 전력을 구매하는 방식이다. 이를 통해 기업은 RE100을 이행하기 위해 발전설비를 직접 갖출 필요 없이 전력

• 100GWh 이상.

을 직접 구매할 수 있다. 한전과 에너지공단 신재생에너지센터를 통해 입찰 공고가 이뤄진다. 녹색프리미엄 판매량은 신재생에너지 공급의무화RPS, Renewable Energy Portfolio Standard, 발전차액지원제도FIT, Feed in Tariff의 연도별 재생에너지 발전량으로 설정되며, 녹색 프리미엄 구매를 희망하는 참여자는 연 단위의 구매 희망 발전량과 구매가격을 입찰하면 된다. 낙찰된 발전량은 참여자별로 월 단위로 배분돼 낙찰된 가격으로 구매한다. 한전이 RPS 대상 발전사업자로부터 확보한 REC의 소유권을 다시 기업에 판매하는 형태이므로 상대적으로 추가성(追加性, additionality)이 낮은 편이다. 여기에서 추가성이란 기업이 1MWh의 재생전력을 구매했을 때 새로운 1MWh의 재생 전력이 바로 추가되는지를 의미한다. 녹색프리미엄제는 2022년 기준으로 국내기업 재생 전력 구매의 90% 이상을 차지하고 있으나, 배출권거래제와의 연계 및 추가성 등의 이슈로 이 비중을 줄이고자 하는 기업이 많다.

REC는 태양광, 풍력 등 재생에너지 발전을 통해 발행되는 증서다. 기업은 전력과 별도로 REC만 따로 구매한 후 이를 재생에너지 사용인정서로 전환하여 재생에너지 사용을 선언할 수 있다. 애초 REC는 RPS 대상 발전사업자만 구매할 수 있었으나 기업이 자발적 목적으로 구매할 수 있도록 허용했으며, 자발적 목적의 REC 구매는 한국에너지공단에서 운영하는 RE100 플랫폼을 통하면 된다. 장외거래도 가능한데, LG화학은 2022년 4월 한국남동발전과 삼천포태양광 발전설비의 REC를 20년간 장기 구매하는 계약을 체결했다.

PPA는 직접 PPA와 제3자 PPA로 구분된다. 직접 PPA는 전기소비자가 발전사업자와 직접 전력과 재생에너지 인증서에 대한 구매계약을 체결하는 형태이고, 제3자 PPA는 발전사업자와 전력사용자 사이의 합의를 한전이 중개하는 방식이다. 직접 PPA를 허용하는 전기사업법 개정안이 국회를 통과하기 어렵다는 판단으로 제3자 PPA를 추진하였으나, 직접 PPA 법안이 통과되어 두 가지 형태의 PPA가 동시에 존재하게 되었다. 국내에서 오랫동안 전기사업자는 발전과 판매를 겸업하지 못하도록 규정돼 있었다. 직접 PPA 도입을 위해서는 전기사업법의 개정이 필요했는데, 21대 국회에 들어와 김성환 더불어민주당 의원의 대표 발의로 재생에너지 전기공급사업을 겸업이 가능한 전기 신사업의 범주에 추가해 직접 PPA를 허용하는 법적 근거를 마련했다.

국내기업 재생에너지 구매정책 동향

일시	내용
2017.12	'재생에너지 3020 이행계획'에 RE100 정책 도입 언급
2018.02	국회신재생에너지포럼은 RE100 제도화를 위한 간담회 개최
2018.11	국회신재생에너지포럼과 6개 시민단체가 참여해 재생에너지 선택권 이니셔티브 출범
2018.12	'신에너지 및 재생에너지 개발·이용·보급촉진법(신재생에너지법)' 및 '전기사업법' 개정안 발의(대표 발의: 이원욱 의원)
2019.06	제3차 에너지기본계획에 RE100 정책 언급
2019.07	'전기사업법' 개정안(PPA법) 발의 (대표 발의: 김성환 의원)
2019.11	재생에너지 사용인정제도 시범사업 실시
2020.07	그린 뉴딜에 RE100 정책 반영
2020.07	'전기사업법' 개정안(PPA법) 발의 (대표 발의: 김성환 의원)
2021.01	제3자 PPA를 위한 '전기사업법' 시행령 개정, 한국형 RE100 도입 예고
2021.02	녹색프리미엄 1차 입찰 진행
2021.02	'전기사업법' 개정안(PPA법) 상임위 통과
2021.03	아모레퍼시픽, SK E&S와 직접 PPA 계약
2021.04	'전기사업법' 개정
2022.04	현대엘리베이터, 한국전력 중개로 태양광 사업자와 제3자간 PPA 계약

직접 PPA와 제3자 PPA는 한전의 중개 여부를 제외하고는 전반적으로 매우 유사하다. 2022년 3월 아모레퍼시픽과 SK E&S 간의 국내 최초 직접 PPA(설비용량 5MW)가 체결되었고, 같은 해 4월에는 한전이 현대엘리베이터와 최초로 제3자 PPA(설비용량 3MW)를 계약했다. 미국 등 해외에서는 산업용 전기를 쓰는 것보다 PPA를 통해 구입하는 게 가격이 더 싼 경우가 있어 구글과 애플 등의 기업이 PPA에 적극적으로 나서고 있다. 하지만 국내에서는 PPA 거래가 산업용 전력을 쓰는 것보다 비용이 50%가량 높아 불리한 상황이다.

윤석열정부는 전력 거래 시장에 민간의 참여가 늘어나도록 PPA 허용 범위를 확대해 한전의 독점 판매 구조를 점진적으로 개방하고 다양한 수요 관리 서비스 기업을 육성하겠다고 밝혔다.

표준이 된 온실가스 프로토콜 스코프 2 가이던스

기업이 RE100에 참여를 선언하고 재생에너지를 사용하는 가장 큰 동기는 바로 온실가스 배출량 관리와 감축에 있다. RE100이 참여기업을 대상으로 진행한 설문에 따르면 참여기업의 99%가 '온실가스 배출량 관리'를 재생에너지 사용의 중요 목적 가운데 하나라고 응답했다. 실제로 구글과 마이크로소프트 등 많은 글로벌 기업은 자사의 온실가스 감축목표 달성을 위한 주요 수단으로 재생에너지를 활용하고 있다. 미국이나 유럽의 경우 제도나 설비 등의 측면에서 기업이 재생에너지를 조달할 수 있는 여건이 국내보다 상대적으로 유리한 상황이다.

WRI와 WBCSD는 1998년 '온실가스GHG 프로토콜: 기업 배출량 산정 및 보고 표준The Greenhouse Gas Protocol: A Corporate Accounting and Reporting Standard'을 개발했다. 이것이 현재 기업 온실가스 배출량 산정의 표준으로 자리 잡고 있다. WRI는 늘어나고 있는 기업의 자발적 재생에너지 사용을 온실가스 배출량 산정에 일관성 있게 반영하기 위해 2015년『온실가스 프로토콜 스코프 2 가이던스GHG Protocol Scope 2 Guidance』를 발간했다. RE100 및 CDP의 재생에너지에 대한 기술적 기준과 스코프 2 온실가스 배출량 산정 기준도 이에 기반하고 있다.

GHG 프로토콜은 재생에너지와 전력 계통의 특성을 반영하여 스코프 2 배출량 산정에 지역 기반 산정방법론location-based methodology과 시장 기반 산정방법론market-based methodology을 동시에 산정·보고하도록 하는 이중 보고 시스템을 도입했다. 지역 기반 산정 방법론은 전력 계통의 평균 온실가스 배출계수를 사용하는 방법으로 재생에너지 사용을 배출량 산정에 반영하지 못한다. 반면 시장 기반 산정방법론은 기업이 사용한 전력의 실제 온실가스 배출계수•를 적용하여 배출량을 산정하는 방법이다. 즉 지역 기반 스코프 2 배출량과 시장 기반 스코프 2 배출량의 차이가 재생에너지 또는 저탄소 전력 사용에 따른 온실가스 감축량이 된다. 기업은 온실가스를 산정할 때 산정방법론을 선택할 수 있다. 기업이 'GHG 프로토콜'을 기반으로 온실가스를 산정할 경우 그리고 녹색프리미엄제를 포함한 국내 모든 재생에너지 구매제도를 통해 재생 전력을 구매한 경우에 온실가스 배출계수 '0'을 적용할 수 있다.

• 예를 들어 재생 전력을 사용한 경우, "0"을 사용.

국내 온실가스 배출권거래제의 특징

배출권거래제를 시행하고 있는 국가나 지역 가운데 배출량의 할당에 전력, 스팀 등의 사용으로 인한 간접배출량(스코프 2 배출량)을 반영하는 국가는 한국과 카자흐스탄이 유일하다. 유럽이나 미국 기업과 달리 국내에서는 재생에너지의 사용을 간접배출량 산정에 적용하는 방법에 따라 국내기업에 미치는 경제적 영향력이 매우 클 수 있다.

배출권거래제 대상기업이 환경부에 보고 목적으로 배출량을 산정할 때는 반드시 '온실가스 배출권거래제의 배출량 보고 및 인증에 관한 지침'을 사용해야 한다. 환경부는 과거에 기업의 재생에너지 구매가 현실적으로 불가능하였기 때문에 전력 사용으로 인한 배출량 산정에 일괄적으로 '전력 평균 배출계수'를 적용하도록 했다. 하지만 최근 재생에너지 구매정책이 도입됨에 따라 간접배출량 산정에 재생에너지 사용을 반영할 수 있도록 지침을 개정했다.

개정된 지침에 따르면 기업이 제3자 PPA, REC 직접구매 또는 계약을 통해 재생에너지 전력을 조달할 때 조달한 재생에너지 전력량만큼을 간접배출량 산정에서 제외할 수 있다. 재생에너지원별로는 태양광, 풍력 및 수력에 우선 적용하고, 바이오의 경우 향후 연구용역을 통해 간접배출량 산정에 반영하는 방법을 확정할 예정이다. 단, 녹색프리미엄을 통한 재생 전력 구매분은 감축으로 인정해주지 않는데, 이는 녹색프리미엄제를 통해 공급되는 재생 전력은 RPS 대상 발전사의 의무 공급물량을 한전이 구매해서 재판매하는 것이기 때문이다. RPS 대상 발전사는 REC 구매분에 대한 온실가스 감축을 인정받지 못한다.

그런데도 RPS 이행을 통한 온실가스 감축은 이미 국가 온실가스 로드맵에 반영되어 있다. 이 때문에 환경부가 기업의 녹색프리미엄 물량을 감축으로 인정할 경우 형평성의 문제와 더불어 국가 감축 로드맵 이행에 차질이 발생하게 되므로 기업의 녹색프리미엄 구매도 감축으로 인정하지 않고 있다. 이는 배출권거래제 대상기업이 환경부에 배출량을 보고할 때만 적용되는 기준으로, 배출권거래제 대상기업이라 하더라도 다른 목적으로 배출량을 산정할 때에는 적용되지 않는 규정이다. 배출권거래제 대상기업이 'GHG 프로토콜'을 기준으로 배출량을 산정할 때는 녹색프리미엄 구매분도 배출계수 '0'을 적용할 수 있다.

온실가스 배출권거래제의 배출량 보고 및 인증에 관한 지침(환경부)

제18조(배출량 산정 제외) ① 할당 대상업체가 다음 각 호에 해당하는 온실가스를 배출하는 경우에는 총 온실가스 배출량에서 이를 제외한다. 단, 에너지 사용량 산정에는 이를 포함한다.

⑥ 할당 대상업체가 '신에너지 및 재생에너지 개발·이용·보급 촉진법' 제27조 및 '신·재생에너지 설비의 지원 등에 관한 규정'에 따라 태양광, 풍력, 수력의 재생에너지원에서 생산한 전력을 다음 각 호의 어느 하나에 해당하는 방법으로 사용하고 재생에너지 사용확인서를 발급받아 온실가스 감축 실적으로 활용하려는 경우에는 해당 재생에너지 전력 사용량에 대한 온실가스 간접배출량을 제외할 수 있다. 다만, 신·재생에너지 의무이행에 사용하지 않은 신·재생에너지 공급인증서(REC)만 해당한다.

1 전기 판매사업자를 통한 전력구매계약의 체결

2 재생에너지전기공급사업자를 통한 전력구매 계약의 체결

3 '신에너지 및 재생에너지 개발·이용·보급 촉진법' 제12조의7에 따른 신·재생에너지 공급인증서(REC)의 구매

4 지분 참여를 통한 전력 및 신·재생에너지 공급인증서(REC) 구매계약의 체결

야심 찬 목표, 더 클라이밋 그룹의 RE100 리더십

더 클라이밋 그룹이 권고하는 RE100 리더십은 기업이 가야 할 방향을 제시한다는 측면에서 참고할 만한 내용들이 많다. 기업의 상황에 맞게 적절히 가져다 쓰면 RE100 비전을 현실화하는 데 도움이 될 것이다.

야심 찬 목표 세우기와 관련한 RE100의 리더십 권고사항

- 2030년 혹은 그보다 앞서 재생에너지로 전기를 100% 공급하는 재생에너지 사용 목표를 공개적이고 측정 가능한 목표로 정하라.
- 최상위 경영진과 이사회와 같은 지배구조 조직의 지원은 명백해야 하며, 약속은 최대의 무게로 강조돼야 한다.
- 이러한 목표는 급속히 진화하는 시장과 기술 혁명의 변화 속도를 반영해 지속적이고 정기적으로 개정해야 한다. 그래야 그런 노력이 시장의 기회가 되고, 재생에너지 공급 이슈에 접근할 수 있게 한다.
- 재생에너지 시장이 잘 구축된 나라에서의 사업 운영을 위해서 여러분의 회사가 더욱 멀리, 그리고 빠르게 움직일 수 있도록 해주는 야심 찬 과도기 목표를 정하라. 에너지를 과소비하는 것에 의존하지 않는 자회사들이나 비즈니스가 선두에

나서기 위해서도 그렇다.

만약 2030년까지 100% 재생에너지 사용이 여의치 않으면 평가를 해마다 재고해보라. 정책과 기술 프레임워크가 너무도 급속하게 변하기 때문이다. 과도기적으로 세 가지를 고려하라.

- **가능한 만큼 재생에너지 사용으로 가는 여정을 시작하면서 야심 찬 임시 목표를 정하라.** 미래의 야심 찬 계획은 점점 더 실현가능해질 것이다.
- **리더십을 보여줄 다른 방식을 생각하고, 당신의 기관을 위해 가장 영향력 있는 기회를 추구하라.** 예컨대 조달 방법에서도 선한 영향을 미칠 수 있도록 하는 데 집중하라. 혹은 재생에너지를 조달하는 데 제한적인 시장에서 장벽을 없애기 위해 정책입안자와 규제당국, 공공투자 기관들과 일하라.
- **투명하라.** 내외부의 제약이 2030년 목표를 달성하는 데 방해가 된다면 다양한 정보를 나누는 것만으로도 해결책을 만들고 장벽을 극복하도록 새롭게 협력할 수 있을 것이다.

2

기후변화와 원자력

재생에너지인가, 친환경에너지인가? 원전을 둘러싼 논란들

원자력 발전은 우라늄의 핵분열 반응 시에 나오는 열에너지로 원자로라고 불리는 보일러에서 물을 끓이고, 여기서 나오는 증기로 터빈을 돌려 전기를 생산하는 발전방식이다. 원전은 안전성과 핵폐기물 처리 문제 등으로 에너지원 가운데 가장 논란이 많다. 기후변화 이슈에서도 원자력 발전은 피해 갈 수 없는 이슈다.

원전은 유한한 자원인 우라늄이나 우라늄을 재처리한 플루토늄을 사용하기 때문에 재생에너지는 아니다. 글로벌 재생에너지 이니셔티브인 RE100에서도 원자력은 재생에너지원으로 인정하지 않고 있다. 하지만 원자력은 분명한 저탄소 에너지원이다. 그러면 원자력은 친환경 또는 청정에너지원일까? 원자력이 발전과정에서 온실가스를 배출하지 않고, 기타 오염물질의 발생도 다른 발전원에 비해 낮으므로 친환경에너지원이라고 보는 견해가 있기는 하다. 반면 사용 후 핵연료봉뿐만 아니라 발전과정에서 다량의 저준위폐기물이 발생하고, 사고 발생 시 인간 및 생태계에 매우 중대한 손해를 끼치게 되므로 친환경 또는 청정에너지로 볼 수 없다는 견해가 맞선다.

원전의 안전성에 관한 견해도 맞선다. 원전의 사고 가능성은 매우 낮으며 문제가 일부 발생하더라도 대규모 사고로 이어지지 않도록 막아주는 2중 3중의 안전장치가 마련되어 있어 안전에 대한 우려는 지나치다고 주장하는 측이 있다. 반면 사고 발생 시 피해 규모는 상상을 초월하므로 안전성을 생각할 때 발생 가능성과 피해 규모를 동시에 고려해야 하며, 실제로 크고 작은 문제점들이 지속해서 일어나고 있다는 주장이 함께 존재한다.

기업이 원전 메시지를 내놓지 않는 이유

기업이 ESG 관점에서 원전에 대한 견해를 정할 때는 어떤 점을 고려해야 할까? 기업의 ESG 활동은 환경이나 사회적 기여뿐만 아니라 중장기적 재무성과가 반드시 동반되어야 한다. 재무적 성과는 기업의 모든 의사결정에서 전제조건이 된다. 원전 이슈를 다룰 때도 기업은 환경성이나 안전성에 앞서 재무적으로 어떤 영향을 미칠지를 먼저 분석한다.

원전 이슈가 기업의 재무에 미치는 영향을 분석하기 위해서 손익계산서를 활용해보자. 손익계산서에서 기업의 영업이익은 매출과 비용의 차이에서 생겨난다. 원전과 관련된 요소가 기업의 비용에 영향을 미치는 대표적 경로는 전력비용과 온실가스 배출권 비용이다. 국내 전력 요금은 발전단가뿐만 아니라 물가, 국민 정서 등의 요소가 함께 고려되므로 사실상 예측이 불가능하다. 한편 전 세계적으로 온실가스 가격제가 광범위하게 도입되고 있다. 배출권의 가격은 지속해서 상승할 것으로 전망된다. 기업이 사용하는 전력에 원전 비중이 높아져 전력의 온실가스 계수가 낮아진다면 기업은 온실가스 배출량을 줄일 수 있다. 그리고 배출권 가격이 상승함에 따라 온실가스 배출에 따른 비용 절감 규모도 지속해서 커질 수 있다.

이제 온실가스를 중심으로 원전이 기업의 비용에 미치는 영향을 Q&A 형식으로 분석해보자.

Q 신규 원전과 기존 원전의 수명연장이 한국 평균 전력배출계수•에 얼마나 영향을 미치는가?

A 현재 국내에는 24기의 원전이 가동 중이며, 4기가 건설 중이다. 건설 중인 4기는 2022년부터 연도별로 1기씩 상업 운전을 시작할 예정이다. 그리고 계획 중단되었던 신한울 3, 4호기는 재추진될 예정이며, 2030년까지 단계적으로 설계수명이 완료되는 10기는 수명연장이 진행될 예정이다. 2021년 기준 국내 발전설비의 총용량은 138GW다. 이중 원전 비중은 약 17%(23GW)이며, 총 발전량 대비 원전 비중은 26%다. 건설 중인 4기의 설비용량 합은 5.6GW이며, 윤석열정부 들어 재추진하는 신한울 3, 4호기의 설비용량은 2.8GW이다.

원전은 입지 선정부터 상업 운전까지 상당한 시간이 필요하다. 계획이 백지화된 천지 1, 2호기의 계획상 준공 연도가 2026년, 2027년이었던 점과 최근 주목받고 있는 소형모듈원전SMR의 상용화 목표 시점이 2030년임을 고려하면 향후 10년간 현실적으로 추가로 도입할 수 있는 원전 규모는 2.8GW(신한울 3, 4호기)에 불과할 것으로 전망된다. 이는 국내 전체 발전설비 용량의 2%에

• 전력 1kWh를 생산할 때 발생하는 온실가스의 양을 전력배출계수라고 하며, 국가 평균 전력배출계수는 국내 발전 부문의 총 온실가스 배출량을 총 발전량으로 나눈 값이다.

불과한 수준으로 평균 전력배출에 비치는 영향은 극히 미미한 수준이다. 또한 수명연장을 추진 중인 10기가 배출계수에 긍정적 영향을 미치기 위해서는 석탄화력발전과 같은 화석연료발전을 대체해야 한다. 하지만 2030년 30% 수준의 기존 재생에너지 목표가 하향 조정될 것으로 예측됨에 따라 수명이 연장되는 10기는 사실상 재생에너지를 대체하는 결과가 될 것으로 보인다. 재생에너지 또한 저탄소 에너지원이므로 원전 수명연장이 배출계수에 미치는 영향은 거의 없다고 볼 수 있다. 결론적으로 최소한 향후 10년간은 원전이 전력배출계수 하락에 도움이 될 것을 기대하기는 매우 어렵다.

Q 2030년 이후 원전 확대 및 SMR이 대안이 될 수 있나?

A 2030년 이후 SMR을 포함한 원전이 기후 위기 및 전력배출계수 하락에 실질적으로 기여하기 위해서는 다수의 원전이 건설되어야 한다. 그리고 다수의 원전이 건설되기 위해서는 몇 가지 선결 조건이 있다.

우선 사용 후 핵폐기물처리장이 마련되어야 한다. 현재는 발전소 용지 내에 임시저장고를 만들어 보관하고 있으나 2030년경부터 차례로 포화에 이르게 된다. 한국은 1986년부터 9차례에 걸쳐 핵폐기물처리장 건설을 추진했지만 모두 실패했다. EU 녹색분류체계도 원전을 녹색으로 인정하기 위한 선결 조건 가운데 하나로 고준위방사성폐기물 처분장 확보를 명시했다. 즉 처리장이 확보되지 않은 상태에서 추진되는 원전은 녹색으로 분류하지 않겠다는 의미다. 현재 전 세계에서 고준위폐기물 처리시설을 운영하고 있거나 건설이 확정된 국가는 핀란드와 스웨덴뿐이다.

다음으로 원전 자체의 경제성이 확보되어야 한다. 전 세계적으로 원전 건설비용이 높아지고 있는 가장 큰 이유는 안전기준의 강화 때문이다. 역사적으로 시민의 안전 인식 수준은 우상향하는 경향을 보여왔다. 여기에 방사성폐기물 처리, 해체 비용 및 사고 발생 대비 적립금 등 여러 문제가 산적해 있어 원전의 건설 및 부대비용이 낮아지는 것을 기대하기는 어렵다. 더불어 원전을 포함한 모든 형태의 에너지원은 갈수록 낮아지는 재생에너지 발전단가와도 경쟁해야 한다.

최근 주목받고 있는 SMR을 살펴보자. SMR은 300MW 이하의 소형원전으로, 기존 한국 원전의 5분의 1 규모다. SMR의 가장 큰 특징은 작다는 것이다. 일반적으로 에너지 분야에서 작다는 것은 강점이 아니라 약점으로 인식되는 경우가 많다. 규모의 경제를 누릴 수 없기 때문이다. 웨스팅하우스의 600MW급 원자로나 한국의 스마트원자로처럼 소형원자로 기술은 과거에도 여러 차례 시도되었으나 모두 실패했다. 따라서 과거의 실패를 답습하지 않을 혁신성을 가져야 한다.

특히 원전은 안전성이라는 이슈와 엮이면 작다는 것이 더 큰 약점이 될 가능성이 크다. SMR이 기존 원전과 같은 전력을 생산하려면 최소 5개가 필요하다. 많이 지으려면 한곳에 몰아서 짓거나 더 많은 지역에 분산해야 한다. 이는 더 많은 주민의 동의와 보상이 필요하다는 것을 뜻한다. 과학적 사실은 중요하지만, 모든 사람이 사실을 이해하고 그에 기반해 행동하는 것은 아니다. 사실과 인식은 엄연히 다르다. 중요한 것은 SMR이 단순화와 일체화를 통해 실제로 안전성을 확보할 수 있는지에 대한 과학적 사실과 무관하게, 얼마나 많은 일반시민이 SMR을 안전하다고 인식하는가다. SMR이 안전하다고 인식하고 동시에 SMR이 주변에 들어와도 재산권을 침해하지 않는다고 생각하는 시민의 수를 획기적으로 늘려야 유의미한 수의 발전소 도입이 가능하다.

Q 만약 전력배출계수가 낮아지면 기업에 이익이 되나?

A 만약 원전이 늘어나 기업이 전력 사용을 통한 온실가스 배출량을 낮출 수 있다 하더라도 그에 대한 경제적 편익을 가져갈 수 없다면 기업에는 무용지물이다. 한국의 배출권거래제도는 기업이 평균 전력배출계수 하향에 따른 편익을 가져갈 수 없도록 하고 있다. 이유는 간단한데, 만약 이를 허용한다면 불로소득에 해당하기 때문이다. 예를 들어 전체 배출량에서 전력을 통한 배출량 비율이 각각 80%와 20%인 A, B 기업이 있다고 가정해보자. 배출계수 하향에 따른 감축을 인정할 경우 A 기업은 아무런 활동을 하지 않아도 B 기업보다 훨씬 많은 감축을 하게 되고, 그만큼의 배출권 비용 절감 효과(또는 수익)를 가져가게 된다. 더군다나 원전은 공기업의 자금으로 건설·운영되므로 국민의 돈을 특정 기업이 불로소득으로 가져가는 결과가 되는 것이다.

Q 원전을 통해 생산한 전력을 사용하면 매출에 어떤 영향을 받나?

A 재생에너지 100% 전환을 선언하고 이를 회사 또는 제품 홍보에 활용하는 기업이 빠르게 늘고 있다. 재생에너지를 사용하는 것이 기업의 이미지, 나아가 소비자의 구매 의사결정에 긍정적 영향을 미칠 것이라 판단하기 때문이다. 하지만 원자력으로 만들어진 전기로 100% 전환하겠다거나 그 비율을 높이겠다고 선언하고 홍보하는 기업은 전 세계 어디에도 없다. 원자력 전기의 사용이 적어도 마케팅 측면에서 기업에 긍정적 영향을 주지 않는다는 것을 보여주는 방증이다. 그 이유는 재생에너지가 전 세계 대부분 국가에서 지지를 받고 있는 반면, 원자력에 대한 의견은 세계 어느 나라에서나 그 의견이 팽팽하게 맞서고 있기 때문이다. 절반의 소비자는 원자력을 좋아하고, 나머지 절반의 소비자는 원자력을 싫어한다. 기업 입장에서 보면 원자력에 대한 메시지

를 내는 순간 어느 한쪽의 소비시장을 잃을 리스크가 있다. 특히 통계적으로 보면 상대적으로 소비력이 높은 30대와 40대, 고학력층, 친환경 성향 계층에서 원자력 반대 비율이 높다는 점도 기업이 원전 이슈가 매출에 미치는 영향을 판단할 때 고려해야 한다. 어떤 방향이건 기업이 원전과 관련된 메시지를 내는 것은 매출에 부정적 영향을 미칠 가능성이 매우 크다.

Q 해외 기업들은 왜 원자력을 인정하는 CF100에 참여하고 있는가? 특히 구글의 전략은 무엇인가?

A 한국 언론에서 'CF100'으로 지칭하는 이니셔티브의 공식 명칭은 '24/7 Carbon-free Energy Compact', 줄여서 24/7 CFE다. 24시간 1주일 내내 100% 무탄소 에너지원으로 생산된 전력을 사용한다는 뜻이다. 2021년 9월에 구글 주도로 발족한 이니셔티브로, 2022년 6월 기준 72개의 발전사, 기업, 기타 조직 등이 참여하고 있다. RE100과 주된 차이는 RE100이 전력 소비기업 중심 이니셔티브인 것에 반해, 24/7 CFE는 소비기업과 발전기업 및 비기업도 참여 가능하다는 점, 재생에너지가 아닌 원자력 같은 저탄소 에너지원을 인정한다는 점, 저탄소 에너지 수급이 실시간으로 매치되어야 한다는 점이다.

국내에서는 원자력을 중심으로 24/7 CFE가 많이 다뤄지긴 했으나, 기업이 24/7 CFE에 대해 판단하고 나아가 참여 여부를 결정하기 위해서는 좀 더 다각적인 측면의 이해가 필요하다. 먼저 멤버 구성이다. 24/7 CFE에 참여하고 있는 멤버 대다수는 에너지기업, 컨설팅기업 및 협회다. 전력 소비기업의 수는 극히 적으며 구글과 마이크로소프트 정도가 그나마 유명한 기업이다. 이 두 기업은 RE100 이니셔티브 멤버이기도 하며 이미 100%를 달성했다. 다음은 원자력과 24/7 실시간 매치의 의미인데, 이 부분은 기업이 RE100에 참여하는 전략적 이유, 그리고 구글의 전략을 비교해서 살펴보면 이해가 쉽다.

RE100의 메시지는 단순하다. 온실가스에 대한 복잡한 설명 없이도, 우리 기업이 경쟁기업에 비해 기후변화대응을 더 잘하고 있다는 것을 소비자에게 전달할 수 있다. RE100의 쉽고 간명한 메시지는 소비자를 향한 경쟁우위 전략으로 활용된다. 경쟁에서 우위를 얻기 위해서는 평균적인 기업보다 우수한 무언가를 가져야 한다. RE100에 참여하는 기업은 대개 3단계로 전략을 발전시켜 나간다. △1단계는 먼저 RE100 목표 선언하기 △2단계는 목표 달성 시점 앞당기거나 조기에 달성하기 △3단계는 구매한 재생 전력의 품질 차별화하기•다.

구글은 이미 이 세 가지 단계를 거쳤고 구글의 경쟁기업들도 대부분 마찬가지다. 구글은 추가적인 비교우위 전략이 필요했고, 이를 위해 새롭게 고안한 방법이 바로 '24/7' 개념이다. 기업이 재생에너지 100%를 달성했다고 해서 시간대별로 기업이 사용한 전력만큼의 재생에너지를 구매했다는 것은 아니다. 단지 1년간의 총 소비전력과 총 재생에너지 생산량 또는 구매량이 일치한다는 것을 의미한다. 구글의 비교우위 전략은 매시간 단위로 자사의 전력 사용량과 탈탄소 전력의 공급량을 일치시키겠다는 것이다. 이를 위해서는 재생에너지의 간헐성을 극복할 필요가 있었다. 예를 들어 태양광의 경우 낮에는 생산량이 많지만 밤에는 생산되지 않는다. 구글은 지열, 에너지 저장 장치ESS, 그린 수소, 탄소 포집·활용·저장CCUS 등 재생에너지의 간헐성 극복을 위해 활용할 수 있는 다양한 옵션을 제시했는데, 그 가운데 하나가 원자력이다. 구글은 2030년까지 24/7 CFE 목표를 달성하겠다는 로드맵을 발표했으며, 2021년 지구의 날에는 이미 데이터센터의 90%가 24/7을 달성했다고 밝혔다. 즉 원전은 추가성 있는 프로젝트를 통해 재생에너지 100%를 달성한 이후에 간

• 일례로 보조금을 받지 않은 PPA와 같이 추가성이 높은 형태로 재생 전력을 구매하는 방법이 있다.

헐성을 메우기 위한 보조 수단 정도로 아주 짧게 언급된 정도다. 구글은 지열과 같이 간헐성이 낮은 재생에너지 프로젝트 추진에 우선순위를 두고 있다.

3부

Ready, Get Set, Go!
ESG 정보공시와 평가

8장

ESG 정보공시 A to Z

Contents

1

ESG 투자는 묻고 또 묻는 투자다

'묻지 마 투자'라는 말이 있다. 투자 대상에 대한 정확한 정보도 없이 남들 따라 무작정 주식, 부동산 그리고 코인 등에 투자하는 현상을 말한다. ESG 투자는 그동안 중요하게 다루지 않던 투자 대상의 비재무적 요소까지 세심히 살펴서 투자하겠다는, 이른바 '묻지 마 투자'와는 정확히 반대되는 개념이다. ESG 투자의 별명을 지어보면, '묻고 묻고 또 물어보고 투자하기' 정도가 되지 않을까 싶다.

그런데 만약 내가 투자하고 싶은 기업이 수십, 수백 개가 넘는다면 어떻게 해야 할까? 모든 기업의 IRInvestor Relations 담당자에게 매번 전화해서 물어봐야 할까? 반대로 수천, 수만의 투자자들이 번번이 전화로 물어보면 기업은 대응할 수 있을까? 매번 물어보는 것도, 매번 대답해주는 것도 모두 불가능할 것이다. 사실 이 문제는 비단 ESG 투자에서만 발생하는 건 아니다. 투자자들이 가장 중요하게 생각하는 재무정보 또한 마찬가지다. 다행히 우리는 이 문제를 해결하기 위한 제도를 이미 가지고 있다. 바로 '기업공시제도'다. 투자자들이 반드시 알아야 하는 기업 정보에 관해 투자자를 대신하여 물어봐주고, 그 대답을 모두에게 공개해주는 제도가 '기업공시제도'다.

얼마 전까지 기업의 ESG 정보는 '투자자가 반드시 알아야 하는 정보'의 범주에 들어가 있지 않았다. 그 때문에 투자자가 기업의 ESG 정보를 활용해서 투자하고자 해도 ESG 정보를 얻을 수 있는 기업의 수와 방법이 매우 제한적이었다. 최근까지도 이를 큰 문제라고 인식하는 사람은 소수에 불과했다. ESG 이슈를 투자 의사 결정에 중요하게 반영하는 투자자가 많지 않았기 때문이다. 그리고 그 소수의 투자자는 일부 기업이 발간하는 지속가능경영보고서와 ESG 분석기관의 분석 정보 정도를 가지고 ESG 투자를 했다.

지금은 상황이 바뀌었다. 이제 기후변화를 비롯한 ESG 이슈가 기업의 미래가치에 중대한 영향을 줄 것이라는 점을 부정하는 사람은 없다. 그리고 투자 의사 결정 과정에서 기업의 ESG 정보를 반영하는 것은 반드시 해야 하는 일이 되어가고 있다. ESG 정보를 활용하고자 하는 투자자의 수와 투자자금의 비중이 급격히 증가하고 있을 뿐만 아니라 그들이 ESG 정보를 원하는 대상 기업도 늘어나고 있다.

그동안의 자발적 공개 중심 체계로는 변화하는 환경에 대응할 수 없는 상황이 되었다. 미국, 유럽 등 여러 나라에서 모든 상장기업을 대상으로 하는 기업공시제도라는 틀을 통해 기후변화 및 ESG 정보공시를 의무화하고자 하는 이유다.

2

ESG 공시체계의 핵심은?

기업에서 ESG를 담당하는 실무자가 'ESG 정보공개'라는 말을 들으면 가장 먼저 머릿속에 떠오르는 생각은 '지속가능경영보고서'의 발간일 것이다. 오랫동안 지속가능경영보고서는 기업의 사회적 책임CSR 또는 ESG 관련 사항을 외부 이해관계자에게 소통하는 가장 핵심적인 수단으로 사용됐다. 100개 이상의 국내기업이 지속가능경영보고서를 발간하고 있으며, 2021년 1월에 발표된 금융위원회의 '기업공시제도 종합 개선방안'에도 ESG 정보공개 확대 방안으로 지속가능경영보고서의 단계적 의무화를 들고 있다. 그리고 많은 국내기업이 기후 또는 지속가능성 공시와 관련된 새로운 기준이 발표될 때마다 해당 기준을 반영하는 채널로 지속가능경영보고서를 이용하고 있기도 하다.

최근 우리나라뿐만 아니라 세계 각국에서 'ESG 정보공개를 의무화하겠다' 또는 '의무화해야 한다'는 목소리가 심심치 않게 들린다. 반대로 새롭게 등장하는 표준이나 공시 의무는 기업의 공시 부담과 정보이용자의 혼란만 더할 뿐이라는 우려의 목소리도 적지 않다. 특히 지속가능경영보고서를 ESG 정보공개의 핵심 수단으로 활용해온 기업 입장에서는 의무화 흐름이 더욱 복잡하고 부담스럽게 느껴질 수 있다. 지속가능경영보고서를 발간하기 위해서는 최소 3개월 이상의 시간과 적지 않은 비용이 들기 때문에 정책의 흐름을 정확히 알고 준비해야 한다. ESG 정보공개 의무화 흐름을 정확히 이해하고 효과적으로 대처하기 위해서는 지속가능경영보고서를 넘어 기업공시체계 전반에 대한 이해가 필수적이다.

기업공시제도를 이해하기 위한 준비

최근 ESG 정보공개 관련 논의의 핵심은 기존 기업공시제도의 틀을 활용하여 ESG 정보를 어떻게 표준화하고 공시하도록 하느냐는 것이다. ESG라는 용어 자체가 투자자 또는 자본시장에서 출발했다는 점을 생각해보면, 투자자들이 가장 일반적으로 활용하는 채널을 통해 기업 ESG 정보를 공개해야 한다는 것은 어찌 보면 당연한 결론이다. 그러나 그동안 기업의 ESG 정보공개가 GRI, SASB, IIRC, CDP, CDSB* 등 글로벌 이니셔티브의 기준을 활용한 자발적 공개 중심으로 발전해왔다는 점을 생각하면 기업 처지에서는 이런 흐름이 낯설고 어려울 수 있다. 그렇지만 ESG 금융이 자본시장의 주류로 확고히 자리매김해감에 따라 ESG 정보의 기업공시제도 편입은 속도를 낼 수밖에 없을 것으로 보인다.

기업공시제도는 자본시장의 근간이 되는 제도 가운데 하나다. 기업이 경영활동에 대한 정보를 주기적으로 공개하도록 함으로써 투자자를 보호하고 자본시장을 활성화하기 위해 도입됐다. 한국에서는 사업보고서가 대표적이다. 공시정보는 기업의 형태, 규모, 상장 여부에 따라 차이가 있으며, 공시항목은 재무제표뿐만 아니라 임직원 현황, 사

* 각 단체의 설명은 '용어 설명' 부분 참고.

업내용, 지배구조, 투자위험요인 등 투자자의 의사결정에 필요한 다양한 정보를 포함한다. 그리고 공시 시점에 따라 발행공시, 정기공시, 수시공시로 나뉘며, 공시항목의 의무 여부에 따라 의무공시와 자율공시로 구분된다. 우리나라에서도 1962년 증권거래법 제정을 계기로 공시제도가 도입되었으며, 2019년 기준 연간 7만 건 이상의 공시가 이루어지고 있다.

일반적으로 기업공시제도는 법률로 규정하는 '법정공시'와 증권거래소 규정을 통해 공시의무를 부여하는 '거래소공시' 두 가지를 지칭한다. 하지만 기업이 이해관계자들에게 의사결정에 필요한 경영정보를 제공해야 한다는 점, 그리고 많은 투자자가 엄격한 의미의 기업공시제도 외의 수단을 통해서도 기업의 ESG 정보를 얻고 있다는 점을 고려하면 ESG 정보와 관련된 기업공시 또는 공개 채널의 유형은 다음의 4가지 정도로 분류할 수 있다.

• 법정공시

투자자 보호를 주목적으로 하며, 기업 또는 자본시장과 관련된 법률을 통해 공시 의무를 부여한다. 국가별로 근거 법률은 차이가 있으나 대개 증권법, 회사법, 상법, 회계법 등에 기반하여 기업의 재무 및 경영정보를 공시하도록 하고 있다. 한국의 경우 '자본시장과 금융투자업에 관한 법률', 약칭 '자본시장법'을 통해 사업보고서, 반기보고서 및 분기보고서를 공시하도록 하고 있다. 한국의 자본시장법은 2007년 '증권거래법', '선물거래법' 등 자본시장 관련 6개 법률이 통합되어 만들어진 법이다.

사업보고서는 연차보고서Annual Report, 주류재무보고서Mainstream Financial Report 등으로 불리기도 한다. 한국, 미국, 일본에서는 감독기관에서 보고서의 서식을 지정해주고 기업은 이에 따라 보고서를 작성한다. Form 10-K, Form 20-F와 같이 미국 증권거래위원회SEC 공시보고서 제목에 'Form'이 붙는 이유이기도 하다. 반면 유럽 국가들은 보고서에 반드시 포함되어야 하는 항목을 규정하되, 그 서식은 자율에 맡기는 경우가 많다. 사업보고서 또는 연차보고서는 재무제표와 같은 정량적 정보뿐만 아니라 회사 개요, 지배구조, 투자위험요인 등 투자의사결정에 필요한 정성적 정보를 함께 요구하는 경우가 일반적이다. 정성적 정보와 예측정보 중심의 ESG 정보를 사업보고서 내에 편입시킬 수 있는 것도 사업보고서가 이미 다양한 정성적 정보를 받아들일 수 있는 체계를 갖추고 있기 때문이다.

- **증권거래소공시**

법률과는 별도로 증권거래소에서 독자적으로 정한 공시규정을 의미한다. 기업은 주식을 상장하고자 하는 증권거래소를 선택할 수 있으며 해당 거래소의 규정을 준수해야 한다. 한 국가 내에서도 여러 개의 증권거래소가 있는 경우가 있다. 예를 들어 미국에는 뉴욕증권거래소NYSE, 나스닥NASDAQ, 아메리카증권거래소AMEX 등이, 중국에는 상하이증권거래소, 선전증권거래소, 홍콩증권거래소 등이 있다. 증권거래소는 민간이 소유한 독립된 회사인 경우가 일반적이나 공적인 역할을 함께 수행하기도 한다. 한국거래소도 민간이 100% 출자한 주식회사이지만 자본시장법이 규정한 의무를 이행하고 있다. 기업공시와 관련해서 거래소는 법률이 정한 공시정보를 투자자에게 전달하는 유통 채널의 역할을 수행함과 동시에 독자적인 공시규정을 두기도 한다. 대표적으로 한국거래소는 자산규모 2조 원 이상의 기업을 대상으로 지배구조보고서 공시를 의무화하고 있다. ESG 및 지속가능금융 확산을 위한 증권거래소의 역할을 강조하면서 만들어진 유엔의 지속가능거래소 이니셔티브SSE, Sustainable Stock Exchanges에는 전 세계 114개 거래소(2022년 5월 기준)가 참여하고 있으며, 이 가운데 64개 거래소가 자체적인 ESG 공개 가이드라인을 발표했다. 한국거래소도 2015년에 이니셔티브에 가입했으며 2021년 ESG 공개 가이드라인을 발표했다.

• 자발적 공개

기업은 법률 또는 거래소 공시규정과 별도로 외부 이해관계자의 판단에 도움을 주는 정보를 자발적으로 공개할 수 있다. 환경과 관련해 세계 최대 기업정보공개 플랫폼인 CDP에 참여하거나, 지속가능경영보고서를 발간하는 것이 대표적인 사례다. 최근에는 기후변화 관련 재무정보 공개 협의체TCFD의 권고안에 기반한 별도의 기후변화보고서를 발간하는 해외 기업도 늘어나는 추세다. 보고서나 글로벌 이니셔티브 참여 이외에도 홈페이지나 외부 발표 등을 통해 ESG 정보를 알리는 것 역시 자발적 공개의 한 형태로 볼 수 있다.

• 기타 법률에 의한 의무공시

투자자 보호를 목적으로 하는 증권법, 회사법 외 기타 목적의 법률에서 정하는 의무공시를 말한다. 예를 들면 '고용정책기본법'에 따라 비정규직과 사내하도급 문제를 개선하기 위해 도입된 '고용형태공시제도'나 '환경산업지원법'에 따라 기업의 환경경영을 촉진하기 위해 도입된 '환경정보공개제도'가 이에 속한다.

ESG 생태계의 핵심은 투명한 정보

ESG 정보는 ESG 생태계의 핵심이다. 투자 대상 기업의 ESG 정보 없이는 ESG 금융이 원천적으로 불가능하기 때문이다. 최근 금융 관련 국제기구 및 정부에서 지속가능금융 또는 기후금융을 활성화하기 위한 가장 첫 번째 정책으로 기업 ESG 또는 기후변화 정보공개 이슈를 다루는 이유다. ESG가 기업의 재무 가치에 미치는 영향이 커지면서 ESG 정보는 이제 투자 의사결정에 반드시 필요한 정보가 됐다. 반면 기업의 자발적 ESG 정보공개 수준은 양과 질적 측면 모두에서 주류금융권의 요구 수준에 미치지 못하고 있다.

먼저 양적 측면을 살펴보면 ESG 정보를 공개하는 기업 수는 금융기관의 투자 대상 기업 수에 비해 턱없이 부족한 상황이다. 국내 2700여 개의 상장기업 가운데 지속가능경영보고서 발간 기업은 110여 개에 불과하며, 해외도 국내와 별반 다르지 않은 상황이다.

질적 측면에서도 정보의 신뢰성, 비교가능성, 활용도 측면 모두에서 개선이 필요하다. 많은 기업이 지속가능경영보고서 작성에 GRI의 표준을 활용하고 있으며 보고한 내용에 대한 제3자 검증도 받고 있다. 하지만 기업에 불리한 정보를 보고서에 반영하지 않는 등 중대한 정보를 왜곡하거나 누락했을 경우에 대한 별도의 제재 수단이 없다. 이 때문에 보고서의 신뢰성 문제가 꾸준히 제기되고 있다. 또한 정보의 비교가능성이 작다는 것도 문제다. 기업의 성과에 대한 시계열 분석 및 기업 간 비교 분석이 어렵다는 문제가 지속해서 지적되고 있다.

다음으로 활용 가능성이다. 우선 재무정보와 비재무정보의 범위 차이다. ESG 투자자는 기업의 재무정보와 비재무정보를 함께 검토하여 투자 의사결정에 활용한다. 문제는 종속법인을 포함한 연결재무제표를 기본으로 하는 재무정보와 달리, 아직 많은 기업이 지속가능경영보고서를 포함한 자발적 ESG 정보공개에 종속법인의 ESG 성과를 보고하지 않고 있다.

마지막으로 보고된 정보의 형태 문제다. 기업들 대부분이 PDF 형태의 전자문서로 지속가능경영보고서를 발간하고 있다. ESG 펀드를 운용하는 펀드매니저는 투자 의사결정 과정에서 수백, 수천 개 기업의 재무 및 비재무정보를 비교·분석해야 한다. PDF 형태로 만들어진 보고서를 직접 읽고, 해당하는 내용을 하나하나 찾아서 발췌하는 것은 매우 번거롭고 시간이 많이 드는 일이다. 당장 전문투자자가 아닌, 일반 개인투자자가 투자종목을 선택하기 위해 재무정보를 활용하는 모습만 떠올려보아도 얼마나 비효율적인지 쉽게 짐작할 수 있다. 예를 들어 주식에 조금이라도 관심이 있는 사람에게 특정 기업의 최근 5년간 매출액 변화와 업종 내 경쟁기업과의 차이를 비교해달라고 부탁하면, 열의 아홉은 바로 인터넷 포털이나 주식거래 애플리케이션의 분석기능을 활용하여 5분 이내에 결과를 보여줄 것이다. 그러나 주제를 온실가스 배출량이나 여성 임원 비율로 바꾼다면 얘기가 달라진다. 이 차이는 바로 데이터의 디지털화 여부에서 발생한다. 4차 산업혁명

시대에도 ESG 데이터는 여전히 하나하나 눈으로 확인하고 손으로 입력하는 전근대적 방식으로 소비되고 있는 셈이다.

3

공시 알파벳 수프를 떠먹는 법: ESG 정보공개의 국제적 트렌드

영어에 알파벳 수프alphabet soup라는 표현이 있다. 알파벳으로 표기된 약자가 너무 많아 이해하기 매우 어렵다는 것을 에둘러 나타낸 표현이다. 아래 열거한 4가지는 지속가능성 및 기후변화 정보공개와 관련하여 최근 국제적으로 가장 주목받고 있는 움직임들이다. 기후변화와 ESG가 자본시장에서 얼마나 중요하게 다뤄지는가를 여실히 보여주는 모습들이지만, 그 흐름과 맥락을 제대로 따라가지 못하면 알파벳 수프처럼 보이기 십상이다.

- EU의 비재무정보 공시 지침(NFRD, Non-Financial Reporting Directive)과 기업지속가능성 정보공시 지침(CSRD, Corporate Sustainability Reporting Directive)
- G20의 기후변화 관련 재무정보 공개 협의체(TCFD, Taskforce on Climate-related Financial Disclosure) 설립과 권고안 발표
- 미국 증권거래위원회(SEC, Security Exchange Committee)의 기후변화 정보공개 의무화 규제 초안 발표
- 국제회계기준(IFRS, International Financial Reporting Standards) 재단의 국제지속가능성기준위원회(ISSB, International Sustainability Standards Board) 설립과 지속가능성공시기준 발표

사실 ESG 공시제도와 관련하여 ESG 담당자들에게서 가장 많이 듣는 것이 '혼란스럽다', '도대체 어떤 기준에 맞춰 준비해야 할지 갈피를 잡을 수가 없다'는 말이다. 위 4가지 제도의 세부 내용을 알아보기 전에 기준별 공통점과 차이점 및 개발 과정 등을 먼저 정리하면 최근 흐름을 이해하고 향후 대응 방향을 잡는 데 도움이 될 성싶다.

'자율'이라 적고 '의무화'라 읽는다

4가지 제도 모두 법정공시 또는 법정공시화를 지향하고 있다. EU의 NFRD·CSRD, 미국 SEC 기후공시지침은 연차보고서를 통해 관련 내용을 의무적으로 공시하도록 하는 법정공시에 해당한다. EU 회원국은 이미 자국의 증권법, 회사법 등 관련 법률을 개정하여 연차보고서(일부는 별도 보고서)를 통해 지속가능성 관련 정보를 의무적으로 공시하도록 하고 있다. 미국은 연차보고서에 해당하는 Form 10-K에 기후변화 정보를 공시하도록 할 계획이다.

TCFD 권고안을 발표한 G20와 ISSB는 모두 입법 권한이나 집행 권한을 가지고 있는 국가기구는 아니다. 따라서 기본적으로 두 기준의 적용 여부는 자율에 맡긴다. 하지만 2021년 6월 영국에서 개최된 G7 재무장관 회담에서 회원국은 TCFD 권고안에 따라 공시를 의무화하겠다고 밝혔다는 점과 EU의 NFRD·CSRD, SEC 기후공시지침 등도 TCFD 권고안의 내용에 기반하고 있다는 점을 비춰보면, TCFD 권고안은 내용면에서 주요국의 법정공시로 반영될 가능성이 매우 큰 상황이다.

IFRS의 채택 여부는 각국의 선택이며, 이와 마찬가지로 ISSB의 ESG

공시기준의 채택 여부도 각국의 자율이다. ISSB 기준을 채택할 경우 각국은 법률 또는 규정을 개정하여 연차보고서에 관련 내용을 공시할 수 있도록 제도를 개선해야 한다. ISSB 기준의 채택 가능성은 TCFD에 비해 불확실성이 많은 상황이다. 우선 미국이 IFRS가 아닌 독자 기준을 적용하고 있다는 점과, 유럽에서 일찍이 독자적인 지속가능성 공시표준을 개발해왔다는 점에서 두 지역의 채택 여부가 아직은 불확실하다. 특히 미국 SEC는 ISSB 설립 초기부터 IFRS 재단의 지속가능성 공시기준 개발에 부정적 입장을 피력해왔기 때문에 ISSB 공시기준 채택 가능성은 높지 않다.

이렇듯 최근 ESG 정보공개가 법정공시로 향하고 있는 이유는 앞서 언급한 여러 가지 문제점을 동시에 해결할 수 있기 때문이다. 먼저 양적인 측면에서 정보공개 기업 수를 획기적으로 늘릴 수 있다. 법정공시는 기본적으로 상장기업 전체에 적용되는 경우가 많다. 예를 들어 종업원 500인 이상 상장기업과 금융기관을 대상으로 한 EU의 NFRD에 따른 정보공개 대상 기업 수는 1만 1600여 개에 달한다. 그리고 대상을 250인 이상으로 확대하는 CSRD가 적용될 경우 대상기업은 4만 9000여 개로 늘어날 것으로 예상된다. 또 동일한 양식으로 ESG 정보를 공개하는 기업의 수가 늘어남에 따라 정보의 비교가능성이 커지며, 허위·왜곡·누락과 같은 불성실 공시에 대한 제재가 가능해서 공개된 정보의 신뢰성도 높일 수 있다. 더불어 기업별로 제각각인 비재무정보 공개 시점과 범위를 재무정보 공개 시점 및 범위와 일치시킬 수 있다는 장점도 있다.

한편으로 여러 가지 ESG 공시기준과 프레임워크가 발표되면서 기업의 보고 부담에 대한 우려도 증가하고 있다. 새로운 기준과 관련한 보고 부담은 크게 두 가지 유형이 있다. 하나는 유사한 정보를 여러 곳에 보고해야 하는 중복 보고의 우려다. 그리고 다른 하나는 기존과는 전혀 다른 새로운 정보를 공시해야 할 때 발생하는 준비의 어려움이다. 결론부터 말하자면, 기존에 자발적으로 ESG 정보를 공개하던 기업에게 추가적인 보고 부담은 크지 않을 것으로 생각된다.

이런 예측을 내놓는 데는 몇 가지 이유가 있다. 우선 중복 보고 문제를 보자. 기본적으로 법정공시에 해당하는 연차보고서는 해당국의 주식시장에 상장된 기업에 한정하여 공시의무를 부과하는 경우가 일반적이다. 따라서 해외 증권거래소에 상장된 경우가 아니라면 직접적인 공시 의무가 추가로 발생하지는 않는다.

다음은 새로운 공시항목의 추가 및 기존 자발적 공개 프레임워크와의 중복 문제다. 이 부분을 이해하기 위해서는 각 기준의 개발과정을 되짚어볼 필요가 있다. 먼저 TCFD의 경우 개발단계에서부터 기업의 보고 부담을 줄이기 위해 이미 시장에서 활발하게 활용되고 있는 공개 프레임워크를 적극적으로 반영했다. 그 결과 기후변화 리스크 유형과 시나리오 분석 등 일부 항목을 제외하면 대부분은 기존 CDP의 내용을 그대로 흡수했다. 그리고 이후부터 모든 공시 관련 제도나 프레임워크가 TCFD의 권고안을 그대로 따르고 있다. 따라서 기후변화 관련 공시제도는 내용 면에서 대동소이한 수준이다. 이미 CDP에 참여하고 있는 기업의 경우 추가적인 보고 부담은 전무한 수준으로 볼 수 있다. 그리고 IFRS의 ISSB를 보자. ISSB의 공시기준 개발 과정은 매우 흥미롭다. 공시항목과 관련된 내용의 통합뿐만 아니라 실제 기관들의 물리적 통합도 동시에 진행되었기 때문이다. ISSB 이전에 비재무정보 보고 표준화 이슈를 다루던 글로벌 이니셔티브는 GRI, IIRC, SASB, CDSB 4곳이었다. 시간순으로 보면 SASB와 IIRC가 통합하여 가치보고재단VRF, Value Reporting Foundation을 조직했다. 이후 IFRS 재단은 VRF, CDSB와 협력하여 2021년 11월 ISSB를 출범했고, 이듬해 4월 VRF와 CDSB는 ISSB와 통합했다. GRI는 ISSB와 조직 차원의 통합을 하지는 않았으나 공시내용에 대한 상호 연결성 강화를 위한 협약을 체결했다.

숫자가 아니라도 괜찮아: 정성적 데이터의 중요성

최근 ESG 정보공개 제도화의 핵심은 법정공시, 즉 재무정보와의 통합보고IR, Integrated Reporting다. 하지만 재무정보와 통합한다는 것이 모든 ESG 정보를 재무화 또는 수치화해야 한다는 의미는 아니다. 재무상태표, 손익계산서 등 기업의 회계기준을 다루는 IFRS 재단과 같은 기관까지 지속가능성 공시 표준화 작업에 나서고 있으니 그런 오해를 하는 것도 무리는 아닐 듯하다.

실제로 2000년대 초반부터 환경 성과를 금액화 또는 재무화하려는 움직임이 활발하게 일어났다. 2011년 발간된 보고서 「푸마의 환경적 이익과 손실 계정EP&L, PUMA's Environment Profit and Loss Account」이 대표적 예다. 여전히 많은 기업이 지속가능성 이슈를 금액화하려는 시도를 지속하고 있지만, 투자자를 포함한 금융권의 기대는 그리 크지 않다. 탄소와 같이 시장가격이 형성되어 있는 요소가 아니라면 환경과 사회 성과를 계량화하기 위해서는 다양한 가정이 적용된다. 투자자들은 아직 이렇게 생산된 정보들이 투자 의사결정에 활용할 정도의 신뢰성을 갖추지 못했다고 판단한다.

반면 최근 투자자들은 수치정보에 의존하던 전통적 관점에서 벗어나 정성적 정보의 중대성을 인식하고 투자 의사결정에 반영하고 있다. 투자자들은 기업의 미래가치를 정확히 판단하는 데 재무제표와 같이 기업의 과거 성과를 나타내는 과거시향적 정보만으로는 충분하지 않다고 판단한다. 이에 더하여 기업의 의사결정 구조, 위험 관리 프로세스, 위험과 기회 요소, 그리고 대응 전략 및 목표 등 정성적이지만 기업의 미래 방향성을 확인할 수 있는 미래지향적 정보도 함께 사용하는 방향으로 진화하고 있다.

ESG 정보가 일반 회계기준에 의한 재무보고서에 결합된다고 해도 탄소배출권과 같은 일부 항목을 제외한 대부분의 항목은 정성적 정보의 보고 형태를 유지할 것으로 보인다. 실제로 ISSB와 SEC 모두 지속가능성 및 기후 관련 정보를 연차보고서에 별도의 기후공시항목으로 추가하거나 MD&AManagement Discussion and Analysis, 즉 국내의 사업보고서에서 '이사의 경영진단 및 분석의견'에 해당하는 항목에 반영할 것을 시사하고 있다. TCFD가 요구하는 방대한 양의 정보공시가 가능한 이유도 경영진의 판단에 따라 자율적 작성이 가능한 MD&A를 이용할 수 있기 때문이다.

정성적 정보가 많다는 것 외에 ESG 정보가 가지는 또 한 가지 특징은 미래 예측정보라는 점이다. 기존에도 사업보고서에 예측정보가 없었던 것은 아니지만 그 양은 미미했다. 그러나 ESG 정보는 ESG 이슈별 리스크 크기와 영향력 등 상당히 많은 양의 미래 예측정보 공시를 요구한다. 공시정보에 대한 책임을 져야 하는 기업 입장에서는 부담스러운 대목이다. '자본시장법'은 기업이 해당 정보에 대해 예측정보라는 사실과 주의문구를 명시하고, 예측 또는 전망과 관련된 가정 및 판단 근거를 밝힌 경우 공시한 정보의 오류에 대한 책임을 묻지 않는 면책조항을 두고 있다.

이사의 경영진단 및 분석의견(MD&A)

공시정보 이용자가 회사의 재무 상태, 영업실적 및 재무 상태의 변동 등을 이해하고, 향후 사업 예측 등에 필요한 정보를 제공하기 위해 경영진이 경영진의 시각으로 회사 경영에 관한 중요한 사항을 진단하고 분석한 의견을 기재하는 항목을 말한다. 경영진 설명서(Management Commentary)로 불리기도 한다. 한국에서는 2009년부터 사업보고서에 MD&A를 포함하도록 하고 있다.

IFRS의 '경영진 설명서 작성을 위한 개념체계'에 따르면, 경영진 설명서에는 재무제표에 대한 보완 설명뿐만 아니라 기업의 미래 성과, 상태 및 진척에 영향을 미칠 수 있는 주요 추세와 요인을 설명하도록 하고 있다.

IFRS의 경영진 설명서 구성요소

(1) 사업의 성격

(2) 경영진의 목표와 그러한 목표를 달성하는 전략

(3) 기업에 가장 유의적인 자원, 위험 및 관계

(4) 영업과 전망의 결과

(5) 명시된 목표와 비교하여 기업의 성과를 평가하기 위해 경영진이 사용하는 중요한 성과 측정치와 지표

금융감독원의 '기업공시 서식 작성 기준' 중 MD&A 기재 사항

(1) 개요

(2) 재무 상태 및 영업실적

(3) 유동성 및 자금조달과 지출

(4) 부외거래

(5) 그 밖의 투자자 의사결정에 필요한 사항(환경 및 종업원 등에 관한 사항 포함)

구글이 세상의 모든 책을 스캔하려는 이유

2004년 글로벌 IT기업 구글은 세상의 모든 책을 스캔하여 공개하겠다는 '라이브러리 프로젝트'를 시작했다. 이듬해 미국 작가협회는 저작권침해를 이유로 구글을 고소했다. 10년간 이어진 소송 끝에 미국 연방대법원은 미국 작가협회의 소송을 기각했다. 사실 구글이 프로젝트에 투입한 비용은 소송에서 패했을 경우 지급해야 하는 배상액보다 컸다고 한다. 구글이 막대한 비용을 투입하면서까지 이런 프로젝트를 시작한 이유는 무엇이고, 미국 연방대법원이 구글의 손을 들어준 이유는 또 무엇일까? 그건 바로 디지털화가 정보에 대한 접근성과 활용성을 비약적으로 높여주기 때문이다. 쉽게 말해, 이제 인터넷 접속만 가능하면 하버드나 스탠퍼드 대학에 다니지 않는 사람도 해당 대학 도서관에 있는 문서를 언제든 쉽게 볼 수 있게 됐다. 학생들이 일 년에 한두 번 볼까 말까 하던 고문서들도 이를 필요로 하는 전 세계 사람들이 볼 수 있게 되었으니 활용성이 높아졌음은 두말할 나위 없다.

거기에 더해 구글은 책을 스캔하면서 광학문자인식OCR, Optical Character

Recognition이라는 기술을 활용하여 책 속의 문자 하나하나를 개별적으로 인식할 수 있도록 했다. 두꺼운 책 속에 꼭꼭 숨어 있던 정보를 키워드 검색으로 쉽게 찾아내고 분석에 활용할 수 있도록 하기 위해서다. 종이책이나 PDF 파일을 한 장씩 넘겨가면서 필요한 내용을 찾아야 했던 과거와 비교하면 학문적으로나 상업적으로나 그 편의성과 활용 가치가 늘어난 셈이다.

다시 ESG로 돌아가 보자. 금융기관의 투자 대상 상장기업은 국내에만 2000여 개 이상이며, 해외까지 합치면 그 수를 헤아리기도 힘든 수준이다. 거기에 더해 기업이 관리하고 공개하는 ESG 지표가 최소 수십 개 이상이고, 이러한 데이터가 매년 쌓인다는 점까지 생각하면 ESG 데이터는 그야말로 빅데이터다. 이러한 빅데이터를 전통적인 아날로그 방식, 즉 사람의 손으로 데이터를 직접 수집하고 분석하는 방식으로 관리해야 한다고 상상해보자. 비효율을 넘어 불가능에 가까운 일이다.

기후변화 정보공개 의무화를 추진하고 있는 미국과 유럽에서 ESG 공시 정책을 수립하고 있는 정책입안자들도 이러한 점을 충분히 인지하고 있는 듯하다. SEC는 기후공시지침 초안에 기후정보공시에 재무보고용 국제표준언어인 XBRLeXtensible Business Reporting Language을 적용하는 방안을 담았다. XBRL은 보고하는 정보에 표준 식별코드, 즉 태그를 달아 정보이용자가 대량의 정보를 쉽게 검색하고 분석할 수 있게 하는 언어다. 금융감독기구는 공시 대상 기업에 어떠한 데이터를 어떤 항목에 보고해야 하는지에 대한 세부 분류체계taxonomy를 제공하고, 보고기업은 분류체계에 따라 공시 정보를 입력해야 한다. EU는 CSRD에서 XBRL이라는 용어를 직접 언급하지는 않았지만, 기업에 '디지털 분류체계에 따른, 디지털화된 태그가 부착된 지속가능성 데이터의 보고'를 요구하고 있어 XBRL을 적용할 것임을 시사했다.

회계 및 재무 영역에서 XBRL은 낯선 용어는 아니다. 이미 오래전부터 많은 국가에서 재무제표 보고에 XBRL 적용을 의무화 또는 권고하고 있다. 미국은 2009년부터 재무제표 보고에 XBRL 적용을 의무화했다. 한국도 2019년 재무제표와 주석 보고에 XBRL 적용을 단계적으로 의무화한다는 계획을 발표했으며, 금융감독원은 'Open Dart 시스템'을 통해 디지털화된 재무정보를 바탕으로 기업 간 비교·분석과 핀테크 기업을 위한 재무정보 오픈 API 서비스를 제공하고 있다.

ESG 데이터에 대한 XBRL 적용 효과는 다양하다. 먼저 기업의 보고 부담 감소다. XBRL을 적용한 의무공시가 정착되면 '원 소스 멀티 유즈'가 가능해진다. 기업이 표준화된 ESG 데이터를 한 번만 공시하면 평가기관을 포함한 다양한 ESG 정보이용자들이 손쉽게 정보에 접근하고 활용할 수 있고, 그러면 자연스럽게 기업에 대한 별도의 정보공개 요구는 줄어들 것이다.

두 번째는 ESG 데이터의 투명성 및 신뢰성 향상이다. 디지털화된 정보는 쉽게 눈에 띈다. 데이터의 비교·분석 과정에서 누락, 왜곡된 데이터의 발견 가능성이 커지면 감독기관의 점검도 용이해진다. 잘못된 데이터의 발견 가능성이 커짐에 따라 기업의 의도적 왜곡, 누락 및 보고 실수가 줄어들어 정보의 신뢰성과 투명성이 향상된다.

세 번째는 ESG 평가의 전반적 수준 향상이다. ESG 평가 시 가장 많은 시간과 인력이 투입되는 작업은 평가 자체가 아니라 데이터 수집이다. 평가기관마다 평가 결과가 들쑥날쑥한 원인 가운데 하나도 바로 데이터 수집 능력의 차이다. XBRL이 일반화되면 데이터 수집 부족에 따른 평가 수준 저하를 예방할 수 있다. 평가기관의 비교우위 요소도 기존의 데이터 수집 능력에서 평가 능력 자체로 옮겨갈 수 있어 ESG 평가기법의 고도화 및 다양화라는 효과도 얻을 수 있다.

마지막은 ESG 데이터를 활용한 핀테크 스타트업의 활성화다. 공공데이터의 개방과 그에 따른 빅데이터 스타트업의 활성화 양상을 보면 그 효과를 쉽게 유추할 수 있을 것이다. 실제로 2020년 금융위원회는 4450만 건에 달하는 금융 공공데이터를 개방했고, 이를 계기로 핀다, 쿠콘 등 다양한 핀테크 스타트업이 생기거나 활성화되었다. 마찬가지로 ESG 데이터가 디지털화되면 이를 기반으로 한 새로운 산업이 새롭게 나타나거나 활성화될 것으로 기대된다.

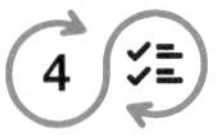

국내 ESG 공시제도 뜯어보기

금융위원회는 2021년 1월 '기업공시제도 종합 개선방안'을 통해 한국거래소의 공시규정을 개정하여 상장기업의 ESG 정보공시를 확대하겠다는 방침을 발표했다. 기존 자산규모 2조 원 이상 코스피 기업을 대상으로 의무화했던 지배구조보고서는 2026년까지 단계적으로 전체 코스피 상장기업으로 확대하고, 환경과 사회 관련 정보를 담은 지속가능경영보고서는 2026년부터 2030년까지 단계적으로 의무화하겠다는 내용이다.

금융위원회가 발표한 거래소의 공시규정 이외에도 기업의 ESG 정보공시와 관련된 제도는 다양하다.

먼저 사업보고서를 통한 공시다. 사업보고서는 기업이 매년 정기적으로 공시하는 자료이며 공시내용에는 재무정보를 반드시 포함해야 하므로 투자자들이 가장 많이 활용하는 보고서다. 사업보고서의 이러한 특징들로 인해 '주류재무보고서', '연차보고서' 등의 용어로 불리기도 한다. 모든 상장법인은 자본시장법에 따라 사업연도 경과 후 90일, 대개는 3월 말까지 사업보고서를 금융위원회와 거래소에 제출해야 한다. 사업보고서의 공시내용은 자본시장법과 시행령 그리고 '증권의 발행 및 공시 등에 관한 규정'(이하 증발공규정)에 의하며, 기업은 금융감독원이 제공하는 기업공시 서식 작성 기준에 따라 사업보고서를 작성해야 한다. 사업보고서에 ESG 또는 기후변화의 내용을 종합적이고 체계적으로 작성하는 항목은 없다. 다만 임원 보수총액, 임직원의 근로 형태, 온실가스 배출량 및 에너지 사용량,• ESG 채권의 발행 등 ESG 영역에 속하는 일부 개별 사안에 대한 공시 의무를 두고 있다. 한동안 국회에서 사업보고서상 비재무정보 공시 의무화 논의는 임원 보수 관련 사안에 집중되어왔다. 하지만 18대 국회인 2010년 이후부터는 사업보고서에 ESG 관련 사항의 포괄적 공시를 골자로 하는 자본시장법 개정안도 지속해서 발의되고 있다. 20대 국회에서는 관련 법안이 해당 상임위원회인 정무위원회를 통과하기도 했으나, 아직 최종적으로 통과된 법안은 없다. 21대 국회에서도 두 건의 법안(민형배 의원 안, 이용우 의원 안)이 발의되었다.

두 번째는 거래소공시다. 한국거래소는 유가증권시장의 공시규정에 따라 자본시장법 및 증발공규정에 따른 기업공시를 투자자에게 전달하는 채널 역할을 수행함과 동시에 거래소 상장기업에 추가적인 공시의무를 부여하기도 한다. 대표적인 사례가 앞서 언급한 지배구조보고서다. 한국거래소는 2019년부터 자산총액 2조 원 이상 코스피 상장사를 대상으로 지배구조보고서를 의무화했다. 지배구조보고서 의무대상은 2022년부터 자산총액 1조 원 이상, 2024년부터 5000억 원 이상, 그리고 2026년부터는 전체 코스피 상장기업으로 확대할 예정이다. 2019년 지배구조보고서 공시 의무화 방안 첫 발표 당시에는 2021년부터 전체 코스피 상장사로 의무대상을 확대하겠다고 밝혔으나 최초 계획에 비해 많이 늦춰졌다. 지배구조G를 제외한 나머지 환경E과 사회S

• 온실가스 배출권거래제 또는 목표 관리제 대상기업에 한한다.

요소에 대한 거래소 공시의무는 아직 없다. 한국거래소는 2025년 이전까지는 거래소에서 발표한 'ESG 정보 공개 가이던스'를 참고하여 기업이 자율로 지속가능경영보고서를 공시하도록 유도하겠다는 계획을 밝혔다. 25년부터는 일정 규모 이상의 코스피 상장사에 대해 공시를 의무화하고, 30년부터는 전체 코스피 상장사로 공시 의무대상을 확대하는 방안을 계획하고 있다.

마지막은 기타 법률에 의한 의무공시다. 기업은 법률에 따라 환경, 노동, 안전, 보건 등 ESG와 관련된 상당히 많은 사항을 정부에 의무적으로 보고해야 한다. 하지만 외부 이해관계자들이 관련 정보에 쉽게 접근하고 이용할 수 있는 공시 또는 공개제도의 형태는 많지 않다. 자본시장법 외의 개별법으로 의무화하고 있는 비재무정보 관련 공개제도는 환경기술산업법에 의한 환경정보공개제도가 대표적이다. 환경정보공개제도는 2011년에 도입되어 2021년 기준 국내 1500여 개의 기업과 공공기관이 참여하고 있다. 2021년 의무공개 대상을 상장기업의 자산총액을 기준으로 정할 수 있게 관련 법이 개정되었으며, 2022년부터 자산총액 2조 원 이상 상장기업은 의무적으로 환경정보를 공시해야 한다.

국내 ESG 정보공개 의무화 도입에 대한 이해관계자의 의견은 엇갈린다. ESG 정보공개 의무화가 돌이킬 수 없는 흐름이라는 것은 모두 인정하고 있다. 하지만 도입 시기, 범위, 방법 등 여러 측면에서 기업이 적응할 수 있도록 속도 조절이 필요하다는 입장과 반대로 더 빠르고 과감한 도입이 필요하다는 입장이 맞선다. 향후 국내 ESG 정보공개제도의 방향을 예측하기 위해서는 엇갈린 국내 이해관계자의 의견에 앞서 해외 ESG 정보공개제도 의무화 흐름과 국내 제도를 비교해 보는 것이 의미가 있을 듯싶다. ESG 자체가 글로벌 이슈이기 때문이다.

해외 ESG 정보공개제도의 흐름과 국내 상황을 비교하면 몇 가지 명확한 차이를 발견할 수 있다.

첫 번째는 공시 채널이다. 미국과 유럽 그리고 IFRS 재단 모두 투자자가 가장 일반적으로 활용하는 연차보고서, 즉 사업보고서에 ESG 또는 기후변화정보를 의무적으로 공시하는 방안을 추진하고 있다. 반면 국내에서는 21년 1월 발표된 '기업공시제도 종합 개선방안' 정도가 거래소 공시규정을 통해 지배구조보고서 및 지속가능경영보고서와 같은 별도의 보고서 발간을 단계적으로 의무화하도록 하고 있을 뿐, 사업보고서 공시를 위한 자본시장법 개정에 대한 국회의 논의는 미진한 상황이다. 또한 해외에서는 연차보고서 공시를 추진하면서 재무정보 공시기준에 부합하는 연결기준, 다시 말해 종속법인의 내용을 포함하여 ESG 정보를 공시하도록 하고 있으나 국내에서는 아직 관련 논의조차 없는 실정이다.

두 번째는 공시 의무화 시기다. 유럽은 2018년부터 NFRD를 시행하여 500인 이상의 기업에 비재무정보 공시 의무를 부여하고 있고, NRFD 개정안에 해당하는 CSRD에 따라 유럽재무보고자문그룹EFRAG이 마련한 별도의 공시 표준인 ESRSEuropean Sustainability Reporting Standards 세트1을 2023년 7월 31일 확정했다. 이에 따라 공시 의무 기업은 2024년 회계연도에 대한 정보를 2025년 1월부터 공시해야 한다. 10개 산업 섹터별 기준, 비 EU 기업과 중소기업을 위한 표준을 담을 ESRS 세트2는 2024년 6월까지 채택될 예정이다. 미국 SEC의 기후공시지침은 2024년(회계연도 2023년)부터 모든 상장기업에 적용될 예정이며, EU와 마찬가지로 중소기업은 3년의 유예기간을 부여할 예정이다. 반면 국내 거래소공시 의무화가 모든 코스피 상장사에 확대되는 시점은 2030년으로, EU나 미국에 비해 5년 이상 느리다. 그리고 그마저도 코스닥 상장사에 대한 공시 의무화는 빠져 있는 상황이다.

세 번째는 기후변화정보 공시의 깊이다. 미국과 유럽 그리고 IFRS 재단 모두 TCFD 권고안의 내용을 대부분 받아들여 온실가스 배출량뿐만 아니라 기업의 기후변화 대응을 위한 거버넌스, 전략, 목표, 리스크관리 체계 등 기후변화에 대한 전반적이고도 깊이 있는 내용을 공시하도록 하고 있다. 특히 온실가스의 경우 공급망이나 소비자를 통해서 배출되는 온실가스인 스코프 3 배출량의 공시도 의무화하고 있다. 반면 국내에서는 TCFD의 권고안을 공시체계에 어떻게 반영할지에 대한 구체적 논의는 이루어지지 않고 있다.

마지막은 공시정보의 디지털화다. 미국과 EU 모두 정보이용자의 활용성을 높이기 위해 기업이 정보를 입력하는 단계에서부터 디지털 플랫폼이나 XBRL을 사용하도록 했다. 한국은 재무제표에 XBRL을 적용하고 있고 재무제표 주석에까지 XBRL의 확대하겠다는 계획을 밝혔으나, ESG 정보에 대한 XBRL 추진계획은 아직 밝힌 바 없다.

주요 금융선진국과 한국의 공시제도를 비교하면 국내 ESG 공시 제도화가 해외에 비해 많이 늦다는 점은 명확해 보인다. 하지만 개방경제체계를 가진 우리나라가 금융시스템에서 선진국과의 격차를 오랫동안 고수하는 건 쉽지 않은 일이다. 금융에서 거래라는 것은 전산화된 숫자의 이동에 불과하다. 물리적 이동과 복잡한 통관 절차를 거쳐야 하는 재화의 무역과는 달리, 시스템만 연결되어 있으면 돈은 어디든 한순간에 이동할 수 있다. 글로벌화된 자본시장에서 주류 금융시스템과의 지나친 격차는 곧 해외 자본의 이탈을 불러온다. 여러 부정적 효과와 여론에도 불구하고 주식 공매도 제도를 쉽게 폐지하지 못하는 것도 같은 이유다. 더욱이 ESG를 표방하는 금융자본은 그동안 국내에서도 여러 차례 문제가 되었던 단기적 투기목적의 약탈적 해외 금융자본과는 달리 장기적이고 안정적이라는 특성이 있다. ESG 자본 유치는 국내기업과 경제의 성장에도 유리하게 작용한다. 더욱이 이미 많은 해외 자본이 국내기업에 투자된 상황에서 국내뿐 아니라 해외 투자자의 공시 확대 요구를 무시하기도 어려운 상황이 되었다. ESG

국가별 ESG 정보공시제도 비교

	미국	EU	IFRS 재단	한국
의무화 위치	연차보고서 (Form 10-K)	연차보고서 (Management report)	연차보고서	별도 보고서
공시 대상	상장기업	250인 이상 기업	채택국가 자율	코스피 상장기업
공시 시작	2024 예정(2023년 말 확정) (회계연도 2023)	2025 (회계연도 2024)	채택국가 자율	지배구조: ~2026년 환경/사회: 2026년~
공시 내용	기후변화	ESG	ESG	ESG
스코프 3 온실가스 포함	조건부 포함	포함	포함	–
검증 의무	스코프 1 & 2 온실가스 배출량 (스코프3 배출량이 중대한 기업은 공시)	전체정보	없음	없음
디지털화	Inline XBRL (XHTML)	XHTML	–	–
중대성 관점	단일 중대성 (투자자 중심)	이중 중대성 (다중 이해관계자 중심)	단일 중대성 (투자자 중심)	–

주류화는 이미 막을 수 없는 대세가 되었으며 국내 자본시장 제도도 주요 선진국과 보조를 맞추게 될 것으로 보인다. 실제로 금융위원회에서는 2022년 3월에 발표된 'IFRS 지속가능성 공시기준 공개 초안'에 대한 국내 공식의견 제출을 위해 국내 이해관계자의 의견을 수렴

한국기업공시제도 유형별 ESG 정보 비교

유형	관련 법/규정	공시채널	공시대상	공시정보
법정공시	· 자본시장법 159조 · 자본시장법 시행령 제168조 · 증권의 발행 및 공시규정 제4조	사업보고서(기업공시 서식 작성 기준)	상장기업	**지배구조** · 임원의 보수 및 산정 기준 · 이사회/감사제도/주주총회 및 의결권 관련 · 대주주와 거래 내역 **사회** · 임직원 현황(성별, 고용 형태, 근속연수, 평균 급여 등) **환경** · 온실가스 배출량 및 에너지 사용량 · 녹색기술 및 산업 인증
거래소공시	· 유가증권시장 공시규정 제24조 · 유가증권시장 공시규정 시행세칙 제7조	별도 지배구조보고서(공시규정 별표 '기업지배구조 핵심 원칙' 및 '기업지배구조보고서 가이드라인')	코스피 상장사 · 현재: 자산총액 1조 원 이상 의무 · 2024년: 5천억 원 이상 의무 · 2026년: 전체 의무화	· 주주: 주주의 권리, 공평한 대우 · 이사회: 이사회 기능, 구성, 운영, 사외이사의 책임, 평가, 이사회 내 위원회 · 감사기구: 내부 감사기구, 외부 감사인
	· 기업공시제도종합 개선방안(2021년 1월) · 유가증권시장 공시규정 개정 검토 중	별도 지속가능경영 보고서(한국거래소 'ESG 정보공개 가이던스' 적용 검토)	코스피 상장사 · 2025년까지: 자율 공시 · 2025~2030년: 자산총액 2조 원 이상 의무화 · 2030년 이후: 전체 의무화	· 조직: ESG 대응, 평가, 이해관계자 · 환경: 온실가스, 에너지, 물, 폐기물, 법규위반 · 사회: 임직원 현황, 안전·보건, 정보보안, 공정경쟁
기타의무공시	· 환경기술산업법 제16조	환경정보공개제도(환경정보공개시스템)	1500여 개 기업과 기관	기업 개요, 녹색경영 시스템, 자원/에너지, 온실가스/환경오염, 녹색/제품서비스, 사회 윤리적 책임
	· 고용정책기본법	고용형태공시제도(워크넷)	상시 300인 이상 사업체(상장기업은 사업보고서에도 함께 공시)	**고용 형태별 근로자 수** · 소속 근로자: 정규직/기간제 · 소속 외 근로자 수

하고 있다. 또 한국회계기준원은 IFRS 지속가능성 공시기준이 국내에 채택될 경우 이를 심의·자문하기 위한 기구인 한국지속가능성기준위원회KSSB, Korea Sustainability Standards Board 를 설립했다.

해외와의 격차를 메울 수 있는 가장 이상적인 방법은 자본시장법의 개정이다. 정책을 추진할 때 법적 토대의 마련은 그 기준을 명확히 하고 속도를 높일 수 있다는 점에서 매우 중요하다. 하지만 국회에서 자본시장법 개정안 논의가 지연될 경우, 정부에서 먼저 ESG 정보를 사업보고서에 반영하게 제도화하는 방법도 가능할 것으로 보인다. 자본시장법 제159조 2항의 5에 따르면, 법에서 직접 규정하고 있는 항목 외의 사항에 대해서는 대통령령으로 사업보고서 공시내용을 정하도록 하고 있다. 대통령령은 정부 국무회의 의결로 개정이 가능하다.

5

한국기업이 갈라파고스화되지 않으려면

다윈의 진화론에 영감을 준 갈라파고스제도는 육지와 1000km 이상 떨어진 섬으로 오랫동안 독자적인 생태계를 이룬 채 진화를 거쳐왔다. '갈라파고스화'라는 용어는 자국 기준만을 고집하다 국제적으로 고립되는 현상을 말한다. 그 대표적 사례가 일본의 휴대폰 제조사들이다. 일본 휴대폰 제조사들은 세계적인 스마트폰 열풍에도 불구하고 피처폰 기술 진화에만 집중했다.

'갈라파고스화' 이후에도 기업은 지속해서 살아남을 수 있을까? 일본은 내수기반이 탄탄한 시장이다. 웬만한 기업은 자국 시장의 점유율만 유지해도 생존할 수 있다. 현재 일본 휴대폰 시장의 제조사별 점유율을 살펴보자. 피처폰 점유율은 10%로 쪼그라들었고, 전체 휴대폰 시장의 60%를 애플의 아이폰이 차지하고 있다. 일정 기간은 자국의 문화, 제도, 기술 등의 특수성이 자국 기업을 보호해줄 수 있을지 몰라도, 오늘날과 같은 개방경제 시스템에서 장기적으로 국제적 흐름을 거스르는 것은 불가능에 가깝다. 삼성전자는 피처폰에서 과감하게 스마트폰으로 전환해 여전히 글로벌 경쟁력을 유지하고 있지만 일본의 제조사는 경쟁력을 잃어버렸다. '갈라파고스화'는 단기적인 안정감을 줄 수 있을지언정 중장기적으로는 기업의 경쟁력을 훼손하는 결과를 가져온다.

오늘날과 같이 국제화된 환경에서 자국 시장을 넘어 국제적 흐름을 읽지 못하는 기업은 살아남기 어렵다. ESG는 분명 막을 수 없는 국제적 흐름이다. 기업의 대응 전략을 논하기에 앞서 어디에 방점을 두고 미래를 준비할 것인지의 선택과, 그 책임은 누구도 대신할 수 없다는 점을 염두에 두고 국내 제도를 바라봐야 한다.

기업은 두 가지 초점을 구분하여 대응 전략을 수립할 수 있을 것이다.

일정보다 서둘러라: 공시규제 직접 대응

첫 번째는 공시규제에 대한 직접적인 대응이다. 해외 거래소에도 상장된 일부 극소수기업을 제외하면 국내기업은 대부분 한국거래소에만 상장되어 있다. 따라서 해외의 ESG 공시 의무화에 따른 직접적 영향은 없을 것으로 판단된다. 아직 한국에서는 2021년 1월 발표된 계획 이외에 추가적인 의무화 계획이 발표되지 않았다. 다만 2022년 6월 발표된 윤석열정부의《새 정부 경제정책 방향》에는 글로벌 ESG 공시 표준화 동향에 맞춰 국내 공시제도를 정비하겠다는 정책 방향을 제시하며 IFRS의 ESG 공시 국제표준화를 명시하고 있다. 그러므로 IFRS의 안을 바탕으로 미리 대응 준비를 하는 것이 좋을 것으로 보인다. IFRS의 지속가능성 공시 초안은 ESG 이슈별 내용보다는 형태적인 측면에서 기존의 지속가능성보고서와 차이를 보이기 때문에 이에 중점을 두고 내부 체계를 구축하는 것이 필요하다.

• **공시 위치: 사업보고서에 포함**

IR 팀과의 협력이 대폭 강화되어야 한다. 사업보고서의 작성 및 제출 책임은 IR 팀에서 담당하는 경우가 많다. 하지만 기후변화 및 ESG 공시는 내용이 방대하고 전문적이므로, 기존의 IR 팀에서만 작성하거나 사업보고서에 대한 실무 경험이 없는 ESG 관련 부서에서 독자적으로 진행하기에는 무리가 있다. 아울러 현행 사업보고서 공시 서식 내에서도 '이사의 경영진단 및 분석MD&A' 항목을 이용하여 ESG 관련 사항을 자율적으로 공시할 수 있다. 공시역량을 키우기 위해 공시내용을 단계적으로 늘리면서 선제적으로 대응하는 것도 좋은 방법이다.

• **공시 시기: 사업보고서 제출 시기와 동일**

사업보고서는 사업연도 종료 후 90일 이내에 제출해야 한다. 대개 12월 31일이 사업연도 종료일이므로 3월 말까지 ESG 정보를 포함한 사업보고서를 공시해야 함을 뜻한다. 현재 기업의 ESG 업무 일정은 지속가능경영보고서의 발간일이나 ESG 관련 공시 및 평가 이니셔티브 대응 마감일에 연동된 경우가 많은데 이는 대부분 6월 이후다. 그리고 배출권거래제에 포함된 기업이라면 온실가스 배출량 산정 및 검증 시기는 명세서 제출 마감일인 3월 말에 일정이 잡혀 있다. 사업보고서 제출 시점까지 ESG 정보를 생산, 수집, 가공하려면 준비 시기를 현재 일정보다는 상당히 앞당기도록 내부 체계를 재정비해야 한다.

• **공시 대상: 사업보고서와 동일한 연결실체 기준**

한국의 재무정보공시는 한국형 국제회계기준(K-IFRS)를 따르며,

실질적 지배력을 가지는 자회사의 사업 성과를 포함하는 연결재무제표를 주 재무제표로 사용하고 있다. IFRS는 지속가능성 공시에서도 동일한 기준을 적용할 것을 요구하고 있다. 일부 금융지주사를 제외하고 국내기업 가운데 자회사의 ESG 정보까지 함께 관리하는 경우는 많지 않다. 자회사가 별도로 상장된 경우도 많고, 독립 경영이 이루어지는 경우도 많기 때문이다. 투자자들은 오랫동안 재무정보와 비재무정보의 범위를 일치시켜달라고 요구해왔으며, 해외에서는 자회사의 ESG 정보를 통합하여 관리하고 공시하는 것이 일반화되고 있으므로 한국에서만 예외를 적용하기는 어려워 보인다. 따라서 재무제표상 종속법인으로 포함된 자회사의 ESG 정보를 통합할 수 있는 내부 체계 구축이 필요할 것이다.

안 보여주면 돈은 떠난다: 해외 투자자 및 고객사 대응

두 번째는 해외 투자자 및 고객사 대응이다. 해외 투자자들의 투자 대상 기업은 국내에 한정되지 않는다. 해외 기업과 동일한 수준의 정보를 지속해서 요청할 것이다. ESG 정보가 없다는 것은 곧바로 모든 ESG 평가에서 낮은 평가를 받을 수밖에 없으며 자금의 이탈이나 투자자의 인게이지먼트 대상이 된다는 것을 의미한다. 따라서 해외 기관투자자의 비중이 높은 대기업은 국내 공시규제와 무관하게 해외 ESG 공시 의무화 수준에 부합하는 정보를 자율적으로 공시하는 것이 필요하다.

해외 ESG 공시 의무화는 고객사를 통해 간접적으로 국내기업에 영향을 줄 것으로 예상된다. 대표적인 것이 스코프 3 온실가스 배출량이다. 모든 해외 ESG 공시제도가 스코프 3 배출량 공시를 의무화하고 있는데, 기업이 스코프 3 배출량을 산정하기 위해서는 공급망의 온실가스 정보가 필요하다. 따라서 ESG 공시 의무화 대상 고객사로부터 온실가스 정보 요구가 급격히 늘어날 것이며, 특히 아직 온실가스 배출량 산정 준비가 미흡한 중견·중소기업의 준비가 필요할 것이다. 원칙적으로 보면 고객사가 스코프 3 배출량을 산정하기 위해서는 제품을 납품받기 전까지 발생하는 전체 온실가스 배출량 정보가 필요하다. 즉 1차 협력사의 배출량뿐만 아니라 2차, 3차, 4차 협력사의 온실가스 배출량 정보가 모두 필요하다. 단기적으로는 우리 기업에서 직접 발생한 스코프 1과 스코프 2 온실가스 배출량만 요구하겠지만, 중장기적으로는 우리 기업의 공급망에서 배출된 전체 온실가스 정보를 요구할 가능성이 크다. 멀리 내다보는 관점에서 공급망의 온실가스 배출량 관리 체계 구축에도 신경을 써야 한다.

6

해외 ESG 공시 의무화 흐름 살펴보기

하나로 합쳐라: G20의 TCFD 권고안

2008년 서브프라임 모기지 사태는 금융기관이 부동산 자산에 낀 거품을 제대로 파악하지 못하고 너무 많은 돈을 대출해주면서, 즉 주택담보대출이 부실화되면서 시작되었다. 2015년 4월 미국 워싱턴에서 모인 G20 국가의 재무장관과 중앙은행장들은 기후변화 리스크를 금융시스템에 미리 반영하지 못하면 또다시 금융위기가 닥칠 수 있다는 점에 동의했다. 금융기관이 기후변화로 인해 변화될 미래의 자산가치를 예측하고 반영하지 못하면 서브프라임 모기지 사태와 같은 일이 재발할 수 있다는 것이다. G20은 금융안정위원회FSB에 기후변화가 금융에 미치는 리스크를 평가하고 이에 대응하기 위한 방법 개발을 요청했고, FSB는 2015년 12월 마이클 블룸버그Michael Rubens Bloomberg를 위원장으로 한 TCFD를 설립했다. TCFD는 은행, 보험회사, 자산운용사, 연기금, 신용평가기관 등 32명의 전문가와 함께 권고안을 작성하여 2017년 7월 독일 본Bonn에서 열린 G20 정상회담에 이를 전달했다.

TCFD 권고안의 핵심은 두 가지다. 하나는 금융기관에 기후변화 이슈를 금융 리스크관리 시스템에 통합하고 리스크 수준을 공시하게 하는 것이고, 다른 하나는 금융기관이 리스크를 정확히 분석할 수 있도록 투자 대상 기업도 관련 정보를 공시하게 하는 것이다. 권고안은 기후변화로 인한 리스크를 물리적 리스크와 전환 리스크로 구분하고, 기후변화 대응을 위한 기업의 지배구조, 전략, 리스크관리 체계 및 목표 등을 공시하게 했다. 아울러 금융기관과 기업에 기후변화 전략을 수립할 때 시나리오 분석을 사용하도록 요구했다.

TCFD는 기후정보를 주류 재무보고서에 통합하는 것을 목적으로 하고 있으며, 2022년 11월 기준으로 전 세계 4000개 이상의 기업, 금융기관, 국제기구 및 정부 기관이 TCFD 지지 선언에 참여하고 있다. 국내에서도 금융위원회, 환경부 등 114개 정부 기관, 기업, 금융기관이 참여하고 있다. TCFD 설립을 기점으로 금융기관의 기후변화 이슈에 대한 참여가 급격히 늘어났다. 미국 SEC의 기후공시지침, IFRS의

TCFD 권고안 세부 공시내용

	개요	보고사항
지배 구조	기후변화와 관련된 조직의 지배구조 보고	a) 기후변화 리스크 및 기회와 관련한 이사회 감독 b) 기후변화 리스크 및 기회의 평가와 관리에 대한 경영진의 역할
전략	조직의 사업, 전략, 재무계획에 기후변화 리스크 및 기회가 미치는 현재와 잠재적 영향 보고	a) 조직이 파악한 단기, 중기, 장기 기후변화 리스크 및 기회 b) 조직의 사업, 전략, 재무계획에 기후변화 리스크 및 기회가 미치는 영향 c) 조직의 사업, 전략, 재무계획에 미치는 기후변화 시나리오별 영향 (2℃ 시나리오 포함)
리스크관리	기후변화 리스크 파악, 평가 및 관리 방법 보고	a) 조직의 기후변화 리스크 파악, 평가 프로세스 b) 조직의 기후변화 리스크관리 프로세스 c) 조직의 전사적 리스크관리 프로세스와 기후변화 리스크 파악, 평가 및 관리 방법 프로세스의 통합
지표 및 목표	기후변화 리스크 및 기회를 평가·관리하기 위해 적용한 지표 및 목표 보고	a) 조직의 전략 및 리스크관리 프로세스에 기후변화 리스크와 기회를 반영하기 위해 사용한 지표 b) 스코프 1, 스코프 2, (적절한 경우) 스코프 3 배출량 및 관련 리스크 c) 기후변화 리스크 및 기회 관련 목표와 성과

출처: TCFD, 2017, Recommendations of the Task Force on Climate-related Financial Disclosures

지속가능성 공시표준 및 EU의 CSRD도 TCFD의 권고안을 공시 의무화에 반영하고 있다.

유럽에 자회사 둔 우리 기업도 타깃: EU의 CSRD

EU는 2014년 연평균 종업원 500인 이상의 금융기관과 기업을 대상으로 비재무정보의 공시를 의무화하는 NFRD를 제정하여 2018년부터 시행하고 있다. 공시 대상 기관은 환경, 사회, 노동, 인권, 반부패 이슈와 관련된 정책, 정책 이행 및 점검 프로세스, 정책에 따른 결과, 관련 리스크 및 대응 프로세스, 다양성 관련 정책(나이, 성별, 교육 등)을 공시해야 한다.

2021년 4월 EU 집행위원회는 기존의 NFRD를 강화한 CSRD를 제안하여 2024년 시행을 목표로 하고 있다. CSRD는 기존의 NFRD에 비해 기준이 대폭 강화되었다. 먼저 대상 범위를 250인 이하 기업으로 낮추었으며, 이에 따라 공시 대상 기업 수도 기존의 1만 2000개 수준

CSRD 공시 내용

주제	보고내용
환경	· 기후변화 · 환경오염 · 수자원 및 해양자원 · 생물다양성 및 생태 시스템 · 자원 이용 및 순환경제
사회	· 자사 임직원 노동 환경 · 공급망기업 임직원 노동 환경 · 지역사회 · 고객 및 사용자
지배 구조	· 지배구조, 리스크관리 및 내부 통제 · 사업 관행(반부패, 정책 인게이지먼트, 공시)

에서 약 4만 9000개 정도로 대폭 늘어날 것으로 예상된다. 비EU 기업의 EU 내 자회사도 공시 의무 대상에 포함되므로 한국기업 역시 직접적인 영향을 받을 것으로 보인다. CSRD는 공시항목에 지배구조 이슈가 추가되었으며, 유럽지속가능성보고표준ESRS, European Sustainability Reporting Standards이라는 별도의 보고표준을 만들어 초안이 2022년 4월에 공개되었다. ESRS 세트1이 2023년 7월 31일 확정됐고, 이에 따라 공시 의무 기업은 2024년 회계연도에 대한 정보를 2025년 1월부터 공시해야 한다. 10개 산업 섹터별 기준, 비 EU 기업과 중소기업을 위한 표준을 담을 ESRS 세트2는 2024년 6월까지 채택될 예정이다. EU는 또한 공시정보에 대한 검증 의무화 및 공시정보의 디지털화를 통해 정보의 신뢰성, 비교가능성 및 활용성을 높일 예정이다.

바이든의 드라이브: 미국 SEC의 기후공시지침

2022년 ISSB의 공개 초안이 발표되기 열흘 전인 3월 21일에 미국 SEC가 기후변화 정보공개 의무화 규제 초안을 발표했다. 초안에는 회사 이사회와 경영진이 기후 리스크 감독을 어떻게 하는지, 기후 관련 리스크에 대처하는 전략은 있는지, 비즈니스 모델과 전망은 어떠하며 리스크 식별과 관리 등의 프로세스는 무엇인지 등에 대해 기업이 공시하도록 하는 내용이 담겨 있다.

그동안 미국에서는 ESG 각 영역 전체에 대한 공시규제가 명확하지 않았다. 기후변화와 관련한 정보공개 체계로는 2010년 투자자들이 요구해서 만든 자율 가이드라인인 '기후변화 리스크 공시 가이던스'가 있었다. 일부 기업 외엔 공시에 대한 강제력이 없었는데, 바이든 행정부에서 기후변화와 관련한 전반적 체계가 강화되면서 SEC가 공시 의무화를 발표하기에 이르렀다.

이 초안은 사실상 TCFD와 비슷하다. 지배구조, 위험 관리, 전략 수립과 이행, 시나리오에 따른 기후변화 분석 정보, 온실가스 배출량 등에 대한 정보를 담고 있다. 특히 온실가스 배출과 관련해 스코프 1, 2, 3에 대한 보고의무가 명시돼 있는 점이 눈에 띈다. 적용 시점은 2023년 말 확정될 예정이다. 스코프 3과 관련해, 기업에서 중대한 온실가스 배출일 경우 혹은 기업이 스코프 3을 포함하는 배출량 감축목표가 있으면 이에 대한 정보를 보고해야 한다. 스코프 3 배출량은 배출량 산정의 어려움과 불확실성을 고려하여 1년의 유예기간을 뒀고 별도의 면책조항Safe harbor도 두고 있다. 면책조항으로 기업은 스코프 3 배출량 산정 방법과 산정에 사용한 가정을 명시하면 공시된 배출량의 오류로 인한 책임을 지지 않는다.

공시 위치는 상장기업이 재무정보를 공시하는 연차보고서*와 증권신고서로 지정했으며, '기후 관련 공개Climate-Related Disclosure' 부문을 별도로 분리하여 작성하도록 했다. EU의 기업 지속가능성 공시지침과 동일하게 정보의 디지털화된 수단을 통해 공시정보를 입력하도록 했으며, 재무보고 전용 디지털 언어인 'Inline XBRL'을 적용할 예정이다.

미국 SEC 기후공시지침 초안 공시항목

- 기업 이사회와 경영진의 기후 리스크 감독 및 거버넌스 체계

* 미국기업은 Form 10-K, 해외 기업은 Form 20-F.

- 식별된 기후 리스크가 사업 및 연결재무제표에 미치는 단기, 중기, 장기적 (예상) 영향
- 식별된 기후 리스크가 전략, 사업 모델, 전망에 미치는 (예상)영향
- 기후 리스크 식별, 평가 및 관리시스템 설명 및 전사적 리스크관리 시스템과의 통합 여부
- 기후 리스크관리 전략의 일환으로 전환계획을 채택한 경우 전환계획 설명(물리적 리스크 및 전환 리스크 관련 지표 및 목표 포함)
- 전략 수립 시 시나리오 분석 사용 여부 및 활용한 시나리오 이름, 지표, 가정, 분석 방법 및 예상되는 주요 재무적 영향
- 내부적인 탄소 가격 사용 시 가격 및 활용 방법
- 기후 관련 물리적 요소와 기업의 전환 활동이 기업의 재무제표상 개별 항목에 미치는 영향 및 전망
- 스코프 1, 스코프 2 온실가스 배출량
- (중대하거나 목표를 수립한 경우) 스코프 3 온실가스 배출량
- 감축목표를 설정한 경우 배출량, 중간목표, 목표 연도, 스코프, 달성률 등 공시. 상쇄 배출권 또는 재생에너지 인증서를 사용하는 경우 관련 정보 제공

IFRS의 ISSB와 두 개의 표준안: S1, S2

2021년 4월 기업 회계기준을 제정하는 IFRS 재단이 주도하여 국제적으로 인정되는 단일한 지속가능성 보고기준을 제정하기로 했다. 그리고 같은 해 11월 제26차 유엔기후변화협약 당사국 총회COP26에서 국제지속가능성기준위원회ISSB가 공식적으로 출범했다. 이후 그동안 지

속가능성회계기준위원회SASB, CDSB 등 자발적 ESG 공개를 주도해온 단체들과 통합과정을 거쳤으며, 2022년 3월 31일 ISSB는 두 가지 표준안, 즉 기후 관련 공시IFRS S2와 지속가능성 관련 재무정보공시에 대한 일반 요구사항IFRS S1을 발표해 전 세계 이해관계자들에게 의견을 듣는 과정을 시작했다. ISSB가 만든 두 개의 공개 초안은 발표되자마자 전 세계의 관심을 끌었다. ISSB는 초안에 대한 의견수렴 과정을 거친 뒤 2023년 6월 최종안을 발표했다. 해당 기업은 2025년부터 이 새 공시 언어로 자사의 지속가능성 정보를 공개하게 된다.

ISSB에 따르면 기업의 지속가능성 관련 위험과 기회는 기업과 이해관계자, 사회, 경제 및 기업의 가치사슬 전반에 걸친 자연환경 간의 상호작용에서 발생한다. 자원의 고갈과 보존 문제, 자연환경의 보존과 개발 같은 지속가능성 이슈가 기업의 현금 흐름이나 자본 원가에 어떤 위험과 기회를 야기하는지 파악해야 한다는 것이 S1General Requirements for Disclosure of Sustainability-related Financial Information의 핵심 개념이다.

S2는 기후와 관련한 중대 위험과 기회에 관한 정보의 공시를 요구하는 기후공시Climate-related Disclosures이다. 자원을 제공하는 것과 관련된 의사결정을 할 때 일반 목적 재무보고서의 이용자가 기후 관련 위험과 기회에 대한 정보를 알 수 있도록 공시해야 한다는 것이다. 즉 기업의 현금흐름, 금융 접근성, 자본 원가에 단기적, 중기적, 장기적 영향을 미칠 것으로 합리적으로 예상할 수 있는 기후 관련 위험과 기회에 대한 정보를 공시해야 한다.

S2가 다루는 영역은 기후변화가 야기하는 물리적 리스크, 저탄소 전환과 관련한 정부 규제나 소비자 선호 변화로 인한 전환 리스크로 나

뉜다. 또한 기후변화 대응을 위한 신상품 개발이나 신사업 진출과 같은 기회가 발생할 경우에도 이를 공시해야 한다. 핵심 내용은 △지배구조 △전략 △리스크 관리 △지표 및 목표로 구성돼 있다. 모두 기업에 영향을 미치는 기후 관련 위험과 기회를 어떻게 관리하고 대응하느냐를 보여주는 것이 핵심이다. 기업 부담을 줄이기 위해 과도한 원가나 노력 없이 보고할 수 있어야 한다는 전제를 달았다.

그중에서도 기후변화 대응의 실질적인 진전 상황 등을 알릴 수 있는 부분이 바로 지표 및 목표 항목이다. 기업은 여기서 보고기간에 배출한 온실가스 총량을 공시해야 한다. 기후변화 대응의 시작은 온실가스 배출량을 산정하고, 그 유형을 구분해서 파악하는 일이라고 할 수 있다. 배출량 산정은 '온실가스 프로토콜: 기업 배출량 산정 보고 표준(2004)'에 따른다. 관리 효율성과 책임성을 파악하기 위해 온실가스는 배출원별 특성에 따라 세 가지 유형으로 구분한다. 스코프 1은 기업이 소유하거나 통제하는 공급원에서 발생하는 직접적인 온실가스 배출이다. 스코프 2는 기업이 구매하거나 획득한 전기, 증기, 난방 또는 냉방으로 인해 생기는 간접적 온실가스 배출이다. 스코프 3는 기업이 직접 소유하고 있지 않지만, 기업의 가치사슬에서 발생하는 간접적 온실가스 배출량을 말한다. 해당 기업은 과도한 비용과 노력을 들이지 않고 공시 시점에 활용할 수 있는 모든 합리적인 지표를 사용해야 한다.

S2는 기업 활동이 자산 관리, 은행 및 보험 업무를 포함할 경우(스코프 3 세부 카테고리 15) 반드시 금융배출량도 공시해야 한다고 명시하고 있다. 금융배출량은 투자 기업의 총 온실가스 배출량에 기업의 총자

산 가치 대비 투자 및 대출금액의 비율을 곱해 계산한다. 금융배출량을 관리하려면 투자 대상 기업의 직접 데이터 확보가 필수적인데 이것이 여의치 않은 경우가 많다. 따라서 아직은 신뢰할 만한 스코프3 배출량 데이터가 많지 않다. 하지만 S2에서 이렇듯 자세히 규정하고 있는 것은 스코프3가 기업의 미래가치를 평가하는 데 반드시 필요한 요소가 되었기 때문이다. ISSB는 기업의 공시 부담을 덜어주기 위해 스코프3 배출량 공시 의무를 1년간 유예해 주기로 결정했다.

한국 정부는 2023년 말 국내 ESG 공시 의무화를 위한 로드맵을 발표할 예정인데, ISSB 기준이 어떻게 적용될 것인지가 주요 관심사다. 현재 한국지속가능성기준위원회KSSB가 설립돼 올해 말까지 KSSB 기준을 마련할 예정이다. 2025년부터 한국거래소 규정에 따라 거래소 시장공시가 2조 이상 코스피 상장사부터 의무화될 예정이지만 자본시장법에 따른 법정공시는 아직 체계가 갖춰져 있지 않다.

지속가능경영보고서 발간을 위한 실무 팁

이대로만 하세요: GRI 가이드라인

GRIGlobal Reporting Initiative는 국제 지속가능경영 표준 가이드라인을 제시한 비영리 국제기구다. 우리말로 하면 '국제보고계획'이 되겠지만, '이니셔티브'의 의미가 특정한 문제를 해결하거나 목적을 달성하기 위한 새로운 계획뿐 아니라 주도권, 발의 등 복합적 의미를 담고 있다는 점을 고려하면 '계획'보다 더 큰 의미를 담고 있음을 짐작할 수 있다. 더욱이 하나의 독립된 단체로 활동하고 있으므로 보통 번역된 이름을 쓰지 않고 'GRI'라고 통칭한다. 이 단체는 1997년 미국의 환경단체 세레스CERES, Coalition for Environmentally Responsible Economies와 유엔환경계획UNEP이 설립했으며 현재 전 세계 조직들이 GRI 가이드라인에 따라 지속가능경영보고서를 발간하고 있다.

GRI는 1989년 미국의 대형 유조선 엑손-발데즈호가 알래스카 프린스 윌리엄 사운드 해안에서 좌초해 엄청난 해양오염을 일으킨 사건을 계기로 결성됐다. 당시 '기업 책임'에 대한 논의가 활발해졌고, 이와 같은 사고가 재발하지 않으려면 기업이 이익만 추구할 게 아니라 지속가능성을 추구하며 환경과 사회에 대한 책임을 지도록 해야 한다는 관점에서 지속가능경영 보고의 중요성이 대두됐다. CERES와

UNEP는 전 세계가 지속가능목표를 달성하려면 기업이 GRI를 바탕으로 경제적, 사회적, 환경적으로 미치는 영향을 관리하고 이를 공개적으로 보고해야 가능하다고 주장했다.

GRI는 지속가능성 보고에 대해 세계에서 가장 널리 사용되는 표준인 GRI 가이드라인을 제공한다. 2022년 현재까지 쓰이고 있는 2016년 GRI 표준 가이드라인은 '공통 표준'과 '주제별 표준'으로 나뉜다. 공통표준은 GRI의 기본 내용을 담고 있는 GRI 101, 일반정보공시를 담은 GRI 102, 경영방침을 담은 GRI 103으로 구성된다. 주제별 표준은 경제 부문의 세부 지표를 다룬 GRI 200, 환경 부문의 GRI 300, 사회 부문의 GRI 400으로 나뉜다.

보고서의 품질을 정의하는 보고 원칙은 정확성Accuracy, 균형Balance, 명확성Clarity, 비교가능성Comparability, 신뢰성Reliability, 적시성Timeliness 등이다. 정확성은 보고된 정보가 정확하고 상세해서 이해관계자가 보고 조직의 성과를 평가할 수 있을 정도가 돼야 한다는 뜻이다. 균형은 보고된 정보가 긍정적인 측면과 부정적인 측면을 모두 반영해야 하고, 명확성은 이해관계자가 이해할 정도로 정보가 명확해야 한다는 것이다. 보고된 내용이 일관성이 있어야 비교할 수 있으며, 정보는 신뢰성이 담보되어야 하고, 정기적 일정에 따라 보고되어야 양질의 보고서라 할 수 있다.

GRI 표준은 지난 25년간 꾸준히 개정됐다. 가장 최근의 GRI 표준GRI Standards은 2021년에 개정됐는데, 이는 기존 GRI 가이드라인(2016년판)보다 글로벌 가이드라인과의 연계 및 호환을 강화하기 위한 것이다. 유엔 기업과 인권 이행 지침인 유엔글로벌콤팩트UNGC, OECD의 다국적 기업 가이드라인 및 책임 있는 기업행동 지침, 국제기업지배구조 네트워크ICGN, International Corporate Governance Network의 국제 지배구조 원칙 등과의 연계를 강조하고 있다. 무엇보다 GRI 표준의 사용 가능성을 증진하기 위해 구체적인 내용을 수정했다. 공통표준의 번호체계와 내용이 일부 개정됐고, 산업 표준Sector Standards이 새롭게 추가됐다. 영향Impact, 중대성 주제Material Topic, 실사Due diligence, 이해관계자Stakeholder가 핵심 개념으로 재정의되었고, 표준 전체에 걸쳐 인권 부문이 특히 강화됐다.

새롭게 포함된 '영향' 부문의 경우 조직이 경제, 환경, 사람들에게 장·단기에 걸쳐 미치는 영향 등으로 구성되며, '중대성' 요소 부문은 기술자원의 사용, 산업 보건 및 안전, 반부패와 같이 기업별 중요 이슈로 선정된 내용의 보고로 구성된다. '실사' 부문은 인권을 포함한 경제, 환경, 사람에게 미치는 실질·잠재적 영향을 식별하고 완화 및 설명하는 과정의 보고로 구성되고 '이해관계자' 부문은 사업 파트너, 시민사회, 정부, 지역사회, 공급업체 등의 이해관계자에 대한 보고로 구성된다. 2021년판 GRI 표준의 경우 2023년 1월 이후 발행하는 보고서부터 유효하다.

GRI 가이드라인은 전 세계에서 가장 널리 채택된 글로벌 지속가능성 보고표준이다. 2021년 기준 전 세계에서 1만 5402개 조직이 GRI 가이드라인에 따라 지속가능경영보고서를 발간했다. 한국표준협회에 따르면 국내에서는 2020년 기준 150여 개 ESG·지속가능경영보고서 가운데 88.2%가 GRI 표준에 따라 보고서를 작성한 것으로 나타났다. 다만 하나의 보고서에 하나의 프레임워크만 따르는 게 아니어서 근래 SASB(45%), TCFD(50%)를 동시에 따르는 보고서가 많이 등장하고 있다.

2022 삼성전자 자율공시 내용

<table>
<tr><td>1. 보고서 명칭</td><td colspan="3">삼성전자 지속가능경영보고서 2022</td></tr>
<tr><td>2. 검증기관</td><td>한영회계법인</td><td>영문</td><td>Ernst & Young HanYoung</td></tr>
<tr><td>3. 작성 기준</td><td colspan="3">GRI(Global Reporting Initiative) Standards - 핵심적 부합 방법(Core Option)</td></tr>
<tr><td>4. 제출처</td><td colspan="3">삼성전자 웹사이트(https://www.samsung.com/sec) 등</td></tr>
<tr><td>5. 주요 내용</td><td colspan="3">당사는 경제·사회·환경적 가치 창출의 통합적인 성과를 다양한 이해관계자에게 투명하게 소통하고자 2008년부터 매년 지속가능경영보고서를 발간하고 있음.
본 보고서는 2021년 1월 1일부터 12월 31일까지의 경제·사회·환경적 성과와 활동을 담고 있으며, 일부 정성 성과에 대해서는 2022년 5월까지의 정보를 포함하고 있음. 정량 성과는 연도별 추이 분석이 가능하도록 최근 3개년(2019~2021년) 수치를 제공하고 있음.
□ 보고내용
1. Our Company
- CEO 인사말 - 회사소개 - 글로벌 네트워크
- 지배구조 - 준법과 윤리경영
2. Approach to Sustainability
- 비즈니스 지속가능성
- 주요 제품 지속가능성 하이라이트
- 분야별 주요성과 - 대외 평가·수상
- 지속가능경영 추진체계 - 이해관계자 소통
- UNGC (UN Global Compact) 가입
- 지속가능경영 비즈니스 모델
3. Environment
- 환경경영 추진체계 - 기후행동
- 자원순환 극대화
4. Empowering Communities
- 사회공헌 - 중소기업·스타트업 지원
- 삼성미래기술육성사업
5. Digital Responsibility
- 개인정보보호 - 사이버보안 - AI 윤리 - 접근성
- 디지털 웰빙
6. Our Employees
- 노동 인권 - 다양성과 포용 - 안전·보건
- 인재 양성 - 조직문화
7. Sustainable Supply Chain
- 책임 있는 공급망 - 함께 성장하는 공급망
- 환경 친화적인 공급망
- 책임 광물 관리 투명성 확보
8. Sustainability Foundation
- 중요성 평가 - UN SDGs 연계 활동
- 지속가능경영 가치 창출
9. Facts & Figures
- 경제 성과 - 사회 성과 - 환경 성과
- 사업 부문별 성과
10. Appendix
- 제3자 검증 보고서 (독립된 검증인의 검증보고서)
- 온실가스 배출량 검증 의견서 - GRI 대조표
- TCFD 대조표 - SASB 대조표
- 고객 커뮤니케이션과 고객 만족도
- About This Report</td></tr>
<tr><td>6. 제출(확인) 일자</td><td colspan="3">2022-06-30</td></tr>
<tr><td rowspan="2">7. 기타 투자 판단과 관련한 중요사항</td><td colspan="3">–</td></tr>
<tr><td>관련 공시</td><td colspan="2">–</td></tr>
</table>

2022 카카오 자율공시 내용

1. 보고서 명칭	카카오의 ESG보고서 (2021 카카오의 약속과 책임)		
2. 검증기관	로이드인증원	영문	LRQA
3. 작성 기준	국제 지속가능성 보고기준인 GRI(Global Reporting Initiative) Standards의 핵심적 부합 방법(Core Option)과 미국 지속가능성 회계기준인 SASB의 Internet Media & Services 산업 표준에 따라 작성하였으며, 재무성과는 별도 언급이 없을 경우 한국채택 국제회계기준((K-IFRS) 연결기준으로 작성하였습니다.		
4. 제출처	카카오 기업 홈페이지 (www.kakaocorp.com)		
5. 주요 내용	1. 보고서 개요 -카카오는 더 나은 세상을 만들기 위한 회사의 약속과 책임 활동을 담은 ESG 보고서를 매년 발간합니다. 회사가 추진한 환경, 사회, 지배구조 측면의 성과를 본 보고서를 통해 투명하게 공개함으로써 이해관계자와 함께 소통하고자 합니다. 2. 보고 기간 -보고 기간은 2021년 1월 1일부터 2021년 12월 31일까지입니다. 2021년 이전 또는 2022년 상반기 정보가 일부 포함되었으며, 정량 성과의 경우 연도별 추이 분석이 가능하도록 최근 3개년(2019년~2021년) 수치를 제공하고 있습니다. 3. 주요 내용 Part. 1 Introduction - 존재 이유와 카카오스러움 - ESG 위원회 위원장 메시지 - CEO 메시지 - 2021-2022 Highlights - 카카오 소개 - 카카오의 비즈니스 Part. 2 Our Commitments for a Better World - 더 나은 세상을 위한 카카오의 약속과 책임 - 함께 하는 성장을 위한 기술 혁신 - 건강한 디지털 사회를 위한 디지털 포용성 Part. 3 Sustainable Management - 환경(Environmental) : 환경경영체계, 기후변화대응, 친환경 데이터센터, 환경영향 저감, 친환경 서비스 - 사회(Social) : 카카오 크루, 파트너, 이용자, 커뮤니티 - 거버넌스(Governance) : 기업지배구조, 리스크관리, 윤리경영 Part. 4 Appendix - 카카오 공동체 소개 - 이해관계자 소통 - 중대성 평가 - 성과 데이터 - Reporting Methodology - GRI Contents Index - SASB 대조표 - TCFD - UN SDGs - UN Global Compact - 카카오 ESG 정책 및 규정 - 협회 가입 현황 - 주요 수상 내역 - 온실가스 검증의견서 - 제3자 검증의견서		
6. 제출(확인) 일자	2022-05-16		
7. 기타 투자 판단과 관련한 중요사항	- 카카오 ESG 보고서 '2021 카카오의 약속과 책임'은 첨부된 파일을 참고해 주시기 바라며, 당사 홈페이지에도 게시되어 있습니다. (https://www.kakaocorp.com/page/detail/9400) -영문 ESG 보고서는 2022년 6월 27일 이후 당사의 영문 홈페이지에 게재될 예정입니다.		
	관련 공시	-	

2022년 삼성전자의 지속가능경영보고서는 GRI, SASB 표준과 TCFD, 유엔 지속가능발전목표UN SDGs, United Nations Sustainable Development Goals 프레임워크에 부합하는 방법으로 작성됐다. 카카오는 GRI, SASB 표준과 TCFD 프레임워크를 활용했다. 자세한 내용은 금융감독원 전자공시시스템DART이나 한국거래소 ESG 포털에서 확인할 수 있다.

컨설팅 업체는 어떻게 활용하나?

지속가능경영보고서 발간을 위한 실무적인 프로세스는 크게 '작성' '검증' '디자인 및 인쇄'의 3단계로 구분할 수 있다. 본격적으로 보고서 발간 작업을 시작하기 전에 전체 프로세스를 어떻게 진행할지 먼저 결정해야 한다.

'검증'과 '디자인'은 외부의 검증기관 및 전문업체와 계약을 맺는 것이 일반적이고 '작성'은 기업이 직접 하거나 외부 컨설팅의 도움을 받을 수 있다. 컨설팅 업체와의 계약 방식은 컨설팅 업체에 모든 작성, 검증, 디자인 등 보고서 발간 전 과정을 일임하는 턴키turn-key 계약 방식과, 컨설팅 업체와는 별도의 보고서 작성 계약만 체결하고 검증과 디자인은 기업에서 직접 업체를 선정하여 개별적으로 계약을 체결하는 방식이 있다.

턴키 계약 방식으로 진행할 경우 기업은 컨설팅 업체만 선정하면 되고, 그렇지 않을 경우에는 기업이 직접 검증기관과 디자인업체를 별도로 선정해야 한다. 기업이 업체를 선정하고 계약하는 방식은 수의계약방식과 경쟁입찰방식 두 가지로 구분할 수 있다. 수의계약은 경쟁 없이 기업이 직접 계약하고자 하는 업체를 지정하여 계약하는 방식이며, 경쟁입찰방식은 계약에 참여하고자 하는 업체를 공개적으로 모집하여 그 가운데 가장 적합한 업체와 계약하는 방식이다. 경쟁입찰방식을 채택할 때 기업은 제안요청서RFP, Request For Proposal를 작성하여 입찰에 참여해줄 것을 공지해야 한다. RFP에는 계약조건, 입찰 참여 조건 및 요구하고자 하는 업무 등을 세부적으로 기술한다. 수의계약으로 진행하고자 하면 수의계약이 가능한 금액의 한도가 기업 내규로 정해져 있는지를 사전에 확인하는 것이 좋다.

컨설팅 업체를 선정할 때는 비용뿐만 아니라 업체의 능력 및 경험 등 다양한 요소를 고려해야 한다. 그 가운데 간과해서는 안 되는 것이 바로 컨설턴트의 역량이다. 컨설팅 서비스는 결국 업체가 아니라 컨설턴트가 제공하기 때문이다. 업체를 선정하기에 앞서 기업 담당자는 필요한 것이 자신을 보조해줄 컨설턴트인지, 아니면 프로젝트 전체를 이끌어줄 컨설턴트인지를 먼저 판단해야 한다. 예를 들어 기업 담당자가 지속가능경영보고서 발간 경험이 많고 시간적 여유가 충분하다면 신입 컨설턴트로 충분할 수 있으나, 기업 담당자가 보고서 발간이 처음이라면 반드시 경험이 많은 컨설턴트와 함께하는 것이 좋다. 최근 기업의 ESG 관련 컨설팅 수요가 늘어나면서 컨설팅 업체를 구하는 것이 예전만큼 쉽지 않다. 간신히 컨설팅 업체와 계약을 맺었다 하더라도 신입 컨설턴트가 투입되어 당황하는 경우도 많다. 계약을 체결하기 전에 프로젝트를 담당할 컨설턴트의 경험을 미리 확인해두는 것이 좋다.

보고서를 잘 만들면 평가 점수가 오를까?

컨설팅을 요청한 기업이 컨설팅 업체에 자사의 ESG 평가점수 향상을 함께 요구하는 경우가 의외로 많다. 물론 보고서를 처음 발간하는 기업이라면 보고서 발간 자체가 ESG 평가등급 향상으로 연결될 가능성이 크다. ESG 평가기관은 주로 공개된 자료를 수집하여 평가에 반영하는데, 지속가능경영보고서를 발간하면 공개되는 ESG 정보의 양이 월등히 높아지기 때문이다. 즉 그동안 데이터가 없어 0점으로 처리되었던 항목들이 집계되므로 점수가 곧바로 향상된다.

하지만 기존에 보고서를 이미 발간하고 있던 기업의 경우에는 보고서를 잘 만든다고 반드시 ESG 점수가 올라가지는 않는다. 지속가능경영보고서는 기업이 ESG 성과를 공개하는 수단일 뿐이다. ESG 평가기관은 일반적으로 기업이 정보를 제대로 공개했는지와 ESG 성과를 평가하게 되는데, 컨설팅 업체가 정보공개를 도와줄 수는 있지만 기업의 ESG 성과 자체를 바꿀 수는 없다. ESG 평가기관이 평가를 수행하는 틀은 정해져 있으므로 기업이 보고서에 불리한 내용을 빼거나 유리한 내용을 추가하는 꼼수는 평가 결과에 반영될 가능성이 매우 낮다.

ESG에 대한 사회 전반의 관심이 높아지면서 기업의 '그린워싱'에 대한 우려도 함께 올라가고 있다. 평가를 목적으로 보고서에 의도적으로 왜곡 또는 과장된 내용을 담을 경우 오히려 그린워싱에 대한 비판이나 소송 등으로 어려움에 부닥칠 수 있으므로 주의할 필요가 있다.

지속가능경영보고서는 협업의 예술

지속가능경영보고서에는 아주 많은 내용이 포함된다. 데이터의 수집·정리, 본문 작성, 사진 확보 등 전 과정에서 여러 부서와의 협업이 절대적이다. 기업에 따라서는 이슈별로 담당 부서를 지정해 보고서 내용을 나눠서 작성하기도 한다. 기업의 보고서 담당자와 컨설턴트는 그 중심에서 전체과정을 기획하고 조율하는 역할을 맡는다. ESG에 대한 경영진의 관심이 높아지면서 관련 부서의 협력을 끌어내는 것이 예전만큼 어렵지는 않다. 하지만 여전히 보고서 담당자의 리더십과 사전 준비는 매우 중요하다. 어떤 보고서는 하나의 보고서 내에 알아보기 쉽게 작성된 파트와 기술적 용어로 가득 차 있어 내용을 이해하기 어려운 파트가 혼재되어 있거나, 부서의 역할에 따라 이슈를 바라보는 시각과 깊이 그리고 사용하는 용어에 차이가 있는 경우도 있다. 담당자는 보고서 내용이 분절되지 않고 전체적으로 일관성을 유지될 수 있도록 협력부서와 보고서의 전체 방향에 대한 충분한 공유가 필요하다.

지속가능경영보고서 작성의 4가지 원칙

기업들은 대부분 지속가능경영보고서를 작성할 때 GRI 표준을 활용한다. GRI는 보고서의 내용을 결정하기 위한 원칙으로 4가지를 제시하고 있다. △이해관계자 포괄성Stakeholder Inclusiveness △지속가능성 맥락Sustainability Context △중대성Materiality △완전성Completeness이 그것이다.

ESG는 매우 많은 이슈를 다룬다. 모든 내용을 보고서에 담기는 현실적으로 불가능하며, 필요하지도 않다. GRI는 보고서에 포함될 내용을 선별하기 위해서 '다양한 이해관계자의 의견을 듣고, 그들이 중요하다고 판단하는 내용을 지속가능성 맥락에 맞게 빠뜨림 없이 포함해야 한다'고 정했다.

하지만 실제 보고서 작성 과정에서는 이러한 원칙이 무시되기 일쑤다. GRI의 무수히 많은 지표 가운데 기업이 정보를 취합할 수 있는 것 위주로 내용을 미리 구성하고, 이해관계자의 의견수렴 과정이나 중대성 평가는 요식행위로 처리되는 경우가 적지 않다. 이해관계자의 구성도 설문이 쉬운 내부 이해관계자의 비중이 압도적인 경우가 많고, 중대성 평가 결과도 사후에 가중치를 조정하여 미리 구성된 내용에 꿰맞추는 경우가 비일비재하다. 심지어 중대성 평가에서는 매우 중요한 이슈로 버젓이 표기해놓고는 자료가 없다는 이유로 보고서에서 다루지 않는 경우도 있다.

이해관계자와의 소통을 통해 변화된 환경을 먼저 파악하고 대응하는 것은 ESG 경영의 핵심이다. 지속가능경영보고서 작성 단계에서도 이해관계자 의견수렴과 중대성 평가는 가장 중요한 영역이다. 현실적으로 GRI의 원칙에 따라 이해관계자를 구성하고 중대성 평가를 진행해서 그 결과에 따라 보고서를 구성하는 것은 매우 어려운 일이다. 하지만 어렵다고 무시하고 넘어간다면 ESG 경영 또는 보고서 발간의 목적 자체가 무의미해진다. ESG 평가 대응이 시급하여 어쩔 수 없었다면 보고서 마지막에 수치 자료만 별도로 정리해서 공개하면 될 일이다. 중장기적인 시각을 가지고 체계를 정비해나가야 한다.

ESG 공시 프레임워크 비교하기: TCFD, SASB, CDP

최근 들어 다양한 ESG 공시 프레임워크가 도입되면서 지속가능경영 보고서 마지막에 각 프레임워크에서 요구하는 지표별 보고 여부를 표기하는 기업이 늘고 있다. 좋은 현상이지만 많은 프레임워크를 보고서에 수록하고, 많은 지표에 동그라미를 칠수록 좋은 보고서라는 생각은 경계해야 한다. 몇 가지 공시 프레임워크의 의미만 간단히 살펴보자.

- TCFD

기후변화 관련 재무정보 공개 협의체TCFD는 의무재무보고서, 즉 사업보고서를 통한 기후변화정보의 공시를 지향한다. 금융기관이 기후변화로 인한 기업의 미래가치변화를 판단할 수 있도록 함을 목적으로 하므로 기후변화 관련 지배구조, 전략, 리스크관리 및 지표 등에 대한 포괄적이고 상세한 정보의 공개를 요구한다. 따라서 사업보고서를 통한 자율공시를 먼저 고려해야 한다. 사업보고서 공시가 어려운 때에만 지속가능경영보고서를 통한 공개를 대안으로 사용할 수 있다.

- SASB

지속가능성회계기준위원회SASB는 미국의 사업보고서인 Form 10-K를 통해 ESG 정보를 공시하는 것을 목적으로 만들어졌다. TCFD와 마찬가지로 미국에 상장된 국내기업의 경우 Form 20-F를 통한 자율공시를, 한국에 상장된 기업은 사업보고서를 통한 자율공시를 먼저 고려해야 한다.

- CDP

CDP는 별도의 공개플랫폼을 가진 자발적 공개 이니셔티브다. CDP를 통해 공개한 자료는 이미 여러 경로를 통해 금융기관 및 ESG 평가기관에 제공되고 있다. 지속가능경영보고서에 별도의 페이지를 할애하여 공시 여부를 표기하는 것은 불필요하다.

보고서 검증은 요식행위가 아니다

지속가능경영보고서 검증은 의무가 아니어서 기업이 자율적으로 판단하여 검증 여부를 결정할 수 있다. 그렇지만 공개된 정보의 신뢰성을 높이고자 보고서를 발간하는 기업 대부분은 제3자 검증을 받고 있다. 여기서 제3자란 보고기업과 이해관계가 없는 독립된 주체를 의미한다.

검증기관은 보고서를 검증하기 위해 검증기준을 선택하는데, 어떠한 검증기준을 적용해야 한다는 규정은 없다. 지속가능정보를 포함한 비재무정보의 검증에 가장 많이 사용되는 검증기준은 영국 어카운터빌리티AccountAbility사의 'AA1000AS'와 국제회계사연맹IFAC, International Federation of Accountants에서 개발한 'ISAE3000'이다. 검증 수준은 검증 시 확인하는 정보의 유형에 따라 Type 1과 Type 2로 구분된다. Type 1은 보고기업의 보고서 작성 절차가 검증기준에 부합하는지만을 확인하고, Type 2는 작성 절차뿐만 아니라 보고서에 수록된 정보 자체의 신뢰성도 함께 확인한다. 그리고 검증기관이 신뢰성을 보증하는 수준에 따라 'AA1000'은 '높은High'과 '보통Moderate'으로, 'ISAE3000'은 '합리적Reasonable'과 '제한적Limited'으로 구분한다. '보통Moderate'과 '제한적Limited'은 보고서에 작성된 주장 자체의 적합성을 확인하며, '높은 High'과 '합리적Reasonable'은 주장에 반대되는 증거가 있는지까지를 추가로 확인한 후 적합성을 판단한다. 따라서 전자보다 후자가 검증과정에서 더 많은 자료를 수집하고 확인하게 된다. 검증 수준은 기업이 자율적으로 결정할 수 있으며 Type 2가 Type 1에 비해, 그리고 '합리적Reasonable'이 '제한적Limited'보다 더 높은 신뢰성을 보증하지만 검증에 더 많은 시간과 비용이 발생한다.

검증은 서류검증과 현장검증의 2단계로 진행되며, 현장검증 과정에서는 외부 유출이 불가능한 문서의 검토나 관련 부서 담당자 인터뷰 등이 진행된다. 검증 심사원은 검증과정에서 발견한 오류에 대한 수정이나 보완을 요구할 수 있으며, 수정 및 보완이 완료되었다는 것을 확인한 후에 검증의견서를 제공하게 된다. 검증기관의 수정 및 보완 요구에 대한 가능성과 그에 필요한 시간을 고려하지 않고 보고서 발간 막바지 또는 디자인을 이미 마친 상태에서 검증 일정을 잡는 기업도 많다.

국내기업의 보고서는 이해관계자 의견수렴 및 중대성 평가를 제대로 진행하지 않아 엄격하게 보면 검증기준에서 요구사항을 충족하지 못하는 경우가 허다하다. 이때 큰 폭의 보고서 수정이 필요해져 보고서 담당자가 난감한 상황에 부닥치게 된다. 최근 지속가능경영보고서 검증이 요식행위에 그치고 있다는 비판과 ESG 정보의 신뢰성 강화가 필요하다는 목소리가 높아지고 있어 검증기관의 검증기준 적용은 더 엄격해질 것으로 예상된다. 보고서 담당자는 이러한 변화를 충분히 인지하고 검증 절차를 준비해야 한다.

9장

기업 ESG 평가에 대처하는 슬기로운 자세

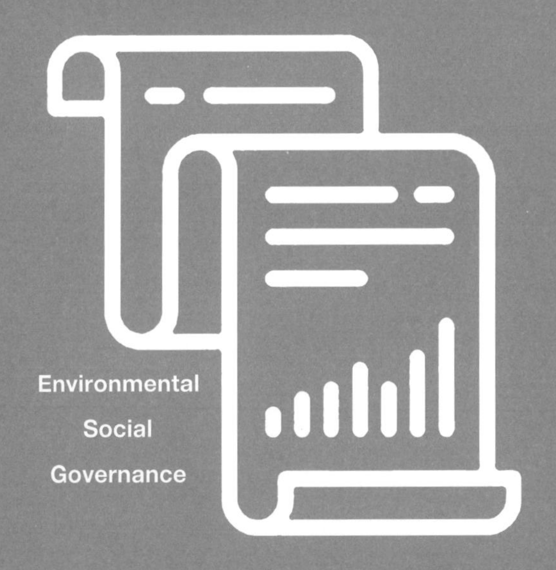

Contents

1

ESG 평가는 상품이다

시험은 누구에게나 부담스럽고, 긴장된다. 최근 ESG 평가로 인해 한동안 잊고 살았던 시험 스트레스를 다시 겪는 ESG 담당자들이 늘고 있는 것 같다. 시험이라는 게 아무리 열심히 준비해도 기대 이하의 성적을 받아 들고 낙담하는 경우가 다반사인 것처럼, 열심히 준비한 ESG 평가에서 낮은 등급을 받아 낙담하는 이도 많을 것이다. 언제나 높은 점수나 등급을 받고 싶은 것이 사람 마음이겠지만, 무수히 늘어나고 있는 ESG 평가 앞에서 어떻게 해야 할지 방향을 잡기란 쉽지 않다. 그런데 한번 되짚어보자. ESG 평가는 시험일까? ESG 평가 대응 전략을 수립하기에 앞서, ESG 평가가 무엇인지를 정확히 이해하고 기업 입장에서 어떤 자세를 취해야 할지 점검할 필요가 있다.

ESG 평가는 시장에서 거래되는 상품이다. 수능시험과 같이 공신력을 가진 기관에서 주관하는 시험과는 거리가 멀다. 투자자들은 ESG 투자를 하기 위해 직접 기업의 ESG를 분석하기도 하고, ESG 정보제공사나 ESG 평가사로부터 기업 ESG 정보 및 평가 결과를 구매하여 사용하기도 한다. ESG 평가사는 평가 결과를 자산운용사와 같이 ESG 펀드를 운용하는 금융기관에 판매하기 위해 평가를 진행한다. ESG 평가는 대부분 기업이 자율 또는 의무에 의해서 공시한 정보를 바탕으로 이루어진다. 모건스탠리캐피털인터내셔널MSCI, 한국ESG기준원

KCGS 등 여러 평가사들은 공시된 자료를 수집한 후 자체적으로 개발한 평가 기준을 이용해 평가를 진행한다. 그리고 ESG 평가사는 시장에서 금융기관의 더 많은 선택을 받기 위해 평가 기준을 차별화하고 꾸준히 변경한다. ESG 평가사의 평가 결과가 제각각일 수밖에 없는 이유다.

ESG 공시와 평가를 혼동하면 벌이지는 일

우리는 왜 자꾸 ESG 평가가 공적 성격을 가졌다고 느끼는 것일까? ESG 평가의 의미가 무엇인지에 대한 정확한 설명 없이, 언론이 시험 결과 보도하듯 평가순위를 발표하는 것이 한 가지 이유일 것이다. 그리고 다른 하나는 공시와 평가의 혼동이다. 기업 입장에서는 평가받는 것이 가장 큰 당면 과제이다 보니 평가를 중심에 놓고 공시마저 평가의 연장선에 두게 된다. 그러나 공시와 평가는 완전히 다른 것이다. 기업공시제도는 투자자 보호라는 공적 목적을 위해 만들어진 것으로 정부나 공적 기관이 제도 운영을 담당한다. 최근 진행되고 있는 ESG 정보공시 의무화도 마찬가지다. 세계 각국의 정부는 ESG가 사회 문제 해결과 투자자의 리스크관리에 기여한다고 보고 있으며, ESG 정보 부족이 ESG 활성화에 걸림돌이 되고 있다고 판단하고 있다. 이에 ESG 활성화를 위한 최소한의 인프라를 지원하기 위해 ESG 정보공시 의무화를 추진하고 있다. ESG 정보공시가 기업이 의무적으로 따라야 하는 공적 영역의 제도라면, ESG 평가는 민간시장에서 이루어지는 사적 상품에 불과하다.

투자자 보호 외에 정부가 ESG 정보공시를 추진하는 또 다른 이유가 있다. 정부가 ESG 정보공시라는 공적 인프라를 강화하면 ESG 평가라는 사적 상품의 전체적인 질도 자연스럽게 올라갈 가능성이 크다. ESG 평가기관에서 가장 많은 자원을 투입하는 것은 ESG 정보 수집이다. 정보공시의 강화로 ESG 정보 수집이 쉬워지면 평가사들은 더 많은 자원을 평가 기준 개발과 기업 평가 자체에 사용할 수 있기 때문이다.

ESG 평가를 활용할 포인트

기업이 고민해야 할 부분은 ESG 평가를 어떻게 전략적으로 활용할 것인지에 있다. ESG 평가가 만들어지는 과정을 이해한다면 ESG 평가는 기업 ESG 전략 수립에 훌륭한 가이드가 될 수 있다. 특히 기업에 질문서나 피드백을 요청하는 ESG 평가는 더욱 활용도가 높다. 기업이 ESG 평가를 활용할 포인트는 다음과 같다.

• ESG 이슈 분석

잘 만들어진 ESG 평가는 지속해서 최신 이슈를 파악하고 질문서, 피드백 또는 평가모델에 반영하도록 설계되어 있다. 기업은 ESG 평가 대응을 통해 ESG 관련 최신 이슈와 새롭게 주목받는 이니셔티브 등을 파악할 수 있다.

• ESG 거버넌스 및 전략 체계

투자자는 기업의 미래가치를 판단하기 위해 ESG 정보를 사용한다. 이에 ESG 평가도 환경, 사회, 지배구조와 이슈에 대한 기업의 과거 성과뿐만 아니라 기업이 앞으로 제대로 대응할 준비가 되어 있는지를 함께 살핀다. 이때 판단기준으로 활용하는 것이 기업의 거버넌스, 즉 내부 의사결정 구조, 목표, 리스크관리 프로세스 및 전략 등이다. 기업의 내부 ESG 체계를 구축할 때 어느 요소를 어떤 수준으로 갖춰야 하는지 가이드로 활용할 수 있다.

● 지표별 가중치

ESG 평가사는 기업의 ESG 평가 수준을 분석하기 위해 지표별로 가중치를 둔다. 영역별 또는 문항별로 점수를 차등 부여하는 것이다. 평가사들은 가중치를 정하기 전에 평가의 주요 이해관계자들로부터 의견을 수렴하는 절차를 거친다. 즉 지표별 가중치는 외부 이해관계자들이 어떤 영역을 더 중요하게 보고 있는지를 확인할 수 있는 수단으로, 기업이 세부 ESG 전략의 우선순위를 정할 때 참고할 수 있다.

● 선택지별 세부 배점

ESG 평가사 가운데 개별 문항에서의 선택지별 세부 배점을 공개하는 경우가 있다. 기업은 이 세부 배점을 이용해서 해당 ESG 영역의 이행 로드맵을 도출하는 데 활용할 수 있다. 예를 들어 공급망 인게이지먼트 관련 항목에서 공급망기업에 ESG 정보공개 요청을 하고 있다면 1점, ESG 성과에 인센티브를 제공하면 추가 1점, 그리고 계약에 ESG 요소를 반영하고 있는 경우 또다시 1점을 부여한다면, 기업은 이를 활용하여 ①ESG 정보공개 요청 ②인센티브 제도 도입 ③계약에 ESG 요소 반영의 순으로 공급망 ESG 정책 로드맵을 수립할 수 있다.

2

왜 우리 회사의 ESG 평가 결과는 항상 기대 이하일까?

ESG 평가 프로세스를 이해하라

ESG에 대한 사회적 관심이 급격히 늘어나면서 ESG 평가에 대한 기업 담당자의 고민도 그만큼 커졌다. 다우존스 지속가능경영지수DJSI, Dow Jones Sustainability Indexes, MSCI, CDP 등과 같은 ESG 평가 시스템들이 기업의 전반적인 ESG 수준을 보여주는 잣대로 인식되고 있으므로 담당자들은 그만큼 잘 대응해야 하고 좋은 성적을 얻어야 한다고 생각한다.

기업의 ESG 담당자는 ESG 평가에서 좋은 결과를 얻기 위해 다음과 같은 순서로 준비한다. 먼저 우리 회사의 환경, 사회, 지배구조와 관련된 부족한 부분을 파악한다. 다음으로 우수기업의 사례를 분석한다. 마지막으로 개선 방법을 도출하고 이를 이행한다. 이는 모두 기본적으로 생각하고 있어야 할 과정이다. 그런데 이렇게 하여 우리 회사의 문제점을 개선하면 ESG 평가에서 좋은 결과를 얻을 수 있을까? 답은 '그럴 수도 있고, 아닐 수도 있다'이다. 이 점이 기업 담당자를 가장 혼란스럽게 만드는 부분이다.

ESG 평가를 담당하는 기업의 실무자들은 마음속으로 '경쟁회사는 우리 회사보다 진정성도 부족하고 활동도 적은데 항상 우리보다 좋은 결과를 받는다'라는 자조 섞인 한탄을 해봤으리라. 실제로 아무리 노력해도 올라가지 않는 점수에 답답함을 느끼며 '역시 컨설팅사의 도움을 받지 않고는 좋은 평가를 받는 건 불가능해'라는 결론에 이르는 경우가 많다.

왜 유독 우리 회사 ESG 점수만 올라가지 않는 것일까? 한번 ESG 평가를 공부라고 생각해보자. 공부를 잘하면 좋은 점수를 얻을 가능성이 커진다. 하지만 공부를 잘하는 학생이 반드시 좋은 점수를 얻는 것은 아니다. 공부를 잘하는 것은 좋은 성적을 얻기 위한 필요조건일 뿐 충분조건은 아니다. 마찬가지로 우리 회사가 ESG를 잘할 수 있는 우수한 조직과 시스템을 갖추고 진정성 있게 활동하는 것은 ESG 평가에서 좋은 결과를 얻을 수 있는 필요조건일 뿐 충분조건은 아니다. 평가는 평가에 맞게 준비해야 한다. ESG 평가를 준비하는 출발점은 ESG 평가 프로세스 자체를 이해하는 것이다.

ESG 평가는 크게 두 단계로 구성된다. 첫 번째는 기업을 평가하기 위한 정보를 수집하는 단계이고, 두 번째는 수집된 정보를 바탕으로 기업을 평가하는 단계이다.

우리 회사가 진정성을 가지고 ESG를 추진하고 있는데도 제대로 평가받지 못하고 있다고 생각한다면 첫 번째 단계, 즉 정보수집 단계에 적절히 대응하고 있는지를 점검해야 한다. 기업의 ESG 활동이 평가자에게 제대로 전달되지 않는다면 좋은 평가를 받기란 불가능하기 때문이다. ESG 평가기관의 궁극적 목적은 기업의 실제 ESG 수준을 평가하는 것이지만, 평가라는 시스템의 특성상 응시자가 최종적으로 입력한 답변을 기준으로 평가하게 된다. 시험지에는 정답을 표시했으나 답안지에 입력을 빠뜨리거나 다른 답변을 입력하면 점수를 얻을 수 없다. ESG 평가도 마찬가지다. 기업 또는 기업 담당자의 정보공개 능력이 평가 결과에 중대한 영향을 미칠 수밖에 없다.

ESG 평가는 기업의 ESG 정보를 수집하는 방법에 따라 두 가지 유형으로 분류할 수 있다. 설문지 유형과 평가기관 직접 수집 유형이다. 설문지 유형은 평가기관이 기업에 설문지에 대한 응답을 요청하고 기업이 제출한 정보를 바탕으로 평가를 진행하는 방법이다. DJSI와 CDP가 대표적이다. 평가사 직접 수집 유형은 ESG 평가기관에 소속된 연구원이 평가에 필요한 정보를 직접 수집하고 수집된 정보를 바탕으로 평가를 진행하는 방법이다. MSCI ESG 평가와 KCGS ESG 평가가 이에 해당한다. 이제 각 유형의 세부 특성을 알아보고, 이에 맞는 대응 전략을 찾아보자.

유형 1: 설문지(DJSI, CDP)

설문지 유형은 실제로 우리가 흔히 생각하는 시험과 매우 유사하다. 평가기관은 대상 기업에 특정 시점까지 온라인시스템을 통해 설문지에 대한 답변을 제공할 것을 요청한다. 질문은 '예 또는 아니요'와 같은 간단한 객관식 문항부터, 기업의 ESG 대응을 위한 거버넌스와 전략을 설명하는 주관식 문항까지 다양하게 구성된다. 설문지 유형의 평가는 대상 기업에 세부적이고 구체적인 정보를 입력하도록 요구한다. 이에 기업이 질문을 정확히 파악하여 제대로 된 정보를 제공할 수 있도록 세부 가이드를 별도로 제공하고 있다.

설문지 유형의 ESG 평가에서 기업의 실질적 ESG 경영 수준 못지 않게 평가 결과에 큰 영향을 미치는 것은 평가대상이 되는 정보를 정확하게 제공했느냐 하는 것이다. 기업이 정보를 제공하면 평가기관은 자체적으로 개발한 평가 기준, 즉 문항별 채점 기준을 사용하여 평가를 진행한다. ESG 평가는 생각보다 단순하다. 먼저 각 문항에서 요구하는 정보가 정확히 입력되었는지를 확인한다. 정보가 입력되지 않았거나 부적절한 내용이 입력되면 당연히 해당 문항에서 점수를 얻지 못한다. 정보가 제대로 입력되었다면 기업의 ESG 수준이 평가 기준에 부합하는지를 확인하고, 그 수준에 따라 차등 점수를 부여한다. 평가에는 온실가스 배출량과 같은 정량 데이터, ESG 위험 대응 전략과 같은 정성 데이터가 모두 활용된다.

- **정량 데이터**

기업 담당자들은 일반적으로 수치 정보를 매우 중요하게 생각한다. 따라서 잘못된 정량 데이터를 제공하는 일은 흔치 않다. 반면 정량 데이터 입력을 빠뜨리는 경우는 의외로 빈번하다. 여기에는 두 가지 이유가 있다. 하나는 담당자의 실수다. DJSI나 CDP 모두 100개 이상의 문항으로 구성된다. 문항 수가 많으므로 데이터를 입력하는 과정에서 입력을 누락하고, 이를 발견하지 못한 채 제출하는 경우가 충분히 발생할 수 있다. 또 다른 하나는 '없다'라는 용어에 대한 해석이다. 예를 들어 산업재해 발생 건수를 묻는 문항이 있고, 우리 회사의 산업재해 발생이 없었다는 것을 확인했다고 가정해보자. 그 문항에 어떻게 응답해야 할까? '0'을 입력했다면 최고점을, 답변을 비워뒀다면 최하점을 받게 된다. '0'은 산업재해가 발생하지 않았다는 정보를 의미하지만, 비워둔다는 것은 정보 제공을 거부했다는 것으로 간주된다.

• 정성 데이터

기업 담당자들이 가장 어렵게 생각하는 부분이 정성적 데이터를 요구하는 문항, 특히 구체적인 설명을 입력해야 하는 문항이다. 문항 가이드의 설명을 충분히 숙지하지 않고 자의적으로 해석하거나, 잘못된 벤치마킹의 결과로 문항에서 요구하는 정보와는 동떨어진 내용을 입력하는 경우가 많다. 정성적 데이터를 요구하는 문항은 ESG 관련 내부 보고체계나 리스크관리 시스템 등 대개 숫자로는 확인하기 어려운 ESG 대응 수준을 평가하기 위해 존재한다. 이러한 문항은 가이드를 통해 기업이 어떠한 세부 정보를 입력해야 하는지를 구체적으로 설명해 준다. 내부 보고체계를 예로 들면 'ESG 관련 이슈의 최종책임자는 누구인가?' '누가 최종 의사결정권자에 이를 보고하는가?' '얼마나 자주 보고하는가?' '보고 시 어떤 ESG 이슈를 포함하는가?' 등에 대한 설명을 요구하는 식이다. 하지만 실제 기업의 응답을 살펴보면 요구하는 기준에 따라 명료하게 답변을 작성하기보다는 우리 회사가 상대적으로 우수하다고 판단하는 영역에 관한 정보만 집중적으로 입력한다. 반대로 우리 회사가 상대적으로 부족하다고 판단하는 영역은 여러 불필요한 미사여구를 사용하여 최대한 모호하게 표현하려고 한다.

ESG 평가의 최종 사용자는 투자자라는 점을 명심할 필요가 있다. 불명확하고 장황하기만 한 설명은 오히려 투자자의 판단을 저해한다. 당연히 좋은 평가를 받기 어렵다. 좋은 평가를 받으려면 기업이 알리고 싶은 정보가 아니라, 투자자가 듣고 싶은 정보를 그들이 원하는 방식으로 제공해야 한다.

유형 2: 평가기관 직접 수집(MSCI, KCGS)

대부분의 ESG 평가가 이 유형에 속한다. 평가기관은 기업이 사업보고서, 지속가능경영보고서, 거래소 공시자료, 언론 기사, 홈페이지 등을 통해 외부에 공개한 ESG 정보를 직접 수집한다. 아직 사람이 직접 자료를 확인하고 수집하는 경우가 많기는 하지만, 최근 들어 자료 수집 및 분석에 AI를 활용하는 평가기관도 늘고 있다. 그리고 평가기관에 따라 피드백 절차, 즉 평가기관이 수집한 데이터를 재확인하거나 기업이 추가로 관련 정보를 제공할 기회를 부여하는 절차를 두기도 한다.

이 유형은 기본적으로 ESG 관련 정보공시에 적극적인 기업일수록 좋은 평가를 받을 가능성이 크다. 평가기관이 우리 회사의 ESG 정보를 찾지 못한다면 좋은 평가를 받기는 애초에 불가능하기 때문이다. 우리 회사의 ESG 성과를 제대로 평가받기 위해서는 다음 몇 가지 사항에 유의할 필요가 있다.

- **신뢰성, 접근성, 활용성이 높은 채널을 통해 정보를 공개하라**

이 조건을 가장 잘 만족하는 정보공개 채널은 사업보고서 또는 재무보고서다. 대부분의 국가에서는 투자자 보호를 목적으로 일정 조건 이상의 기업에 의무적으로 재무제표와 사업 관련 정보를 공시하도록 하고 있다. 투자자와 평가기관이 기업 관련 정보를 확인하고자 할 때 가장 먼저 접근하는 채널이다. 동일한 공시 서식을 적용하고 부정확한 정보에 관한 처벌조항이 있어 정보의 활용성 및 신뢰성이 높다.

● 디지털화된 정보를 제공하라

기업들이 ESG 경영을 도입할 때 우선 검토하는 것 가운데 하나가 지속가능경영보고서 발간이다. 그런데 종이책이나 PDF 파일로 발간하는 지속가능경영보고서는 평가기관이 ESG 정보를 수집하기에 편리한 채널은 아니다. 모든 정보를 사람이 눈으로 확인하고 재입력해야 하기 때문이다. 화려한 미사여구 사이에서 필요한 정보를 발췌하기도 쉬운 일은 아니다. 실제 평가기관은 ESG 정보를 수집할 때 보고서 본문보다는 마지막에 부록처럼 제공하는 지표별 데이터를 중시한다.

지속가능경영보고서를 발간하는 기업은 재무보고용 국제표준 전산언어인 XBRL 활용을 검토해 볼 수 있다. XBRL은 정보입력 단계부터 정보유형별로 구분된 인식 기호에 따라 정보를 입력하는 보고방식이다. 정보이용자는 간편하게 여러 기업의 정보를 수집, 비교할 수 있다. 지속가능경영보고서 작성 표준을 제공하는 GRI도 XBRL 택소노미를 개발하여 제공하고 있다. GRI의 XBRL 택소노미를 활용하여 입력된 ESG 정보는 우리가 포털이나 쇼핑몰에서 조건 검색을 활용하듯이 정보를 발췌하거나 비교할 수 있게 된다. 하지만 지속가능경영보고서를 발간하지 않거나 당장에 이러한 작업을 하는 것이 부담스럽다면 투자자들이 필요로 하는 ESG 정보를 엑셀 형태로 가공하여 기업 홈페이지를 통해 제공하는 것도 대안이 될 수 있다. 이때 필요한 ESG 데이터의 유형은 유엔의 지속가능한 주식거래 이니셔티브SSEI에서 개발한 ESG 보고 가이드라인을 참조할 수 있다.

● 영문화된 정보를 제공하라

일부 해외 ESG 평가기관은 국내에 ESG 리서치 센터 또는 연구원을 두거나, 국내 평가기관과 제휴를 맺어 국내기업의 ESG 정보를 수집하기도 한다. 하지만 다수의 해외 ESG 평가기관은 국내기업의 ESG 정보 수집에 여전히 어려움을 겪고 있다. 이들이 직면한 가장 큰 장애요인은 바로 언어 문제다. 핵심적인 ESG 정보를 영문으로 제공하면 이들의 어려움을 도와줄 수 있을 뿐만 아니라 기업 입장에서도 대부분의 해외 ESG 평가에서 더 좋은 평가 결과를 얻을 확률이 높다.

● 정보의 비교가능성을 항상 생각하라

ESG 평가는 착한 기업을 걸러내는 작업이 아니다. 기업가치가 올라갈 기업, 즉 앞으로 경쟁에서 승리할 기업을 찾는 작업이다. 누가 승리할 것인가 하는 것은 상대적 개념이다. 내가 시험에서 99점을 맞더라도 상대가 100점을 맞으면 1등이 될 수 없다. 반대로 내가 50점을 맞아도 상대가 49점이면 내가 이긴다. ESG 평가 정보를 활용하는 금융기관은 항상 기업들을 비교한다. 섹터 내의 경쟁사와 비교하고, 과거의 우리 회사와 지금의 우리 회사를 비교한다. 따라서 정보를 공개할 때는 비교가능성을 염두에 두어야 한다. 한 해의 수치가 아니라 과거부터의 변화를 보여줘야 하며, 목표가 있다면 목표 대비 진척도를 보여주는 것이 유리하다. 그리고 가능하다면 섹터 내에서 또는 국가 내에서 우리 기업의 수준을 함께 보여주는 것이 좋다.

3

ESG 평가는 왜 이렇게 많을까?

ESG 평가 홍수다. 2018년 기준으로 국내외에 600개가 넘는 ESG 평가가 있으며 그 수는 계속 늘어나고 있다. 늘어나는 ESG 평가 수와 함께 평가별로 상이한 결과에 대한 우려도 지속되고 있다. 어떤 평가에 어떻게 대응해야 할지 갈피를 잡을 수 없다는 기업 담당자의 불만도 곳곳에서 터져 나온다. ESG 평가의 일관성과 신뢰성 부족을 지적하는 전문가의 목소리도 이어지고 있다. 왜 이렇게 많은 ESG 평가가 생겨났는지, 평가 결과는 왜 이렇게 다른지 원인을 알아보고 해결책을 찾아보자.

돈 되는 사업에는 선수가 모여든다

자본주의 사회다. ESG 평가기관도 기업 ESG 평가를 위해 적지 않은 자원을 투입한다. 손해만 보는 일을 지속할 리는 없다. ESG 평가가 늘어나는 이유는 평가기관이 ESG 평가를 통해 앞으로 더 많은 수익을 창출할 수 있다고 판단하기 때문이다. 언론사나 NGO에서 진행하는 일부 평가를 제외하면 대부분의 ESG 평가는 투자기관에 판매하기 위해 만들어진다. 연기금, 자산운용사와 같은 금융투자기관이 이들의 주요 고객이다. 그런데 이 고객의 수와 규모가 최근 급격히 늘어나고 있다. 수요공급의 법칙에 따라 수요가 늘었으니 자연스럽게 공급도 늘어나는 것이다.

사회책임투자 또는 ESG 투자는 투자기관의 투자 의사결정 과정에서 투자 대상 기업의 재무정보와 함께 비재무정보, 즉 ESG를 함께 고려하는 투자를 말한다. 투자기관 대다수는 아직 내부적으로 기업의 ESG 정보를 직접 수집하거나 가공하는 능력을 갖추지 못하고 있어 외부에서 ESG 평가 결과나 ESG 정보를 구매한다. 금융기관은 ESG 평가기관에서 구매한 ESG 등급이나 정보를 바탕으로 ESG 투자가 가능한 기업을 모은 바스켓을 만든다. 그리고 이 바스켓에 들어 있는 기업의 시가총액 비율에 맞춰 기계적으로 투자하거나, 펀드매니저가 바스켓에 들어 있는 기업 가운데 투자하고자 하는 기업을 직접 선택해 투자하는 등의 형태로 이용한다. 바스켓에 들어 있지 않은 기업에 ESG 성과 향상을 요구하기 위해 정보를 사용하는 경우도 있다.

금융기관의 ESG 투자 규모가 빠르게 늘어남에 따라 그동안 관심을 두지 않던 전 세계 유수의 금융정보 서비스 기업들이 새롭게 열리고 있는 시장에 기회를 포착하여 뛰어들고 있다. 현재 ESG 정보 서비스 시장은 성장 속도가 빠르면서도 동시에 진입장벽은 낮은, 초기 단계 시장의 모습을 보인다. 향후 ESG 정보 및 평가 시장은 경쟁력 낮은 사업자가 퇴출당하고 시장 지배력이 높은 일부 과점 사업자가 주도하는 형태의 구조가 형성될 가능성이 크다. ESG 정보 서비스 산업은 데이터 산업의 일종이다. 기업의 ESG 정보를 확보하기만 하면 투자기관의 요구에 맞추어 쉽게 가공과 공급을 할 수 있다. 따라서 누가 더 빠르게 시장점유율을 높이느냐가 시장에서의 생존을 결정한다. 이러한 점에서 국내 투자기관뿐만 아니라 해외 투자기관에도 접근이 쉬운 글로벌 평가기관이 절대적으로 유리할 수밖에 없다. 향후 ESG 평가는 글로벌 평가기관과 한국기업 평가에 특화된 소수의 국내 평가기관이 시장을 주도할 가능성이 커 보인다.

평가마다 결과가 다른 것은 자연스러운 일

제품 또는 상품의 품질은 기업이 시장에서 살아남기 위해 반드시 갖춰야 하는 기본이다. 그러면 ESG 평가라는 상품의 품질을 좌우하는 요소는 무엇일까? 바로 ESG 평가 결과가 얼마나 투자성과로 이어지냐 하는 것이다. 모든 ESG 평가기관에 동일한 결과를 요구하는 것은 제조기업에 제품의 품질경쟁을 하지 말라는 것과 같다. 따라서 ESG 평가기관마다 서로 다른 평가 기준을 세우고 서로 다른 평가 결과를 보이는 것은 지극히 자연스러운 현상이다. 어떤 평가기관은 향후 기업의 미래가치에 '안전'이 미치는 영향을 매우 크다고 판단할 수 있고, 다른 평가기관은 그렇지 않을 수 있다. 또 어떤 평가기관은 기업의 안전 수준을 판단하기 위한 지표로 과거의 사고 발생 이력을 더 중시하는 반면, 다른 기관은 예방 시스템과 교육이 더 중요하다고 판단할 수 있다. 같은 기업을 평가한 결과가 기관별로 다르게 나타나는 이유다.

같은 평가기관이 같은 기업에 대해 진행한 평가 결과가 매년 다르게 나타나는 경우도 다반사다. 심지어 기업의 ESG 경영성과가 전년도와 동일한데도 평가 결과가 달라지기도 한다. 그 이유는 평가기관의 평가 기준이 달라지기 때문이다. 평가기관은 시장에서 도태되지 않기 위해 평가 방법을 지속해서 발전시켜나간다. 기업의 미래가치는 결국 그 사회에서 결정하는 것이므로 변화된 사회의 기대 수준을 반영할 필요가 있는 것이다. 폭스바겐의 배출가스 조작 사건을 예로 들어보자. 이 사건 이후 전 세계 대부분 국가에서 자동차 배기가스에 대한 환경기준 및 검사기준이 강화되었다. 그리고 검사과정에서 의도적으로 조작을 하는 경우에 대한 처벌 또한 강화되었다. 높아진 기준에 부합하는 내부 시스템을 가지고 있느냐가 기업의 가치에 미치는 영향이 커졌으므로 ESG 평가기관도 이를 반영할 필요성이 생긴 것이다. 당연히 낮은 수준의 내부 시스템을 그대로 유지한 기업은 전년보다 낮은 점수를 얻게 된다.

ESG 평가에 있어 결과가 평가기관별로 상이하거나 연도별도 달라지는 것 자체는 큰 문제가 아니다. 진짜 문제는 왜 그런 결과가 나왔느냐 하는 과정이다. ESG 평가라는 상품의 최종적인 품질을 결정하는 요소는 세 가지 정도로 분류할 수 있다. 첫 번째는 평가대상 기업의 ESG 정보가 제대로 수집되었냐 하는 것이다. 두 번째는 평가방법론, 즉 세부 ESG 평가지표 및 가중치가 기업의 미래가치를 잘 대변하느냐는 것이다. 마지막 세 번째는 실제 평가가 평가방법론대로 이루어졌는가 하는 것이다. 평가기관별 또는 연도별로 상이한 결과의 원인이 두 번째 요소인 평가방법론의 차이 때문이라면 이는 전혀 문제가 되지 않는다. 오히려 자연스러운 결과다. 반면 그 원인이 첫 번째나 세 번째 요소라면 이는 매우 큰 문제다.

ESG 평가사의 옥석을 가리는 기준

ESG 평가가 많다는 것과 평가기관마다 평가 결과가 다르다는 것은 문제의 본질이 아니다. 진짜 문제는 최소한의 품질 기준도 만족시키지 못하는 불완전한 ESG 평가가 늘어나고 있다는 점이다. ESG에 대한 사회 전반의 관심이 높아지면서 ESG 평가의 영향력도 점점 커지고 있다. 기업의 미래가치를 판단하기 위한 도구로 기능해야 할 ESG 평가 결과가 언론 등을 통해 재확산되며 기업의 미래가치에 영향을 주기 시작했다.

최근 드러나고 있는 ESG 평가와 관련된 여러 혼란을 바로잡기 위해서는 정부의 역할이 필요하다. 정부는 ESG 평가 또한 시장의 한 부분이라는 점을 인식하고 시장이 건전하게 성장할 수 있도록 규칙을 정하고 감시하는 역할을 해야 한다. 이를 위해 여론조사의 사례를 참조할 수 있다. ESG 평가는 여러모로 여론조사와 유사하다. 진입장벽이 높지 않아 공급업체의 수가 수요에 따라 유연하게 반응한다는 점, 조사 방법 및 결과에 공정성과 신뢰성 문제가 끊이지 않는다는 점이 그러하다. 또 여론조사의 결과가 조사 대상에 대한 대중의 인식에 다시 영향을 미친다는 점에서도 ESG 평가와 유사하다. 선거 여론조사의 경우 조사를 진행하고자 하는 업체는 전문인력, 여론조사 관련 실적 등 특정한 요건을 갖추어야 하며 사전에 중앙선거여론조사심의위원회에 등록해야 한다. 그리고 자세한 여론조사 방법 및 결과를 공개해야 하며, 결과에 대한 이의신청 및 구제제도를 갖추어야 한다. 여론조사의 문제점을 해결하기 위해 여론조사 자체를 제한하거나 설문지를 통일시키지는 않는다. 마찬가지로 ESG 평가도 숫자를 제한하거나 획일화하는 방안이 아니라 평가의 품질과 투명성을 유지할 수 있는 시장 규칙 마련에 방점을 둘 필요가 있다.

기업이 ESG 평가 홍수에서 살아남으려면?

그렇다면 ESG 담당자는 뭘 할 수 있을까? ESG 평가의 대상인 기업이 제도 자체의 근본적 개선을 위해 할 수 있는 일은 많지 않다. 다음은 제도 개선과 무관하게, ESG 담당자 차원에서 단기적으로 할 수 있는 대응 방안 몇 가지를 정리한 것이다.

첫째, ESG 평가별 신뢰성 판단하기다. 담당자가 개별 ESG 평가에 대한 정보를 수집하고 그 신뢰성을 직접 판단하는 것은 쉽지 않다. 직접 판단하더라도 내부에서 그 판단에 대한 권위를 얻기는 어렵다. 이때 활용할 수 있는 것이 'Rate the Raters'• 라는 조사다. Rate the Raters는 투자기관, 기업 등에 종사하는 ESG 전문가를 대상으로 설문 및 인터뷰를 진행하여 개별 ESG 평가에 대한 신뢰성, 활용도 등을 분석하는 연구 프로젝트다. 글로벌 단위에서 진행되는 ESG 평가에 대한 외부 전문가의 판단을 확인할 수 있고, 평가 대응 우선순위를 정하는 데 활용할 수 있다.

둘째, ESG 평가기관에 대한 수평적 인식 갖추기다. ESG 평가기관은 기업의 ESG 경영성과를 최종적으로 판단하는 심판이 아니다. 수익을 목적으로 기업이 만들어낸 ESG 데이터를 가공하여 금융기관에 판매

• 328쪽 참고.

하는 또 하나의 '선수'일 뿐이다. 평가 결과가 잘못되었다고 생각되면 적극적으로 소통해야 한다. 기업이 평가 결과에 이의를 제기한다고 해서 불이익을 주는 평가기관은 없다. 평가기관으로서도 잘못된 평가 결과를 방치하는 것은 자사 상품의 시장 경쟁력을 떨어뜨리는 행위이기 때문이다.

셋째, 시장 규칙 제정을 위한 목소리 내기다. ESG에 사회적 관심이 높아지면서 정부나 정치권에서도 기업의 목소리를 듣고자 적극적으로 나서고 있다. 이때 항상 빠지지 않고 등장하는 이슈가 ESG 평가에 관한 이야기다. 명심하자. ESG 평가기관의 수를 통제하거나 평가 요소나 기준을 획일화하는 것은 바람직하지도 않고, 가능하지도 않다. 시장의 건전한 성장을 위한 투명한 규칙 제정을 정부나 정치권에 요구하는 것이 가장 빠르게 문제를 해결하는 길이다.

ESG 평가 살펴보기

DJSI 인덱스의 핵심: 편입만으로도 혜택

DJSI는 글로벌 금융정보사인 미국 S&P 다우존스S&P Dow Jones와 지속가능경영 평가 선도기업인 로베코샘이 개발한 지속가능경영 평가 모형이다. 이는 1999년부터 전 세계 시가총액 상위 2500개 기업을 대상으로 재무적 정보뿐만 아니라 사회적, 환경적 성과와 가치를 종합적으로 평가한다. 한국에서는 한국생산성본부가 2009년부터 로컬 파트너로 참여해 세계 최초의 국가 단위 다우존스 경영지수인 DJSI Korea를 개발해 매년 평가 결과를 공개하고 있다.

DJSI는 세계적 공신력을 인정받고 있는 지속가능경영 투자지수이며, 기업의 경제적 성과뿐만 아니라 환경, 사회적 측면을 종합적으로 평가하여 편입기업을 결정한다. 2020년 기준으로 평가대상은 이메일로 초청받은 글로벌 상위 3429개 사다.

DJSI는 전 세계 유동 시가총액 기준 상위 2500대 기업을 평가하는 DJSI World, 아시아지역 상위 600대 기업을 평가하는 DJSI Asia-Pacific, 국내 상위 200대 기업을 평가하는 DJSI Korea로 구성된다. DJSI World는 산업별 상위 10%, DJSI Asia-Pacific은 상위 20%, DJSI Korea는 상위 30% 기업이 편입된다. 이외에도 DJSI Europe, DJSI North America 등

다양한 지역별 지수가 존재한다.

일반적으로 기업이 데이터를 5월에 제출하면 그해 9월경 평가 결과가 발표된다. 코로나19로 인해 2020년, 2021년은 7월에 데이터가 제출돼 11월에 발표됐다. S&P 글로벌의 2022년 계획표에 따르면 6월에 데이터가 제출돼 12월에 평가 결과가 발표된다. 평가 내용은 61개 산업군별 158개 문항이다. 평가 설문은 공통 항목과 산업별 항목(최소 50% 이상)으로 구분되며, 각각의 항목은 경제적·환경적·사회적 측면의 이슈를 반영하는 질문들로 구성되어 있다. 배점은 경제 분야 38%, 환경 분야 31%, 사회 분야 31%로 나뉜다. 평가 설문의 세부 항목에 따라 가중치가 설정되며 평가에 반영된다. 이 중 산업별 항목은 산업별로 주요한 지속가능경영 이슈에 따라 평가 기준이 다르게 설정되어 있다. DJSI 평가 기준은 지속가능경영 이슈가 바뀜에 따라 매년 부분적으로 갱신되기도 한다.

DJSI에 편입되면 벤치마킹을 위한 피드백이 이뤄진다. 평가에 참여한 모든 기업에게 S&P 글로벌 기업지속가능성평가 CSA Corporate Sustainability Assessment 스코어를 제공한다. 이를 통해 평가 항목들에 대하여 해당 기업의 지속가능성 성과를 확인할 수 있다. 산업별 평균 점수와 해당 산업의 글로벌 최고 기업 점수를 비교할 수도 있다.

DJSI에 편입되면 주주, 애널리스트, 일반 대중에게 기업 평판을 높이는 효과가 있어 편입된 기업들은 제각기 언론 홍보에 나서기도 한다. DJSI에 편입된 기업의 주식은 DJSI 기반 포트폴리오의 잠정적 투자 대상이 되며, 점차 증가하고 있는 사회책임투자 수요에 대한 직접적인 혜택을 얻을 수 있다.

CDP 평가의 핵심: 환경 이슈 특화

CDP는 기후변화, 물, 산림자원(생물다양성) 등 환경 이슈와 관련하여 전 세계 금융투자기관이 주도해 정보공개를 요구하는 글로벌 이니셔티브다. 2000년 영국에서 설립된 비영리 기구로 2003년부터 기업에 기후변화정보공개 요청과 평가를 시작했다. 과거에는 '탄소정보공개프로젝트The Carbon Disclosure Project'라는 명칭을 사용했으나, 기후변화 외에도 물, 생물다양성 등으로 이슈를 확장하면서 명칭을 'CDP'로 변경했다. 2022년 7월 기준으로 680개 이상의 금융기관이 기업에 정보공개를 요청하는 주체인 서명 기관으로 참여하고 있으며, 전 세계 1만 4000개 이상의 기업이 CDP를 통해 기후변화 등 환경정보를 공개했다. 기업이 CDP를 통해 공개한 정보와 평가 결과는 유엔, 구글, 블룸버그 등 다양한 채널을 통해 공개되며, S&P ESG 지수 등 여러 평가기관이 CDP의 기후변화 및 환경정보를 ESG 평가에 반영하고 있다.

CDP는 정보공개 및 평가뿐만 아니라 다양한 글로벌 이니셔티브를 공동으로 운용하고 있는데, 대표적인 이니셔티브로는 기업의 재생에너지 전환을 목표로 하는 'RE100'과, 넷 제로 목표의 기준을 수립하고 검증하는 'SBTi'가 있다. 한국에서는 한국사회책임투자포럼KoSIF이 2008년부터 CDP 파트너로서 한국지역의 운영을 담당하고 있다.

CDP는 정보의 요청 주체에 따라 '투자자Investor 프로그램'과 '공급망Supply Chain 프로그램'으로 구분된다. 투자자 프로그램은 국내 시가총액 기준 300대 기업을 대상으로 기후변화 정보공개를 요청하고 있다. 공급망 프로그램은 기업의 규모와 무관하게 이 프로그램에 가입한 기업의 선택에 따라 정보공개요청 기업이 결정된다. 전 세계 280개 이상의 기업이 CDP 공급망 프로그램에 가입하여 공급망기업에 기후변화, 물, 산림 관련 정보를 요청하고 있으며, 국내에서는 삼성전자, 삼성디스플레이, SK하이닉스가 프로그램에 가입하여 공급망기업에 정보를 요청하고 있다. 투자자나 고객사로부터 정보공개요청을 받지 않은 기업도 자발적으로 참여 신청서를 제출하고 응답서를 제출할 수 있다.

CDP는 매년 3월 중순에 기업에 정보공개요청 서한을 발송하고 기업은 7월 말까지 온라인응답시스템ORS을 통해 설문지에 응답하게 된다. CDP는 기업의 정보공개를 지원하고 평가의 투명성을 높이기 위해 질의서, 문항별 상세 작성 가이드라인 및 문항별 세부 평가 기준(평가방법론)을 모두 공개하고 있다. 기업이 제출한 응답서는 공개된 평가방법론에 따라 평가되며, 제출된 응답 내용 또한 일반에 공개된다. CDP의 기본적인 문항 구조는 TCFD와 유사하다. TCFD 권고안은 CDP를 벤치마킹하여 만들어졌고, TCFD에서 새롭게 도입한 몇 가지 개념을 CDP에서 다시 반영하여 현재는 내용이 거의 동일하다.

CDP의 기후변화 질의서는 다음의 15개 대분류로 구성되어 있다. ①지배구조 ②위험 및 기회 ③전략 ④목표 및 감축 성과 ⑤온실가스 산정방법론 ⑥온실가스 배출량 ⑦온실가스 세부 내역 ⑧에너지 ⑨기타 지표 ⑩검증 ⑪탄소 가격 ⑫인게이지먼트 ⑬기타 토양 관리 ⑭섹터별 문항 ⑮생물다양성

CDP의 평가는 기업이 ORS를 통해 제출한 자료만을 토대로 진행되며, 평가등급은 Leadership A부터 Disclosure D-까지 총 8단계로 구분

된다. 2021년 기준으로 전 세계 1만 4000개 참여 기업 가운데 201개 사가 A등급을 받았다.

MSCI ESG 평가의 핵심: 재무적 리스크 관리에 초점

MSCI ESG 평가등급Morgan Stanley Capital International ESG Ratings은 ESG와 관련된 10개 주제와 37개 핵심 이슈를 평가해 AAA~CCC의 7개 등급* 으로 평가한다. CCC~B는 후발주자Laggard, BB~A는 평균Average, AA~AAA는 선두주자Leader로 분류된다.

'E'는 기후변화, 생물다양성과 물 스트레스 등을 포함한 자연자본, 오염 및 폐기물, 재생에너지와 청정기술과 같은 환경 기회를 포함한다. 'S'는 임직원 건강 등 인적자원, 제품 안전과 개인정보 보호, 사회적 기회 등을 다룬다. 'G'는 이사회와 경영진 보수 등 기업지배구조, 반부패 등을 포함한다. 지배구조가 장기적으로 일반 수탁자로서의 임무를 용이하게 하는가에 관한 질문, 노출된 리스크가 무엇이며 어떤 리더가 이를 어떻게 관리하는가를 가중치를 따져서 평가한다. 지배구조 지표의 최소 가중치는 33%다.

MSCI ESG 평가는 각 기업이 재무적으로 중요한 리스크와 기회 요인을 얼마나 잘 관리하고 있는지에 대해 초점이 맞춰져 있다. 중요 이슈를 선정하는 과정을 보면 매년 새롭게 나타나는 리스크 및 기회 요인을 모니터링하고 사업 모델에 재무적 관련성이 가장 높은 이슈들을 선정해 평가한다. 평가에 사용하는 정보의 공개량이 해마다 늘어남에

* AAA – AA – A – BBB – BB – B – CCC.

따라 MSCI는 기업의 자발적 정보공개 수준에 대한 의존도를 줄이고 있다. 대신 250여 명 이상의 전 세계 애널리스트와 AI를 활용해 신뢰성 있는 공적 정보를 선별해서 확인하는 작업을 거친다. 평가에 사용되는 데이터 비율을 보면 사업보고서나 지속가능경영보고서와 같은 기업공시는 약 20%, 정부·공공기관·학술지·NGO·뉴스 등의 제3자 데이터는 45%, 기업의 자발적 ESG 공시가 35%를 차지한다. 투명성과 데이터 점검을 위해 공개되지 않은 데이터는 사용하지 않는 것이 특징이다.

ESG 평가등급을 매기는 MSCI ESG 리서치는 1940년 미국 투자자문법Investment Advisors Act of 1940에 따라 공식 등록된 투자자문회사로서 MSCI의 자회사다.

KCGS 평가의 핵심: 거래소 인덱스 편입을 위한 관문

국내 ESG 평가사 가운데 대표적인 곳이 KCGS다. KCGS는 2003년부터 기업지배구조 평가를 해왔으며, 2011년부터는 사회책임과 환경경영이 포함된 ESG 평가를 통해 국내 상장회사의 지속가능경영 수준을 평가해왔다. 매년 900여 개 상장회사를 평가하며, 2018년부터 비상장 주요 금융기관의 지배구조도 별도로 평가하고 있다. KCGS의 ESG 평가모형은 OECD 기업지배구조 원칙과 ISO 26000 등 국제 기준에 부합하며, 국내 법제 및 경영환경을 반영해 개발된 독자적 평가모형이다.

KCGS ESG 평가는 환경, 사회, 지배구조로 영역이 나뉘어 있다. 환경E의 경우 업종에 따른 환경위험관리 및 성과 평가를 고려하고 산업별 환경 민감도를 상중하로 구분하며, 환경경영의 체계와 성과, 이해관계자 대응 수준 등을 판단해 반영한다. 저탄소녹색성장기본법, 화학물질의 등록 및 평가 등에 관한 법률 등 관련 법을 반영한 모델이다. 사회S의 경우 기업과 직간접적 이해관계를 형성한 대상에 집중하며, 산업별로 이해관계자에게 중대한 사회책임경영 이슈를 고려한다. 독점규제 및 공정거래에 관한 법률, ISO 26000 등의 내용을 참고했다. 지배구조G의 경우 지배구조가 작동하기 위한 주요 장치별로 분류하고, 일반 상장사 및 금융회사의 특화된 지배구조 요건과 이사회 내 주요 위원회 설치 여부 등을 고려해 판단한다. 상법 및 금융회사의 지배구조에 관한 법률, OECD 기업지배구조원칙 등을 참고했다.

KCGS의 ESG 평가는 기업의 지속가능성 관행 개선을 유도하고 이해관계자에게 판단 정보를 제공하는 것이 목적이다. 지배구조는 3월, 환경과 사회는 6월에 시작되며 정기 등급은 10월에 부여된다. 평가 뒤 다음 해의 1, 4, 7월에 ESG 등급위원회를 개최해 ESG 이슈를 반영한 등급으로 수시 조정하면서 등급 조정 내용이 언론에 보도되는 경우가 많다. 쟁점 사안이나 등급 조정 사유를 보면 인명사고, 회계처리 기준 위반, 직원 횡령 등 민감한 ESG 이슈들이다.

평가 결과로 도출된 통합 및 개별 등급은 한국거래소의 KRX 사회책임투자지수 종목을 구성하는 데 활용된다. KRX ESG 리더스 150은 ESG 통합점수가 높은 상위 150종목으로 구성돼 있으며, KRX 코스피 200 ESG 지수는 코스피 200종목 중 ESG 평가가 높은 종목으로 구성돼 있다. 이 밖에도 KRX 거버넌스 리더스 100, KRX 에코 리더스 100, KRX ESG 사회책임경영지수 등이 있다.

평가가 끝나면 KCGS가 기업과 평가 피드백을 진행하는데, 평가된 문항에 대한 답변 수정을 요청하고 검토하는 과정을 거쳐 공신력을 높인다. 한국거래소 ESG 포털•에는 최근 3년간 KCGS의 ESG 평가등급과 요약보고서가 공개되고 있다. 요약보고서를 통해 기업의 ESG 등급 추이와 종합적인 관리체계 및 ESG 리스크 수준을 파악할 수 있다. 전문가로 구성된 ESG 등급위원회에서 우수기업을 선정하고 시상한다.

• https://esg.krx.co.kr

5

평가사 씨, 너나 잘하세요: Rate the Raters

"너나 잘하세요."

영화 〈친절한 금자씨〉에 나오는 대사다. 박찬욱 감독은 훗날 인터뷰에서 "그 대사는 한국인만 이해하는 반말과 존대가 섞인 이상한 말"이라고 언급했다. 기업의 ESG 담당자가 ESG 평가기관을 바라볼 때 느끼는 미묘한 감정을 묘사한다면 이와 같지 않을까 싶다. 평가기관의 권위를 인정하지 않을 수 없지만, 제대로 평가하고 있는지 의문이 따라다니는 이상한 기분.

그런데 ESG 평가기관에게 '너님은 잘하고 있으세요?'라고 물어보는 프로젝트가 하나 있다. ESG 평가기관을 평가하는 'Rate the Raters'라는 프로젝트다. 2010년에 글로벌 ESG 리서치 기관인 서스테이너빌러티 SustainAbility에 의해 시작되었다. 600여 개 ESG 평가기관의 신뢰도와 활용도 등을 투자기관, 기업, 학계 및 NGO에 종사하는 ESG 전문가의 설문 및 인터뷰를 통해 평가한다. 319명의 ESG 전문가가 참여한 2019년 조사에서는 평가의 품질에서 CDP가 1위를, 활용도에서는 로베코샘의 지속가능성 평가(현 S&P ESG 지수)가 1위를 차지했다.

ESG 평가 품질 설문 조사(2019)

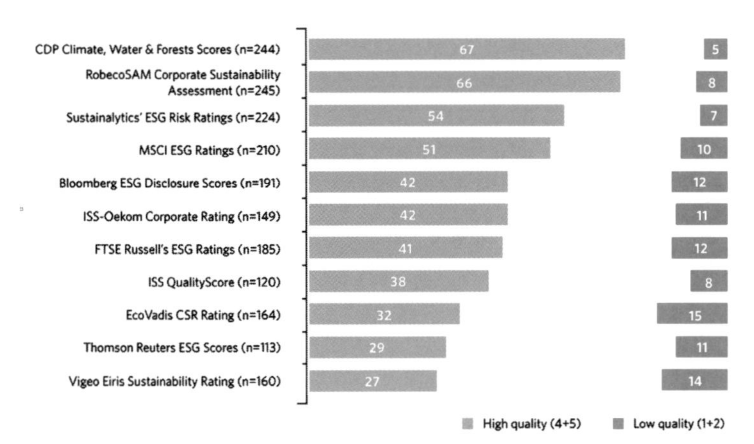

ESG 평가 활용도 설문 조사(2019)

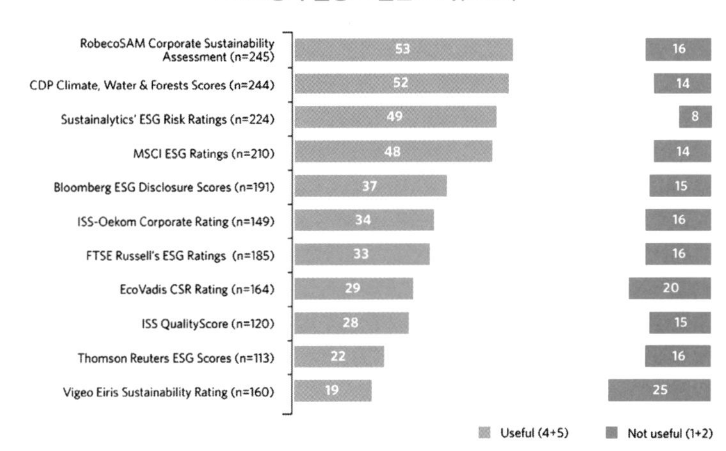

4부

흐름을 읽는 눈:
ESG의 현재와 미래

10장

ESG 열풍도 풀지 못한 숙제

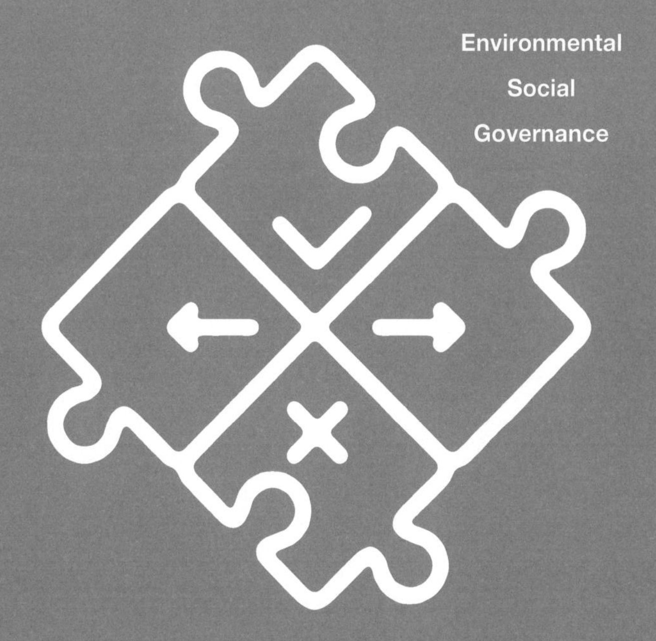

Contents

1

블랙록의 변신에는 이유가 있다

ESG는 '갑툭튀'가 아니다. 오래전부터 논의되어온 지속가능성 맥락의 연장선에 있다. 그렇지만 근래 들어 전 세계에 ESG 열풍이 불기 시작한 것은 몇몇 주목할 만한 계기가 있었기 때문이다. ESG 전문가들은 대체로 코로나19, 글로벌 감독기구의 압박, 투자사 및 자산운용사의 요구, 기후변화 심화, 제도화 등을 핵심 배경으로 보고 있다. 임대웅 유엔환경계획 금융 이니셔티브UNEP FI 한국 대표도 비슷한 의견을 내놓았다.

임 대표는 영국 에든버러 대학에서 지속가능경영을 공부하고 1995년부터 지속가능경영 관련 업무를 해왔으며, 현재 기후변화 전문 컨설팅 회사인 BNZ파트너스 대표를 맡고 있다. 2021년 여름에 만난 자리에서 그는 "기업들이 ESG에 제대로 대응하지 않으면 그린스완* 으로 큰 피해가 올 수 있다"며 "혁신적인 저탄소 생산기술과 글로벌 가치사슬의 혁신을 고려한 과감한 전환이 필요하다"고 조언했다.

BNZ파트너스가 국내 한 철강업체의 2019년 이산화탄소 배출량을 기준으로 따져본 결과, 이 업체가 온실가스 배출량을 줄이지 않으면 2030년에는 회생할 수 없을 정도로 타격을 받을 수 있다는 시나리오가 나왔다. 2019년 8024만 톤의 이산화탄소를 배출한 이 기업은 국제

* 기후변화로 인한 급격한 경영환경 변화.

통화기금IMF이 제시한 2030년 이산화탄소 1톤당 75달러 수준의 탄소세로 계산했을 경우 약 6조 6600억 원의 규제 준수 비용을 물어야 한다. 이렇게 되면 2019년 64조 원의 매출과 1조 9800억 원의 당기순이익을 낸 이 회사는 2030년에 자본잠식 상태가 된다. 이 시나리오는 기후변화 관련 재무정보 공개 협의체TCFD가 권고한 파리기후협정의 기후 시나리오를 적용한 것이다. 이런 상황에 위기의식을 느낀 이 회사는 2020년 말 수소환원제철 기반의 생산방식 혁신을 통한 탄소중립을 선언했다. 수소환원제철이란 철을 만들 때 화석연료 대신 수소를 환원제로 사용하는 혁신적인 기술이다. 석탄이나 천연가스 같은 화석연료는 철광석과 화학반응을 하면 이산화탄소가 발생하는데, 수소를 이용하면 물H_2O이 발생하기 때문에 탄소배출을 크게 줄일 수 있다. 하지만 이 기술을 상용화하기까지는 비용이 많이 들고 기간도 여러 해가 걸릴 수 있어 기업으로서는 매우 큰 부담이 된다.

이처럼 기업들은 급격하게 바뀌는 대외 환경 앞에서 출구를 찾기 위해 몸부림치고 있다. 그러면서 정부의 정책 지원을 절실히 원하고 있다. 기업 스스로, 시장에서 저절로 이 모든 상황이 극복될 수는 없다는 절박감이 있다. 전국경제인연합회(전경련)는 2021년 7월 7일 '국회 포용국가 ESG 포럼·K-ESG 얼라이언스 연석회의'를 개최하고 정부와 국회에 △탄소저감기술 세액공제 △순환경제와 친환경기술 전반에 대한 지원 확대 △생분해성 바이오 플라스틱 등 친환경 플라스틱 인증 확대 △수소경제 수소 연소 가스터빈 발전 활성화 △바이오 항공유 공급 활성화를 위한 지원 확대 등을 요청했다.

임 대표를 만났던 때 한국은 대통령 선거를 앞두고 있었고, 미국은 바이든 행정부가 막 출범한 뒤였다. 임 대표는 미국에서 바이든 대통령의 등장이 의미하는 바를 이렇게 표현했다.

> "미국 대선에서 바이든과 트럼프가 붙었을 때 많은 사람이 기후변화 이슈는 핵심 주제가 될 것이라고 여기지 않았다. 하지만 승부는 기후변화 이슈에서 났다. 트럼프 지지 세력은 화석연료에 기반한 기존 경제체제에 의존해왔지만 바이든 지지 세력은 신재생에너지를 내세웠다. 바이든이 집권하면 트럼프 지지 세력은 어려워지는 게 아니라 '죽게' 되는 상황이었다. 그래서 그들은 더 공격적으로 트럼프를 지지했다."

바이든의 주요 공약 중에는 환경과 기후변화에 관한 내용이 많다. 온실가스 배출을 2050년까지 '제로'로 만드는 탄소중립, 재생에너지 인프라 투자 확대, 각종 화석연료 보조금 폐지, 가스·석유산업 공유지 임대 신규 허가 금지, 파리협정 재가입, 전기차 충전소 50만 개 구축, 2030년까지 대중교통을 전기버스로 전환, 친환경에너지 혁신에 4년간 4000억 달러 지원, 낙후 지역에 편중되는 환경오염 피해를 막기 위한 환경 양극화 해결, 친환경 등 미래산업 R&D에 3000억 달러 투자 등이다. 다음은 임 대표와 가진 〔신동아〕 2021년 8월 호 인터뷰 주요 내용이다.

임대웅 BNZ파트너스 대표가 본 ESG 열풍

그린스완은 이미 와 있다

- 바이든 대통령의 정책에 비하면 국내 대선주자들의 환경정책은 피상적이다.

"바이든이 집권하면서 트럼프를 지지하던 화석연료 기반의 세력들이 약해지고 있다. 바이든은 자신의 임기(2021~2024년)에 기후변화 대응으로 2000조 원을 쓰겠다고 했다. 돈이 그쪽으로 엄청나게 흘러가는 상황이다. 그런데도 기본소득이나 공정만 얘기하면 대한민국에 미래가 없을 것 같다. 공정은 S(사회)와 G(거버넌스)의 차원이다. 그것을 넘어설 필요가 있다."

- 기후변화와 관련돼 정치권에서 어떤 논의가 더 필요한가. 제도적인 부분인가.

"단순히 탄소중립 지지를 넘어서 이것을 선순환시켜 제도, 기술, 산업, 일자리까지 어떻게 연결하느냐가 매우 중요하다. 구체적 방법론을 갖고 명확한 철학으로 목표를 이룰 수 있는 역량 있는 이가 필요한 상황이다."

- 급격한 환경 변화인 그린스완은 언제쯤 올까.

"그린스완은 이미 와 있다. 기후 리스크가 대표적 그린스완이다. 앞으로는 기후 리스크관리를 더욱 철저히 해야 생존할 수 있다. 기후변화에 대응해 기업의 포트폴리오를 바꿔나가야 한다. 기후변화로 에너지 문제가 매우 중요한 이슈가 되고, 규제 준수 비용이 많이 늘어난다. 이상기후로 농업의 피해가 심해지고, 공장 설비의 수명도 줄어든다. 영업이익이 줄어드는 것은 너무도 분명해진다. 배터리와 재생에너지, 그린 수소와 관련된 가치사슬, 친환경 빌딩·자동차·배 산업이 유망하다."

임 대표는 한 강의에서 기후변화에 대응하지 않았을 때 우리나라가 받을 수 있는 물리적 영향이 연간 누적 GDP의 -7~-25% 수준에 이를 수 있다고 주장했다. 저탄소 경제로 전환하는 데 따른 영향은 -2~-9%이고, 체계적으로 전환한다면 친환경 녹색산업의 매출이 많이 증가할 수 있다고 주장했다.

- 요즘의 ESG 열풍이 신종 코로나바이러스 감염증(코로나19)의 영향이라는 분석

도 있다.

"코로나19와 ESG는 연결고리가 있다. 둘 다 빙산처럼 일단 눈에 보이지 않는 부분이 보이는 부분의 판을 흔든다. 코로나19는 무분별한 환경파괴와 관련이 있다. 박쥐의 서식처까지 사람이 들어가 코로나바이러스가 퍼지게 됐다는 주장이 있다. 이것은 ESG 가운데 'E'에 해당한다. 또 코로나19는 우리 사회가 공동 대응해 극복해야 할 사회적 이슈이기도 하다. 따라서 'S'의 문제이기도 하다. 감염병 대응에 과학적이고 조직적으로 나서는 것은 'G'의 부분이다. 코로나19도 ESG 대응을 잘해야 극복할 수 있다."

- ESG 열풍의 핵심 원인은 무엇이라고 보나.

"이미 글로벌 은행 감독기구인 바젤위원회나 IMF 등에서는 기후변화 문제를 금융 규제 제도의 영역으로 가져왔다. 글로벌 금융제도권에서 ESG를 다루다 보니 국내에서도 큰 관심을 두게 된 것이다. 세계 최대 자산운용사인 블랙록이 자사가 투자한 개별 기업에 ESG와 기후 리스크관리와 공시를 요구한 것도 결국 글로벌 금융제도의 변화 때문이었다. 이것은 IMF가 우리나라 외환위기 때 은행에 국제결제은행(BIS, Bank for International Settlements)의 자기자본비율을 맞추라고 요구한 것과 비슷하다."

ESG 열풍의 핵심은 금융감독기구

금융권에서 제일 처음 기후변화 문제를 제기한 곳은 영국 중앙은행인 잉글랜드 은행이다. 당시 마크 카니(Mark Carney) 잉글랜드 은행 총재는 기후변화가 실물 경제에 물리적 피해를 준다는 문제의식을 느끼고 금융 안정성을 도모하기 위해 2004~2006년 기후변화와 금융에 관한 보고서를 펴냈다. 이후 2015년 금융안정위원회(FSB) 총재를 겸하고 있던 카니 총재는 기업의 재무제표에 기후변화와 관련된 정보가 들어 있지 않은 것은 불합리하다며 TCFD를 만들게 했다. FSB는 2017년 6월 기후변화에 따른 위험과 기회를 재무정보에 포함하는 권고안을 발표했다.

ESG 열풍은 미국과 유럽 중심만은 아니다. 중국도 뒤따르고 있다. 2016년 제13차 경제개발 5개년 계획을 발표할 때 시진핑 주석은 '생태적 문명화'라는 말을 언급했다. 이는 곧 '그린 뉴딜'과 같이 오수처리, 그린 빌딩, 재생에너지 사용 등 환경과 관련된 인프라 개선을 위한 정책이다. 이때 시진핑 주석은 저금리 '녹색금융'을 만들어 친환경 인프라 구축에 나섰고, 영국 잉글랜드 은행과 중국 인민은행이 협력해 G20 녹색금융 스터디그룹도 만들었다.

2017년 TCFD 권고안이 나오면서 이를 가장 적극적으로 수용한 세력은 전 세계 중앙은행과 금융감독기관이었다. 이후 EU 금융안정국이 2018년부터 지속가능금융 관련 투자 촉진, 기후 리스크관리, 금융·경제 활동에서 투명성과 장기주의 촉진이라는 3대 목표를 세우고 10가지 관련 법·제도 패키지를 도입했다. 요즘 화두가 되는 녹색분류체계(Taxonomy) 구축, 신용평가나 주가지수에 지속가능성 통합, 은행과 보험사 건전성 감독에 기후 리스크관리 통합, TCFD 강화 및 국제회계기준(IFRS) 표준 연계 검토, 기관투자자 임원의 지속가능성 책무 강화 등이 주요 내용이다.

금융위·금감원이 나선 이유

전 세계 중앙은행과 금융감독기관의 자발적 논의기구인 녹색금융협의체(NGFS)는 2020년 5월 TCFD 기반의 금융감독을 위한 기후환경 리스크관리 가이드를 발표했다. 금융감독기관이 금융사의 거버넌스, 전략, 리스크관리, 시나리오 분석, 공시 관련 기대 사항 발굴 및 금융사와의 의사소통 강화 등을 위한 것이었다. 이에 따라 국내 금융감독원과 금융위원회에도 녹색금융 전담 조직이 생겼다.

“이 가이드의 첫째 원칙은 기후 리스크의 모든 책임은 이사회와 임원에게 있다는 것이다. 예컨대 석탄 발전에 큰 규모로 투자했다가 회사에 손실을 입힐 때 회사는 이사회와 담당 이사에게 구상권과 같은 책임을 물을 수 있게 했다. 이전에는 잘못된 투자로 손실을 보아도 임원의 경영적 판단이라고 하면 책임에서 벗어났지만, 이제는 달라졌다. 기후변화 위기를 고려하지 않고 투자했다면 고객에 대한 신의성실의무(Fiduciary duties)를 어긴 것이므로 회사가 이사회와 임원에게 손해배상을 청구할 수 있는 틀이 생겼다.”

이에 따라 실제 금융기관 종사자의 인식도 바뀌고 있다. 2020년 10월 금감원이 77개 금융회사를 대상으로 설문조사를 실시한 결과 기후변화가 금융권의 수익성과 건전성에 영향을 미칠 수 있다고 응답한 곳이 84%나 됐다. 하지만 기후변화 관련 대응 전략을 마련한 곳은 17%밖에 되지 않았고, 30%는 향후 마련할 계획을 갖고 있다고 답했다. 기후변화 대응 전담 조직이나 인력을 보유하고 있는 곳은 약 20%였으며, 평균 전담 인력은 3명에 불과했다. 리스크관리와 정보공개 수준도 매우 낮았다. 12%만이 내부 리스크관리 절차에 기후 리스크를 반영했다.

소식통에 따르면 앞으로 금융위원회는 금융사의 기후 리스크를 더 적극적으로 고려할 것으로 보인다. 일례로 금융감독원은 국내 금융기관 및 전문기관들과 기후리스크포럼을 발족시켰다. 금융사가 투자한 기업의 온실가스 총 배출량을 파악하고 투자 지분만큼의 배출량을 공지하는 것도 논의 중인 것으로 알려졌다. 즉 금융사의 탄소중립을 추구하면서 온실가스를 줄이지 않는 기업에 대출이나 투자가 이뤄지지 않게 하려는 것이다.

- 'ESG'라는 용어는 누가 처음 사용했나.

"UNEP FI가 'ESG'라는 단어를 만들었다. 비재무적인 부문을 모아보니 ESG라는 용어가 만들어진 것이다. 2002년쯤 UNEP FI의 자산운용 워킹그룹에서 ESG 요소가 주가에 어떤 영향을 미치는지 알아보기 위해 전 세계 사례를 모았다. 이후 영국의 법률회사 프레시필드가 주가에 영향을 미치는 ESG의 법제화를 고려하면서 책임투자라는 용어가 등장했다. 수탁자책임에 대한 법률적 측면을 고려한 것이다. 지금은 그것을 넘어 EU는 법에 ESG를 고려하는 것이 수탁자책임이라고 명기하고 있다."

블랙록도 한때는 석탄 투자로 악명

ESG 열풍의 또 다른 배경은 세계 최대 자산운용사인 블랙록이다. 이 회사는 9600조 원의 자산을 운용하는 회사로 국내 주요 기업에도 많은 돈을 투자하고 있다. 블랙록은 원래 석탄발전에 큰돈을 투자해 돈을 버는 것으로 악명이 높았다. 하지만 지금은 달라졌다. 심지어 래리 핑크 블랙록 회장은 2020년 초 기업들에 보내는 고객 서한에서 TCFD 및 SASB 기준에 맞춰 기후 관련 정보를 공개하라고 촉구했다.

"블랙록의 변화는 상위 감독기관이 바뀌면서 시작됐다. 미국 연방준비위원회(FRB, Federal Reserve Board)마저 NGFS에 가입하고 기후 리스크관리를 강화하는 분위기 속에서 블랙록도 바뀌지 않을 수 없었다. 아무리 큰 자산운용사라도 언제까지 퇴로 없는 게임을 하고 있을 수 없었던 것이다."

블랙록은 2020년 440개 기업을 관리 대상으로 선정했고, 기후 리스크관리 문제로 64명의 경영자에 대해 연임 반대 의견을 냈다. 2021년에는 191개 기업에 대해서 기후 리스크관리가 개선되지 않으면 경영자의 연임에 반대하겠다고 발표했다. 그리고 타깃 기업을 1000개 이상으로 확대키로 했다. 블랙록은 2030년까지 투자 대상 기업을 탄소중립으로 만들 계획을 갖고 있다.

- 최근 TCFD의 흐름에는 어떤 것이 있나.

"법제화다. 프랑스는 TCFD 관련 공시를 의무화했고, 영국은 이 공시를 2022년부터 시행한다. 우리나라는 공시 의무화를 좀 더디게 추진하고 있는데, 외국의 이런 흐름으로 인한 압박을 더욱 받게 될 것이다."

우리나라도 2021년 1월 기업의 ESG 활동 내용에 대한 공시 의무화 일정이 공개됐다. 환경(E)과 사회(S) 보고서의 경우 금융 당국은 일단 2025년까지 자율 공시를 유도할 계획이다. 그러나 TCFD가 전 세계 회계표준을 제정하는 IFRS 재단에서 논의되고 있는 만큼 기후 리스크 공시는 훨씬 더 단기간 내에 도입될 것으로 보인다. 2021년 6월 12일 영국 콘월에서 열린 G7 확대 회의에서도 주요국 정상들이 TCFD의 기후 리스크 관련 공시를 의무화하기로 결의했다.

비즈니스가 얼마나 사회에 기여하느냐

- 공시를 의무화해야 하는 이유는 무엇인가.

"기업들은 주로 남의 돈, 즉 투자자의 돈으로 사업을 많이 한다. 그런데도 그동안 투자자에게 정보를 제대로 주지 않았다. 투명한 정보 제공이 기업 경영에 부담이 된다는 주장은 시장 자본주의를 거부하는 것이다. 그런 기업은 상장하지 말아야 한다. 미국에서는 예상되는 규제 준수 비용을 공개하지 않을 때 투자자 기만행위라고 해서 증권선물위원회법 위반이 된다."

- TCFD는 ESG 가운데 E(환경) 보고서라고 볼 수 있나.

"그렇게만 보면 안 된다. TCFD는 ESG와 큰 틀에선 같은 맥락이나, ESG가 비재무의 영역이고 TCFD는 일종의 재무 공시라는 측면에서는 명확히 다르다. 기후변화로 인한 물리적 피해가 나오면 손실을 추산할 수 있고, 그것을 근거로 피해자들이 보험사에 보상금을 청구한다. 2018년 기준 전 세계 기후변화 관련 보험금이 420조 원이나 됐다. 전 세계 30위권 국가인 필리핀 GDP 규모의 연간 손실이 기후변화로 인해 발생한 것이다. 기후변화에 대비해 탄소중립을 지향한다면 온실가스를 줄여야 한다. 재생에너지나 그린 수소 생산을 위해서는 대규모 투자가 필요하다. 배출권거래제, 탄소세 등 국내외 규제 준수 비용도 계산해야 한다. 이런 상황인데 기후변화 이슈가 단지 ESG에서 말하는 E에만 해당할까 하는 의문이 든다."

- ESG와 관련해 일반 개미 투자자에게도 조언한다면.

"ESG는 기업 경영의 질을 따지는 정성적 평가 영역이다. 물론 포털 사이트에서도 기업의 관련 정보를 무료로 볼 수 있다. 그런데 그것만으로는 기업이 실제로 얼마나 잘하고 있는지 알기가 어렵다. 중요한 것은 비즈니스 포트폴리오가 얼마나 사회에 기여할 수 있느냐 하는 것인데, 그런 관점에서 보면 좋은 투자처를 찾을 수 있을 것이다. 예컨대 성장 가능성이 큰 전기차 분야를 본다면 단순히 모기업만 볼 게 아니라 그 가치사슬에 있는 기업들도 파악할 필요가 있다."

- 여러 평가사가 ESG 활동을 측정하는데, 같은 기업을 두고도 결과는 제각각이다. 표준화할 필요는 없나.

"평가를 하나의 기준으로 표준화하기는 불가능하다. 그럴 이유가 없다. ESG는 비재무적 요소이므로 보는 사람, 평가 목적에 따라 그 결과가 다를 수 있다. 결국 정량화하는 게 중요하다면 ESG보다 기후 리스크에 더 집중해야 한다고 생각한다."

ESG 2.0은 제도화

- ESG 경영을 열심히 했다가 이익을 내지 못하는 기업들이 있다. 결국 ESG의 아이콘으로 불리던 에마뉘엘 파베르(Emmanuel Faber) 다농 CEO는 경쟁사보다 이익을 내지 못했다는 이유로 2021년 3월 해임되고 말았다. 또 ESG 활동이 최고경영자의 사회적 물의를 무마하기 위한 '소셜워싱'이나, 가짜 친환경 활동인 '그린워싱'에 이용된다는 비난도 있다.

"경계해야 할 부분이다. 친환경 활동에 전념하다가 거버넌스에 문제가 생기는 기업들도 있다. 결국 중요한 것은 균형이다. E, S, G 각 요소의 균형이 무엇보다 중요하다. 그리고 이전에는 ESG라고 하면 자발적이고 멋스러운 것으로 여겨졌다. 그때가 ESG 1.0 단계였다면 이제 그것을 넘어 제도화되는 단계인 ESG 2.0 단계라고 할 수 있다. ESG가 한때의 유행이 아니라 산업과 금융에 꾸준히 영향을 미칠 수 있는 것이다. ESG 활동의 진정성이 중요해졌다."

출처: 〔신동아〕 2021년 8월 호. ©동아일보사

ESG는 정치 이슈인가, 경제 이슈인가?

정치권에서 ESG에 관심을 가지는 이유

"이해관계자 자본주의는 정치적인 논의가 아니며, 사회적·이념적 논의도 아닙니다."

세계 최대 자산운용사 블랙록의 회장 래리 핑크가 기업에 보낸 〈자본주의의 힘〉이라는 제목의 연례 서한에 나오는 내용이다. 래리 핑크 회장이 "이해관계자 자본주의는 정치적인 논의가 아니"라고 먼저 말한 것은, 역설적으로 ESG를 정치적인 것이라고 생각하는 사람이 많다는 것을 보여준다고 할 수 있다. 실제로 래리 핑크 회장은 미국 공화당으로부터 ESG를 이용해서 자기 정치를 하고 있다는 비난에 시달리고 있기도 하다.

최근 유럽 국가뿐만 아니라 미국, 일본 등 전 세계 대부분 국가의 정부나 정치권에서 ESG에 관한 관심이 뜨겁다. 정치권에서 이렇게 관심이 높다 보니, ESG를 정치적 또는 정파적 이슈로 생각하여 정치세력이 교체된 이후에도 ESG에 관한 관심이 지속될 것인지 우려하는 목소리도 많다. 그러나 래리 핑크 회장의 말처럼 ESG는 정치가 아니라 경제 이슈다. 실제로 해외에서는 진보와 보수 무관하게 ESG 정책을 적극적으로 추진하는 경우를 어렵지 않게 찾을 수 있다.

정부나 정치권에서 ESG에 이렇게 관심을 가지는 이유는 무엇일까? 그 해답은 유엔에서 찾을 수 있다. 유엔은 2000년 9월, 새천년을 맞아 전 세계 191개국이 참여한 '새천년 정상회의'를 개최했다. 참여국은 2015년까지 빈곤, 환경, 교육, 성평등, 보건 등 8가지 이슈에 대한 목표를 설정하고 달성하기로 한 밀레니엄개발목표MDGs를 발표했다. 그러나 MDGs는 목표 달성에 실패했고, 국제사회는 다시 지속가능발전목표SDGs를 제정했다. SDGs는 여러 면에서 MDGs와 차이를 보이는데, 가장 대표적인 것이 민간의 참여다. 그동안 국제사회는 기업을 환경·사회 문제를 유발하는 주체로만 인식했다. 반면 SDGs에서는 기업이 문제를 유발하기도 하지만, 동시에 이를 해결할 힘을 가진 파트너로 인정하고 기업의 참여를 적극적으로 유도하고 있다.

최근 여러 국가가 ESG에 적극적인 이유 역시 마찬가지다. 기후변화, 빈부격차, 전염병 등 오늘날 사회 문제를 정부 혼자 힘으로 해결하기는 매우 힘들다. 정부 재정으로 모든 것을 감당하기에는 문제의 크기도 커졌고, 정부의 재정 여력도 약해졌다. ESG가 활성화되어 기업이 사회와 환경에 미치는 부정적 영향이 줄어들면 정부 입장에서는 그만큼 해결해야 하는 문제가 줄어들게 된다. 반대로 기업의 긍정적 기여가 늘어나면 그것은 그것대로 사회구성원 모두에게 이롭다.

기업의 부정적 영향력을 통제하기 위한 전통적 수단은 '규제'다. 그러나 규제를 집행하기 위해서는 상당한 행정력이 필요하다. 규제에 대한 사회적 저항도 만만치 않다. 그리고 늘어나는 규제만큼 규제를 회피하는 방법도 함께 발전하고 있어 규제로 모든 문제를 해결하는 것은 쉽지 않다. 정부 시각에서 보면 ESG는 큰 힘을 들이지 않고 기업의 활동 방향을 바꿀 방법이다. 정부는 그저 돈과 정보의 흐름만 바꾸면 된다. 돈의 흐름이 바뀌면 이익 추구가 목적인 기업은 자연스럽게 돈의 흐름을 쫓아가기 마련이다.

'권력은 시장으로 넘어갔다'라는 고故 노무현 전 대통령의 말처럼, 오늘날과 같은 금융자본주의 사회에서 정부가 자본의 흐름을 바꾸는 것은 간단하지 않다. 하지만 '기후변화와 ESG'는 다르다. 금융권에서도 기후변화와 ESG를 실재하는 리스크로 인식하기 시작했고, 글로벌 금융시장을 주도하고 있는 대형 금융기관들이 기후변화와 ESG 리스크관리 필요성을 먼저 역설하고 있기 때문이다. 정부는 기후변화 및 ESG 리스크가 모든 금융기관에 정착될 수 있도록 감독체계를 정비하는 역할만 하면 된다. 금융 안정성 관리는 어차피 정부나 중앙은행의 고유 업무이기도 하다. 각국이 발표하는 ESG 정책이 대부분 금융감독, 공시제도 개편 등 금융 관련 정책인 이유가 여기에 있다. 깨끗한 환경, 노동 여건 개선 등 국민 삶의 질을 높이는 것은 진보와 보수를 떠나 모든 정치세력이 추구하는 가치다. ESG 자체는 정치적 이슈가 아니지만 모든 정치세력이 관심을 가질 수밖에 없는 이유이고, ESG가 정권과 무관하게 지속될 수밖에 없는 이유이기도 하다.

윤석열정부의 ESG 정책은 어디를 향하고 있나?

ESG 열풍은 윤석열정부에서 지속될 것인가, 아니면 잦아들 것인가. 대통령 선거 기간 중에 드러난 윤석열 후보의 환경 인식은 그리 만족할 만한 수준은 아니었다. 하지만 새 정부 출범 초 인수위가 정리한 국정과제는 문재인정부의 ESG 관련 정책을 상당 부분 계승하고 있고, 새로운 방향도 제시했다. 윤석열정부는 2022년 6월《새정부 경제정책 방향》을 발표하면서 ESG 생태계 조성을 위한 인프라 고도화를 지원하겠다는 방침을 밝혔다. 이외에도 대선 당시 발표한 대통령 공약, 7월에 발표된《새정부 에너지정책 방향》과《새정부 환경정책 방향》 등을 통해 윤석열정부의 ESG 정책 방향을 가늠해볼 수 있다.

문재인정부와 윤석열정부 ESG 정책의 가장 큰 차별점은 환경 부문에서 나타난다. 탈원전 정책을 폐기하고 원자력을 한국형 녹색분류체계(K-택소노미)에 포함시킨 것이다. 또 2030년 국가 온실가스 감축목표 NDC에 원전의 역할을 늘려 발전 부문의 온실가스를 최대한 줄이는 방향으로 재설계하기로 했다. 2022년 8월 말 공개된 10차 전력수급기본계획(이하 전기본) 실무안에 따르면 윤석열정부는 2030년까지 원전 비중을 32.8%대로 확대하고, 신재생에너지 비중을 21.5%로 대폭 축소하기로 했다. 9차 전기본에서의 목표는 원전과 신재생 비중이 각각 25%, 30.2%였다. 10차 계획은 재생에너지 비중을 크게 늘리고 있는 세계적 흐름과 맞지 않는다는 비판을 받고 있다. 한편 2022년 7월 18일

윤석열정부 《새정부 경제정책 방향》 중 ESG 관련 정책

(ESG 경영) 민간중심 ESG 생태계 조성을 위한 인프라 고도화 지원

- **7대 중점과제**를 중심으로 정책을 마련해 'ESG 인프라 고도화 방안' 발표(2022.7)

① ESG 공시제도 정비 ② 중소·중견기업 ESG 지원 ③ ESG 채권 발행·투자 활성화
④ ESG 민간 평가기관 가이던스 마련 ⑤ ESG 정보 플랫폼 구축 ⑥ ESG 전문인력 양성
⑦ 공공기관의 ESG 선도

□ 글로벌 ESG 공시 표준화 동향에 맞춰 국내 공시제도를 정비하고 정보 접근성 제고를 위해 ESG 종합 정보 플랫폼 구축

환경부가 윤석열 대통령에게 보고한 업무계획에 따르면 환경부는 △과학적이고 실현할 수 있는 탄소중립 이행 △쾌적하고 안전한 환경 △국가·기업 경쟁력과 함께하는 환경 등 3대 핵심과제와 9개 세부과제를 추진할 계획이다.

지금 ESG 외교환경은 긴박하게 돌아가고 있다. 2022년 5월 23일 미국이 이끄는 '인도 태평양 경제프레임워크IPEF'가 공식 출범했다. 이는 무역, 공급망, 청정경제, 공정경제 등 새 통상 의제에 공동 대응하는 것이 목표지만, 동시에 미국이 자국 주도의 글로벌 공급망을 재편하려는 의도가 있는 협의체다. 인플레이션과 기후변화 대응, 의료보장 확충 등을 골자로 하여 8월 16일부터 시행된 미국의 '인플레이션 감축법The Inflation Reduction Act'도 공급망에서 중국을 배제하려는 의도가 포함됐다. 이 법에 따르면 전기차 보조금을 받기 위해서는 중국 등 해외 우려 국가의 배터리 부품과, 리튬, 코발트, 니켈 등의 광물을 일정 비율 이하로 사용해야 한다. 또 북미에서 조립하지 않은 전기차에 대한 보조금 지급을 중단해 한국 전기차 생산업체들이 피해를 보게 됐다. 우리 기업과 정부가 본격 대응에 나서야 하는 상황이다. 이 법은 결국 미국이 기후변화 등 ESG 이슈를 자국 산업 보호, 에너지 안보에도 활용하고 있음을 보여주는 사례다. 이처럼 새로운 ESG 외교환경의 변화에 대응해 우리 정부가 해야 할 일이 쌓이고 있다.

3

지속가능성의 맥락을 이해해야 미래가 보인다

ESG는 결국 '지속가능성Sustainability'의 맥락에서 이해해야 한다. ESG와 지속가능성을 같은 말로 보는 이들도 있지만, 지속가능성이라는 용어가 먼저 나왔고 더 큰 그림이다. 좁혀서 보면 ESG는 투자자 중심의 용어다. 유럽권에서는 ESG보다 지속가능성이라는 용어를 더 많이 사용한다. 웨인 비서Wayne Visser 박사는 지속가능성을 "특정 기간 혹은 장기간 생존하고 번창할 수 있는 능력"이라 설명한다. 더 깊은 이해를 위해 글로벌 차원과 기업 차원으로 분리해서 들여다보자.

인류의 미래에 물려줘야 할 것들

글로벌 차원에서의 지속가능성은 인간 발전과 환경 어젠다에 연결돼 있다. 가장 널리 알려진 지속가능성의 정의는 '지속가능한 발전'에서 나왔다. 1987년 유엔의 세계환경발전위원회WCED, World Commission on Environment and Development는 지속가능한 발전•이란 "미래세대가 자신들의 필요를 충족시키는 능력을 훼손하지 않으면서 현재 세대가 필요를 충족하는 것"••이라고 정의했다. 전 노르웨이 총리인 그로 할렘 브룬틀

• 'development'를 문맥상 '발전'으로 번역했다. 발전은 더 낫고 좋은 상태나 더 높은 단계로 나아감을 뜻하고, 개발은 산업이나 경제 따위를 발전하게 함을 뜻한다. 쓰임새에 따라 의미가 조금 달라지지만 대체로 발전이 개발보다 더 크고 넓은 의미로 쓰인다.

란Gro Harlem Brundtland이 좌장이 되어 만든 유엔 브룬틀란 보고서에 등장하는 개념이다. 여기에서 '필요needs'라는 말은 미래세대의 생존에 필수적인 요구사항을 뜻한다. 동시에 현재 세대가 환경을 지나치게 해치지 말아야 하고, 자연 자원을 갉아먹지 말아야 한다는 것을 강조한다. 그래야 생태계가 온전히 유지되며, 미래 사회가 성장의 능력을 유지할 수 있기 때문이다.

지속가능성에는 환경뿐 아니라 사회적 측면도 내재되어 있다. 세대 내부의 불평등 해소와 같은 사회적 측면도 지속가능성에 매우 큰 영향을 미친다. 서로 다른 사회 그룹과 지역 간에 자연 자원에 접근할 기회와 분배의 불균형 문제도 존재한다. 지속가능한 미래를 위해서는 이러한 문제도 동시에 해결해 나가야 한다. 선진국과 개발도상국 간의 고르지 못한 발전 역시 큰 문제다.

역설적인 것은 지역적으로는 지속가능한데, 세계적으로는 지속가능하지 못한 경우들이 있다는 점이다. 농산물 대부분은 지역 내에서 생산되고 소비되는 것이 대륙과 대양을 넘어 수출입되는 것보다 더 지속가능하다. 반세계화운동이 등장한 이유가 이 맥락과 닿아 있다.

글로벌 차원에서 지속가능성의 연원은 18세기의 환경 보존·보호 운동으로까지 거슬러 올라간다. 20세기에 이르러 두 차례의 세계대전이 인류에게 심각한 위기의식을 가져다주었다. 이후 자본주의가 폭발적인 성장을 구가하면서 급격한 인구 증가, 자원 고갈, 환경오염이라는 부작용이 나타났다. 이에 대한 문제의식이 위대한 작가들에 의해

•• Meeting the needs of the present generation without compromising the ability of future generations to meet their needs.

제기되기 시작했다. 레이첼 카슨Rachel Louise Carson의 기념비적 저작인 『침묵의 봄』(1962)은 서구가 환경, 경제, 사회적 안녕 사이의 연결고리를 이해하는 분기점이었다. 카슨은 자신의 책에서 제초제 사용으로 봄이 와도 새소리가 들리지 않는 '침묵의 봄'을 고발했다. 그러자 사태를 인지한 대중의 반발이 일어났다. 1972년 유엔 스톡홀름 회의는 환경적, 사회적 도전의 문제를 다루면서 해법을 고민했고, 그것이 브룬틀란 보고서 「우리의 공통 미래Our Common Future」로 이어졌다.

학계에서 무엇이 지속가능한 발전SD, Sustainable development인지를 따질 때는 엄격함의 정도에 따라 두 가지로 나눌 수 있다. 엄격한 SD는 자연 자본의 가치를 그대로 보존하는 것이다. 특히 자연 자본이 기본적인 생명 유지 장치 기능을 제공할 때는 더욱 그렇다. 우리가 만드는 자본의 총합은 미래세대에게 물려줘야 한다. 그것은 환경 자본뿐 아니라 지식과 기술도 포함된다. 그래야 다음 세대가 어느 정도의 발전과 부를 유지해나갈 수 있다.

느슨한 SD는 생산 자본을 늘려서 자연 자본의 하락을 보완하는 것이다. 예컨대 유전이 비록 대규모 온실가스의 원천이지만 그것을 개발해 재생에너지와 다른 형태의 인류 발전을 위해 투자할 수 있다고 보는 관점이다. 하지만 이것은 생명 유지 시스템의 능력을 어느 정도 훼손할 수밖에 없다.

세계화된 현대 사회에서는 국제적 차원의 접근을 무시할 수 없다. 사회 지배구조와 시장 규제가 세계 어느 지역에나 다 영향을 미친다. 이러한 세계화가 지속가능한 발전에 긍정적 기능을 할 수도 있다. 1992년 리우회의(UNCED, 유엔환경개발회의)는 환경 보호와 사회·경제적 발전이 지속가능한 발전에 토대가 된다고 결론을 내렸다. 그렇게 해서 만들어진 프로그램이 '어젠다 21'이다. 리우선언은 환경보전의 원칙을 담은 것이고, 어젠다 21은 그에 따른 각국 정부의 행동강령을 구체화한 것이다. 10년 뒤 요하네스버그 정상회의에서는 가난한 사람들을 돕고 국가 간 강력한 파트너십을 만드는 데 세계화를 적극적으로 활용하기로 합의했다.

로버트 케이츠Robert W. Kates는 지속가능성과 같은 이 세계의 긍정적 비전을 상상하고 구현하는 데 지역적·세계적 노력이 함께해야 한다고 강조했다. 긍정적 비전이란 인류가 의존하고 사는 자연 시스템을 훼손하더라도 복원이 가능할 정도로 유지하면서 인류의 필요를 충족하는 것을 의미한다. 존 엘킹턴John Elkington에 따르면 지속가능성이라는 인류의 목표는 경제적 번영과 환경의 질, 사회정의를 동시에 실현하는 것이기도 하다.

기업이 지속가능경영을 하면 얻게 될 과실

기업 측면에서는 지속가능성에 대해 더 명확한 정의가 필요하다. 기업은 이익을 추구하는 집단이므로 기업의 경쟁우위 차원에서, 그리고 이해관계자의 이익을 늘리는 방향으로 지속가능성을 해석했다. 미국 지속가능성회계기준위원회SASB는 '지속가능성'을 기업이 장기간에 걸쳐 가치를 창출할 수 있는 능력을 유지하거나 향상하는 기업 활동으로 정의하고 있다. 이에 따라 지속가능성 회계는 재화와 용역의 생산과정에서 발생하는 기업의 환경적·사회적 영향에 대한 관리뿐만 아니라 장기적 가치를 창출하는 데 필수적인 환경적·사회적 자본에 대한 관리를 반영한다. SASB도 지속가능성을 ESG와 거의 같은 개념으로 보았다.

엘킹턴은 비즈니스 관점에서 보면 지속가능성은 주주, 공급자, 지역, 고객에 대응하고 연결되어야 토대가 마련된다고 보았다. 그래야 자연자산을 이용해 자본을 생산해내고, 지속가능한 발전을 이룰 수 있다는 것이다.

기업에서 지속가능성을 실행하려고 하면 매우 혼란스럽고 막연할 수밖에 없다. 그래서 필요한 것이 지속가능성 프레임워크다. CSR, 어젠다 21, LEED Leadership in Energy and Environmental Design, FSC Forest Stewardship Council, ISO 26000, UNGC, CDP, SASB, TCFD, ISSB 등 무수히 많은 프레임워크가 등장했다. 이 가운데 지금 시대와 어울리면서도 개별 기업이 처한 상황과 지역적 특수성에 맞는 프레임워크를 찾는 게 중요하다. ESG 차원에서 접근한다면 당연히 CDP, SASB, TCFD, ISSB에 대응하는 것이 맞겠지만, 기업의 지속가능성 차원에서 보면 어떤 프레임워크든 도움이 될 만한 핵심 요소가 있다.

『자연자본주의』•의 저자 헌터 로빈스 L. Hunter Lovins는 기업이 지속가능성을 경영의 핵심 목표로 잡고 실천하면 다음과 같은 이점들이 뒤따른다고 정리했다.

- 비용 절감, 이익과 재무 실적 상승
- 리스크 감소

• 폴 호큰, 에이머리 로빈스, 헌터 로빈스 지음. 김명남 옮김. 공존. 2011.

- 법적 책임을 줄이고 회사를 운영할 권리 보유
- 최고의 인재를 끌어들이고 보유
- 혁신을 이끄는 능력 고양
- 노동 생산성과 노동자 건강 증진
- 시장점유율과 브랜드가치 상승
- 제품 차별화
- 공급망과 이해관계자 경영 확보

이처럼 많은 경쟁 요소를 확보할 수 있는 지속가능경영을 기업이 당장 시작하지 않을 이유가 없다. 지속가능성 액션플랜을 지금 바로 가동시켜야 한다.

4

CSR보다 ESG가 대세가 된 이유

국내에서는 한 가지 특이한 흐름이 있었는데, 그것은 기업의 사회적 책임 CSR을 사회공헌과 동일시한 것이다. 사회공헌은 CSR의 한 부분일 뿐인데 왜 그런 이해가 광범위하게 퍼졌을까. 이는 일부 전문가의 해석을 기업이 그대로 받아들이고, 다시 미디어가 그것을 퍼뜨려왔기 때문이다. CSR은 기업이 사회적, 환경적 책임을 비즈니스 모델뿐 아니라 가치사슬과 공급망 활동에 통합하는 일이다. 또한 이해관계자와의 소통을 통해 경제, 환경, 사회라는 3대 축에서 각각의 경영 전략으로 각 분야에 선한 영향력을 미치는 것이다. 사회공헌은 사회 축의 일부분이다. 하버드대의 마이클 포터 Michael Eugene Porter 교수와 마크 크레이머 Mark R. Kramer는 2011년 공유가치창출 CSV을 다룬 논문에서 CSV와 CSR의 차이점을 설명하며 CSR을 '사회공헌' 정도로 보았다. '전략적 CSR'을 넘어 CSV로 가야 한다는 게 두 사람의 주장이었지만, 당시 유럽에서는 포터 교수의 CSV는 '전략적 CSR'과 같다는 주장도 나왔다. 사실 기업 처지에서는 복잡한 CSR 전체 전략을 추구하기보다는, 일부분이지만 사회공헌이나 기부 행위에 집중하는 편이 기업 이미지 개선이라는 중요한 과실을 상대적으로 쉽게 얻을 수 있었다.

CSR은 여전히 유효한 기업 경영 전략 가운데 하나다. 국내에서도 2020년이 되기 전까지 CSR이 지속가능경영의 중요한 수단이었다. 요즘 화두인 ESG의 전 단계인 CSV나 사회적 가치는 '전략적 CSR' 정도에 해당한다. 그 이전은 기업 시민, 기업 책임, 트리플 바텀 라인TBL,• 내추럴 스텝TNS•• 등 여러 가지 용어들이 지속가능성 카테고리 안에 혼재되어 쓰였다. ESG는 투자자 시각에서 본 CSR이라고 정의해도 크게 틀리지는 않는다. 그런데 왜 CSR은 빛이 바래고 ESG가 대세가 되었을까.

폴 폴먼Paul Polman 유니레버 전 회장은 자본주의의 얼굴을 바꾸는 데 기여하겠다며 CSR 실천에 매진했던 사람이다. 수년간 지속가능경영을 실천했던 그는 "CSR 자체만으로는 목적 지향적인 비즈니스 시대에 충분하지 않다"고 말하며 CSR의 한계를 언급했다. CSR은 직원, 소비자, 환경, 지역사회에 선한 영향력을 미치기 위한 기업의 노력이지만, 측정이 어렵다 보니 매우 막연한 말로 여겨졌던 것이다. 피터 배커Peter Bakker 세계지속가능발전기업협의회WBCSD 회장은 CSR이 대부분 기부에 그치고 비즈니스 모델에 적절히 뿌리내리지 못하고 있다며 2014년 "CSR은 죽었다. 끝났다"라고 선언하기도 했다.

하지만 ESG에는 기업의 행위를 더 정확히 측정하고 평가하기 위한 지표가 있다. 즉 기업이 어떻게 기후변화에 대응하는가, 어떻게 직원을 다루는가, 어떻게 신뢰를 쌓고 혁신을 북돋우는가, 어떻게 공급망을 관리하는가와 같은 점을 지표로 말할 수 있는 것이다. 측정 지표로 말하기 때문에 기업 현장에서 실천하기가 쉽다. 저감한 탄소 배출량, 용수량, 에너지 사용량 등을 측정할 수 있고, 해마다 목표를 가지고 관리해나갈 수 있는 것이다. ESG에는 환경, 사회, 투명경영의 기회와 위

• Triple Bottom Line. 사람(People), 지구(Planet), 이윤(Profit)을 3요소로 하여 '3P'라고도 한다.
•• The Natural Step.

기 요소를 정성적인 것이 아니라 정량적으로 어느 정도 나타낼 수 있는 장점이 있다. 따라서 기업의 ESG는 투자자가 기업 목적, 전략, 경영 품질을 이해하기 위한 핵심 평가지표가 된다. 세계의 거대 펀드들은 대부분 ESG 성적표를 보고 투자한다. 저탄소 전환 사회에서 살아남으려면 ESG 경영이 필수이며, ESG는 기업의 핵심 비즈니스에 내재될 필요가 있다. 2019년 4월 889개 기업(시가총액 17.6조 달러) 모임인 '위 민 비즈니스 연합'의 나이절 토핑Nigel Topping 대표는 S&P 글로벌레이팅스가 주최한 런던 모임에 참석해 많은 기업이 재무적 결정에서 내재화된 ESG 고려를 무시하여 저탄소 전환으로 생기는 보상을 이용하지 못하고 있다고 경고했다.

"만약 이러한 도전적 사안들을 감추고 오직 법규준수 정도의 이유로 ESG에 접근한다면 그 이슈들이 기업 경영에 통합되지 못할 것이다. 만약 기업이 그런 이슈를 재무적 결정이나 장기 전략에 고려하지 않는다면 미래를 위한 준비를 제대로 하지 않는 것이라고 할 수 있다."

CSR의 연원

CSR의 연원을 살펴보는 것은 매우 흥미로운 일이다. 지속가능성의 뿌리를 확인할 수 있고, ESG의 확장성과 발전 방향을 가늠해볼 수 있기 때문이다.

CSR의 개념이 등장한 것은 매우 오래됐다. 18세기 감리교 창시자인 존 웨슬리John Wesley 목사의 설교 〈돈의 사용〉(1760)을 말하는 이가 있고, '철강왕' 앤드루 카네기Andrew Carnegie의 『부의 복음』(1889)을 언급하는 이도 있다. "생명을 희생하거나 건강을 희생해 돈을 벌어서는 안 된다"고 했던 웨슬리 목사나 "돈은 사회를 개선하고 세계 평화를 증진하는 데 사용해야 한다"고 한 카네기 모두 기업은 돈벌이를 통해 사회에 긍정적 영향을 미쳐야 한다는 점을 강조했다.

CSR을 학문적으로 거론한 이는 『비즈니스맨의 사회적 책임』(1953)을 쓴 미국 경제학자 하워드 R. 보엔Howard R. Bowen이다. 그는 이 책에서 "기업인은 사회의 목표와 가치에 비추어 바람직한 방향으로 방책을 추진하고, 의사결정하고, 행동할 의무가 있다"고 주장했다. 이 논의가 확산된 것은 아치 캐럴Archie B. Carroll 교수가 경제·법률·윤리·자선 책임을 포함하는 「CSR 피라미드 모델」[•]을 발표한 뒤였다. 이후 다양한 논의가 있었지만, CSR의 모호성 탓에 연구자와 사용 기관에 따라 조

캐럴의 CSR 피라미드 모델

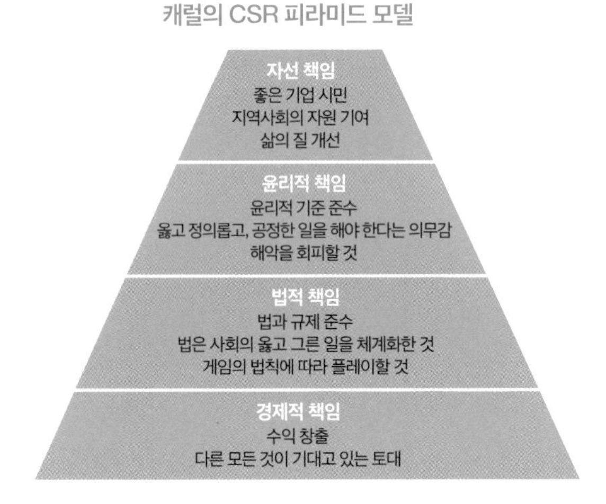

• "The pyramid of corporate social responsibility: Toward the moral management of organizational stakeholders," Business Horizons, Volume 34, Issue 4, July-August, 1991, pp. 39-48.

금씩 다르게 정의되었다.

2010년 발표된 'CSR 가이던스 ISO 26000'에서는 '사회적 책임'에 대해 이렇게 정의했다.

> 사회적 책임은 투명하고 윤리적인 행동을 통해 조직의 의사결정과 활동이 사회와 환경에 미치는 영향(impacts)에 대한 조직의 책임을 말하며, 다음의 속성을 가진다.
>
> - 사회의 보건 및 복지를 포함한 지속가능발전에 기여한다.
> - 이해관계자의 기대를 고려한다.
> - 해당 법을 준수하며 국제 행동규범을 지킨다.
> - 조직 전반에 걸쳐 통합되며 조직의 '관계' 속에서 실행된다.
>
> – 비고 1: 활동은 제품, 서비스 및 프로세스를 포함한다.
>
> – 비고 2: 관계는 조직의 영향권 범위 내에서 이루어지는 조직의 활동을 의미한다.

ISO 26000에서는 사회적 책임을 "발생하거나 대체된 것을 고치기 위해 생산과 분배의 마지막에 적용되는 중립적 행동이 아니라 계획, 실행, 이해관계자 소통의 모든 과정에 포함돼야 하는 긍정적 사고방식"이라고 정의했다. ISO 26000은 산업계, 정부, 소비자, 노동계, 비정부기구NGO 등 경제주체를 대상으로 지배구조, 인권, 노동 관행, 환경, 공정거래, 소비자 이슈, 공동체 참여 및 개발 등 7대 의제를 사회적 책임 이슈로 정하고, 이에 대한 실행 지침과 권고사항을 담고 있다.

WBCSD는 CSR을 "노동자, 가족, 지역사회 모두의 삶의 질을 개선하고 윤리적으로 행동하며 지속가능한 경제 발전에 기여하겠다는 비즈니스의 약속"으로 정의했다. EU 집행위원회European Commission는 CSR을 "기업이 자발적으로 사회적 환경적 관심사를 자신의 비즈니스 운영에 통합시키고, 이해관계자와 교감하는 개념"이라고 보았지만, 워서와 챈들러(William Werther, David Chandler, 2006)는 CSR을 "비즈니스(기업)는 단순히 이익을 추구하는 기관 이상이고, 따라서 사회에 혜택을 주어야 할 의무를 지닌다는 광의의 개념"이라고 보았다. 스톨(Stoll, 2007) 등은 새로운 세대의 글로벌 CSR을 개념화했다. 즉 글로컬라이제이션* 개념을 포함하고, 기관의 다층적 네트워크를 반영하며, 공적 사적 영역을 넘나드는 것을 인정하는 개념이다.

기업이 환경적·사회적 문제를 비즈니스 전략의 핵심에 둘 때 경제적 성장을 이루기란 부담이 될 수 있다. 포터와 크레이머(2006)는 CSR이 "기회, 혁신, 경쟁우위"와 같이 여겨지지만, 많은 기업이 경제적 위기 속에서 생존경쟁에 내몰려 있는 것을 걱정하고 있다고 인식했다. 나이드몰루(Ram Nidumolu, 2009)는 기업이 "친환경 기업일수록 경쟁력이 더 약해진다"고 믿고 있다고 보았다. 이런 전통적인 인식은 주주를 위해 이익을 많이 내야 하고, 그것이 하나의 인센티브였던 과거의 것이었다. 따라서 블로필드Michael Blowfield, 머리Alan Murray는 『기업 책임Corporate responsibility』(2008)이라는 책에서 "이런 전략은 더 이상 지속가능하지 않다"고 주장했다.

만약 기업이 CSR을 자사의 핵심 비즈니스 전략이라고 선언하기를 원한다면, 기업은 CSR 투자를 어떻게 상쇄할 것인가와, 그 결과로 나타날 평판과 재무적 이익을 어떻게 상쇄할 것인가를 구별할 필요가 있다. 그렇지 못하면 그린워싱과 같은 장식적인 내용을 추구하면서

* Glocalisation: globalisation + localisation. 세계화와 현지화를 동시에 추구하는 경영전략.

자산을 잃어버릴 수 있다. 이런 관점에서 자덱(Simon Zadek, 2007)은 "기업은 기업 시민정신을 단순히 임시방편적인 부가물로 여길 게 아니라 핵심 비즈니스 전략에 통합된 요소로 껴안아야 한다"고 강조했다.

CSR이 한창 인기 있는 프레임워크로 떠오르던 2000년대 초반, 이에 대한 비판의 목소리도 동시에 떠올랐다. 살펴보면 요즘 ESG에 대한 비판과 거의 차이가 없다. 어팅(Peter Utting, 2005)은 CSR이 "무임승차와 그린워싱이 될 수 있다"고 비판했다. 무임승차란 특별히 비용을 쓰지 않고도 특정 이니셔티브에 가입함으로써 좋은 평판과 경제적 이익을 얻을 수 있기 때문에 나온 말이다. 또 친환경적인 활동을 아주 조금 생색만 내고도 홍보를 크게 해서 좋은 이미지를 얻을 수 있기 때문이다.

기업 감시기관인 '코퍼릿워치Corporate Watch'는 2006년 CSR의 진짜 얼굴을 추적해 보고서를 낸 적이 있다. 많은 기관이 CSR을 비판하는 이유가 기업이 약속을 제대로 지키지 않기 때문이라는 걸 분석했다. 또 CSR을 주로 이끌었던 기업들의 면면을 보면 핵심 비즈니스 자체가 석유 산업, 담배 산업 등 환경이나 건강에 해로운 곳들이었다.

많은 활동가와 비정부기구NGOs는 당시 CSR 모델은 지속가능 발전에 적절하게 기여하지 못하고 있으므로 자발적 추구모델보다는 법적 구속력을 가져야 한다고 주장했다. 영국의 기독교 구호단체인 크리스천 에이드Christian Aid는 2004년 단순 CSR에서 기업의 사회적 회계 책임으로 이동해야 한다고 강조했다. 이 말은 미래의 기업은 국제 기준(표준)을 옹호하는 법적 의무를 다해야 한다는 뜻이었는데, 놀랍게도 18년 뒤인 2022년 기업들은 '공시'라는 법적 의무를 다하기 위해 ESG에 매달리는 상황이 됐다. 크리스천 에이드가 예견했듯이 CSR은 ESG라는 이름으로 진화해 기업의 미래에 방향을 제시하고 있다.

아쉬운 것은 대한민국이 10대 선진국이 되었어도 아직 구미 선진국이 제시하는 미래와 방향들, 이를테면 공시기준이나 평가지표 등을 그대로 따라 할 수밖에 없는 상황이고 자체 발광체가 되지 못하고 있다는 점이다.

CSR의 추동력Driver이 무엇인지에 대한 논의도 활발했다. 엘킹턴(2004)은 가치, 투명성, 라이프사이클 기술, 파트너십, 타이밍, 기업 거버넌스가 중요한 추동력이라고 보았는데, 제러미 문(Jeremy Moon, 2007)은 더 큰 개념인 '시장, 정부, 사회, 세계화'를 꼽았다.

첫째, 시장 드라이버(추동력)는 소비자, 직원, 투자자, 공급자, 구매자를 포함한다. 소비자의 습성이 때로 위선적으로 보일 때도 있지만 그들이 사회적으로 책임 있는 방식으로 만들어진 제품과 서비스를 선택하는 행위는 점점 늘어나고 있다. 제러미 문은 직원, 투자자, 공급자의 차원에서 보아도 마찬가지 물결을 확인할 수 있다고 보았다.

둘째, 사회 드라이버는 NGO의 압력, 미디어의 관심, 일반적인 사회의 기대, CSR을 행하는 비즈니스 연대, 사회 규범 같은 것들을 말한다. 특히 미디어는 단순히 사회의 무책임에 관한 이야기를 다룬다는 것만으로도 CSR의 드라이버로 기능해왔지만, 미디어 자체의 CSR 성과는 사람들의 관심을 별로 얻지 못했다.

셋째, 정부는 강력한 CSR 드라이버 가운데 하나여서 기관이나 기업을 독려하고 규제해서 그들이 CSR을 잘 실행할 수 있게 한다. 영국 정부는 이 분야에서 리더 역할을 해왔다. 한때는 CSR 장관까지 두고 비즈니스가 CSR 전략을 채택하도록 독려하기도 했다.

넷째, 세계화 역시 비즈니스에 국경을 가로질러 통용되는 적법한 '긴요한 것imperative'을 주기 때문에 중요한 드라이버 중 하나다. 특히 여러 나라에 걸쳐 공급망을 가진 다국적 기업에게 CSR은 자사의 비즈니스를 성공적으로 수행하는 데 매우 매력적인 수단이 된다.

기업 앞에 놓인 도전적 과제들

CSR 연례보고서 발행과 관련한 드라이버는 애초 윤리적이고 경제적인 고려였다. 하지만 점차 평판과 브랜드이미지가 더 중요한 요소가 되었다.• 국제 컨설팅사인 KPMG 조사에서 경제적 고려에 따라 보고서를 발행한다고 답한 회사는 2005년 74%에서 2008년 68%로 줄었다. 반면 평판과 브랜드이미지 관리 차원에서 보고서를 발행한다고 답한 기업은 2005년 27%에서 2008년 55%로 크게 늘었다. 평판과 브랜드이미지, 직원의 동기 부여, 공급망 관계 등 비재무적, 무형의 이유가 더욱 중요해졌음을 짐작할 수 있다.

특히 평판은 기업에 매우 중요한 경쟁우위다. 평판이란 그 기업이 어떤 조직인지에 대해 장기적으로 외부에서 평가한 내용의 조합이기 때문이다. 더욱이 평판은 재무적 성과, 금융·투자자와의 관계 개선, 직원의 도덕성과 장려책, 고객과 직원의 충성도와 같은 더욱 손에 잡히는 문제들과 관련이 있다는 점을 기억해야 한다.

CSR에 대한 총체적 인식을 위해 이것이 어떤 영역으로 분류될 수 있는지 볼 필요가 있다. 가리가와 멜레(Elisabet Garriga, Domènec Melé, 2004)

• KPMG, 2008.

는 CSR의 전체 영역을 파악해서 네 그룹으로 이론을 분류했다. 도구적, 정치적, 통합적, 윤리적인 영역이 그것이다.

첫째, 도구적 이론은 부의 창출이 기업의 유일한 사회적 책임이라는 인식에서 나온 것으로, 기업은 부의 도구라는 것이다. 1970년 프리드먼이 주장했던 바로 그 말, "비즈니스의 사회적 책임은 이윤을 늘리는 것이다"라는 인식이 이 영역의 이론을 잘 설명하고 있다.

둘째, 정치적 이론은 기업의 사회적 힘과 정치의 장에서 창출되는 기업의 고유한 책임을 강조한다. 이 이론에서는 기업에 사회적 책무와 권리를 받아들이거나 사회적 혹은 환경적 정책 측면에 참여할 것을 요구하고 있다.

셋째, 통합적 이론은 기업은 당연히 사회의 요구를 자신의 비즈니스 운영에 통합해야 한다는 것이다. 그리고 비즈니스의 적법성과 명망은 그런 사회적 요구를 어떻게 통합하느냐에 달려 있다고 본다. 이 영역의 한 사례는 1979년 캐럴이 도입한 기업의 사회적 성과CSP라는 개념이다. 그는 사회적 책임은 비즈니스 성과의 경제적, 법적, 윤리적, 자선적 영역을 대표해야 한다고 주장했다. 뒤에 그는 이 아이디어를 「CSR의 피라미드」(1991)라는 논문에 상술하면서 비즈니스의 사회적 책임은 선택할 수 있는 것이 아니라 의무라고 강조했다.

넷째, 윤리적 이론은 비즈니스와 사회의 관계가 윤리적 가치와 함께 내재화된다는 점을 강조한다. 비즈니스의 윤리적 의무는 다른 어떤 것보다 더 강조된다. 이 영역에는 유엔글로벌콤팩트UNGC와 같은 보편적 인권, 기업 차원보다는 거시적 차원의 지속가능한 발전, 그리고 일반적 자선이 포함된다.

제러미 문, 안드레아스 라셰Andreas Rasche, 메테 모싱Mette Morsing 등은 『기업의 사회적 책임: 전략, 커뮤니케이션, 지배구조』•에서 윤리적 영역 대신 규범적 관점인 기업의 준수 의무를 추가했다. 이는 기업이 사회의 목표와 가치 측면에서 바람직한 방책을 추구하고, 그에 대한 의사결정 혹은 행동을 실시하는 기업인의 의무를 말한다.

위에서 CSR에 대한 이론적 논의, ESG의 등장 이유를 들여다보았다. 시대가 바뀌면서 강조점이 바뀌고, 이름도 새로워졌다. 그러나 오래된 이름을 버리고 새 이름을 붙인다고 금과옥조나 성배가 되는 것은 아니다. 문, 라쉬, 모싱도 위 책에서 윤리적 경영, CSR, ESG, 기업의 지속가능성 같은 이름labels이 중요한 게 아니라 이론적 근거rationales가 더 중요하다고 강조했다. 사회에 고착된 불평등, 부패, 인권침해, 기후변화와 같은 도전적 과제들을 해결하는 데 기업이 어떻게 기여하는가의 문제가 더 중요하다는 얘기다.

• Corporate social responsibility : strategy, communication, governance. Cambridge University Press. 2017.

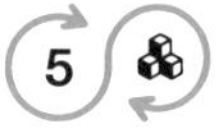

테슬라는 과연 ESG 루저인가?

2022년 5월 ESG 업계에 놀라운 뉴스가 전해졌다. 친환경 전기차 회사인 테슬라가 S&P 500 ESG 지수에서 빠졌다는 소식이었다. S&P 500 ESG 지수는 미국 증시에서 우량 기업 500곳의 환경, 사회, 지배구조에 대한 데이터를 토대로 산출하는 세계 최상위 지수 가운데 하나다. 지속가능성 기준을 충족하는 유가증권의 성과를 측정하면서 기초 벤치마크로서 유사한 전체 산업 그룹 가중치를 유지하도록 설계된 광범위한 시가총액 가중치 지수다. 테슬라 배제 소식이 전해진 당일 테슬라는 굳건했던 주식가가 7%나 하락하며 체면을 구겼다.

테슬라가 S&P 500 ESG 지수에서 빠진 것은 이 지수에 편입된 이후 처음 있는 일이었다. S&P는 테슬라가 탄소 대응 전략이 부족했고 인종차별과 같은 사회 리스크가 불거졌으며, 노동자들의 근무 조건도 열악했다고 보았다. 또 테슬라는 자동조타장치 문제로 여러 명의 사상자가 발생했는데, 미국 연방 기구인 미국 도로교통안전국NHTSA, National Highway Traffic Safety Administration의 조사에 적절히 대응하지 못했다.

더욱이 거버넌스에도 약점이 있었다. CEO인 일론 머스크의 독단적인 전횡과 기업 경영의 불투명성도 배제에 영향을 미쳤을 것으로 보인다. 머스크가 트위터를 440억 달러에 인수하겠다고 했다가 결정을 갑자기 미뤘고, 그로 인해 10억 달러의 위약금을 물어야 할지도 모르는 상황이 됐다. 그러자 미국 로이터 통신은 "머스크의 돌발 행동에 대한 이사회의 감독이 느슨하다"고 지적했다. 2018년에는 노조를 결성하면 직원의 스톡옵션을 회수할 수 있다고 위협했고, 노조를 조직하려던 직원을 해고하기도 했다. 스스로 공화당원이라고 선언했던 일론 머스크는 2021년 8월 조 바이든 미 대통령이 전기차 시장으로의 전환을 위한 장기계획을 발표하는 기자회견장에도 초청받지 못했다.

머스크의 소셜 미디어 행보 또한 논란을 일으켰다. 2022년 2월에는 트위터상에서 암호화폐인 비트코인을 지지한 다음 보유했던 비트코인을 팔아 차익을 실현하기도 했다. 같은 해 5월에는 성인물 거래에 주로 사용하는 암호화폐인 컴로켓을 지지한다고 게시물을 올렸다가 투자자들의 비난을 받았다. 결국 테슬라는 ESG 각 요소 간의 균형이 제대로 이뤄지지 않았다고 볼 수 있다.

역설적이게도 이번 평가에서의 탈락은 테슬라가 연례「임팩트 보고서Impact Report」(2021)를 공개한 지 2주 만에 나온 결정이었다. 이 보고서에서 테슬라는 자사의 다양한 ESG 지표들을 보여줬다. 직원의 62%가 비非대표성 소수URM,• 2012~2021년 생산된 자동차와 공장에서 소비된 전력보다 더 많은 태양광 발전,•• 테슬라 시설의 순환시스템,••• 제품 안전성•••• 등은 여타 기업의 지표들보다 앞선 내용들이다. 이만큼 좋은 성적을 낸 기업이 더 있을까 싶은 정도인데, 테슬라가 제외된 것이다.

• Underrepresented Minority: 흑인 혹은 아프리카계 미국인, 히스패닉 혹은 라티노, 아메리카 원주민 등.
•• 네바다 볼더 태양광 발전에서 연간 50만MW 이상의 재생에너지가 생산된다.
••• 배터리 100% 재사용, 원료 92% 재사용.
•••• 2012~2021년 10만 마일 운행마다 5대의 차량 화재 발생. 미국 전체 자동차 화재 평균은 10만 마일 운행당 53건.

이에 대하여 일론 머스크는 테슬라가 다른 어떤 기업보다 친환경적인데 ESG 평가가 낮게 나온 것은 문제가 있다며 "ESG는 사기scam"라고 발언했다. 평가가 발표되기 전에는 "ESG는 악의 화신이다"라고 트위터에 쓰기도 했다.

물론 이번 평가 결과에서 테슬라만 제외된 것은 아니다. 버크셔 헤서웨이, 델타 에어라인, 존슨앤존슨, 메타 같은 곳들도 탈락했다. 그런데 문제는 S&P 500 ESG 지수에서 탈락한 기업보다는 이름을 올린 다른 회사들이다. 엑손모빌은 기후변화에 대해 알고 있었던 것과 관련해 투자자와 대중에게 거짓말을 했다는 의혹으로 매사추세츠주와 뉴욕주에서 조사받고 있음에도 이번 S&P ESG 리스트에 포함됐다. 엑손모빌의 본업은 석유를 시추하고 정제해서 온실가스를 내뿜는 석유와 가스를 만드는 일이다. 화석연료 산업에 가장 많은 돈을 빌려주고 있는 JP 모건 체이스나, 과도한 직원 통제와 감시 및 열악한 노동 여건 등으로 문제가 된 세계 최대 전자상거래 업체인 아마존도 리스트에 남아 있다.

이러고 보면 머스크의 지적을 외면할 수만은 없을 듯하다. 전기차를 생산하는 기업이 석유 생산기업보다 ESG를 못하고 있다는 것을 어떻게 받아들여야 할까. 그런데 바로 여기에 흥미로운 관전 요소가 있다.

한 가지 질문을 던져보자. ESG 평가가 좋다는 것이 일반 사람이나 지구에도 좋은 것일까? 대부분의 ESG 종사자나 일반 사람들도 ESG 평가가 좋으면 당연히 그럴 것이라고 여길 것이다. 그런데 이번 논란을 계기로 ESG 평가의 적절성에 대한 의문이 다시 제기됐다. 지속가능성 전문 미디어인 그린비즈에 따르면 제프리스 그룹의 ESG와 지속가능성 전략 글로벌 책임자인 애니킷 샤Aniket Shah는 S&P의 테슬라 배제 결정이 ESG 평가에 대한 '진정한 고발'임을 ESG 커뮤니티가 진지하게 생각해야 한다고 지적했다.

물론 ESG 평가란 지구상의 전체 기업을 대상으로 평가하는 게 아니라 동종업계에서의 상대적 우수성을 보기 때문에, 환경오염을 많이 시키는 기업군에서도 1등 기업이 되면 ESG 평가가 좋게 나오는 한계가 있다. 친환경 산업이라 할 수 있는 전기차 업계에도 여러 가지 문제가 생길 수 있다. 전기차 배터리에 쓰이는 리튬 코발트 니켈 등의 원료는 대부분 콩고민주공화국에서 나오는데, 이곳에선 아동 노동과 인권 침해 이슈가 끊이지 않고 있다.

그린비즈의 조엘 마카워Joel Makower 대표는 "기업의 긍정적인 요소와 부정적인 요소를 어떻게 균형 잡느냐, 각 요소를 어떻게 측정하고 점수화하느냐, 평가할 때 동종업계 간 비교로 하느냐 아니면 전체 시장에서의 비교로 하느냐 등의 의문을 가질 필요가 있다"며 "ESG 펀드 투자 규모가 엄청나게 커졌지만, ESG 섹터는 추락할 준비를 하고 있는지도 모른다"고 지적했다. 그는 또 "테슬라 배제 논란이 ESG 자체의 균형 조정에 촉매 역할을 할 수도 있다"는 견해도 내비쳤다.

테슬라의 「임팩트 리포트」를 보면 흥미로운 서술이 나온다.

현재의 ESG 리포팅은 세계의 긍정적 임팩트 영역을 측정하지 않는다. 대신 리스크와 보상의 달러 가치를 측정하는 데 초점을 맞추고 있다. 돈을 큰 투자기관의 ESG 펀드에 맡겨놓은 개인 투자자들은 자기 돈이 기후변화를 더 악화시키는 기업의 주식을 사는 데 이용될 수 있는 것을 모를 수도 있다. 이런 사례는 자동차산업의 임팩트를 측정하는 것을 보면 알 수 있다. 사람들은 아마도 자동차 회사가 전기차를 더 많이 팔수록 그 회사의 ESG 스코어는 더 좋아지리라 생각할 것이다. 그런데 그렇지 않다. 한 회사가 석유를 많이 소비하는 차를 대량 생산한다고 해도 작업장에서 온실가스를 조금씩 지속적으로 줄여나가면 ESG 평가는 올라간다.

사용 단계에서의 온실가스 배출(전체 자동차 온실가스 배출의 80~90%를 차지)은 비현실적인 가정에 따라 잘못 보고되거나 전혀 보고되지 않는 경향이 있다. 어떤 석유회사가 테슬라보다 환경 임팩트에 관해서 더 높은 순위를 차지하고 있는 것을 보기는 어렵지 않다.

테슬라는 자사에 대한 ESG 평가가 본질적인 면을 놓치고 있다고 보는 것이다. 그러면서 제시하는 것이 바로 '기업 임팩트Company impact'라는 개념이다.

우리는 지구상에 실제적인 긍정 임팩트를 측정하고 면밀히 조사하는 체계를 만들 필요가 있다. 그래서 의심할 줄 모르는 개인투자자들이 긍정적인 변화를 만들고 그것을 우선시할 수 있는 회사를 선택해서 지지할 수 있도록 해야 한다. …… 많은 ESG 평가체계는 ESG 이슈가 기업의 수익성에 영향을 미치는가를 평가한다. 그보다는 이 회사의 성장이 세계에 긍정적 임팩트를 주는가를 평가해야 한다.

상식적인 시각으로 보면 테슬라의 주장이 더 설득력 있어 보인다. 물론 그렇다고 S&P가 지적한 테슬라의 오점이 지워지는 것은 아니겠으나 ESG, 즉 지속가능성을 볼 때 큰 그림을 놓치지 말아야 하는 이유를 우리는 여기서 다시 발견한다. 만약 S&P도 이런 큰 그림을 놓친다면 시장은 그것을 기억했다가 그대로 돌려줄 가능성이 크다.

6

그린워싱은 ESG를 어떻게 갉아먹을까?

중고차 레몬시장의 교훈

유튜브 목록에 가끔 허위매물을 올린 중고차 딜러를 찾아가 따지는 동영상이 뜬다. 클릭해보면 생각보다 조회수가 많다. 단지 재미로 보는 사람도 있겠지만, 그만큼 허위매물에 분노하는 사람이 많다는 의미가 아닐까? 대기업의 중고차 시장 진출에 우호적인 여론도 이를 방증하는 듯싶다. 허위·과장광고의 문제는 단순히 해당 상품을 구매한 소비자 한 명의 피해에 그치지 않는다. 시장의 성장을 저해할 뿐만 아니라 어쩌면 시장 전체의 붕괴를 초래할 수도 있다.

노벨 경제학상을 수상한 미국의 경제학자 조지 애컬로프George A. Akerlof는 1970년 「레몬시장: 품질의 불확실성과 시장 메커니즘The Market for Lemons: Quality Uncertainty and the Market Mechanism」이라는 논문을 발표했다. 레몬은 겉은 먹음직스럽게 생겼지만, 속은 너무 시어서 먹기 어려운 과일이다. 미국에서는 결함이 있지만 겉으로는 확인할 수 없는 불량 중고차를 '레몬'이라는 속어로 표현한다. 일반 소비자가 중고차의 결함이나 사고 이력을 직접 확인하기는 매우 어렵다. 판매자에 속아 불량 중고차를 비싼 가격에 구매하는 일이 빈번히 발생하는 이유다. 애컬로프 교수는 판매자와 구매자 간 정보 격차, 즉 차량의 결함 여부를 아는 정도의 차이가 지속되면 시장의 건전한 성장이 어렵다고 분석했다. 예를 들어 중고차 구매자는 판매자의 설명과는 무관하게 항상 차량의 결함 가능성을 염두에 둘 수밖에 없다. 정보가 불투명한 시장에서는 추후 결함을 발견해도 상대적으로 재정적 손해가 적은 저렴한 차량을 선호하게 된다. 반대로 좋은 중고차를 가진 사람은 제값을 받지 못해 시장에 중고차를 내놓으려 하지 않게 된다. 결국 시장에는 결함이 있는 중고차, 즉 레몬만 남는다. 이처럼 정보의 불균형이 지속되면 시장은 성장을 멈추거나 붕괴할 수 있다.

선한 의지 뒤의 이기심: 그린워싱의 유형

"국제적 인식과 규제가 더 지속가능한 소비와 투자를 요구하면서 그린워싱의 가능성도 커지고 있다."

세계경제포럼WEF, World Economic Forum의 분석이다. ESG가 확장되는 만큼 부정적 측면도 부각되고 있다. 환경, 사회, 경제를 바꿔보겠다는 ESG 경영의 '선한 의지' 뒤편에 실적과 이익만을 최고의 가치로 여기는 이기심도 같이 자라고 있다.

녹색Green과 세탁Washing의 합성어인 그린워싱은 상품이나 용역의 환경적 속성 혹은 효능에 관한 표시와 광고를 거짓 혹은 과장으로 꾸며 친환경 이미지를 형성하고 거기서 경제적 이득을 취하는 것을 말한다. 환경뿐 아니라 사회, 지배구조에서까지 그런 거짓과 과장이 있으면 'ESG 워싱'이라고 부르기도 한다.

캐나다의 친환경 컨설팅사인 테라초이스Terra Choice는 그린워싱 사례를 7가지로 분류했다.

테라초이스의 그린워싱 분류

유형	설명
상충효과 감추기	작은 속성에 기초하여 친환경적이라고 이름 붙이는 경우
증거불충분	라벨 또는 제품 웹사이트에 쉽게 접근할 수 있는 증거를 제시하지 않고 친환경적이라고 주장하는 경우
애매모호함	너무 광범위하거나 제대로 이해할 수 없는 용어를 사용하는 경우
관련성 없음	친환경적인 제품을 찾는 소비자에게 중요하지 않거나 도움이 되지 않는 환경적 주장을 하는 경우
두 가지 악 중 덜한 것	범주 자체가 친환경적이지 않은데도, 다른 제품보다는 더 환경적이라고 주장하는 경우
거짓말	사실이 아닌 점을 광고하는 경우
허위 라벨 부착	허위 라벨 사용으로 존재하지 않는 제3자 검증 혹은 인증을 거친 제품이라고 암시하는 경우

WEF는 그린워싱을 일러 기후변화와 생물종다양성 혹은 환경오염과 같은, SDGs를 외면하면서도 행위와 제품에 '녹색Green' 또는 '지속가능한Sustainable'을 붙이는 경우를 말한다고 설명하고 있다. 이는 일반적으로 선택적 공개와 상징적 행동 두 가지 형태로 나타난다고 한다.

세계경제포럼의 그린워싱 분류

유형	설명	예시
선택적 공개	제품의 환경 성과와 관련해 부정적인 부분은 덮고 긍정적 정보를 광고하는 것	특정 종이 제품을 친환경이라고 표현하는 경우가 있는데, 이는 전체 환경 문제를 보지 않고 부분적으로만 보는 것. 종이는 지속가능한 방식으로 기른 숲에서 나왔다고 해서 친환경이라고 부를 수 없는 자원. 종이를 만드는 방식에서 온실가스 배출과 염소 표백제 사용이라는 환경 문제를 일으킬 수 있음
상징적 행동	동반된 의미 있는 행동 없이 작은 사안으로 관심을 끄는 경우	은행이 투자 포트폴리오의 기후 임팩트를 무시하면서 그 자체의 온실가스 배출을 상쇄하는 경우
		패션 브랜드가 공급망에서 아동 노동을 해결하지 않으면서 유엔아동기금에 기부금을 내고 착한 기업 이미지를 취하는 행위

이런 행위를 멈추기 위해 NGO나 미디어는 그린워싱 행위를 파악해서 공개적으로 비난하는 방식을 펴오고 있다. 하지만 어떤 경우에는 정보가 부족해 제대로 파악하지 못하는 경우도 많다. 혹은 CEO가 지속가능성에 대한 강한 신념을 갖고 있어도 실무 부서에 제대로 내재화되지 않았을 경우 성과를 부풀리면서 그린워싱을 하게 되기도 한다.

담배회사가 우수 ESG 기업이 된 사연

세계보건기구WHO와 세계 담배 산업 감시기구인 스톱STOP은 2022년 5월 담배회사들의 그린워싱 보고서를 발표했다. 이 보고서는 주요 담배회사들이 ESG 평가사로부터 높은 점수를 받아 ESG 리더로 평가되는 것을 우려하고 있다. 실제로 브리티시 아메리칸 타바코BAT는 ESG 보고서로 골드 스탠더드 등급을 받았다. 〔파이낸셜 타임스〕로부터는 기후 리더라는 상도 받았다. 필립 모리스 인터내셔널PMI도 기후 관련 인증기관인 CDP로부터 5년간 지속가능성 지표에서 A 리스트를 받아왔다. 하지만 담배 제품은 연간 800만 명의 죽음에 원인을 제공하며, 장기 흡연자의 둘 중 한 명을 죽이고 있다. 이런 역설적인 상황 뒤에는 세 가지 비밀이 숨어있다.

첫째, 지속가능 투자 분석가들은 ESG 기준이 기업의 핵심 제품이나 서비스의 지속가능성을 전혀 고려하지 못하고 있다고 STOP은 지적했다. 기업이 실제로 행하고 있는 것이 무엇인지보다는 그 기업이 어떻게 운영되는지에 초점을 맞추다 보니 일어난 현상이라는 것이다. 이에 따라 담배회사들이 높은 점수를 얻는 왜곡이 일어난다. '담배 없는 포트폴리오Tobacco Free Portfolios' 단체는 "담배 산업의 핵심 목표와 임팩트는 ESG 혹은 지속가능성 여부를 따지는 요소에 제대로 반영되지 않고 있다"고 지적했다. 결국 ESG 상賞들은 담배의 해악과 치명성을 무시하는 결과를 낳게 된 셈이다. 더욱이 ESG 우수 담배회사들이 진정으로 지속가능한 기업들과 비교해서 높은 평가를 받는 게 아니라 동종업계 경쟁자들과의 경쟁에서 앞섰다는 것으로 그런 평가를 받는 것은 문제가 아닐 수 없다.

둘째, 세계적으로 기업들의 ESG 행위를 평가하는 체계가 난립하는 것도 담배 기업들이 이익을 누리는 기회가 되고 있다. 전 세계적으로 600여 개의 ESG 평가체계가 있는데, ESG 보고에서 표준화된 정보공개 요구사항이 없다 보니 담배회사들은 자사의 긍정적인 역할을 강조하는 지속가능성 데이터들만 선택하여 활용할 수 있는 것이다.

셋째, 담배회사가 외부의 감시 없이 자사의 지속가능성 목표를 세울 수 있는 상황도 문제다. 목표를 충족하지 못할 때는 단순히 그것을 보고하지 않아도 되는, ESG 평가의 맹점도 있다. 게다가 ESG 평가기관이 낮은 평가를 줄 경우 기업이 평가 자체를 취소할 수 있다. 2017년 담배 회사인 BAT, JTI, 임페리얼 브랜즈 3사가 'CDP 삼림' 평가에서 낮은 점수가 나오자 셋 다 평가 자체를 취소해버린 사례가 있었다. 이처럼 담배회사들이 지속가능성 어워드를 자사에 유리하게 이용하는 방식은 대표적인 그린워싱 사례다.

20년 전에 옥스퍼드 사전은 그린워시greenwash를 "기업이나 기관이 실제로는 환경에 해악을 끼치는데도 사람들이 친환경적이라고 오인하게 만드는 행위"라고 정의했다. 그간 그린워싱은 담배와 같이 오염이 심하고 논쟁적인 산업에서 많이 이용해왔다. 핵심 비즈니스와는 무관한 해변 청소 같은 프로그램을 통해, 그리고 환경 기관이나 재난 구호 기관에 내는 기부금을 통해 자사의 명성과 제품을 친환경 이미지로 포장했다. 글로벌 담배회사들은 특히 판매와 이익을 늘리고 있는 중·저소득 국가에서 이러한 그린워싱을 행하고 있다.

STOP 보고서의 제안은 귀 기울일 만하다. 담배규제기본협약FCTC에 서명한 정부의 경우 담배 산업계의 그린워싱 활동을 금지해야 하며, CDP 등 환경 및 지속가능성 인증기관은 담배 산업에 우수 등급 부여를 제한해야 한다는 것이다.

최고의 시간이었고, 최악의 시간이었다: 금융회사의 그린워싱

근래에는 금융권의 그린워싱이 뉴스의 초점이 되고 있다. 2021년 8월 도이치방크 계열 운용사인 DWS가 기준에 미달하는 펀드를 ESG 상품으로 분류해 투자 규모를 허위로 공시했다는 혐의를 받아 미국과 독일 금융 당국이 조사에 들어갔다. 도이치자산운용에서 해고된 전 지속가능투자 책임자 데지레 픽슬러Desiree Fixler가 〈월스트리트저널〉에 "도이치자산운용이 ESG 투자 기준과 거리가 먼 많은 자산을 ESG 상품에 포함시켰다"고 폭로한 뒤였다. 어떤 펀드가 그린워싱 혐의를 받고 있는지 명확히 밝혀지지는 않았지만, DWS는 ESG 투자 자산을 과대평가해온 것으로 언론에 알려졌다. 검찰은 "도이치자산운용의 투자설명서에 담긴 정보와 달리 소규모 투자 자산에만 ESG 기준이 고려됐다"고 밝혔다.

DWS는 줄곧 그린워싱 혐의를 부인해왔지만 독일 검찰이 DWS를 수색한 뒤인 2022년 6월 초 최고경영자 아소카 뵈르만Asoka Böhrmann이 사임했다. 로이터 통신에 따르면 뵈르만은 직원들에게 보내는 메모에 "DWS의 성장을 보는 것은 기쁨이었다"면서도 "혐의는 발견되지 않았거나 방어할 수 없다. 그러나 그 흔적은 남았다"는 모호한 말을 했다. 그는 또 "찰스 디킨스의 문장을 인용하자면 그것은 최고의 시간이었고, 최악의 시간이었다"라고 적었다.• 그린워싱과 불법 혐의를 받는 상황에서 CEO인 뵈르만이 이런 구절을 직원에게 언급한 것은 어떤 이유였을까. 처음부터 속이려 했던 것이 아니라면, 현실적으로 ESG 경영이 얼마나 모호하고 어려운 일이었는지를 말하고 있는 것은 아닐까. 경영진의 신념이 없다면, 기업 내부에 굳건하게 뿌리박힌 문화가 없다면 ESG 경영이 얼마나 쉽게 그린워싱의 유혹에 넘어갈 수 있는지를 알려주는 사례가 될 수도 있겠다.

또 다른 흥미로운 사례는 BNY멜론이다. 세계 최대 원주보관은행Custodian bank인 BNY멜론도 뮤추얼 펀드 투자 결정 시 ESG 고려와 관련한 규정을 왜곡하거나 누락했다는 혐의로 2022년 5월 150만 달러의 과징금이 부과됐다. 미국 증권거래위원회SEC는 2018년 7월부터 2021년 9월까지 BNY멜론 투자자문이 여러 설명statements에서 그렇지 않은 경우가 있음에도 펀드의 모든 투자가 ESG 평가 검토quality review를 받았다고 표현하거나 암시했다는 것을 확인했다. BNY멜론 투자자문은

• 전 세계에서 2억부 이상 팔린 소설 『두 도시 이야기』의 첫 문장이 바로 "최고의 시간이었고, 최악의 시간이었다"이다. 그다음 구절도 흥미롭다. "지혜의 시대였고, 어리석음의 시대였다. 믿음의 세기였고, 불신의 세기였다. 빛의 계절이었고, 어둠의 계절이었다. 희망의 봄이었고, 절망의 겨울이었다. 우리 앞에 모든 것이 있었고, 우리 앞에 아무것도 없었다."

SEC의 조사 결과를 인정하지도 부인하지도 않았지만 정지 명령에 동의하고 과징금을 내기로 했다.

SEC에 따르면 BNY멜론 투자자문은 다음 조항을 어긴 것으로 드러났다. 투자자문법 Investment Advisers Act 제206조 반反사기조항은 허위진술 misstatements과 중요한 사실에 대한 허위 누락을 금지하고 있다. 또한 투자자문 비즈니스와 관련한 다른 기만행위와 실행도 금하고 있다. 투자자문법 제34조는 누구든 투자자문법에 따른 보고서나 자료에서 중요한 사실에 대해 정직하지 않은 진술을 하거나 다른 진술이 허위가 아님을 밝히는 데 필수적인 중요 정보를 빠뜨리는 것을 불법으로 규정하고 있다.

SEC의 샌제이 와다 Sanjay Wadhwa 기후 및 ESG 태스크포스 팀장 겸 집행국 부국장의 설명이다. "등록된 투자자문사와 펀드가 ESG 전략을 도입하거나 특정 ESG 기준을 포함하는 투자를 더욱 많이 제공하고 평가해오고 있다. 그것은 부분적으로 투자자의 요구를 충족시키기 위해서 하는 일이다. 그런데 BNY멜론 투자자문은 특정 뮤추얼 펀드에 대한 투자 선택 과정이라고 공개한 ESG 평가 검토를 제대로 하지 않았다는 것을 확인했다."

애덤 애더턴 Adam S. Aderton SEC 집행국 자산운용팀 공동대표도 "요즘 투자자들은 투자를 결정할 때 더욱더 ESG를 고려하고 있다. 이런 변화는 투자자문이 자신들의 투자 선택 과정에서 ESG 요소를 정확하게 포함하지 않을 경우 증권거래위원회가 책임을 요구할 수 있다는 것을 보여주고 있다"라고 말했다.

SEC의 기후 및 ESG 태스크포스팀은 2021년 3월에 출범했다. 투자

자문과 펀드의 ESG와 관련된 불법행위를 사전에 파악하기 위해서였다. 이는 ESG와 관련된 정보공개와 투자, 그리고 기후에 대한 투자 의존이 지속적으로 늘어나는 것과 궤를 같이한다. 이 태스크포스는 등록된 정보와 집행국 자료를 효율적으로 활용해 위법 내용을 확인하고 있다. 위법 사항은 현행법상 기후 위기 공개, 투자자문 및 펀드 ESG 전략과 관련한 공시 및 자율 준수 문제에서 실제와의 차이가 있는 경우, 혹은 허위표시 같은 것들이 해당한다.

SEC는 골드만삭스 투자운용 자회사의 뮤추얼펀드에 대해서도 조사를 벌이고 있다고 2022년 6월 10일 〔월스트리트저널〕이 보도했다. 미국의 금융정보회사 모닝스타에 따르면 ESG 투자와 관련된 펀드의 총자산 규모는 2022년 1분기에 2조 7800억 달러에 이르는데, 이는 2년 전보다 3배 가까이 늘어난 것이다.

11장

베스트 프랙티스와 큰 그림

Environmental

Social

Governance

Contents

1

지속가능경영에 다걸기한 유니레버가 얻은 것

2012년 5월 영국 런던에 있는 유니레버 본사를 방문한 적이 있다. 유니레버는 세계에서 ESG 경영, 지속가능경영을 가장 잘하는 기업 중 하나로 유명하다. 2022년 기준으로 전 세계에 14만 9000여 명의 직원을 두고 2021년에 524억 유로(약 71조 원)의 매출을 기록한 세계적 생활용품 및 식품기업이다. 전 세계 170개국에서 약 2억 명이 매일 유니레버의 제품을 사용하고 있다. 지속가능경영에 다걸기를 한 뒤 유니레버는 명성과 부를 동시에 거머쥐고 있다. 이미 10년 전에 우리의 미래를 걷고 있던 기업. 독자들에게 유니레버의 기업 DNA를 소개하고자 당시 기록한 내용을 그대로 보여주고자 한다.

다국적 생활용품·식품기업 유니레버
사회 이익 UP 환경 영향 DOWN 지속가능경영에 다걸기

"세 양동이 물 대신 한 양동이만으로 족하다."

2006년 유니레버가 적은 물로도 세탁물을 헹굴 수 있도록 만든 혁신적인 '콤포트 원 린스(Comfort One Rince)'를 베트남에서 출시했을 때 현지에서 이 말을 따르는 이는 많지 않았다. 물이 부족한 나라인데도 베트남 여성들은 세탁 린스를 사용할 때 적어도 세 양동이의 물을 써야 하는 줄 알았다. 그들의 어머니, 할머니 세대가 해오던 방식은 그랬다. 그러나 유니레버는 TV 광고 등을 통해 콤포트 원 린스를 사용하면 이 습관을 바꿀 수 있음을 지속적으로 알렸다. 심지어 베트남 국립 축구경기장에서 유명인과 수만 명의 여성을 모아놓고 실연을 통해 이 제품의 효과를 홍보하기도 했다. 당시 3000만 명이 이 이벤트를 보았고, 결과는 대성공이었다.

지속가능한 삶 계획

'유니레버 제품을 사용함으로써 시간, 노력, 물을 절약할 수 있다.' 소비자는 시간과 노력을 아껴서 좋고, 기업은 제품을 더 많이 팔 수 있어 좋으며, 물 부족 국가 베트남은 물을 아껴서 좋은 상태가 된 것이다. 그야말로 '윈-윈-윈(win-win-win)'이다. 이는 유니레버의 대표적 지속가능경영 성공사례 가운데 하나다.

지속가능경영과 관련해 유니레버는 학계, 환경단체, 지속가능경영평가단체 등으로부터 수많은 상과 호평을 받아왔다. 최근 사례만 해도 한두 가지가 아니다. 2012년 유니레버는 컨설팅 그룹 글로브스캔과 서스테이너빌러티의 지속가능성 리더 조사에서 1위, 영국의 지속가능경영 평가단체인 '비즈니스 인 더 커뮤니티' 평가에서는 최고등급인 '플래티넘 플러스' 자리에 올랐다. 2011년엔 기업의 미래가치 평가로 명성이 높은 영국의 투투모로(TwoTomorrows)로부터 최고등급인 Aaa(11개 기업과 공동수여) 평가를 받았으며, 다우존스 지속가능경영지수(DJSI)에선 식품제조 분야에서 13년째 지속가능성 리더 기업으로 꼽혔다. 2011년에는 국제 그린 어워드에서 "태도와 실천의 관점에서 표면적인 해결책을 보이는 것이 아니라 전면적이고 진정한 차별성을 보인다"는 평가를 받으며 그랑프리를 거머쥐었다.

도대체 유니레버의 어떤 점이 이처럼 좋은 평가를 받게 한 것일까. 이 회사가 가진 진정한 미래가치는 무엇일까. 그 비밀을 듣기 위해 영국 런던으로 향했다.

유니레버PLC 본사는 런던 중심가를 가로지르는 템스 강 북안의 빅토리아 임뱅크먼트에 자리 잡고 있다. 또 다른 본사(유니레버NV)는 네덜란드 암스테르담에 있다. 런던 본사 건물은 고풍스러운 빅토리아 양식의 외관을 하고 있다. 반면 내부는 초현대식 시설들로 채워져 있다. 중앙 로비는 12층 천장 높이까지 트여 있고, 통유리로 구분된 각 사무실은 로비에서 내부가 훤히 들여다보였다. 고급 레스토랑 같은 구내식당과 로비의 카페, 옥상정원은 직원들의 쉼터다. 각층의 반대쪽 복도에선 템스강과 런던의 명물인 런던아이(London Eye)가 한눈에 들어왔다.

6개의 회의실 복도에는 이 회사 주요 브랜드인 립톤 차가 맛 종류별로 배치돼 있었다. 유니레버의 지속가능성 활동을 소개해준 캐런 해밀턴(Karen Hamilton) 지속가능성 담당 부사장이 차를 권했다. 립톤 차는 영국 최악의 봄장마가 몰고 온 추위를 녹이기에 더없이 좋았다.

생산소비 전 단계에 기업 책임

기자가 본사를 방문하기 이틀 전인 4월 24일 유니레버는 '지속가능한 삶 계획(SLP, Sustainable Living Plan)'을 1년간 시행한 성과를 발표했다. 2010년 11월 시작된 이 지속가능경영 전략은 2020년까지 유니레버가 달성하고자 하는 목표를 담고 있다. 그 목표는 크게 △10억 명 이상이 건강과 행복을 누릴 수 있도록 도울 것 △유니레버 제품의 환경 발자국(environmental footprint)을 절반으로 줄일 것 △지속가능한 방식으로 생산된 농산물을 100% 구입할 것 등으로 나뉜다. 세부 목표는 60여 항목이 넘는다.

이날 배포된 2011년 성과보고서에서 유니레버는 구입한 야자유(palm oil) 가운데 64%가 친환경적이고 지속가능한 방식으로 생산됐고, 자사 제품에서 트랜스지방과 포화지방 사용을 크게 줄였다고 밝혔다. 또 유럽에서 유니레버가 사용한 모든 전기는 100% 신재생에너지였으며, 2005년 이후 3500만 명이 저렴하고 안전한 정수기 '퓨라이트(Pureit)'로 깨끗한 물을 마실 수 있었다고 한다.

SLP가 돋보이는 이유는 크게 세 가지다. 첫째, 지속가능성 전략을 비즈니스의 핵심 요소로 끌어안고 있다는 점이다. 그래서 그 전략이 단지 몇몇 제품에만 그치는 게 아니라 이 회사의 모든 브랜드와 170개국 현장에 도달해 있다.

둘째, 유니레버는 기업 책임을 자사 실험실이나 사무실, 공장에만 적용하는 게 아니라 모든 가치생산단계(value chain)에도 적용하고 있다. 이는 원재료의 공급에서부터 제품의 생산·소비 과정 전 단계에까지 기업 책임을 염두에 두고 있다는 말이다.

셋째, 유니레버는 자사의 많은 제품에 대해 환경적 차원뿐 아니라 사회적 차원에서의 영향도 고려하고 있다. 17만여 명(당시)에 달하는 전 세계 직원뿐 아니라 57만여 명의 협력업체와 농부 등 관계자들의 건강과 삶의 개선을 위해서도 실천하고 있다.

성과 발표회에서 CEO 폴 폴먼은 감회를 이렇게 밝혔다.

"처음 우리가 '지속가능한 삶 계획'을 밝혔을 때 그것은 달성하기 힘든 너무 큰 계획이라고 생각됐습니다. 그러나 정말 변화하려면 불편한 계획을 세워야 합니다. 미래에는 지속가능한 성장만이 환영받는 비즈니스 모델이 될 겁니다. 그래서 유니레버는 SLP를 비즈니스 전략의 중심에 두고 있는 것입니다. 우리는 이미 그 모델이 성장을 추동하고 있음을 확인하고 있어요. 환경적, 사회적, 경제적 차원에서 제품이 미치는 영향을 지속가능하게 체화시킨 라이프보이 비누나 퍼실 스몰, 마이티 세제 등은 그렇지 않은 제품들보다 훨씬 빠르게 성장하고 있으니까요."

기업이 인류 문제 떠맡아야

폴먼 CEO는 어떤 대가를 지불하고서라도 성장만 하면 된다는 생각은 더 이상 유용하지 않다고 생각하고 있다. 그가 유니레버의 행동을 통해 사회적 이익을 키우는 동시에 환경적 악영향을 줄이는 방식의 새로운 비즈니스로의 전환을 강조하는 이유를 짐작하기는 어렵지 않다.

이미 세계 인구는 70억 명을 넘어섰지만 지금도 6주마다 런던 인구(1300만 명)만큼씩 규모가 늘어나고 있다. 기후변화는 더욱 심각해지고 있으며, 과학자들이 돌이킬 수 없는 변화를 초래할 수 있기 때문에 반드시 막아야 한다고 했던 기온 2℃ 상승의 가능성도 커지고 있다. 28억 명이 물 때문에 심각한 위협에 시달리고 있으며, 현 세계의 수요를 충족시키려면 식량은 2050년까지 70%가 증산되어야 한다. 어른 10명 가운데 1명은 비만에 시달리고 있지만 10억 명은 여전히 굶주리고 있다. 환경 보호단체인 세계자연기금(WWF)에 따르면 모든 인류가 평균적인 유럽인처럼 생활하려면 3개의 지구가 필요하다고 한다.

캐런 해밀턴 부사장은 만약 기업이 이익만을 최우선에 두는 전통적인 방식의 비즈니스를 계속한다면 비즈니스는 사회를 더 이상 발전시키지 못할 것이라고 단언했다.

"기후변화와 삼림벌채, 물 부족 같은 사안은 정부에도 사실 큰 도전과제입니다. 그런데 정부 혼자서는 이런 문제를 해결할 수 없어요. 기업은 이런 문제 앞에서 더 이상 방관자가 돼선 안돼요. 기업이 문제의 일부가 아니라 해결책의 일부가 돼야 해요. 기업이 해결책의 일부가 되려면 자선이나 이익 중 일부를 내놓는 방식의 사회공헌만으로는 부족합니다. 기업의 운영방식을 지속가능전략으로 바꿔야 합니다."

이런 인식이 보편화되기 전인 1987년 유엔 브룬틀란 보고서는 지속가능한 발전(지속가능성)이란 "미래세대가 필요를 충족할 수 있는 능력을 손상하지 않으면서 우리 세대의 필요에 맞추는 발전"이라고 정의했다. 유니레버의 지속가능성 개념도 여기서 출발한다. 해밀턴 부사장은 "사회의 일원으로서 환경적 영향을 줄이고 근로자와 넓은 차원의 생산 및 공급 과정에 공평한 경제적 부를 제공하면서 오늘날의 사회적 수요에 반응하는 것이 우리가 말하는 지속가능성"이라고 덧붙였다.

유니레버는 창사 때부터 사회적 기여에 가치를 뒀던 회사다. 1890년대 유니레버의 전신인 레버 브라더스(Lever Brothers)의 창업자 윌리엄 레버는 위생이 열악했던 빅토리아 시대의 영국 사회에 '선라이트 비누(Sunlight Soap)'를 도입해 사람들의 생활을 크게 개선했다. 네덜란드의 마가린 유니(Margarine Unie)는 1920년대 영양공급이 부족했던 이 나라 사람들에게 버터의 대용으로 건강에 좋고 싼 마가린을 팔았다. 1927년 두 회사가 합병해서 지금의 유니레버가 되었는데, 비즈니스로 돈도 벌고 사회발전에도 기여한다는 창업정신이 지금까지 이어져오고 있다.

65명의 지속가능 챔피언

유니레버는 지속가능성 관련 부서를 두고 있다. 책임자는 키스 위드(Keith Charles Frederick Weed) 마케팅 커뮤니케이션 담당 이사(CMO), 그 밑의 부책임자가 캐런 해밀턴 지속가능성 담당 부사장이다. 지속가능성 점검 팀을 이끄는 키스 위드는 4개월마다 지속가능생활 계획의 진전 상황을 유니레버 리더십 이사회에 보고하고 있다. 각 부문에서 지속가능성 챔피언으로 뽑힌 65명의 직원은 자신의 평상시 업무와 병행해서 브랜드와 각 사업장, 창의 영역 등에 지속가능성 전략이 침투하도록 안내한다. 안전환경검증센터에는 제품의 라이프사이클 애널리스트 등을 담당하는 과학자가 있어 6000여 제품의 라이프사이클 단계마다 환경·탄소·물 등의 발자국(footprint)을 수치화하고 있다.

12년 전 유니레버는 지속가능경영 전문가를 고용해 당시 CEO에게 자문해주는 역할을 하게 했다. 그러나 지금은 전사적 차원에서 지속가능성 전략이 수립돼 있다. CMO 키스 위드는 기업의 사회적 책임(CSR)을 회사 전체로 퍼뜨려 종국에는 담당 팀이 없어져야 한다고 주장한다. 어느 언론 인터뷰에 난 이 말을 해밀턴 부사장에게 건넸더니 좀 더 쉽게 풀어 설명해준다.

"제 파트가 없어진다니 흥미롭군요(웃음). 일반적으로 기업의 사회적 책임은 부차적으로 덧붙여진 것이라는 생각이 우리 사회에 팽배해 있습니다. 여기에 전통적 비즈니스가 있다면, 저만치에 CSR이 있습니다. 두 가지가 서로 연결되지 않는 거지요. 또 CSR은 단순히 외부의 비난으로부터 기업 이미지를 보호하기 위해 쓰이기도 합니다. 그런데 유니레버는 대기업으로선 보기 드문 혁신적인 내용을 추구하고 있어요. 우리가 원하는 것은 작은 팀에서 만든 사회적 책임 정신이 최고경영자에서부터 일선 사원에 이르기까지, 또 모든 비즈니스 영역으로 옮겨가도록 하는 것입니다. 단순히 담당 팀만이 그 일을 하는 건 바람직하지 않다고 보고 있어요. 키스 위드의 말은 지속가능성이 더 이상 작은 팀에 의존하지 않아도 될 정도로 그 전략이 회사 전체에 퍼질 필요가 있다는 뜻입니다."

유니레버는 '해결책의 일부'가 되기 위해 동종산업, NGO, 학계, 정부 등과 긴밀하게 공조해야 한다는 점도 강조하고 있다. 유니레버는 소비재 제조사, 공급사, 유통업체 등의 모임인 컨슈머 굿스포럼(Consumer Goods Forum) 회원사로서 이 포럼의 지속가능성 프로그램들을 이끌고 있다. 예컨대 다른 기업들을 설득해서 2020년까지 모든 협력업체의 삼림벌채를 막겠다는 약속을 끌어내기도 했다.

인식 전환이 혁신 바탕

"삼림벌채는 생태계와 생물종 다양성 파괴뿐 아니라 전 세계 온실가스 원인의 20%를 차지하는 것으로 알려져 있어요. 만약 많은 기업이 힘을 합해 지속가능한 방식으로 생산된 야자유, 종이 등을 구입한다면 삼림벌채 속도를 크게 줄일 수 있을 겁니다."

유니레버는 지속가능성 전략을 위해 협력업체와의 동반자 관계도 강조하고 있다. 특히 전체 원료의 3분의 2를 차지하는 농산물을 100% 지속가능한 품목으로 구입하겠다는 목표를 이루려면 파트너십이 반드시 필요하다. 유니레버는 지속가능 농업 코드를 개발해 농약이나 물 사용을 줄일 수 있는 정보와 장치 등을 제공하고 있다. 협력사에 이를 강제하기보다는 미끼(carrot approach)를 통해 상생을 추구하고 있다. 유니레버는 2007년 립톤 차에 대해 친환경단체인 열대우림협회(RA, Rainforest Alliance) 인증을 받았다.

"소비자들이 RA 인증을 받은 립톤 차를 보면서 매우 만족해합니다. 그 재료가 어디에서 온 것인지 알게 되고, 세심하게 선별된 원료라는 것을 알기 때문입니다. 소비자의 호평은 곧 우리 기업의 성장으로 이어지고 있습니다."

유니레버는 전 세계적으로 야자유를 가장 많이 구입하는 회사 가운데 하나다. 유니레버는 올해 말까지 100% 지속가능한 방식으로 생산된 야자유 재료를 구입할 수 있을 것으로 보고 있다. 원래 이 계획은 2015년까지 달성하려던 목표다. 2020년까지는 모든 생산지를 추적할 수 있게 하는 '녹색 야자수 인증계획'도 세워두고 있다.

"사실 이 일은 놀랄 만큼 복잡한 일이어서 많은 투자가 필요합니다. 그럼에도 우리는 이미 그와 관련된 투자를 준비하고 있습니다. 인도네시아 정부와 협의해서 수

마트라 지역 농장에 1억 유로를 투자키로 했습니다. 이 농장에서 생산되는 야자유에 대해서 역추적이 가능하도록 할 계획입니다."

환경적 측면에서 보면 많은 기업이 공장에서 제품 생산에 들어가는 에너지와 물, 쓰레기, 온실가스 등을 줄이기 위해 노력하고 있다. 그러나 유니레버는 여기서 한발 더 나아간다. 자사가 사용하는 원자재, 소비자가 소비하는 행위 등에도 책임이 있다고 여기는 것이다. 지속가능성의 관점에서 보면 이는 상당히 일리 있는 분석이다. 유니레버의 조사에 따르면 자사 브랜드 하나를 제조할 때 생기는 온실가스는 3%에 그치는 데 반해 이를 소비자가 사용할 때 70%의 온실가스가 발생하고, 원재료 생산에 들어가는 온실가스도 26%를 차지하고 있다.

"우리의 혁신이 바로 그런 인식에서 나옵니다. 예컨대 농축세제를 만들어 포장재 크기를 줄이고, 일반 세제보다 30도 정도 낮은 온도에서도 세탁 효과가 있는 세제를 개발할 수 있었던 것도 그런 인식이 있었기 때문에 가능했습니다. 우리는 혁신적인 농축세제 한 브랜드만으로도 연간 400만 톤의 탄소를 감축할 수 있었습니다. 우리 브랜드를 팔아온 글로벌 유통체인인 월마트는 다른 세제 제조기업에 포장 크기를 줄이지 않으면 팔지 않겠다고 선언했습니다. 우리의 혁신이 다른 기업에도 변화를 촉구하게 된 겁니다."

지속가능한 삶 실험실

유니레버는 이해관계자와의 소통 문제를 지속가능 전략의 주요 축으로 두고 있다. '포럼 포 더 퓨처' 창시자인 조너선 포릿(Jonathan Porritt) 등 외부 전문가들로 이뤄진 자문단으로부터 지속가능성 프로그램에 대한 자문을 듣고 있다.

또 온라인 대화 채널을 만들어 소비자의 의견을 듣고 있다. 4월 25일에는 '지속가능한 삶 실험실(Sustainable living lab)' 이벤트를 24시간 진행해 등록된 이해관계자 2000여 명으로부터 여러 가지 제품 아이디어와 SLP 달성을 위한 해결책을 들었다. 이런 제안은 영국 포트 선라이트 연구센터 등으로 보내져 실행 가능성이 검증된다.

이해관계자들은 무엇보다 회사 내부에서 어떤 일이 벌어지고 있는지 알고 싶어 한다. 만약 사고가 있었다면 그것이 어떤 과정을 통해 어떻게 해결되었는지 궁금해 한다.

"유니레버는 투명한 보고를 강조합니다. 올해 성과보고서에서도 진행 중인 목표, 달성하지 못한 목표, 삭제한 목표 등으로 구분해서 이유를 밝혔어요. NGO 등과 협의해 유니레버가 해결해야 할 도전과제들이 무엇인지 밝히기도 했고요. 우리는 인권과 노동문제와 관련해서 비즈니스 강령을 갖고 있고, 인권, 노동, 환경에 관한 민간 선언인 유엔글로벌콤팩트에도 가입했습니다. 3년 전 파키스탄의 계약 노동자 업무환경에 대한 우려와 마다가스카르에서의 아동 노동 사용 혐의가 도마에 올랐어요. 그런데 그런 문제가 제기됐을 때 본사 경영진에 곧바로 보고됐고, 아동 노동 문제는 경제협력개발기구(OECD) 중재를 통해 재빠르게 해결됐습니다. 그런 내용도 보고서에 그대로 담고 있어요."

PR 캠페인 담당인 앤 에커트 글로벌 디렉터는 "4월 24일 SLP 2011년 성과를 알리는 행사에서도 NGO와 정부, 주요 인사들로부터 유니레버가 문제점과 잘한 점, 회사의 방향 등에 대해 솔직하게 설명했다는 반응을 들었다"고 말했다.

성공사례 많아 확신

아직까지 지속가능경영은 돈이 많이 든다는 인식이 팽배해 있다. 특히 중소기업에는 그림의 떡인 경우가 많다. 아무리 대기업이지만 유니레버에도 초기 투자는 적지 않았을 것이다.

"열대우림협회 인증을 받으려면 그만큼 친환경적 생산방법을 고수해야 합니다. 또 지속가능한 방식으로 생산된 원료를 구입할 때도 그만큼 돈이 더 필요합니다. 스페인 등의 토마토 농장에 필요한 물과 영양분, 농약 등을 특수 배관을 통해 필요한 만큼만 공급하는 낙숫물 관개 방식을 도입했는데 초기 투자 비용이 많이 들어갔습니다. 그러나 물이 부족한 곳에선 물을 아낄 수 있고, 농약도 적게 뿌릴 수 있어서 토양 오염도 줄어들었습니다. 그렇게 재배된 제품에 대한 수요가 늘어나면서 초기 투자 비용을 상쇄하고도 남게 됐어요."

비즈니스를 단지 며칠, 혹은 몇 개월 내다본다면 이런 투자를 하지 못할 것이다. 유니레버가 이처럼 장기 전망을 갖고 전사적으로 지속가능경영을 이어갈 수 있는 것은 그만큼 성공사례에 대한 확신이 있기 때문이기도 하다.

"지속가능성은 우리 비즈니스가 성장할 수 있도록 추동하고 있습니다. 지속가능성과 관련된 브랜드의 매출은 연평균 21% 정도 늘어나고 있어요. 경제위기 상황에서도 2배의 성장세를 기록했습니다. 바셀린 제품 용기를 다시 디자인해 연간 130톤의 플라스틱을 줄였습니다. 지난해엔 에너지 소비를 줄여 1300만 유로를 아꼈어요. 지속가능성 전략 덕분에 소비자는 유니레버 제품에 더욱 만족하고, 직원들도 더욱 경쟁력을 갖춰가고 있습니다. 더불어 이 사회도 조금씩 좋아지고 있다고 생각해요."

출처: 〔신동아〕 2012년 6월 호. ©동아일보사

미디어 산업에 적용해야 할 ESG 원칙

우선 질문 하나. 다음 내용은 어느 기업이 내세운 지속가능성 목표인지 짐작해보라.

> "환경의 지속가능성은 우리의 비즈니스 전략에 온전히 통합되어 있다. ○○그룹의 포부는 2020년 회계연도 기준으로 2025년까지 온실가스의 25%를 줄이는 것이다. 이 목표는 세계 기온을 1.5℃ 이내로 묶어 두려는 파리기후협약의 원대한 목표와 연동해 SBTi의 공식 검증을 받았다."

온실가스를 많이 내뿜는 제조업체의 설명이 아니다. 바로 〔이코노미스트〕를 발행하는 '더 이코노미스트 그룹'이 홈페이지에서 자사에 대해 소개하는 ESG 섹션에 나온 문구다. 미디어 기업이 이처럼 ESG를 전면에 내세우고 경영활동을 하는 시대임을 알 수 있는 사례다. 브랜드이미지와 평판, 신뢰 같은 '비재무적' 요소들이 미디어업계의 성장을 결정하는 중요한 요소가 되었다. 해외 미디어 산업에서 지속가능 경영 모델이 각광을 받게 된 것도 같은 맥락이다.

하지만 국내 언론이 ESG와 지속가능성을 다루는 관점은 오로지 외부로만 향해 있다. 내부로 향해 자신의 지속가능성 문제를 진지하게 들여다보는 미디어는 거의 없다. 이 부분도 문제이지만 더욱 중요한 것은 기업의 지속가능성, 혹은 ESG 이슈가 한국 사회에서 발전하기 위해서는 미디어가 이를 제대로 다루어야 한다는 점이다. 기업이 CSR을 사회공헌 정도로 여기게 만든 것도 사실은 미디어가 잘못 보도한 탓이 크다. 국내 신문사나 방송사 홈페이지에서 'ESG' '지속가능성' '기후변화' '환경' 같은 섹션을 찾기는 매우 어렵다. 반면 〔가디언〕, BBC, 블룸버그 같은 언론에서는 홈페이지 초기화면에서도 주요 섹션으로 위의 주제들을 다루고 있다.

여기에서 미디어 산업의 중대성 이슈를 다루고, 해외 글로벌 미디어 기업의 지속가능경영 사례를 소개하는 이유는 바로 ESG와 관련해 국내 미디어 기업이 나아갈 방향을 짚어보기 위해서다.

영국 런던에 있는 '책임있는미디어포럼RMF, Responsible Media Forum'은 2022년 미디어 산업의 '중대성 보고서'를 펴냈다. 2004년 처음으로 미디어 분야에서 중대성 이슈를 정리했던 RMF가 2018년 이후 4년 만에 최근 정보로 갱신한 것이다. 그 사이 코로나19와 악화된 기후변화 문제가 미디어 산업에도 예외 없이 강력한 영향을 미쳤기 때문에 업데이트된 중대성 이슈에 대한 관심이 적지 않은 상황이다.

어쩌면 미디어 산업 내부에서까지 ESG에 신경을 써야 하나라는 의문을 가질 수 있을 것이다. 미디어 산업은 제조업이 아니기 때문에 아무래도 기후변화나 환경 영향으로부터는 조금 벗어나 있다고 여길 수도 있다. 하지만 그런 시각은 매우 위험하다. 기후변화로부터 자유로운 산업은 어디에도 없다. 더욱이 현대 사회에서 미디어 산업은 모든 영역에서 이해관계자의 지위를 갖고 연결돼 있기 때문에 ESG 분야에서 빼놓을 수 없다. 사회에 경각심을 주고 시민들이 특정 사안에 참여할 수 있도록 이끄는 미디어의 역할은 코로나19 상황에서 더욱 빛이 났다. 미디어는 좁게 보면 뉴스 미디어를 떠올릴 수 있지만, 넓게 보면 광고, 통신, 교육, 과학, 출판, 연예, 스트리밍 회사까지도 포함된다. 일반인은 고급 미디어에 연결되지 않고는 고급 정보를 확보하기 어렵다. 건강한 미디어 생태계는 민주 사회를 유지하는 데 필수적이다. ESG의 확장을 위해서도 미디어 산업은 소중한 영역이다.

미디어 산업에서 중대성이란 무엇인가. RMF는 '중대성 사안은 단기에서 중기에 걸쳐 재무적으로 중요한 것을 말한다'고 정의했다. 즉 2년 내에 5% 이상 매출이나 이익과 같은 재무적 지표에 영향을 줄 수 있는 사안을 말한다.•

RMF가 꼽은 미디어 산업의 주요 중대성 이슈는 '기후변화, 데이터 프라이버시(개인정보보호), 다양성·형평성·포용성DE&I, 책임 있는 콘텐츠, 스킬 개발, 지속가능한 공급망, 직원 웰빙' 등이다. 어떻게 보면 미디어의 매우 기본적인 요소들이지만 어느 하나라도 대응이 미약하다면 미디어 기업에게 재무적으로 큰 영향을 미칠 수 있다. 이 밖에도 전략, 운영, 신규 이슈와 관련한 중대성 내용들이 RMF 보고서에 소개돼 있다.

미디어 산업의 중대성 이슈를 이해하기 위해서는 RMF가 과거에 해온 활동을 살펴볼 필요가 있다. 2013년 6월 13일 영국 런던에서 미디어 산업에 하나의 이정표가 될 만한 국제회의가 열렸다. 영국의 '미디어CSR포럼'과 '북유럽노르딕미디어CR포럼' 등이 공동 주최한 이 회

• 지속가능성 투자회사 로베코(Robeco)는 중대성 사안을 긍정적이건 부정적이건 매출 향상, 수익 증대 등 기업의 비즈니스 모델과 가치 추동력에 중요한 영향을 미칠 수 있는 요소라고 정의했다.

의에선 미디어의 사회적 책임과 영향력에 대한 논의가 이뤄졌다. '거울 혹은 운반자Mirrors or Movers?'라는 주제로 펼쳐진 이 행사에는 30여 개 글로벌 주요 미디어 기업들과 학계, 관계, 언론계 등에서 주요 인사들이 참석했다. 여기서 논의된 내용들은 전 세계 미디어 산업에서 지속가능경영이 확장될 수 있는 단초가 되었다.

'거울 혹은 운반자?'라는 말은 '미디어 콘텐츠가 다양한 형태로 사회를 단지 거울처럼 반영만 하는 것인가, 아니면 사회를 더 나은 곳으로 이동시키는 운반자 역할을 하는가?'라는 의문에서 왔다. 사실 미디어 산업은 다른 섹터와 아주 다른 특징이 있다. 그것은 바로 사회에 미치는 영향이 물리적이거나 사회 운영 체제와 관련된 게 아니라 지적知的이고 사회적이라는 점이다.

예컨대 TV 방송인이 스스로 탄소 배출량을 줄이려면 겨우 몇 톤밖에 줄일 수 없지만, 많은 사람이 그가 진행하는 환경 프로그램에 영향을 받아서 탄소 배출량을 줄인다면 그 규모는 상상 이상으로 클 것이다. 광고도 직원들의 성평등 의식을 개선하는 데 큰 도움이 된다. 그렇다면 특정 메시지가 사람들에게 어떻게 전달돼야 효과적일까? 기후변화는 편집권의 우선순위에 어떤 영향을 미칠까? 당시 행사에서는 이 같은 미디어의 사회적 영향과 책임 이슈들이 논의됐다.

'미디어 기업이 CSR 혹은 지속가능경영을 어떻게 실천할 것인가' 하는 문제는 2022년 현재에도 낯선 질문이다. 조직 전반의 사회적 책임을 통합해 지속가능한 발전에 기여토록 하는 ESG나 CSR이 단순히 기부나 사회공헌의 개념으로 잘못 이해된 탓도 있다. 또 그동안 국내 미디어 기업들은 자사의 기사나 프로그램을 통해 기업들이 지속가능경영을 하도록 독려하는 역할에 그쳐왔다. 이제 그 역할을 넘어서 미디어 기업 자신이 ESG 전략을 수립하고 투명한 내부 공개 등을 통해 지속가능경영을 실천해야 한다. 이와 관련해 영국 가디언 미디어 그룹의 기업책임 담당 조 콘피노Jo Confino 이사가 한 말은 의미심장하다.

> "과거에 미디어는 다른 기관을 조사하고 정보를 제공하는 힘을 갖고 있었지만 자신의 내부를 들여다보려 하지 않았다. 어느 시점에선가 그런 일방통행 방식은 실패할 것이다. 왜냐하면 그건 지속가능한 모델이 아니기 때문이다. 만약 미디어 기업이 다른 기업에게 사회적 책임을 요구한다면 마찬가지로 미디어 기업 자신도 사회적 책임을 다해야 한다. 미디어도 같은 원칙을 적용해야 하는 것이다. 권력은 설명의무(accountability)가 있다. 그렇지 않으면 그 권력은 왜곡된다."

다른 기업이 사회적 책임을 다하도록 독려하는 데 그치지 않고 스스로 책임 있는 미디어가 되는 방법은 여러 가지가 있다. 투명한 거버넌스 체제 구축, 불편부당한 보도 및 제작, 지역사회 기여, 지속가능성 보고서 제작을 통한 비재무정보 공개 등 셀 수 없이 다양한 형태가 있다.

국내에선 볼 수 없는 현상이지만 해외 주요 미디어 기업들은 해마다 지속가능성 보고서를 펴낸다. 거기에 기업 책임 이슈인 환경, 인권, 거버넌스, 지역사회와의 관계, 소비자 이슈 등에 대해 자사의 활동 내용을 투명하게 공개한다. 세계의 앞선 미디어가 그 트렌드를 따르고 있고, 우리 사회도 미디어에게 더 투명성을 요구하면서 국내 미디어 기업들도 그 길을 따라갈 수밖에 없다.

현대 사회에서 기업이 더 책임 있는 방식으로 비즈니스 활동을 하도록 요구받는 현상에는 이유가 있다. 기업은 영업활동을 통해 경제적 부와 일자리 등 매우 긍정적인 혜택을 창출하고 있지만 우리 사회와 환경에 많은 악영향도 끼쳐왔다. 오염원을 만들어내고, 인권침해나 노동력 착취 등 부정적인 측면을 노출해온 것도 사실이다. 당연히 사회는 기업에 본질적인 변화를 요구하고 나섰다. "비즈니스의 사회적 책임은 이윤을 늘리는 것이다"라고 했던 프리드먼의 말을 지금도 그대로 받아들이는 기업가가 많지만, 그것을 넘어서는 사회적 책임에 공감하는 이들도 매우 많아졌다. 다국적 기업들이 저지른 해양 기름오염, 아동 노동 착취, 권력 유착 등 수많은 사건을 마주하며 이해관계자들이 기업에 변화를 요구해온 것이다. 이에 기업들이 거버넌스, 성평등의 문제, 인권, 환경오염, 동반성장, 기후변화 등 지속가능성 이슈를 도외시하고는 결코 지속가능할 수 없다는 것을 받아들이게 된 것이다.

3

그 날은 곧 온다: 이회성 IPCC 의장의 진단과 처방

기후 위기의 시대를 이끌어가는 핵심 기관은 유엔 기후변화에 관한 정부 간 협의체IPCC다. IPCC 의장은 에너지경제연구원장 출신인 이회성 고려대 그린스쿨 대학원 석좌교수다. 이 의장은 라젠드라 파차우리Rajendra Kumar Pachauri 뒤를 이어 2015년 제6대 의장에 당선됐다. IPCC는 기후변화와 관련된 과학을 평가하는 유엔 전문기관이다. 1988년 세계기상기구WMO와 유엔환경계획UNEP에 의해 설립됐으며, 유엔기후변화협약UNFCCC의 실행에 관한 보고서를 발행하는 것이 주 임무다.

2019년 12월 이회성 의장을 만난 적이 있다. 당시 그는 희망을 말했다. 사람들이 기후 행동으로 이익을 보게 되면 지구도 희망을 갖게 될 것이라고 보았다.

> "저는 아직 우리에게 희망이 있다고 생각합니다. 일단 탄소배출을 줄이는 쪽으로 결정하고 실행하면 이제껏 보지 못한 혜택이 나타날 겁니다. 대기 환경이 개선돼 사람들의 건강에도 긍정적 영향을 주고, 에너지 효율도 개선돼 사회 전체적으로 생산성이 올라 경제가 나아질 겁니다. 그렇게 되면 화석에너지는 재생에너지의 경쟁 상대가 되지 못합니다. 지구 온도 상승 폭을 1.5℃ 이내로 제한하려는 목표도 이룰 수 있습니다. 단, 기후변화 대책이 경제적으로 타당해야 하고, 사회적으로 형평성이 있어야 하겠지요. 그동안 기후변화와 관련해 두려운 소식이 너무 많았어요. 두려워서 행동하는 것은

의미가 없습니다. 기후 행동으로 인해 생기는 혜택이 나의 혜택으로 온다면 누가 시키지 않아도 행동할 겁니다. 그런 시점이 곧 올 겁니다."

그가 말한 '시점'은 아직 오지 않았다. 아직도 지구는 아프다. 우크라이나 전쟁으로 곡식과 에너지 가격이 폭등하고, 지구 곳곳에 이상 기후가 생기고 있다. 4월에 이미 인도는 40도를 넘어 날아가던 새가 탈수 증세로 떨어지는 현상도 일어났다. 몇 년 전 산불로 서울의 100배 면적이 불탄 호주 대륙의 상황이 2022년에는 스페인에서 재연됐고, 한국도 경북 울진의 산불로 서울 면적의 3분의 1이 불탔다. "우리 집(지구)이 불타고 있다"고 한 스웨덴 환경운동가 그레타 툰베리Greta Thunberg의 말은 과장이 아니었다. 전 세계 토지 사막화로 600만 명의 난민이 발생했다. 수만 명의 어린 학생이 기후 대책을 세우라며 학교가 아닌 거리로 나섰다. 세계 153개국 과학자 1만 1000여 명이 기후 비상사태 선포와 즉각적 행동을 촉구하는 성명을 과학저널 〔바이오사이언스〕에 발표했다.

그러나 아직도 한국인 대부분에게 기후 위기는 먼일이다. 내 일이 아닌 것이다. 기록적인 폭염, 한파, 태풍도 지나가면 그만이다. 한국은 온실가스 배출국 7위로 '기후 악당'으로 분류되고 있다. 한국인 개개인이 기후 위기를 내 일로 받아들일 수 있도록 하려면 어떻게 해야 할까. 이 의장이 말하는 '큰 그림'을 이해하는 것이 하나의 단초가 될 것이다. 아래 인터뷰는 〔신동아〕 2020년 2월 호에 게재된 내용이다.

2018년 12월 2~13일 스페인 마드리드에서 열린 IPCC 당사국총회(COP25)에서 세계 각국 대표와 전문가들이 만나 기후 대책을 논의했다. 결과는 실망적이었다. 총회를 마치고 귀국한 이회성 의장을 2019년 12월 26일 서울 동작구에 있는 사무실에서 만났다. 분명 지구는 기후변화로 위기에 처한 듯한데, 뾰족한 대책이 나오지 못하는 이유가 궁금했다.

2015년부터 IPCC를 이끌고 있는 이 의장은 지난해 4월 시사주간지 〔타임〕의 '가장 영향력 있는 100인' 가운데 한 명으로 선정됐다. 〔타임〕은 또 지난해 말 '올해의 인물'로 그레타 툰베리를 선정했다. 세계의 관심이 지금 기후변화에 가 있음을 보여주는 사례다.

온실가스 감축 혜택 확실히 규명해야

"IPCC가 중대 기로에 서 있습니다. IPCC는 지난 30년 동안 기후변화가 무엇이고, 심각성이 어느 정도이며, 원인이 무엇인지 과학적으로 입증했습니다. 그것이 계기가 돼 2015년 파리기후변화협약이 만들어졌습니다. 파리협약의 목적은 전 세계 국가가 노력해서 지구 온난화를 방지하자는 겁니다. 각국이 의무적으로 온실가스 감축 목표치를 정하고 이행을 약속했습니다. 기후변화 문제가 심각하냐 아니냐, 기후변화가 인간의 영향이냐 아니냐를 따지는 차원은 이미 지나갔습니다. 어떻게 하면 2℃, 혹은 1.5℃ 이내로 기후 변동 폭을 안정화할 것이냐가 중요한 목적입니다. 그 목적을 달성하기 위해 IPCC가 과학적 차원에서 어떤 기여를 할 수 있느냐가 중요하고, 그 때문에 해외 언론이 관심을 두는 것 같습니다."

- 어떤 새로운 기여를 할 계획인지요.

"기후변화 문제에서 가장 중요한 점은 온실가스 감축 행동을 했을 때 사람들에게 실질적으로 혜택이 돌아가야 한다는 것입니다. 그 행동에 따른 혜택이 무엇인지 더 명확하게 규명할 필요가 있다고 생각합니다. 그래야 사람들이 움직입니다. 현재 기후 행동•의 80%는 에너지 시스템을 바꾸는 것과 연결됩니다. 그것은 사실 경제 문제입니다. 그래서 사람들이 기후 행동이 경제와 사회를 발전시킨다는 인식을 갖게 하는 게 매우 중요하고, IPCC도 그 방향으로 연구하고 있습니다."

- 미래세대를 대표하는 툰베리의 활동에 대해서는 어떤 의견을 갖고 있는지요.

"기후 행동을 촉구해온 툰베리의 노력은 엄청난 반향을 불러일으켰지요. 역시 보텀업(bottom-up. 상향식) 방식의 운동이 톱다운(top-down. 하향식) 방식보다 효과가 더 큽니다. 기후변화의 심각성을 절감한 툰베리가 자기 세대의 미래를 위해 의사결정자들에게 더 적극적으로 대응해달라고 요구한 것이 깊은 공감을 얻었고, 좋은 결과를 가져오고 있다고 생각합니다."

- 어린 세대가 나서야 하는 상황이 안타깝지 않은지요.

"그들이 성인이 되면 지구는 지금보다 훨씬 더워집니다. 기상이변이나 생태계 피해도 훨씬 심각해집니다. 그때 벌어질 문제를 최소화하려면 지금부터라도 행동에 들어가야 하는데, 국내외에서 그런 노력이 잘 보이지 않는 게 안타깝습니다."

마드리드 당사국총회 실패 이유는 돈

- 12월 IPCC 당사국총회(COP25)에서 많은 논의가 이뤄졌지만, 소득이 거의 없었다는 비판이 있습니다.

"세계 각국이 아직 구체 내용에 합의하지 못한 게 파리협약 제6조입니다. 시장

• Climate action: 유엔 지속가능발전목표(UN SDGs)의 13번째 목표. 기후변화와 그 영향에 대처하기 위한 긴급 행동.

메커니즘을 통한 국가 간 협력에 대한 조문인데요. 그에 대해서 합의가 쉬울 것이라고는 누구도 생각지 않았을 겁니다. 돈이 왔다 갔다 하는 분야이기 때문에 까다로운 겁니다."

- 선진국과 개발도상국 간의 의견 차이가 큰 것으로 알려졌는데요.

"개도국에서의 온실가스 감축분(carbon credit)을 선진국이 얼마나 인정하느냐 하는 문제가 대두됐습니다. 유엔에서 나름대로 엄정한 검증을 거친 탄소 인증 감축량이지만, 실제로 그 수치만큼 이산화탄소를 감축했느냐에 대한 의문이 있는 겁니다. 그것이 제6조의 타결을 어렵게 하고 있습니다. 1년 더 시간을 두고 신뢰성을 높이기 위한 투명성 확보 방안이 합의되면 제6조도 타결될 겁니다."

IPCC의 다음 당사국총회(COP26)는 2020년 11월 스코틀랜드 글래스고에서 열린다.•

- 1년 뒤라고 상황이 지금과 크게 바뀔까요.

"과거 탄소 감축 누적분을 얼마나 인정할 것인지에 대한 합의는 사실 예측하기 힘듭니다. 또 선진국과 개도국 간에 합의할 기후 행동을 위한 재정이나 기술 등 지원 규모는 과학적 기준에 의한 것은 아닙니다. 재정 지원 규모는 확정됐지만 선진국이 약속을 이행하지 않고 있는 것도 큰 문제입니다. 교토의정서 체제에서 선진국들이 2020년까지 개도국의 기후변화 대응을 위해 1000억 달러의 재정을 지원하기로 약속했거든요."

• 코로나19로 인해 COP26은 예정과 달리 2021년에 열렸다.

- 실제 입금된 규모는 어느 정도인지요.

"실제 입금된 것은 100억 달러도 안 됩니다. 개도국이 화가 날 만도 하지요."

2021년 COP26 결과 197개 회원국은 '글래스고 기후합의(Glasgow Climate Pact)'를 채택해 기후변화 적응을 위한 재원,• 온실가스 감축,•• 국제협력••• 등에 관한 합의를 이루었다. 하지만 기대에 미치지 못하는 합의 결과에 대해 보리스 존슨(Boris Johnson) 영국 총리가 사과를 발표했다.

화석에너지 값싼 게 문제

세계 주요 20개국(G20)은 전 세계 이산화탄소 배출량의 78%를 내뿜고 있다. 개도국의 또 다른 불만은 선진국이 산업화로 온실가스를 배출해 지구 온난화를 초래했는데, 개도국이 그 대가를 치러야 한다는 것이다.

"경제성장을 하려면 에너지가 필요합니다. 현재 상대적으로 저렴한 에너지는 화석에너지입니다. 그런데 파리기후변화협약의 키포인트는 화석에너지를 더는 쓰지 말자는 것입니다. 그러니 개도국은 어떻게 성장하라는 거냐는 불만이 나올 수밖에 없습니다. 더욱이 기후변화의 큰 피해는 개도국에서 나타나고 있습니다. 특히 몰디브나 카리브의 작은 섬 국가들은 바닷물 침수로 이주가 불가피한 상황입니다."

• 2019년 200억 달러에서 2025년까지 2배 증액.

•• 2030년까지 2010년 배출량 대비 45% 감축.

••• 기후변화로 인한 손실과 피해 최소화 위한 네트워크 확대 및 2022년 이집트에서 열리는 COP27까지 국가 온실가스 감축목표(NDC) 재검토.

- UNEP는 해마다 이미션 갭(Emissions Gap) 리포트를 내고 있는데요. 현재 각국의 약속과 2°C 이내를 지키기 위해 필요한 것의 차이를 말하는 이 개념이 중요한 이유는 무엇인지요.

"가야 할 길과 현재 처한 상황에 차이(갭)가 크니까 그것을 계속 점검해야 합니다."

- 이미션 갭이 제로가 되는 상황은 언제일까요.

"그것은 누구도 예측하기 힘듭니다. 파리협약에서 세계 각국이 약속한 바에 따르면 2020년부터 전 세계 탄소 배출량이 정점을 찍고 줄어들기 시작해야 합니다. 매년 2Gt을 줄여야 합니다. 그런데 이미 그럴 상황이 아닌 것으로 수치가 나오고 있습니다. 이렇게 되면 매우 심각한 기후변화 영향에 직면하게 됩니다. 2100년까지 1.5°C 이하로 지구 온도 상승 폭을 제한하려면 2030년까지 배출량을 절반으로 줄이고, 2050년까지 탄소중립을 만들어야 합니다. 현재의 화석에너지 주도 시스템에서 빨리 벗어나야 하는데, 그럴 기미가 보이지 않고 있습니다. 또 국제에너지기구(IEA)의 전망에 따르면 앞으로 20~30년 동안은 화석에너지가 80% 정도를 점할 것이라고 합니다. 현재 구도에서 벗어나기 어려운 것은 화석에너지 비용이 재생에너지 비용보다 싸기 때문입니다. 그게 바뀌어야 합니다."

기후변화 대응은 경제 문제

- 미국은 세계 두 번째로 탄소를 많이 배출하는 국가인데요. 그런데도 파리협약에서 탈퇴를 선언했습니다. 그것이 다른 선진국의 협약 이행 의지를 떨어뜨리지는 않는지요.•

• 미국은 바이든 정부가 들어서면서 탈퇴를 철회했다.

"아직까지 그런 조짐이 보이지는 않습니다. 하지만 미국 내의 상황을 보면 연방 정부와 달리 캘리포니아 워싱턴 등 주 정부나 자치단체 차원에서는 이산화탄소 감축을 위한 투자와 행동에 매우 적극적입니다."

- 연방 정부와 주 정부의 정책이 그처럼 차이 나는 이유는 무엇인지요.

"트럼프 대통령은 파리협약 탈퇴를 얘기하면서 파리협약이 미국 경제에 도움이 되지 않는다고 했습니다. 기후변화 과학을 믿지 않겠다는 게 아니라 경제에 도움이 되지 않는다는 겁니다. 즉 그 말은 기후변화 대응 문제는 경제 문제라는 것을 방증하고 있습니다. 경제에 도움이 된다고 판단하고, 그에 대한 확신만 든다면 기후 안정화의 목표 달성이 어렵지 않다고 봅니다."

- 미국 주 정부가 감축 노력에 동참하는 것은 경제에 도움이 되기 때문인가요.

"그렇지요. 화석에너지를 재생에너지로 바꾸면 금방 대기 환경이 좋아집니다. 또 이산화탄소를 줄이는 노력은 자원 낭비를 최소화하고, 순환 경제로 접근하는 길입니다. 순환 경제는 쓰레기가 자원이 되는 경제입니다. 그렇게 되면 전체 경제에 얼마나 큰 절약이 되겠습니까."

- 그렇다면 경제 문제로 파리협약 탈퇴를 선언한 트럼프 대통령은 잘못 생각하고 있는 것 아닌가요.

"국가 차원과 지역 차원의 판단이 다를 수 있다고 생각합니다. 미국은 화석에너지 보존량이 매우 많은데 그 생산 지역과 다른 지역에 대한 접근 방법이 다를 수밖에 없을 겁니다. 화석에너지 자원을 많이 생산하는 지역은 갖고 있는 자산을 활용하지 못하게 하는 기후협약에 대해 큰 의문을 가질 수밖에 없습니다. 화석에너지 자원에 의존해 살아가는 지역의 지자체, 기업, 주민, 종사 근로자들의 미래에 대해 트럼프 대통령의 걱정이 많을 겁니다."

호주 산불 원인은 기후 자살?

- 독일은 탈석탄을 선언하면서 석탄 생산 지역의 기업과 노동자 회생 지원을 위한 전략을 국가 차원에서 마련하겠다고 밝혔습니다. 미국은 어떤 대책을 갖고 있는지요.

"미국은 독일과 같은 전략을 갖고 있지는 않은 것 같습니다."

석탄과 가스 분야 세계 1위 수출국인 호주는 2019년 9월 시작된 초대형 산불에 시달리고 있다. 호주 산불은 3년간의 가뭄, 12월 18일 전국 평균기온이 41.8°C에 이르는 역사상 최고의 무더위와 강한 바람 등이 겹쳐 걷잡을 수 없이 확대됐다. 이 과정에서 기후변화가 어떤 영향을 미쳤는지가 초미의 관심사다. 기후변화 대응에 소극적이던 호주 정부는 연일 전 세계의 뭇매를 맞고 있다. 호주 소설가 리처드 플래너건은 〔뉴욕타임스〕 기고에서 "호주는 기후 자살을 하고 있다"고까지 주장했다.

- 해마다 사막화로 600만 명의 난민이 발생하고, 서울 100배 면적이 사막화하고 있다고 합니다. 호주·시베리아의 산불, 극지방의 빙하 감소 같은 것도 기후변화의 극단적 상황으로 언급되고 있는데요.

"사막화를 기후변화 탓으로만 돌리기엔 무리가 있습니다. 난개발 등 인간에 의한 사막화도 많거든요. 물론 온도 상승이 토지의 황폐화 확률을 높이는 건 과학적으로 입증됐습니다. 호주의 산불도 기후변화의 영향으로 악화됐을 가능성이 있긴 하지만, 기후변화 탓이라고만 할 수는 없는 상황입니다. 다만 극지방의 빙하 감소는 분명히 기후변화 영향이라고 말할 수 있습니다. 극지방의 온도 상승 폭은 지구 평균보다 2~3배 높습니다. 기온 상승으로 극지방의 눈과 얼음이 녹았고, 태양열을 반사하던 눈과 얼음이 줄면서 복사열이 높아져 다시 기온 상승으로 이어지기 때문입니다."

기후변화가 내 일이 되지 못하는 이유

기후변화로 인해 위기에 몰린 약자들(쪽방 거주민, 홀몸노인, 저소득층 등)에게 관심을 더 기울여야 한다는 주장도 나오고 있다. 2018년 여름 한국에선 폭염(하루 최고기온 33℃ 이상)일수가 31.5일로 사상 최대치를 기록했고, 160명이 온열 질환으로 사망한 것으로 집계됐다.

- 폭염 희생자들이 과연 기후변화로 인해 희생됐다고 할 수 있는지요.

"폭염은 장기적 기후변화로 인해 발생할 수도 있지만, 일시적 이상 기온에 따라 생길 수도 있습니다. 국내 폭염이 과연 기후변화 탓인지에 대해서는 아직 면밀하게 분석되지 않은 상황입니다. 시간이 지나간 다음 여러 사례가 모이면 연구자들이 이를 좀 더 분명히 밝혀낼 수 있겠지요."

- 기후변화로 인한 피해를 주변에서 확인하는 것이 그처럼 어렵기 때문에 기후변화를 '내 일'로 여기지 못하는 것 아닐까요.

"매우 중요한 질문인데요. 과학자들은 즉각 기후 행동을 취해야 한다고 하지만, 액션이 별로 따라오지 않습니다. 액션이 이어지려면 그 피해가 '나'와 직접 연결돼야 하거든요. 내가 사는 동네, 내가 속한 지역과 연결돼야 대책이 나옵니다. 하지만 기후변화 피해에 대한 과학적 연구가 아직 거기까지 이르지는 못하고 있습니다. 그래서 IPCC도 지역 차원의 기후변화 증거를 집중적으로 들여다보고 있습니다. 사실 그게 핵심입니다."

- 석탄발전소, 석유 기업, 자동차 기업들도 그래서 에너지 전환을 쉽게 하지 못하

는 걸까요.

"기업들은 이미 전략을 다 세우고 있을 겁니다. 왜냐하면 자기들이 투자한 자산의 생명이 지속되기를 바랄 테니까요. 탄소중립으로 가야 한다는 공감대가 형성돼 있으므로 여러 방법으로 이익을 최대화할 수 있는 비즈니스 모델을 분명히 만들고 있을 겁니다. 하지만 때를 놓치면 투자한 돈을 회수할 수 없는 상황이 됩니다. 석탄발전소에 투자한 돈은 곧 회수하기 어려운 좌초자산이 될 수 있습니다. 금융권에선 그 불확실성을 해결하기 위한 노력이 나오고 있고, 기후변화에 대처하는 산업에 투자하는 '기후금융'이 키워드가 되고 있습니다. 은행뿐 아니라 사모펀드도 비(非)화석에너지 쪽에 투자하겠다고 선언하는 곳이 많이 늘어나고 있습니다."

출처: 〔신동아〕 2020년 2월 호. ©동아일보사

4

시대를 앞서나가세요: 리처드 하윗 전 IIRC CEO의 조언

전 세계적으로 재무적 정보와 비재무적 정보를 함께 다루는 통합보고IR에 대한 관심이 높다. 2016년 말 미국 공인회계사 협회AICPA, 영국 공인관리회계사 협회CIMA 등이 CEO들을 대상으로 한 조사에서 IR이 기업의 전략 입안과 실행에 주요한 변화를 가져온다는 것에 93%, 가치 창출 모델 구축에 필요하다는 데 83%가 동의했다. 또「이익을 넘어서는 목표Purpose Beyond Profit」라는 보고서에서는 89%의 CEO 및 경영진이 기업은 단순 이익 보고를 넘어 가치를 보고해야 한다는 데 동의했다.

IR 이니셔티브를 확장하고 있는 단체는 영국 국제통합보고위원회IIRC, International Integrated Reporting Council다. 비영리 기관인 IIRC는 국제회계사연맹IFA, GRI, 지속가능성회계프로젝트A4S, The Prince's Accounting for Sustainability Project 등이 기업 재무정보와 비재무정보인 ESG 정보를 통합한 보고서를 만들기 위해 2010년 설립한 단체다. 이후 IIRC는 국제지속가능성기준위원회ISSB와 합병돼 가치보고재단VRF이 만들어졌고, 2022년 7월 국제회계기준재단IFRSF이 VRF를 합병하는 단계를 밟고 있다.

2017년 말 국내 파트너들과 기업 관계자들을 만나기 위해 내한한 리처드 하윗Richard Howitt IIRC CEO를 만나 IR에 대한 얘기를 나눴다. 당시 인터뷰는 〔신동아〕 2018년 2월 호에 실렸다. 몇 년 전 인터뷰이지만 IR의 취지를 잘 전달할 수 있어 소개한다.

20년 이상 유럽의회 의원으로 재직한 하윗 씨는 특히 기업 책임과 지속가능경영 관련 이슈의 조사위원으로도 활동했으며, 전 세계에 영향을 미친 EU의 비재무정보 관련법을 설계해 기업 정보공개 시스템을 바꾼 이로 알려져 있다. IIRC CEO가 되기 전에는 정치·경제계에 IR 도입을 촉구하는 홍보대사 역할을 수행했다.

"기업이 지속가능경영을 실천하려면 보고서를 통한 정보공개가 잘 이뤄져야 합니다. 투자자들은 바로 이 보고서를 보고 기업의 전략을 이해하지요. 그런데 IR은 정해진 규정을 따르는 준법에 대한 보고서가 아니라 기업의 진정한 이익이 무엇인지 보고하는 것입니다. 하루가 멀다하고 달라지는 비즈니스 업계에서 폭넓은 영역을 다루는 IR이 과연 기업에 얼마나 도움이 될까 궁금할 겁니다."

- IR이 비즈니스에 중요한 이유는 무엇인가요.

"기존 기업 재무보고서는 유형자산을 담지만, 기업의 진정한 가치를 포착하지 못합니다. 기업의 기술 트렌드, 디지털 전환, 교육과 지식 같은 것들은 전통적인 보고 형식에는 담지 못합니다. 그러나 이런 것들은 지금과 같은 비즈니스 환경에서 성공하기 위한 핵심적인 부분입니다. IR은 기업의 진정한 가치를 포착하고 외부 관계와 자산에서 의존적인 부분이 무엇인지를 담습니다. 우리는 그 외부 관계와 자산을 6대 자본으로 나누는데요. 재무, 제조, 지적, 인적, 사회적, 자연 부문이 그것입니다. 이는 모두 비즈니스의 가치를 만들어내는 기회이자 위기와 관련이 있는데요. 기업은 IR 제작을 통해 위기를 기회로 가져갈 수 있습니다."

더 짧고 덜 권위적인 보고서

- 6대 자본을 보고해야 하니 보고서가 더 복잡해지는 것 아닌가요.

"그렇지 않습니다. IR은 또 다른 형태의 보고서가 아닙니다. 이건 기업이 가치를 어떻게 창출할 것이냐와 관련된 원칙, 질문에 관련된 것입니다. 만약 6대 자본 가운데 크게 의미가 없는 부분이 있다면 그것은 활용하지 않아도 됩니다. IR은 기업이 자사의 이익을 담을 수 있는 프레임워크입니다. 따라서 더 짧고, 분명하며, 덜 권위적인 보고서가 됩니다. 일반적인 연차보고서 안에서든, 영업실적 재무 상태 유동성 등의 정보가 담긴 경영진단의견서(MD&A)에서든 6대 자본에 대한 통합적 사고를 반영한 부분이 들어간 형태로 IR이 나오기도 합니다. 형태를 규정해두지 않았기에 기존 연차보고서가 그처럼 내용이 보완돼 통합보고서로 나올 수도 있다는 거지요."

- 국내기업들도 많이 활용하는 지속가능경영보고서를 위한 GRI 등과는 어떻게 다른가요.

"GRI는 여러 지속가능성 관련 프레임워크 가운데 하나이고요. IR은 다양한 프레임워크를 하나로 묶습니다. 미국 지속가능성회계기준위원회(SASB), 미국 회계기준원, 한국 회계기준위원회 등도 이런 IR이 최종적인 목표라고 동의해왔습니다. 만약 기업이 자사의 지속가능성을 살펴보기 위해 통계나 메트릭스를 사용하길 원하면 GRI와 같은 가이드라인을 활용해도 좋습니다. 분명 IR과는 다른 기능이 있거든요. 예컨대 환경 영향을 살펴보기 위해 GRI나 지속가능성 프레임워크를 선택할 수 있을 겁니다. 하지만 정확하고 자세한 정보를 보고서에 담는 것만으로는 충분하지 않아요. 6대 자본을 바탕으로 통합적으로 사고해야 합니다. 기업은 그런 정보가 자사에, 비즈니스 전략에 어떤 영향을 미칠지 이해해야 합니다. IR이 얻고자 하는 목적이 바로 그것입니다. 제가 IR을 설명할 때 흔히 쓰는 말이 있습니다. '지속가능성 보고가 기업이 어떻게 세계에 영향을 미치는지를 다룬다면, IR은 세계가 기업에 어떻게 영향을 미치는지를 다루는 것이다'라고요."

연례보고서와 지속가능경영보고서 통합

IR 네트워크는 점차 확대되고 있다. 미국 영국 일본 등 13개 국가에서 세계은행 등 국제협력기구뿐 아니라 마이크로소프트, 유니레버 등 수많은 글로벌 기업이 여기에 참여하고 있다. 일본에선 300개 기업이 참여하고 있고, 중국에서도 5개년 경제계획에 언급되면서 이를 채택하는 기업이 늘고 있다.

- 아직 국내기업들은 IR에 대해서 잘 모르고 있는 것 같습니다.

"IR은 전 세계적으로 크게 성장하고 있습니다. 2013년엔 160개 기업이 파일럿 프로그램으로 시작했습니다. 그런데 4년 만에 1600개 기업이 IR 방식으로 보고서를 내고 있습니다. 한국에서도 32개 기업이 IR을 하고 있습니다. 두산인프라코어는 특히 5년째 IR을 하고 있고, 미국에서 IR 관련 상을 받기도 했습니다. SK텔레콤, 현대건설, GS건설, 삼성생명 등도 IR의 베스트 프랙티스 기업입니다. 아직 여기에 동참하지 않은 한국기업이라면 그 여행을 함께 떠나봅시다. 이게 바로 미래의 글로벌 기준입니다. 한국과 같은 수출 의존적인 나라의 경제는 투자를 중시합니다. 그런데 IR이 바로 세계 투자자들이 원하는 것입니다. 많은 사람이 한국의 주가가 과소평가돼 있다고 합니다. IR은 투자의 뿌리, 국제적 인정의 뿌리, 더 높은 주가의 뿌리입니다. 아직 IR을 채택하지 않은 한국기업에 큰 기회가 될 것입니다. 국내 투자자들도 IR이 국제 투자자들의 새로운 기준이 되고 있음을 확인하기를 바랍니다."

참고로 두산인프라코어는 통합보고서(2016)를 발간하는 이유를 이렇게 밝혔다.

'다양한 사회책임경영(CSR) 요소들의 상호작용으로 재무성과와 비재무성과가 도출되고 이를 통해 기업 가치가 창출되는 과정을 이해관계자들과 공유하고자 연

례보고서와 지속가능경영보고서를 통합한 통합보고서를 발간하고 있다.'

장·단기적 더 나은 성과 내

- 재무적 비재무적 성과를 전략적으로 통합한다는 것은 무슨 뜻인가요.

"비재무적이라고 하지만, 장기적으로는 결국 재무적 성과나 마찬가지입니다. 예를 들면 기후변화의 경우 기업엔 기회와 위험 요소가 다 있습니다. 세계 경제는 저탄소경제로 이동하고 있습니다. 그런데 여기에 적응하지 못하는 기업이라면 시장에서 쫓겨날 겁니다. 지금 당장 이것은 비재무적 정보입니다. 그런데 만약 이것을 이해한다면 이 기업은 미래에 유리한 고지에 이를 수 있도록 비즈니스 전략과 모델을 짤 수 있습니다. 중요한 것은 지속가능 관점에서 중요한 이슈가 되는 중대성(Materiality) 이슈입니다. 현재는 비재무적인 것으로 간주되는 정보가 미래의 비즈니스 성공에 가장 중요한 것이 될 수 있습니다. IR은 가치를 창출하고 전략을 도출하도록 추동하는 6대 자본 가운데 무엇이 중요한 요소인지 기업이 이해하도록 돕습니다. 이것이 바로 연결 지점입니다. 서로 다른 자본이 비즈니스의 가치 창출에 어떻게 연결돼 있는지 이해하는 게 중요합니다."

- IR을 통해 비즈니스 가치를 창출한다는 것은 무슨 뜻인가요.

"IR의 핵심은 비즈니스 모델과 전략에 이것이 어떤 영향을 미치는지, 그리고 그것이 어떻게 장기적 관점에서 기업을 위해 가치를 창출하는지 이해하는 일입니다. 단지 재무적 관점에서는 그것을 알 수 없어요. 재정적 이익은 물론 중요하지만, 어디로 가지 않아요. 통합적 사고가 중요해요. 우리는 기업이 다르게 생각할 수 있도록 돕고 있어요. IR은 기업을 위한, 장기적 가치 창출에 관한 것입니다."

- 많은 한국기업은 여전히 장기 전략보다는 단기 수익에 매달리고 있는데요.

"DJSI도 기업이 지속가능경영을 잘하고 IR을 할 경우 더 큰 수익을 낼 수 있음을 보여주고 있습니다. 싱가포르 난양대가 80개 기업을 대상으로 조사한 결과 IR 보고서를 내는 기업이 장단기적으로 더 나은 성과를 냈습니다. IR 보고를 의무화하고 있는 남아프리카공화국 기업들을 대상으로 한 조사에서는 IR과 주가가 긍정적인 상관관계를 보였습니다. 아주대에서도 100개 한국기업을 조사한 결과 지속가능경영 전략을 가진 기업이 그렇지 않은 기업보다 재무성과가 더 나은 것으로 밝혀졌습니다. 많은 투자자가 IR에 관심을 갖는 것은 이것이 기업 경영의 질을 보여주는 신호이기 때문입니다."

"시대를 앞서나가세요"

- 세계 각국 증권거래소에서도 IR을 유용한 정보로 받아들이고 있다고 하는데요.

"IR이 새로운 벤치마크가 될 수 있다고 보는 겁니다. 남아프리카공화국은 특히 모든 상장기업에 IR 보고서를 의무화하고 있어요. 일본, 인도, 브라질 증권거래소는 IR을 장려합니다. 일본 증권거래소와 일본회계사협회가 함께 상장기업에 의무적으로 IR 보고를 장려하면서 300여 개 기업이 이를 따르고 있습니다. 한국 증권거래소에선 아직 움직임이 없습니다. 다만 한국거래소 산하 한국ESG기준원에서 스튜어드십 코드 초안을 만들어서 IIRC와 뜻을 같이하고 있는 점은 긍정적입니다."

- 세계적으로 IR을 더 발전시키려는 회계 기관의 글로벌 네트워크가 있는 것으로 들었습니다.

"IIRC에는 회계 기관의 역할도 매우 중요합니다. 2017년 2월 국제회계사연맹(IFAC)이 'IR은 기업 보고서의 미래'라고 발표했습니다. 단지 가능성이 아니라 분명한 미래를 언급한 겁니다. 한국 회계 회사도 IIRC에 대해 많은 관심을 표명하고 있고, 제가 서울에 있는 동안 관계자들과 미팅 일정도 잡혀 있습니다."

- 마지막으로 한국기업에 전하고 싶은 말이 있는지요.

"저의 메시지는 '뒤처지지 말라'는 겁니다. IR에 대한 관심은 실제 일어나고 있는 일입니다. IR을 채택하면 경쟁우위를 누릴 수 있습니다. 시대를 앞서나가세요."

5

도시는 환경 문제의 근원인가, 사회변화의 엔진인가?

도시는 경제성장과 사회변화의 엔진이다. 세계 GDP의 80%가 도시에서 형성되고 있다. 국내에선 91.8%의 인구가 도시에서 살고 있지만 전 세계적으로는 절반이 도시에서 살고 있다. 2050년이 되면 세계 인구의 3분의 2가 도시에서 살게 된다는 분석이 있다. 문제는 그만큼 도시가 환경 문제의 근원이 되기도 한다는 점이다. 2019년 유엔 자료에 따르면 온실가스 총량의 75%가 도시에서 만들어지고 있다.

이런 도시의 녹색전환을 모색하기 위해서는 큰 그림을 봐야 한다. 파국적인 기후변화를 겪지 않고, 1.5℃ 이내로 제한하려는 국제사회의 목표에 맞추려면 2030년까지 세계 온실가스 총량을 2010년 대비 45%를 감축하고, 2050년까지 탄소중립이 돼야 한다.

기후 위기는 전 세계적 현상이다. 따라서 어느 한 나라, 한 도시만 잘한다고 막을 수 있는 게 아니다. 국제 연대가 필수적이다. 그런데 한국의 상황은 심각하다. 국제 연대의 의지가 과연 있는 것인지 의문이 들지 않을 수 없다. 한국의 1인당 이산화탄소 배출량은 세계 4위, 총배출량 세계 7위, 기후변화대응지수 61개국 가운데 58위다. 하지만 석탄화력발전 투자는 지속되고 있다. '기후 깡패'라는 오명을 벗어던지지 못하고 있다.

경영학 구루 피터 드러커는 '측정'의 중요성을 말했는데, 도시의 녹색전환에도 이 말은 적용될 수 있다. 녹색전환의 핵심과제는 기후변화 대응이고, 이는 결국 온실가스 관리와 감축을 위한 저탄소 전략을 세우는 일이다. 그러려면 온실가스 총량에 대한 파악이 이뤄져야 한다. 기후변화 대응을 위한 도시의 저탄소화를 지향하는 이니셔티브들인 C40 시티C40 Cities, 지콤GCoM, Global Covenant of Mayors 같은 데서 주요 도시의 온실가스 발생 총량을 파악하고 발생원별 관리를 하고 있다.

영국 비영리법인 CDP의 기후변화 대응 이니셔티브인 CDP 시티Cities도 주목할 만하다. CDP 시티는 해수면 상승, 열섬현상, 질병의 증가 등 기후변화로 인한 중대한 위험에 도시가 효과적으로 대처해야 한다는 인식하에 주요 대도시의 탄소 정보를 공개하고 공유함으로써 최상의 사례를 발굴하고, 온실가스 감축으로 도시민에게 더 나은 삶의 질을 제공하겠다는 취지에서 결성됐다.

앤디 굴슨Andy Gouldson 리즈대 교수는 워킹 페이퍼 「세계 도시의 저탄소 개발 가속화」[•]에서 2015년 당시 세계 도시의 저탄소 활동을 모아 계산해보니 2030년까지 3.7GtCO_2e의 온실가스를 감축할 수 있고, 2050년까지 1경 6600조 원의 경제적 가치를 생산할 수 있다고 주장했다.

국내의 경우에도 모든 도시가 그 행정구역 내의 온실가스 총량을 파악하는 일이 급선무일 것이다. GCoM 홈페이지에는 주요 도시의 인구, 온실가스 총량, 부문별 비율 등 아주 기초적인 자료가 공개돼 있다. 예컨대 2022년 서울의 경우 인구 972만 명, 연간 온실가스 총량은 4966만 915tCO_2e으로 나와 있다. 부문별로는 빌딩(72%), 교통(19%), 산업(3%), 쓰레기(6%), 기타로 분류돼 있다. 인구 119만 명인 수원의 연간

• Andy Gouldson et al., 2015.

온실가스 총량은 565만 4868tCO_2e이다. 역시 부문별로는 빌딩이 가장 발생량이 많아 64%를 차지하고 있고, 교통이 32%, 쓰레기가 4%를 차지하고 있다.

국내 공공부문에서는 지자체별로 온실가스 총량을 파악하고 감축량을 공개하고 있다. 국가 온실가스 종합관리시스템NGMS에서 배출량과 감축량, 외부 감축 사업 감축량 등을 공개하고 있는데, 일반인이 봤을 때 이해할 수 있도록 구체 내용까지 공개될 필요가 있다. 예컨대 총량의 부문별 비율이라든가, 그에 대한 감축 방안 등까지 공개돼야 한다. 이것을 시민이 알 수 있도록 잘 홍보하고, 온실가스를 줄이기 위한 개인의 자발적 실천이 따를 수 있도록 해야 한다.

영국 브리스톨 시의 저탄소 전략을 다룬 「저탄소 도시의 경제학: 브리스톨시를 위한 미니 스턴 리뷰」•를 보면 저탄소 전략에 따른 작은 투자만으로도 큰 변화를 가져올 수 있다. 브리스톨은 45만 명이 사는 대도시다. 이곳의 경제 규모는 21조 2940억 원인데, 연간 에너지비용은 1조 3232억 원이다. 2015년 현재 이 도시의 총부가가치GVA의 6.4%가 에너지비용으로 들어갔다. 그런데 단지 총부가가치의 0.4%만 10년 동안 매년 재생에너지 등 저탄소에너지 시설에 투자되어도 매력적인 에너지 효율성과 저탄소형 기회를 일굴 수 있다고 한다.

- 에너지 분야: GVA의 0.7%(2억 2000만 파운드)에 해당하는 에너지비용 감축
- 고용: 저탄소 제품과 서비스 분야에서 2000개의 일자리
- 광의의 경제적 혜택: 에너지 안전 강화, 원료 효율성 개선, 경쟁력 강화

• Andy Gouldson et al., 2015.

• 광의의 사회적 혜택: 연료 빈곤 감소, 건강 개선

도시가 얼마나 저탄소 전략을 잘 갖추고 있느냐는 도시의 거버넌스, 도시가 마주한 위험과 기회, 온실가스 배출량(지방정부, 지역사회), 온실가스 배출 감축안 같은 것을 보면 알 수 있다.

그런데 이 전략이 성공하려면 도시 생태계를 잘 구축해야 한다. 자연환경과 인간의 경제 활동이 상생의 생태계를 이뤄야 한다. 녹지가 늘어나고 생물종 다양성이 늘어나는 것이 자연 생태계의 활성화라면, 저탄소형 에너지 시설이나 교통시설을 갖추고 시민들이 참여해 그 이익을 공유할 수 있는 것이 친환경 경제 생태계 활성화다.

한국판 뉴딜의 압축적 프로젝트로 '그린 스마트스쿨'이 흔히 이야기됐다. 코로나19 등으로 비대면 수업의 필요성이 커져 스마트스쿨로 만들고, 저탄소 에너지를 확산하기 위해 태양광 패널 설치와 그린 리모델링으로 그린 스쿨을 만들겠다는 것이었다. 그린 스마트스쿨 프로젝트 자체가 의미가 없는 것은 아니지만, 이런 방식은 구조를 바꾸는 근본적 처방이 아니고 관련 기술 지원에만 그칠 수 있다.

구조적 처방은 온실가스 감축이라는 큰 목표를 다시 정하고 법과 제도를 정비하며, 재생에너지 기술과 산업을 육성하기 위한 방안을 찾고, 기후변화 대응을 위한 일반 시민과 기업의 사고와 행동 방식을 바꿀 수 있는 실천 방안까지 나와야 한다. 그래야 생산-유통-참여-소비와 같은 상생형 경제 생태계가 만들어질 수 있다.

2025년까지 73조 4000억 원이 투입되는 정부의 그린 뉴딜 목표가 '기후변화 대응과 저탄소 사회로의 전환'이긴 하지만, 구체적인 온실가스 감축 목표가 없고 '회색산업' 축소 과정에서 소외되는 계층에 대한 지원 대책이 없다고 비판받았다.

2018년 총선 직후 미국 민주당이 구상한 그린 뉴딜의 목표는 '향후 10년 내에 청정 재생 가능 자원으로 내수 전기 100%를 생산한다'는 것이었다. 우리나라도 2030년까지 재생에너지 발전량을 21.5%(문재인정부 당시는 30.2%)로 올릴 계획이지만 2022년 7월 기준 8.3%에 그치고 있다. 신·재생에너지 발전설비 용량은 2만 7103MW로, 전체 13만 4719MW의 20.1%를 기록했다. 현재 단계에서는 화석에너지를 친환경에너지로 바꿔나가는 '에너지 전환'이 가장 중요하다. 이런 거대한 흐름 속에 도시의 저탄소 전략과 녹색전환도 연동되는 것이다.

5부

지금 당장 ESG 스페셜리스트에 도전하라!

12장

ESG, 해볼 만한 직업인가?

Contents

1

“어디 사람 없나요?” 세계는 지금 ESG 인력 구인난

ESG의 역사는 길지 않다. ESG라는 용어가 시작된 사회책임투자SRI나 기업의 사회적 책임CSR, 그리고 더 큰 관점에서의 지속가능성Sustainability 등으로 거슬러 올라가도 그 역사는 그리 오래지 않다.

ESG도 다른 분야들처럼 개념이 도입된 이후 점차 관련 활동과 투자가 늘어나고 학문적으로도 연구가 늘어나고 있다. 하지만 사회와 경제 전반에 걸쳐 폭발적인 관심을 받기 시작한 것은 아주 최근의 일이다. 갑작스러운 성장은 여러 분야에서 공백을 가져왔다. 그 가운데 하나가 바로 전 세계적인 인력 부족 현상이다.

한국은 특히 더 심하다. 전국경제인연합회가 국내 300대 기업을 대상으로 한 설문에 따르면 응답 기업의 48.4%가 ESG 경영의 애로 요인으로 전문인력의 미비와 ESG에 대한 내부 전문성 부족을 꼽았다. 또 응답 기업의 81.4%가 2022년 전년 대비 ESG 관련 예산과 인력을 늘릴 계획이라고 밝혀 ESG 전문인력 부족 현상은 당분간 계속될 것으로 보인다.

유례없는 취업난 시대에 기업이 구인난을 겪는다니 아이러니다. 더구나 ESG 관련 직업은 상대적으로 급여, 복지 수준 등 근로 여건이 좋아 구직자들이 선호하는 이른바 ‘좋은 일자리’ 또는 ‘보수 높은 일자리’이다. 구직자의 눈높이와 일자리의 수준이 맞지 않아 발생하는 일반적인 '일자리 불일치 현상'으로도 쉽게 설명되지 않는다.

ESG 분야에서 특수한 형태의 일자리 불일치 현상이 발생하고 있는 이유는 무엇일까? 인력의 수요와 공급이라는 두 가지 측면에서 분석해 볼 수 있을 것 같다.

첫째로 수요 측면이다. 최근 ESG 인력에 대한 기업의 수요가 폭발적으로 늘었다. 기존에 ESG 관련 조직을 운영하던 일부 대기업은 이제 조직의 규모를 키우고 있고, ESG 조직이 없던 기업들도 대부분은 ESG 조직을 신설했거나 준비하고 있다. 이에 따라 필요한 신규 인력의 절대적인 숫자가 매우 빠르게 증가하고 있다. ESG는 환경, 사회, 지배구조에 대한 지식뿐만 아니라 공시제도나 글로벌 이니셔티브 등 여러 분야의 전문성을 요한다. ESG 전략 수립, 평가 대응, 지속가능경영보고서 발간 등에 당장 투입할 수 있는 경력직 선호도가 매우 높은 상황이다. 수요는 많은데 기존의 경력직 인력이 많지 않아 기업 간에 인력 빼가기만 계속되고 있다. 경력을 가진 구직자는 시장에서 몸값이 올라가니 좋은 일이겠으나 남아 있는 직원들은 업무 부담이 늘어나게 된다.

둘째로 공급 측면이다. 전통적으로 인재를 양성하는 역할은 교육기관이 맡아 왔다. 문제는 얼마 전까지만 하더라도 ESG에 대한 사회적 관심이 높지 않아 ESG를 다루는 학부, 대학원 또는 전문과정이 매우 부족하다는 것이다. 근래 ESG 관련 대학원 과정이 늘어나고 있지만 아직 초기 단계다. 이러다 보니 환경·ESG 컨설팅 기관이 사실상 기업에 ESG 전문인력을 공급하는 역할을 도맡고 있다고 해도 과언이 아니다. 컨설팅 기관에서 2, 3년 정도 일하며 경력과 전문성을 쌓다가 상대적으로 대우가 좋은 대기업으로 이직하는 식이다. 지금도 업계에서는

'○○○ 컨설팅은 ESG 사관학교'라는 우스갯소리를 하곤 한다. 하지만 컨설팅 기관의 인력도 수급에는 한계가 있어 우수 인력 유지를 위해 컨설턴트에 대한 처우를 강화하는 추세다. 따라서 ESG 인력 부족 현상은 한동안 지속될 것으로 보인다.

ESG 일자리, 어떤 것들이 있을까?

기업

ESG 조직을 신설 또는 확대하는 기업이 늘고 있다. ESG라는 명칭 대신 지속가능경영, CSR, SV(사회적 가치)라는 용어를 조직명에 붙이기도 한다. 부서를 신설하는 대신 기후·환경·에너지, ESH(환경·안전·보건) 또는 사회공헌 조직에서 ESG 업무를 총괄하기도 한다. 투자자 대응 및 공시의 중요성이 커짐에 따라 IR Investor Relations 부서에서 ESG를 총괄하거나, 기존 ESG 조직과 IR 부서를 통합하는 경우도 생겨나고 있다. 전체 그룹 차원에서 ESG 경영 방향 설정 및 조율을 위한 별도의 조직을 두기도 하는데, SK수펙스추구협의회 내 SV위원회나 ㈜LG의 CSR팀이 그러한 경우다.

최근 공급망 관리 및 고객사 대응의 중요성이 부각되며 ESG 조직과 구매, 상생협력, 영업 등 타 부서와의 협업도 늘고 있다. 예를 들어 구매 또는 상생협력부서는 회사의 공급망 ESG 정책을 공급망기업에 전파하거나 실행하는 역할을, 영업부서는 고객사로부터 ESG 관련 요구를 받고 대응 현황을 전달하는 역할을 담당한다. 지속가능경영보고서 발간이나 스코프 3 배출량 산정과 같이 전사적 협력이 필요한 경우에는 한시적으로 TF팀을 구성하기도 한다. 근래 중견·중소기업에서도

ESG 관련 업무가 늘고 있는데 주로 고객사 요청 대응이 주를 이룬다. 별도의 ESG 조직이 갖춰지지 않은 중견·중소기업에서는 총무, 환경, 영업부서에서 관련 업무를 맡기도 한다.

금융기관

금융기관의 ESG 업무는 업종에 따라 차이가 있다. 국내는 주요 시중은행을 중심으로 금융그룹이 형성되어 있어 있는데, KB, 신한, 하나, 우리, NH농협을 5대 금융그룹이라 한다. 대구은행, 부산은행, 전북은행 등 지방 거점의 DGB, BS, JB 금융그룹도 있다. 금융그룹은 금융지주사를 기점으로 은행, 보험사, 카드사, 증권사, 자산운용사 등을 소유한다. 금융그룹에서는 금융지주사의 영향력이 막강하다. 금융그룹 전체의 ESG 경영은 금융지주사에 있는 ESG 조직이 총괄하는 경우가 일반적이다. 은행과 같이 규모가 큰 자회사의 경우 별도의 ESG 조직을 두기도 하고, 규모가 작은 자회사는 ESG 부서 없이 담당자만 지정해 두기도 한다.

금융기관 ESG 조직의 업무는 기업과 대동소이하다. ESG 경영 목표 및 전략 수립과 이행 등을 총괄하고, ESG 금융상품을 기획하고 개발하는 데 참여하기도 한다. 최근 금융기관의 탄소중립과 기후 리스크 관리 필요성이 부각됨에 따라 리스크관리 체계에 기후 리스크 통합과 금융 배출량 산정 업무가 추가되었다.

위에서 언급한 일반적 ESG 업무 외에 증권사, 자산운용사나 금융기관 내의 자산운용부서에서는 투자 대상 자산의 ESG 정보를 수집하고 분석하여 투자에 반영하는 업무가 추가된다. 이를 위해 기존의 리서치 조직에 ESG 분석업무를 추가하거나 별도의 ESG 조직을 신설하기도 한다. 아직 ESG 분석 역량의 내부화in-house가 초기 단계이므로 2, 3명의 소규모 조직으로 구성된 경우가 대부분이다. 민간 금융기관뿐만 아니라 국민연금과 같은 공적 연기금도 내부 조직을 두고 있다. 분석된 ESG 정보를 실제 투자에 반영하는 펀드매니저의 경우 ESG 펀드를 전담으로 운용하는 경우는 많지 않아 대개 다른 펀드를 운용하며 동시에 ESG 펀드도 추가로 운용하고 있는 실정이다.

컨설팅사

거의 모든 컨설팅사들이 ESG 관련 컨설팅 비중을 늘리고 있는 추세다. 컨설팅사는 보스턴컨설팅그룹, 맥킨지와 같은 글로벌 경영전략컨설팅사, EY한영, 삼일PwC와 같은 회계법인의 컨설팅 또는 어드바이저리 파트, 국내 경영·환경 컨설팅사로 구분할 수 있다. 회계법인의 컨설팅 파트는 국내 회계법인이 해외 컨설팅사와 파트너십을 맺은 경우다.

ESG 컨설팅사 유형

유형	주요 컨설팅사
글로벌 경영 컨설팅	맥킨지앤드컴퍼니(McKinsey&Company), 베인앤드컴퍼니(BAIN&Company), 보스턴컨설팅그룹(BCG, Boston Consulting Group)
회계법인	삼일PwC, 삼정KPMG, 안진딜로이트, EY한영
국내 경영·환경 컨설팅	에코네트워크, 스마트에코, BNZ파트너스, 에코앤파트너스, The CSR, 네트웍스와이, 한국생산성본부, 한국표준협회컨설팅, 한국능률협회컨설팅 등

컨설팅사는 기업, 금융기관 또는 정부의 의뢰를 받아 프로젝트 단위로 업무를 진행한다. 프로젝트 유형은 크게 전략 수립과 이행 지원으로 구분할 수 있다. ESG 경영 전략 수립, 탄소중립 목표 및 전략 수립 컨설팅이 전자의 대표유형이며, 지속가능경영보고서 작성 지원, 온실가스 배출량 산정 지원이 후자의 예다. 컨설팅사 내부의 ESG 조직은 조직의 리더 격인 파트너와 시니어 컨설턴트, 그리고 경력 3년 미만의 주니어 컨설턴트로 구성된다. 프로젝트 규모에 따라 투입인력의 수가 결정되며 대개 시니어 컨설턴트가 프로젝트를 총괄하고 주니어 컨설턴트가 실무를 맡는다. 예전에는 컨설팅사를 대기업으로 이직하기 위한 발판으로 생각하는 경우도 많았으나 최근에는 오히려 대기업에서 컨설팅사로의 이직도 활발해지고 있다.

법무법인

중대재해처벌법, 탄소국경조정제도 등 ESG 관련 법·제도 강화로 기업의 ESG 관련 법률서비스 수요도 증가하고 있다. 또한 기업 ESG 활동에 대한 사회적 비판의식이 높아지고 동시에 ESG 정보의 공시 의무화가 진행됨에 따라, 그린워싱 관련 소송도 늘어날 것으로 예상된다. 국내 주요 법무법인은 공익법무법인을 만들어 비영리단체나 사회적 기업을 지원하는 수준을 넘어 본격적으로 ESG 관련 서비스를 확장하고 있다. 김앤장, 광장, 세종, 태평양, 율촌, 지평 등 국내 상위권 법무법인은 모두 내부에 ESG 관련 팀이나 센터 등을 두고 있다. 법무법인의 ESG 조직에는 환경, 에너지, 안전, 노동 등 ESG 각 분야별 변호사뿐만 아니라 별도의 ESG 전문위원을 두고 있는 경우도 많다. 그리고 법무법인 가운데는 ESG 관련 법률서비스와 함께 컨설팅 서비스를 제공하는 곳도 생겨나고 있다.

ESG 평가사

ESG 평가사는 기업의 ESG 정보를 수집·평가하여 금융기관, 연기금, 자산운용사 등에 판매한다. 평가 결과를 지수 형태로 제공하기도 한다. 평가사는 고유의 평가방법론을 개발하여 사용하는데, 금융기관별 맞춤형 평가를 제공하는 기관도 있다. 평가 외에도 의안 분석 및 자문서비스, ESG 투자체계 구축 컨설팅, ESG 투자 관련 연구용역서비스를 제공하는 경우도 있다. 대표적인 국내 ESG 평가사는 한국ESG기준원, 대신경제연구소, 후즈굿Who's Good을 운영하는 지속가능발전소, 서스틴베스트가 있다. 모건스탠리캐피털인터내셔널MSCI, 블룸버그 등 해외 ESG 평가 및 데이터 제공기관도 국내 리서치 분야 인력을 늘리는 추세다. 신용평가사의 ESG 평가 시장 진출도 늘고 있다.

ESG 평가사는 3월과 6~10월에 업무가 몰린다. 3월이 바쁜 이유는 주주총회 의안 분석 관련 수요가 몰리기 때문이다. 평가기관은 기업이 주총에 상정한 안건을 분석하여 기관투자자의 의결권 행사 방향을 자문한다. 기업 ESG 평가는 6~10월에 이루어진다. 평가는 공개된 기업 ESG 정보의 수집, 평가 및 피드백 등의 단계로 이루어지는데, 정보의 수집에 상당한 시간이 투입된다. 디지털화된 정보가 늘고 있지만 아직은 수작업이 필요한 부분이 적지 않다. 최근에는 ESG 평가사에서 연기금이나 자산운용사의 리서치 센터로 이직하는 경우도 늘고 있다.

검증기관

어떠한 활동이 정해진 절차에 맞게 진행되었는지 확인하는 것을 검증이라 하고, 활동이나 제품이 정해진 기준을 충족했는지 확인하는 것을 인증이라 한다. 일반적으로 제품이나 서비스가 인증기준을 통과하면 로고를 사용할 수 있다.

검증기관은 검증과 인증 서비스를 제공하는 기관이다. 검증기관의 ESG 관련 업무는 지속가능경영보고서 검증, 온실가스 배출량 검증, ISO 인증, 탄소발자국 제품 인증 등이 있다. BSI, LRQA, DNV, 한국표준협회, 한국품질협회 등이 대표적인 검증기관이다.

검증 심사원이 되기 위해서는 관련 분야의 경력이 있어야 하며 교육과정과 심사원보 과정을 이수해야 한다. 검증기관에는 검증을 수행하는 심사원 외에도 교육이나 마케팅 등 지원부서도 있다.

3

여기서 공부하면 자리를 골라 간다고?

ESG 인력 부족은 전 세계적인 현상이다. ESG 관련 모든 분야에서 구인이 활발하다. ESG 분야에서 2~3년 이상의 해당 경력만 있다면 원하는 곳을 선택해서 갈 수 있는 상황이다. 하지만 신입으로 ESG 분야에 첫발을 내딛고자 한다면 선택지는 많지 않다. 신입을 채용하는 업종은 컨설팅사와 ESG 평가사 정도다. 컨설팅과 ESG 평가사는 전공이 크게 중요하지 않은 업종이다. 다만 금융, 경영이나 경제학을 전공했거나 관련 지식이 있다면 업무를 익히는 데 유리하다. 그리고 최근 기후변화 관련 컨설팅 수요가 많아 기후변화 관련 지식이 있다면 좋다.

아직 졸업 전이거나 시간적 여유가 있다면 관련 기업에 인턴으로 지원해볼 것을 권한다. 컨설팅이나 ESG 평가사는 만성적인 인력난에 시달리고 있어 인턴에게도 실무를 맡기는 경우가 많아 현장을 경험해 볼 수 있다. 사전에 채용연계형으로 공고된 인턴전형이 아니라 하더라도 최근에는 업무능력이 뛰어나면 정규직으로 전환되는 경우가 적지 않다.

ESG 교육기관과 교육과정

사전에 전문성을 기르고 싶다면 ESG, 기후금융 또는 기후변화 관련 대학원이나 MBA 과정에 진학하는 것도 좋다. 그 외에 ESG 관련 단기

교육과정을 듣거나 자격증을 따는 것도 도움이 된다. 다만 최근 ESG 관련 교육과정과 자격증이 우후죽순 늘고 있어 선택에 주의해야 한다. 아직 경력이 없다면 유료 교육보다는 정부나 공공기관 및 기업에서 제공하는 무료 교육과정을 추천한다.

기후변화에 관심이 있다면 한국환경공단에서 운영하는 온실가스 전문가 양성과정에 관심을 가져볼 만하다. 2개월(1개월 이론교육+ 1개월 실습)과 4개월(1개월 이론교육+ 3개월 실습) 과정으로 구분되며 1년에 5차례 선발한다. 교육비는 무료고 훈련비도 지급한다. 커리큘럼은 기후변화 배경부터 온실가스 배출량 산정과 기후금융까지 기후변화 관련 전반을 포괄한다. 이론교육 후 컨설팅 기관, 검증기관 등에서의 실습이 연계되어 있어 실무도 함께 경험해 볼 수 있다. 기후변화 관련 업무에 관심이 없더라도 기후변화는 ESG 전반에서 가장 중요하게 다뤄지고 있어 익혀두면 ESG 업무에 많은 도움이 된다.

국내 ESG 석/박사 과정

대학	학위과정	커리큘럼
단국대학교 경영대학원	ESG 경영 석사과정	전공필수 경영학 / 연구경제학 / 연구통계 및 연구방법론 전공선택 기업의 사회적 책임과 ESG 경영 / ESG 금융론 / 탄소경제학 / 환경경영론 / 인권과 기업 / 종업원 관계와 안전 / 제조물 책임과 소비자 권리 / 기업지배구조 이론과 실제 / 탄소회계
서강대학교 경제대학원	ESG 경제 석사과정	공통필수 ESG 개론 / 거시경제학 / 미시경제학 전공필수 ESG 평가방법론 / 기업지배구조론 / ESG와 금융 / ESG와 환경 / 노동정책론 / 논문작성 전공선택 자산운용이론과 실제 / 증권투자 및 시장분석 I / 증권투자 및 시장분석 II / 투자론(경영대학원) / 기업윤리(경영대학원) / 기업지배구조와 전략(경영대학원) / AI 금융

대학	학위과정	커리큘럼
우석대학교 경영문화 대학원	ESG 경영학과 석사과정	공통필수 ESG 경영개론 / 지속가능경영 전략 / ESG 평가방법론 전공선택 사회적 가치와 ESG / 기업의 사회적 책임과 ESG 경영 / ESG 지속가능투자론 / 탄소경제학 / 환경경영론 / 인권경영론 / 노사관계와 작업장 안전 / 소비자 권리 경영 / 기업지배구조 이론과 실무 / 탄소회계: ESG 회계시스템
인하대학교 녹색금융 특성화 대학원	녹색금융전공 석박사 과정	전공필수 금융통계조사방법론 / 금융연구조사방법론 전공선택 기후변화와 환경경영전략 / 환경 문제와 정책 분석 / 기후변화와 금융정책 / 기후변화 위험분석과 관리 / 녹색투자전략 / 녹색회계 / 신재생에너지 산업 및 기술 동향 / 녹색금융상품과 시장분석 / 녹색프로젝트와 기업 가치평가 / 배출권거래와 탄소시장 / ESG 평가 및 투자 성과 분석 / 디지털 녹색금융 / 환경경제학 / 이해관계자 이론 / 지배구조와 지속가능성 / 지속가능경영 세미나 / 산업별 환경이슈 세미나 / 글로벌 SCM과 위험관리 / 지속가능 금융과 투자 / CSR 경영전략 / 기업윤리
카이스트 녹색성장 대학원	녹색경영정책 프로그램(MS) 석사과정	공통필수 윤리 및 안전 / 확률 및 통계학 전공필수 녹색경영론 / 녹색기술과 녹색산업 / 녹색성장전략연구 / 녹색경영 연구방법론 전공선택 기후변화와 녹색경영 / 녹색정보시스템 / 녹색마케팅 / 녹색혁신과 전략 / 녹색창업과 사업화 / 녹색가치사슬과 탄소경영 / 녹색경영 데이터 애널리틱스 / 녹색사업 재무타당성 평가 / 녹색회계 / 녹색기업 가치평가와 사회적 금융 / 녹색펀드 투자전략 / 녹색파생상품 / 기후변화와 국제협력 / 에너지 및 환경경제학 / 지속가능발전 정책 / 미시경제학과 환경 / 에너지 기술과 경제성 평가 / 환경 문제와 정책 분석 / 녹색IT와 스마트 그리드 / 신재생에너지 사례연구 / 신재생에너지와 전력저장장치(ESS) / 4차 산업혁명과 녹색기술 / 환경 에너지시스템 위험경영 / 탄소배출권 시장과 탄소금융 / 녹색금융 사례연구 / 기후 관련 재무정보 공개 / 녹색성장 정책 / 녹색거시경제학 / 에너지산업 및 R&D정책 / 녹색기술 R&D와 산업정책 / 녹색교통 / 녹색도시 / 식량, 삼림, 물 정책 / 녹색경영특강 / 녹색경영정책특론
한양대학교 경영전문대학원	Professional MBA 과정 ESG 트랙	전공필수 ESG 필드스터디 / MBA Foundation / ESG 개론 / 사회적가치경영 / 기업지배구조 / 지속가능금융 / 지속가능경영전략 / 환경경영전략 전공선택 ESG 공급사슬관리 / 금융혁신과 ESG / 최고지속가능책임자(CSO)를 위한 고급 ESG 경영 / ESG 데이터 애널리틱스 / 4차 산업혁명시대의 ESG / 기후변화와 임팩트 비즈니스 / ESG 커뮤니케이션과 사례분석 / ESG 평가 / 글로벌 ESG 필드 세미나

국내 ESG 비학위과정

대학	과정명	학비/수업일	커리큘럼
고려대학교 경영대학	ESG 최고경영자 과정 (16주 과정)	수업료 500만 원 (발전기금 400만 원 및 연수회비 별도) 매주 수요일 야간	Why ESG: 지속가능경영을 위한 ESG / Driving ESG I: 기업지배구조의 이해와 중요성 / Driving ESG II: 국내기업 지배구조 개선방안 / Implementing ESG I: 기업의 대외적 사회 가치 창출 / Implementing ESG II: 기업의 대내적 사회 가치 창출과 현실적인 ESG 이슈 / 비즈니스와 환경 I / 비즈니스와 환경 II / ESG in Practices: ESG 우수기업 방문 / 팀별 과제 중간 발표: 재직 기업의 ESG 현황 분석 / 1기 2기 통합 수업 / ESG 관련 공시 현황 및 대응 방안 / ESG 평가사가 바라보는 ESG 경영 / 투자사가 바라보는 ESG 경영 / 정부기관이 바라보는 ESG 경영 / 법무법인이 바라보는 ESG 경영 / How To Win: ESG 경영전략 수립 및 추진 방안 / 팀별 과제 최종 발표: 재직 기업의 ESG 전략
서강대학교 경영전문 대학원	miniMBA ESG 리더십 과정 (16주과정)	– 매주 화요일 야간	ESG 개요 및 통합적 이해 / ESG 핵심 주제에 따른 각론 - 세부 영역별 심층분석 / ESG 표준지표 및 활용을 위한 조직 및 시스템 구축 등 컨설팅 노하우 습득 / ESG 기반 지속가능한 성장전략 및 제반 경영 활동을 위한 사회적 방향 제시
서울대학교 환경대학원	ESG 전문가 과정 (13주 과정)	660만 원 (해외연수 비용 별도) 매주 금요일 야간	기후위기 시대의 ESG 혁신과 한국의 미래 / 대한민국 ESG 혁신 토크 콘서트 / 기후위기 시대 탄소중립과 ESG / 기후변화 어디까지 알고 계신가요? / ESG 글로벌 경영의 과거, 현재, 미래 / ESG와 재무보고 / 유럽 연수: 프랑스 파리(OECD), 벨기에 브뤼셀(EU) 탐방 / 탄소중립 ESG 미래도시 / ESG, 지방정부 및 공공기관의 역할과 사회적 가치 창출 / Workshop (국내 현장답사 및 친선 행사) / ESG와 이사회 경영 / ESG와 커뮤니티 지향 사회혁신 / ESG 경영 우수사례 I, II, III / 펠로우 ESG 경영사례 조별 발표
서울과학 종합대학원 aSSIST 경영대학원 ESG 연구센터	ESG 경영 최고위 과정 (13주 과정)	500만 원 매주 목요일 야간	ESG의 이해 / UN SDGs의 이해 / 노동(조합)과 ESG / ESG 관점의 노동정책 / ESG 의미와 이슈 / S(사회) 이슈 / 사회(S)를 살리는 ESG 경영 / E(환경) / 기업사례 / G(지배구조) 이슈 / 이해관계자 소통 / 선진사례 확인 / 공공기관의 ESG / ESG 변화관리 / 참가기업발표 / 생태계와 ESG
중앙대학교	ESG 최고위 과정 기초과정 (10회) 고급과정 (10회)	–	기후리스크, 탄소중립, 에너지 기술 그리고 기업의 대응 / 기후 위기, 녹색경영, 탄소포집 그리고 기업의 대응 / 탄소중립과 국내외 ESG 대응 현황 / S(사회)와 G(거버넌스)의 주요 이슈 및 사례분석 / 중소기업의 ESG 경영, 법적 리스크 및 대응 / ESG와 관련된 기관과 단체에 대한 개관 / 공급망 관리 및 ESG 고도화(ESG 리더쉽 과정) / ESG와 표준 / ESG와 법률 / ESG 글로벌 가이드라인의 이해와 적용 / ESG 경영 목표 수립과 전략 수립 / ESG 투자 현황과 전망 & 기업의 대응 / 중소-중견기업의 ESG 경영 대응 전략 / 보고서 작성 준비: **기업의 지속가능경영보고서 검토(제조업) / 보고서 작성 준비: **기업의 지속가능경영보고서 검토(금융업) / GRI 기반의 보고서 작성(1주차): 환경(E) / GRI 기반의 보고서 작성(2주차): 사회(S) / GRI 기반의 보고서 작성(3주차): G(거버넌스) 및 종강

대학	과정명	학비/수업일	커리큘럼
카이스트	ESG 최고경영자 과정 (13주 과정)	600만 원 (연수비 포함) 매주 목요일 야간	ESG 개념의 진화 / 시대적 의미와 전망 / ESG와 탄력 성장을 위한 혁신전략 / 기업의 사회적 책임과 녹생경영 / 기후변화의 과학 / 지속가능발전 목표와 기업 경영 / 인권경영의 기업전략적 접근 / 국민연금의 ESG 적용과 실무사례 / 미래 모빌리티와 탄소중립 / 탄소중립과 전력시장의 역할 / 기후리스크와 탄소중립 시나리오 / ESG 투자와 평가의 이해 / 세상은 왜 쓰레기로 뒤덮이는가? 순환경제 쟁점과 과제 / ESG 탄소중립을 위한 금융과 기술의 역할 / 에너지 미래 전략과 원자력 기술 / 녹색성장과 파리 신기후체제 대응 전략 / 글로벌 ESG 공시발전 방향 및 영향 / 제조업과 서비스업 혁신 / ESG 공시의무와 컴플라이언스 현안 / ESG 경영을 위한 혁신 리더십 / 팀프로젝트 멘토링 / 디지털 ESG 트랜스포메이션 / 에너지 전환 기술과 비즈니스 기회 / 현장 적용 프로젝트 TED 강연

지속가능금융 자격증

금융 관련 자격증이 있으면 좋다. 다만 최근 늘고 있는 ESG 관련 자격증은 신중히 접근할 필요가 있다. 아직 취직에 직접적으로 도움이 되는 ESG 자격증은 거의 없으니 과장광고에 주의해야 한다. 하지만 자격증은 목표를 정해 꾸준히 공부할 동기를 부여한다는 점에서 도전해 볼 가치는 있다.

지속가능금융 관련 자격증

자격증	주관기관	특징
SCR(Sustainability and Climate Risk) 자격증	GARP(Global Association of Risk Professionals)•	해외에서는 지속가능금융 애널리스트나 컨설턴트를 모집할 때 SCR 자격증 보유자를 우대하는 추세다. ▲기후변화의 기초 ▲지속가능성 ▲기후변화 리스크 정책, 문화, 거버넌스 ▲친환경 및 지속가능한 금융의 계기 및 시장 현황 ▲기후 위험 측정 및 관리 ▲기후 시나리오 분석 부문에서 3시간 동안 4지선다 객관식으로 80문항에 답해야 한다. 응시료는 비회원가로 750달러다.

• FRM(Financial Risk Manager) 국제자격증 발행기관인.

자격증	주관기관	특징
ESG 투자 자격증	CFA 협회	중요한 ESG 요소를 어떻게 분석하고 일상적인 역할에 어떻게 통합하는지를 배우고자 하는 투자 관련 실무자들을 위해 고안됐다. 2시간 20분간 총 100문항 객관식으로 치러지며, ▲ESG 마켓 ▲환경, 사회, 지배구조 요인들 ▲ESG 분석(Analysis), 적정 가치 구하기(Valuation), 통합(Integration) 등으로 구성돼 있다. 한국 CFA 협회는 판매 및 유통, 자산관리, 제품 개발, 재정 자문, 컨설팅, 위험관리 직군에서 적합한 자격증이라 소개하고 있다. 응시료는 675달러다.
FSA(Fundamentals of Sustainability Accounting) 시험	지속가능회계 기준위원회 (SASB)	FSA는 재정적으로 중요한 지속가능성 정보와 기업의 기업가치 창출 능력 사이의 연관성을 이해하는 전문가를 위해 설계된 시험이다. 응시자는 대부분 애널리스트, 컨설팅, 기업 지속가능성 분야의 전문가들이다. 원칙과 관행에 초점을 맞추는 레벨 1과 응용과 분석에 초점을 맞춘 레벨 2로 구성된다. 레벨 1은 지속가능성 요인이 기업의 가치와 투자성과에 미치는 영향과 자본시장의 전문가에게 재무적으로 중요한 지속가능성 정보를 효과적으로 전달하기 위한 툴을 2시간 동안 110문항으로 검증한다. 레벨 2는 산업별로 재무적으로 중요한 지속가능성 정보를 어떻게 기업 전략에 포함할 수 있는지 그리고 투자자에게 알릴 수 있는지 2시간 동안 케이스 분석과 53문항으로 검증한다. 2022년 시험 일자는 9월이며, 4월과 5월엔 시범 시험이 있다. 응시료는 650달러, SASB 멤버는 500달러다.
CESGA (Certified ESG Analysts)	유럽 금융 애널리스트 연합회(EFFAS)	2014년 최초로 시행됐으며 특히 투자 전문가에 특화돼 있다. ▲ESG 통합 ▲ESG 보고 ▲ESG 투자 프로세스 체인 ▲ESG 가치 평가 통합 등으로 구성된 선택형 문제 20개와 사례 문제 1개를 2시간 30분간 풀어야 한다. 응시료는 250유로다.

• SCR 예시 문제

1 인간 활동으로 인해 두 번째로 많이 생기는 온실가스는 메탄이다. 다음 중 어떤 활동이 직접적인 원천인가?

A. 시멘트 생산 B. 삼림벌채와 토양 이용 C. 연료 연소 D. 육류식품 생산

정답은 D이다. 특히 인간이 소와 같은 가축을 원료로 해서 육류 제품을 만들면서 생기는 온실가스가 대기중 메탄의 직접적인 원천이다. 예시에 나온 시멘트 생산은 이산화탄소의 주범 가운데 하나이지만 메탄의 원천은 아니다. 삼림벌채와 토양 이용도 이산

화탄소의 원천이지 메탄의 원천은 아니다. 연료를 연소할 때는 아산화질소가 많이 생긴다.

2 **한 다국적 기업이 TCFD의 권고사항에 적절히 대응하려고 한다. 이 회사는 허리케인과 홍수를 자사의 세계 공급망에 중등도의 물리적 기후위험으로 여기고 연례보고서에 포함시키고자 한다. 이 내용은 TCFD의 공개 내용 가운데 어느 항목에 해당할까?**

A. 거버넌스 B. 전략 C. 위기관리 D. 지표와 목표(metrics and target)

정답은 B이다. 기후변화 관련 위험은 전략 항목에 해당한다. TCFD는 '전략' 항목에서 다음 사항을 공개할 것을 권고하고 있다. △기후변화와 관련된 위험과 기회가 조직의 비즈니스, 전략, 재무계획에 미치는 실제·잠재 영향을 공개하라. 이와 관련된 정보가 중요성 항목이다.

4

ESG 전문가가 컨설팅사에서 기업으로 이직하는 까닭

ESG 분야에서 어느 정도 경력이 쌓이면 이직의 기회가 열린다. 현 직장에 불만족해 떠나고자 하는 의지가 확고하다면 경력직 공개채용에 지원하는 것도 방법이다. 그렇지 않고 '기회가 된다면 더 나은 조건으로 가면 좋겠다'하는 정도의 마음이라면 아무래도 공개된 채용은 부담스러울 수 있다.

컨설턴트는 기업에서 개별적인 이직 제안을 받을 기회가 많다. 업무의 특성상 여러 고객사와 함께 업무를 진행하면서 자신의 업무능력을 드러낼 기회가 많기 때문이다. 기업 처지에서는 기업 내부 사정도 잘 알고 업무능력도 검증된 직원을 뽑을 수 있기 때문에 선호한다. 컨설턴트 처지에서도 기업과 부서의 문화나 업무 강도 등을 미리 파악할 수 있기 때문에 급여 등 조건만 맞는다면 의사결정이 쉽다. 컨설팅사에서 기업으로의 이직이 많은 이유다.

기업 간의 이직이라면 개인의 추가적인 노력이 필요하다. 우선 자기 자신을 노출시킬 기회가 필요하다. ESG 관련 세미나나 토론회에 적극 참여하여 미리 네트워크를 쌓아 두면 좋다. 링크드인을 활용하는 것도 방법이다. 헤드헌팅회사는 링크드인을 바탕으로 기업에 대상자를 추천하는 경우가 많다. 링크드인 계정을 만들고 경력만 잘 업데이트해도 많은 제안을 받을 수 있다. 특히 외국계 기업이나 해외로 이직을 원하는 경우 링크드인에 영문으로 프로필을 올려두면 좋다. 다만 기업 간 이직이라면 이직 결정 전에 급여나 복지 조건 외에도 이직하고자 하는 기업 및 부서의 문화나 업무 여건을 최대한 파악하는 것이 중요하다. 좋은 자리라 생각하여 이직했는데 지금보다 급여 외에 모든 것이 나빠졌다면 곤란해질 수 있다. 이직 주기가 너무 짧은 것도 평판에 좋지 않다. 주변의 네트워크를 활용해서 전임자가 이직한 사유나 업무량 등을 최대한 파악하고 신중히 결정하는 것이 좋다.

5

제도화 흐름을 이해해야 진짜 ESG 전문가

지식만 있거나 경험만 있으면 전문가가 될 수 없다. 지식과 경험을 바탕으로 미래의 흐름을 읽을 수 있어야 전문가다. 최근 불고 있는 ESG 열풍의 핵심은 '제도화'다. ESG의 미래를 읽기 위해서는 제도화라는 흐름을 볼 수 있는 눈이 있어야 한다.

입법 동향 파악 ABC

우리나라 헌법은 법안을 제출할 수 있는 권리를 국회의원과 함께 정부에도 부여하고 있다. 국회의원의 법안 발의를 '의원입법', 정부의 법안 발의를 '정부입법'이라고 부른다. 의원입법은 10인 이상 의원의 동의만 받으면 간단히 발의가 가능한 반면, 정부입법은 법안 발의까지 최소 4개월 이상의 시간이 소요되며 그 과정도 복잡하다. 이 때문에 간단한 개정사항은 정부와 여당이 사전 협의하여 의원입법으로 진행하기도 하는데 이를 '청부입법'이라고 부른다. '청부'라는 단어 때문에 부정적 인식이 강하지만, 의원입법의 경우도 어차피 법안 논의 과정에서 정부와 협의 과정을 거치기 때문에 굳이 부정적으로 볼 이유는 없다. 의원입법안의 입안 작업은 대표 발의 의원실에서 주도하고 그 과정에서 국회사무처에 소속된 전문위원의 도움을 받기도 한다.

정부입법안은 해당 부처에서 입안 작업을 주도하며 법제처의 심사를 거친다. 발의된 모든 법안은 국회로 회부되며, 발의 주체와 상관없이 법안의 성격에 부합한 상임위원회로 송부된다. 예를 들어 국민연금법 개정안은 보건복지위원회로, 자본시장법 개정안은 정무위원회로 보내는 식이다.

각 상임위원회 내에는 '법안심사소위원회'(이하 법안소위)라는 게 구성되어 있는데, 입법안은 법안소위에서 먼저 심사를 거친 후 상임위원회에 상정된다. 국회 전체로 보면 1년에 수천 개의 법안이 발의되기 때문에 모든 법안을 다 심사하지는 못한다. 심사할 법안은 법안소위의 교섭단체(국회의원 20명 이상의 정당) 간사 간 협의를 통해 정한다.

법안소위에 상정된 법안은 관례적으로 법안소위 소속 여야의원이 합의한 경우에만 상임위원회로 송부된다. 법안소위와 상임위원회에서는 해당 법안의 주무부처 의견을 듣는 과정을 거친다. 해당 법안에 대해 관심이 많은 의원은 정부부처 담당자에게 추가적인 의견을 듣거나 논의를 진행하기도 한다.

법안소위에서 통과된 안건은 특별한 이견이 없는 한 상임위원회 심사와 법제사법위원회의 체계 자구 심사•를 자동 통과하여 본회의에 회부된다. 우리가 TV를 통해 흔히 보는 장면은 국회 본회의장인데, 본회의에서는 특별히 여야 간에 쟁점 사항이 없는 법안은 자동 통과시킨다. 언론에서 간혹 하루에 몇백 개 법안을 통과시켰다며 비판적으로 보도하는 경우가 있는데, 타당하지 않은 비판인 경우가 많다. 우선 300명의 국회의원이 한자리에서 수백 개의 법안을 모두 재검토하는

• 법안의 내용이 아니라 체계만 점검한다.

것은 물리적으로 매우 어렵다. 게다가 이미 해당 분야에 전문성을 가진 상임위원회에서 합의한 법안이 본회의에 상정되기 때문에 특별한 쟁점이나 의견이 없는 법안은 추가 논의가 필요치 않은 경우가 대부분이다.

발의된 법안 가운데 최종적으로 본회의를 통과하는 법안은 극소수다. ESG 전문가가 되기 위해서는 ESG 관련 법안이 발의되었을 때 통과 가능성을 엿볼 수 있어야 한다. 법안의 통과 가능성을 예측해보려면 우선 법안을 발의한 국회의원이 누구인지를 잘 살펴봐야 한다. 법안을 대표 발의한 국회의원이 해당 상임위원회 소속이 아니면 통과 가능성이 크지 않다. 예를 들어 국방위원회 소속 의원이 환경노동위원회 법안을 발의한 경우, 해당 상임위원회에서 법안을 상정시키기 위해 노력해줄 사람이 없다. 반대로 법안 대표 발의 의원이 해당 상임위원회 위원장이거나 간사인 경우에는 상대적으로 상정이나 통과 가능성이 커진다. 상당수의 법안은 여야 간에 이견이 있어서가 아니라 논의 테이블에 올라가지도 못해서 폐기된다. 대표 발의 의원이 법안소위나 상임위에서 논의할 법안을 정할 수 있는 위치에 있다면 해당 법안이 논의될 가능성이 그만큼 커진다.

법안에 대한 정부의 의견을 통해 통과 가능성을 예측해 볼 수도 있다. 아무리 국회의원이라도 정부에서 반대하는 법안을 강행 처리하기는 쉽지 않다. 법안이 통과되면 법안을 실행할 곳이 정부이기 때문이다. 따라서 법안 논의 과정에서 정부와 협의를 통해 내용을 일부 수정하기도 한다. 그리고 처음부터 법안 통과가 목적이 아니라 정부의 대응을 촉구하기 위한 목적으로 법안을 발의하는 경우도 있다. 이원욱 의원이 발의한 RE100 법안•이 그러한 경우인데, 법안 발의 과정에서 산업부와의 지속적 협의를 진행해 재생에너지 구매제도 도입을 이끌었다.

법안이 발의된 이후의 법안심사과정은 국회의안정보시스템에서 확인할 수 있다. 의안정보시스템에는 발의된 법안의 원문뿐만 아니라 전문위원의 검토보고서, 회의록 등이 함께 올라온다. 관심이 있는 제도나 법안이 있다면 꼭 읽어 볼 것을 추천한다. 특히 전문위원의 검토보고서는 해당 법안과 관련한 주제에 대해 국내외 현황을 자세히 분석해두기 때문에 여러모로 도움이 된다.

정부 정책과 계획의 속내 읽기

정부는 어떤 이슈에 대한 대응을 위해 관련 정책을 묶어서 '○○ 추진계획(안) 또는 '○○ 방안'이라는 제목으로 발표하곤 한다. 이렇게 발표되는 계획안은 해당 부처의 보도자료 게시판에서 원문을 찾을 수 있다. 예를 들어 금융위원회와 환경부가 공동으로 발표한 '2021년 녹색금융 추진계획(안)'은 각 부처의 보도자료 게시판에서 찾을 수 있다. 이렇게 발표되는 계획에는 추진 주체가 되는 정부 기관과 시기 및 추진 방법 등도 포함돼 있다. 실제 정부 발표대로 추진이 될지를 가늠해 보려면 추진 방법을 자세히 봐야 한다. 정부가 어떤 일을 추진하려면 반드시 법 또는 제도적 기반이 갖춰져야 한다. 어떤 일은 이미 마련되어 있는 경우도 있고, 어떤 일은 먼저 새롭게 법·제도적 기반을 구축한 후에 진행해야 하는 것도 있다. 후자의 경우에는 항상 어떤 법이나

• 전기사업법, 신재생에너지법 일부개정안.

제도를 개정할지를 같이 표기하는데, 바꿔야 하는 것이 무엇인지에 따라 추진 가능성을 가늠해 볼 수 있다. 예를 들어 법 개정이 필요한 경우라면 일정대로 추진되지 못할 가능성이 크다. 정부 입법이나 청부입법으로 개정안을 발의한다 하더라도 통과가 될지 또는 언제 통과될지를 장담할 수 없기 때문이다. 반면 시행령이나 규정 개정 필요 사안의 경우는 계획대로 추진될 가능성이 크다. 시행령은 국무회의 의결사항이고, 하위 규정 등은 주무부처 내에서 개정이 가능하기 때문이다. 다만 개정해야 하는 시행령이나 규정의 주무부처가 타 부서라면 시간이 지연될 수 있다. 부처 간의 이해관계가 다른 경우가 많아 협의에 시간이 걸리기 때문이다.

해외 정책의 국내 도입 시기를 알아내려면

ESG 관련 제도화는 EU가 가장 앞서 있다. 대부분 국가에서 EU 제도를 벤치마킹하는 추세여서 EU의 제도화 계획을 보면 전반적인 방향을 짐작할 수 있다. 특히 EU는 제도를 추진할 때 미리 추진 방향을 공개하고 관련 연구부터 진행하기 때문에 장기적 방향을 예측하기가 어렵지 않다. 영어 독해에 어려움이 없다면 EU 정책은 다른 연구기관의 보고서를 보는 것보다는 EU 집행위원회EU Commission 홈페이지에서 직접 확인하는 것이 가장 정확하다. EU 집행위원회는 이슈별로 매우 일목요연하게 내용을 정리하고 있으며 관련 자료에 대한 상호참조도 체계적이다.

다음은 EU의 정책이 언제쯤 다른 국가로 확산될 것인지를 예측하는 것이다. 이 부분은 미국의 정치 상황을 보면 파악할 수 있다. 미국은 민주당이 집권하면 EU와 유사한 정책을, 공화당이 집권하면 정반대의 정책을 추진하는 경향이 있다. IMF, 바젤위원회 등 금융 관련 국제기구와 투자자를 비롯한 시장참여자들이 ESG의 필요성을 인정하고 있어 개별 국가의 정책으로 ESG에 대한 전반적 방향이 바뀌지는 않을 것으로 보인다. 하지만 나머지 국가들이 EU와 미국이 동일한 정책 방향으로 가면 이를 재빨리 뒤따르는 경향이 있고, 그렇지 않은 경우에는 관망하는 경향이 자주 나타나는 것 또한 현실이다. 유럽과 미국의 정책과 집권 세력을 보면 어떤 정책이 언제쯤 한국에도 도입될지 가늠할 수 있다.

용어정리

A

- AA1000 시리즈 영국 비영리 기관 어카운터빌리티(AccountAbility)가 지속가능경영보고서의 제3자 검증을 위해 만든 글로벌 표준. AA1000AP(보고서 검증 원칙), AA1000AS(보고서 검증 절차표준), AA1000SES(이해관계자 참여 표준) 등으로 구성돼 있다. AA1000 AS(Assurance Standard) v3는 포괄성(inclusivity)·중요성(materiality)·대응성(responsiveness)·영향성(impact)의 내용을 담고 있다.
- AccountAbility(어카운터빌리티) 기업들이 발행한 지속가능경영보고서의 제3자 검증을 위한 글로벌 표준 개발을 하는 비영리 기관. 1995년 영국에서 설립됐다.

B

- BAU(Business As Usual) 온실가스를 감축하는 조치를 취하지 않았을 때 발생할 수 있는 배출 전망치.
- Bloomberg 2009년 7월 시작된 자본시장 데이터 제공 기관으로, CDP와 제휴를 통해 기업의 탄소발자국, 에너지 사용량 등을 비롯한 전 세계 기업의 ESG 공시 데이터를 제공한다.

C

- Capitals Coalition GRI, 세계지속가능발전기업협의회(WBCSD) 등 자본의 가치를 재정의하려는 370여 개 이해관계자들의 글로벌 연합체. 자

본은 자연자본, 사회자본, 인간자본으로 나눌 수 있는데, 자연 사람 경제 간의 관계를 총체적으로 이해하고 가치에 대한 인식을 전환해 모든 조직이 기후변화, 생물다양성 손실, 불평등 심화 등의 과제에 대응할 수 있도록 하는 것이 이 연합체의 목적이다.

- CBI(Climate Bonds Initiative, 국제기후채권기구) 국제 기후 행동을 위한 자본을 동원하는 투자자 중심의 비영리 기구. 기후채권은 기후변화 방지에 영향을 주는 프로젝트에만 투자가 가능하고, 국제기후채권표준위원회(Climate Bond Standards Board)의 인증을 받는다. 탄소배출권거래제와 더불어 기후금융의 양대 축 가운데 하나다. 2021년 8월 현재 기후채권 규모는 1조 3000억 달러. 일반적으로 시중보다 낮은 이자율로 발행된다.
- CCUS(Carbon Capture Utilization and Storage, 탄소 포집·활용·저장 기술) 대기 중에 있는 이산화탄소나 산업 활동에서 발생하는 이산화탄소를 포집해 활용하거나 저장하는 기술. 이를 통해 이산화탄소와 물의 반응을 활용해 수소와 전기에너지를 생산하거나, 에탄올과 메탄올 등 화학산업 원료를 생산하기도 한다.
- CDP 기업의 기후변화 대응 등 환경경영 관련 정보를 공개하는 국제 비영리 기구. CDP는 원래 '탄소정보공개프로젝트(Carbon Disclosure Project)'에서 유래된 말이나 현재는 수자원, 산림자원, 도시 등으로 그 영역이 확대돼 환경 관련 평가 시스템 그 자체를 의미한다. 기업이나 기관에 정보공개를 요구하고 그 내용을 분석해 투자자 및 금융기관에 제공한다.
- CDSB(Climate Disclosure Standards Board, 기후공시기준위원회) 2007년 CDP, 세계지속가능발전기업협의회(WBCSD), 세계경제포럼(WEF) 등이 세계경제포럼에서 기후변화 관련 공시를 표준화하기 위해 조직한 정보공개 관련한 프레임워크. 기후변화 전략, 위험과 기회, 온실가스 배출 등의 내용을 보고한다. 2022년 국제회계기준(IFRS)이 ISSB와 통합했다.
- Climate Action 100+ 블랙록, 캘리포니아공무원연금 등 545개 투자자들이 파리기후변화협약을 달성하기 위해 2017년 결성한 이니셔티브. 지

속적인 모니터링을 통해 기업에 기후변화에 대한 거버넌스를 개선하고, 기후 관련 금융공시를 강화하며, 온실가스 배출량을 억제할 것을 요구하고 있다.

- CO_2e 온실가스 배출량을 대표 온실가스인 이산화탄소로 환산한 양.
- CRD(Climate-Resilient Development, 기후탄력적 개발) 인류 모두의 지속가능 발전을 위해 온실가스를 줄이는 행동과 기후변화 완화 및 적응을 위한 전략들을 결합한 것.
- CRD(Corporate Reporting Dialogue, 기업지속가능성 보고 협의회) 글로벌 비재무 정보공시 표준 제정 기관들의 공식협의체. 제정 주체인 국제통합보고위원회(IIRC)를 비롯해 CDP, CDSB, FASB, GRI, IASB, ISO, SASB 등 8개 기관이 참여했다.
- CSRD(Corporate Sustainability Reporting Directive, 기업지속가능성 정보공시 지침) EU 집행위원회가 기존의 비재무정보 공시 지침(NFRD)을 강화해 2024년 시행을 목표로 준비 중인 공시지침이다.

D

- DAC 경제협력개발기구(OECD) 산하의 24개 위원회 중 하나인 개발원조위원회. 개발도상국의 경제협력을 관장하고 있다.
- DJSI(Dow Jones Sustainability Indexes, 다우존스 지속가능경영지수) 미국 S&P 다우존스와 지속가능경영 평가 선도기업인 로베코샘이 개발하여 지난 1999년부터 전 세계 시가총액 상위 2500개 기업을 대상으로 기업의 지속가능성을 평가하는 평가기법. 기업의 가치를 재무적 정보뿐만 아니라 사회적, 환경적 성과와 가치를 종합적으로 평가하는 글로벌 평가모형이다.

E

- EFRAG(European Financial Reporting Advisory Group) 유럽 재무보고자문그룹.

- ESG 친환경, 사회적 책임 경영, 지배구조 개선 등 기업의 지속가능성, 기업 가치와 연관된 비재무적 성과지표를 말한다.
- ESG 공시 ESG와 관련된 기업 경영 활동 정보를 주기적으로 공개하도록 해 투자자를 보호하고 자본시장을 활성화하기 위해 도입된 제도. 법률로 규정하는 법정공시와 증권거래소 규정을 통해 공시 의무를 부여하는 거래소공시 두 종류가 있다. 이밖에 의무가 없는 기업이 외부 이해관계자의 판단에 도움을 주기 위해 정보를 공개하는 자발적 공개, 투자자 보호를 목적으로 하는 증권법 회사법 외의 기타 목적의 법률에 정하는 의무공시 등이 있다.
- ESG 위원회 지배구조 선진화를 통한 주주가치 제고 및 기업의 사회적 책임 관련 사항 등을 검토, 심의하는 역할을 수행하는 이사회 내의 위원회.
- ESG 정보 공개 가이던스 상장기업이 ESG 관련 중요정보를 추출하고 외부에 공개하는 체계를 마련하는데 참고할 수 있는 지침. ESG의 개념, 이사회와 경영진의 역할, 정보공개원칙, 중요성 평가, 보고서 작성 및 공개 절차, 권고 공개 지표 등에 대한 내용으로 구성된다.
- ESG 채권 크게 녹색채권, 사회적 채권, 지속가능채권으로 분류되며 환경, 사회, 지속가능성 등에 해당하는 사업 및 프로젝트에 한정해 발행하는 특수목적 채권을 통칭한다.
- ESG 통합(integration) ESG 요소를 기존 금융 분석이나 투자 의사결정 등에 체계적이고 명백하게 포함시키는 것을 의미한다.
- ESG 투자 친환경, 사회적 책임 경영, 기업 지배구조 개선 등의 요소를 고려한 투자 결정.
- ESG 평가 기업이 ESG 요소, 즉 고객 및 주주와 직원에게 얼마나 기여하는가, 환경에 대한 책임을 다하는가, 지배구조는 투명한가 등을 다각적으로 평가하는 것을 의미한다.
- ESG 평가기관 기업의 ESG 활동을 평가하는 기관. 모건스탠리캐피털인터내셔널(MSCI), 로베코샘(RobecoSAM), 서스테이널리틱스(Sustainalytics), 한

국ESG기준원(KCGS), 서스틴베스트, 대신경제연구소 등 전 세계 600여 곳이 있다.

- ESMA(European Securities and Markets Authority, 유럽증권시장청) 유럽 금융 감독 기능을 수행하는 3대 기구 가운데 하나로 파리에 본청이 있다.
- ESRS(European Suatainability Reporting Standards, 유럽지속가능성보고표준) 기업지속가능성 정보공시 지침(CSRD)에서 마련한 별도의 보고표준. 2022년 4월에 초안이 공개됐다.
- EU Taxonomy EU 지속가능금융 분류체계. 어떤 활동이 기후변화를 억제하기 위한 환경친화적 경제활동인지에 관해 그 기준을 확립하고 관련 자금 유입을 활성화하기 위해 EU에서 도입한 개념.
- EU 녹색채권표준 기업과 정부의 친환경적 프로젝트 및 프로그램을 위하여 자금을 모으고, EU 녹색 경제 활동 기준에 충족하는 활동을 정의하고 관리하는 것을 목표로 제정된 표준.

F

- FoSDA(Future of Sustainable Data Alliance) 유엔이 기후채권이니셔티브(CBI), 세계경제포럼(WEF), 국제금융협회(IIF) 등과 함께 ESG 데이터 감별 문제를 해결하기 위해 발족한 연합.
- FTSE4Good 지수 환경, 사회, 거버넌스(ESG)와 관련된 14개 분야, 300개 이상의 지표를 공개된 정보를 기반으로 평가하는 지수. 사회책임투자(SRI) 지수. DJSI의 S&P 500 ESG 지수, MSCI의 ESG 리더스 지수와 함께 3대 평가지수로 분류된다.

G

- GHG 프로토콜(Greenhouse Gas Protocol, 온실가스 회계처리 및 보고기준) 온실가스 배출 산정과 보고에 관한 비재무정보 공시에서 국제적으로 가장 널리 활용되는 표준으로, 1997년 세계자원연구소(WRI)와 세계지속가능발전기업협의회(WBCSD)에서 설립했다.

- Glass Lewis(글래스루이스) 글로벌 의결권 자문기관. 기관투자자를 대상으로 기업의 거버넌스 관련 동향과 의결권 행사에 관한 가이드라인을 포함해 주요기업의 주주총회 의안 분석뿐 아니라 ESG 관련 연구 및 평가 내용도 제공한다.
- GRI(Global Reporting Initiative, 국제 지속가능경영 표준 가이드라인) 1997년 미국의 환경단체 세레스(CERES)와 유엔환경계획(UNEP)이 설립했으며, 현재 전 세계 조직들이 GRI 가이드라인에 따라 지속가능경영보고서를 발간 중이다.
- GSIA(Global Sustainable Investment Alliance, 글로벌 지속가능투자 연합) 투자기관 상호 간 네트워크와 협력 강화, 공동의 목표 수행을 위해 설립된 협의체. 2014년 유럽, 호주, 캐나다, 영국, 미국, 일본, 네덜란드의 지속가능투자 연합 기관들에 의해 조직됐다.

I

- ICGN(International Corporate Governance Network, 국제 기업지배구조 네트워크) 1995년 기업지배구조 개선에 관한 정보 교류 및 연구를 위해 설립된 국제 비영리 기구. 기관투자자를 중심으로 학계, 기업, 정부 기관 등 폭넓은 네트워크를 지닌 기업지배구조 관련 세계 최대 규모의 기관이다.
- IFC(International Finance Corporation, 국제금융공사) 1956년 설립된 개발도상국의 민간기업에 투자하는 유엔 산하 금융기관. ESG 성과 및 리스크를 평가하고 관리할 수 있는 여러 표준 및 원칙을 개발했다.
- IFRS(International Financial Reporting Standards, 국제회계기준) 국제회계기준위원회(IASB)에서 제정하는 회계기준이다.
- IIF(Institute of International Finance, 국제금융협회) 1980년대 초의 국제금융위기에 대응하여 1983년에 선진국 38개 주요 은행에 의해 설립된 글로벌 금융 서비스 산업을 위한 협회 또는 무역 그룹. 회원에는 상업 및 투자은행, 자산관리사, 보험회사, 국부펀드, 헤지펀드, 중앙은행 및 개발은행이 포함돼 있다.

- IIRC(International Integrated Reporting Council, 국제통합보고위원회) 기업 재무 정보와 비재무정보인 ESG 정보를 통합한 보고서(Integrated Reporting)를 만들기 위해 국제회계사연맹(IFA), 국제 지속가능경영 표준 가이드라인(GRI), 지속가능성회계프로젝트(A4S) 등이 2010년 설립. 이후 국제지속가능성기준위원회(ISSB)와 합병돼 가치보고재단(VRF)이 만들어졌고, 국제회계기준재단(IFRSF)과 합병 수순을 밟고 있다.
- IMP(Impact Management Project) 사람과 자연환경에 대한 임팩트를 측정, 평가, 보고하는 데 콘센서스를 만들기 위한 글로벌 비영리 기구.
- IOSCO(International Organization of Securities Commissions, 국제증권감독기구) 세계 증권과 선물 시장을 감독하는 각국 연합 기구.
- IPBES(Intergovernmental Science-policy Platform on Biodiversity and Ecosystem Services, 생물다양성 과학기구) 생물다양성과 생태계서비스에 관한 과학적 연구 및 정책 기반을 세우고 각국의 정책 이행을 지원하고 있다. 기후변화로 수십 년 내에 동식물 100만 종이 멸종할 수 있다는 경고를 내놓았다.
- IPCC(Intergovernmental Panel on Climate Change, 기후변화에 관한 정부 간 협의체) 1988년 유엔환경계획(UNEP)과 세계기상기구(WMO)가 공동으로 설립한 국제기구로 인간 활동에 대한 기후변화의 위험을 평가하는 것이 주 임무다.
- IR(Integrated Reporting, 통합보고) 비재무적 정보인 ESG 정보를 재무정보와 통합하여 보고하는 것.
- IR(Investor Relations, 투자자 대상 기업설명회) 주식 시장에서 기업의 성과와 ESG 관련 내용을 홍보한다.
- ISAE 3000(International Standards on Assurance Engagement 3000) 국제인증업무기준. 전통적 재무정보에 대한 감사 및 검토 이외의 인증업무인 지속가능성(Sustainability), 법률 또는 규정의 준수(Compliance), 경제성 조사(Value for money) 등에 적용한다. 국제회계사연맹(IFAC)의 국제감사인증기준위원회(IAASB)에서 제정했다. IAASB는 2021년 ISAE 3000을

지속가능성 정보 인증에 적용하는 상세 지침(EER Guidance)으로 발표했다. ISAE 3000은 특정 주제에 대한 별도 기준을 함께 적용한다. ISAE 3400은 추정재무제표에 대한 검토, ISAE 3402는 서비스 조직 통제에 대한 인증보고서, ISAE 3410은 온실가스 보고서 인증 업무, ISAE 3420은 투자설명서에 포함된 추정재무제표(Pro forma financial statement) 재무정보에 대한 인증업무를 다룬다.

- ISO 26000 국제표준화기구에서 2010년 제정한 기업의 사회적 책임에 대한 국제표준. 산업계, 정부, 소비자, 노동계, 비정부기구 등 7대 경제 주체를 대상으로 지배구조, 인권, 노동 관행, 환경, 공정거래, 소비자 이슈, 공동체 참여 및 개발 등 7대 의제를 사회적 책임 이슈로 규정하고 이에 대한 실행지침과 권고사항 등을 담고 있다.
- ISO 37001 부패에 대한 인식을 공유한 37개의 국가가 정회원으로 참여하고, 매년 국가별 부패 관련 지수를 발표하는 국제투명성기구와 OECD가 함께 제정한 반부패 경영시스템.
- ISO 9001 국제표준화기구의 품질경영시스템에 대한 국제규격. 실행의 적합성은 제3자 인증기관의 심사를 통해 인증받는다.
- ISO(International Organization for Standardization, 국제표준화기구) 지적 활동이나 과학 기술 경제활동 등의 분야에서 전 세계적 협력을 위해 1946년 설립됐다.
- ISS(Institutional Shareholder Service) 세계 최대 의결권 자문사. 수만 건의 주주총회 안건을 분석해 의결권 행사의 방향을 제시하고, ESG 관련 데이터를 분석한다.
- ISSB(International Sustainability Standards Board, 국제지속가능성기준위원회) 국제회계기준재단(IFRSF)이 VRF, CDSB와 협력해 2021년 11월 출범시켰다.

K

- KCGS(한국ESG기준원) 2003년부터 기업지배구조를 평가해왔으며, 2011년

부터는 ESG 평가를 통해 국내 상장기업의 지속가능경영 수준을 평가하고 있다. 2022년 9월 22일부터 이름을 '한국기업지배구조원'에서 '한국ESG기준원'으로 변경했다. 영문명은 'Korea Institute of Corporate Governance and Sustainability'이나 약자는 KCGS로 유지한다.

- K-Taxonomy 환경부가 2021년 12월 한국 산업의 특수성을 고려해 정한 한국형 녹색분류체계. 녹색경제활동을 정의하는 지침으로 친환경 자금이 녹색 산업으로 유입될 수 있도록 지원하기 위한 제도. EU 택소노미의 6대 환경 목표(기후변화 완화, 기후변화 적응, 수자원과 해양자원의 지속가능한 이용 및 보호, 순환경제로의 전환, 오염 방지 및 관리, 생물다양성과 생태계 보호 및 복원)와 궤를 같이 하고 있으며, 녹색 부문과 전환 부문으로 분류해 총 69개의 세부 경제활동이 제시돼 있다. 2021년 확정 당시 전환 부문에서 원전이 제외되었으나, 윤석열정부는 2022년 9월 20일부터 다시 포함시켰다.

L

- LULUCF(Land Use, Land-Use Change and Forestry) 유엔에서 기후변화와 생물다양성 변화에 대응하기 위해 정한 토지 이용, 토지 이용 변화 및 산림 규정.

M

- MiFID II EU의 제2차 금융상품시장지침.
- MSCI(Morgan Stanley Capital International, 모건스탠리캐피털인터내셔널) ESG 평가 ESG와 관련된 10개 주제와 35개 핵심 이슈를 평가해 AAA~CCC의 7개 등급으로 평가한다. E는 기후변화, 생물다양성과 물 스트레스 등을 포함한 자연자본, 오염 및 폐기물, 재생에너지와 청정기술과 같은 환경 기회를 포함한다. S는 임직원 건강 등 인적자원, 제품 안전과 개인정보 보호, 사회적 기회 등을 다루고, G는 이사회와 경영진 보수 등 기업지배구조, 반부패 등을 포함한다.

N

- NDC(Nationally Determined Contributions, 국가 온실가스 감축목표) 파리기후변화협약에 따라 각 국가가 5년마다 제출하기로 한 자발적 감축목표. 감축, 적응, 재원, 기술, 역량 강화, 투명성 등 6가지 분야를 포괄한다. 한국의 NDC는 2030년까지 2018년 총배출량 대비 40% 감축을 목표로 하고 있다. 2018년을 기준연도로 삼은 것은 당시 온실가스 배출이 정점을 찍었다고 보았기 때문이다. 윤석열정부에서는 부문별 감축목표를 수정할 계획이다.
- NGFS(Network of Central Banks and Supervisors for Greening the Financial System, 녹색금융협의체) 각국 중앙은행과 금융감독기구가 기후변화와 환경 관련 금융 리스크를 관리, 감독할 수 있는 기준을 논의하는 글로벌 협의체. 2017년 설립됐다.

O

- ODS(Ozone depleting substance, 오존파괴물질) 성층권의 오존층을 파괴할 수 있는 '0'보다 큰 오존파괴지수를 가지는 모든 물질을 일컫는다. 대부분 ODS는 UNEP의 '오존층 파괴 물질에 대한 몬트리올 의정서'의 통제를 받는다. 프레온가스, 염화불화탄화수소, 할론가스 및 브롬화메틸이 이에 속한다.

P

- P4G(Partnering for Green Growth and the Global Goals 2030, 녹색성장 및 2030 글로벌 목표를 위한 연대) 기후, 환경 분야의 국제 협력체로, 2021년 서울에서 정상회의가 열렸다.
- PPA(Power Purchase Agreement, 전력구매계약) 기업이나 가정이 재생에너지 공급사업자와 직접 계약해 전력을 공급받을 수 있는 제도. 2021년 11월 말 도입됐다.

R

- Race to Zero Campaign 탄소중립을 달성하기 위한 연합 캠페인. 유엔기후변화협약(UNFCCC) 주도로 1049개 도시, 67개 지역, 5235개 기업, 441개 투자기관, 1039개 교육기관이 연합했다. 이들의 탄소배출은 전 세계의 25%에 이르며, 전 세계 GDP의 50%를 차지하고 있다.
- REC(Renewable Energy Certificates, 신재생에너지 공급인증서) 재생에너지 설비가 없는 발전사업자들이 신재생에너지 공급 의무화(RPS) 제도를 준수하기 위해 다른 신재생에너지 사업자에게서 구입하는 재생에너지 구매 인증서.
- RE100(100% Renewable Electricity) 탄소중립 목표 연도 2050년까지 기업의 재생에너지 사용률을 100%로 올리는 것을 목표로 하는 이니셔티브. 2014년 영국 비영리 기구인 더 클라이밋 그룹과 CDP가 공동으로 만들었다. 2022년 7월 현재 전 세계 376개 기업이 가입했고, 한국에서는 SK그룹 8개 사, 현대자동차 등 19개 기업이 동참했다.
- RPS(Renewable Energy Portfolio Standard, 신재생에너지 공급 의무화) 설비용량 500MW 이상의 발전사업자가 의무적으로 일정 비율 이상을 신재생에너지로 공급해야 하는 제도.

S

- S&P(Standard & Poor's) 500 ESG 지수 스탠더드앤드푸어스사가 미국 증시에서 우량 기업 500곳의 환경, 사회, 지배구조에 대한 데이터를 토대로 산출하는 세계 최상위 지수 가운데 하나. 지속가능성 기준을 충족하는 유가증권의 성과를 측정하면서 기초 벤치마크로서 유사한 전체 산업 그룹 가중치를 유지하도록 설계된 광범위한 시가총액 가중치 지수다.
- SASB(Sustainability Accounting Standards Board, 지속가능성회계기준위원회) 2011년 미국 증권거래위원회(SEC)에 보고할 기업의 공시기준을 마련하기 위해 설립됐다. 2018년 77개 산업별 지속가능성 보고기준을 발표했다. 각 산업별 중대성에 관한 정보 공개를 요구하고 있고, 재무적

성과와 연계된 ESG 요소를 중심으로 세부 지침이 만들어져 있다. 래리 핑크 블랙록 회장이 투자 기업들에게 지속가능성회계기준위원회(SASB) 기준과 기후변화 관련 재무정보 공개 협의체(TCFD) 기준 보고서 공시를 요구하면서 주목받았다.

- SBTi(Science Based Targets initiative, 과학 기반 감축목표 이니셔티브) 2015년 CDP, 유엔글로벌콤팩트(UNGC), 세계자원연구소(WRI), 세계자연기금(WWF) 등이 만든 연합체로, 기업이 기후 과학과 파리협정의 목표(지구 평균기온 상승을 산업화 이전 수준에서 1.5℃ 이내로 제한)와 연동해서 온실가스 감축 목표를 정하고 이행할 수 있도록 돕기 위해 만들어졌다. 1000여 개 기업이 가입해 있다.
- SCR(Sustainability and Climate Risk) 세계리스크전문가협회(GARP, Global Association of Risk Professionals)가 주관하는, 지속가능성 및 기후 위기 대응을 위한 자격증.
- SDGs(Sustainable Development Goals, 지속가능발전목표) 2015년 유엔총회에서 채택됐다. 2016~2030년까지 선진국과 개도국이 함께 이행하기로 했으며, 빈곤 종식, 건강과 웰빙, 깨끗한 에너지, 좋은 일과 경제적 성장, 불평등 감소, 기후 행동, 책임 있는 생산과 소비 등 17개 주요 목표 및 169개 세부 목표로 구성돼 있다.
- Sustainalytics(서스테이널리틱스) 기업의 ESG 리스크 평가 및 리서치 전문기관이자 지속가능채권 가이드라인 검증기관. ESG 리스크 평가 체계는 거버넌스, 산업별 중대 ESG 이슈, 기업별 기타 ESG 이슈 등으로 구성돼 있으며, 0~50점 사이의 점수와 리스크 등급으로 평가한다.

T

- TBL(Triple Bottom Line) 기업의 성공을 사람(People), 지구(Planet), 이익(Profit) 3요소로 측정하는 지속가능성 프레임워크. 1994년 존 엘킹턴이 제안한 개념이다. 뒤에 사회, 환경, 경제(금융) 3요소로 나눠 성과를 파악하는 회계 프레임워크가 등장했다.

- TCFD(Task Force on Climate-related Financial Dislosures, 기후변화 관련 재무정보 공개 협의체) 2015년 4월 G20 재무장관·중앙은행장 회의에서 금융안정위원회(FSB)에 기후변화 관련 이슈를 금융 섹터에 반영할 수 있는 방법을 검토해달라고 요청한 것이 시작이었다. FSB는 국제금융규제 및 감독 역할을 강화하기 위해 2009년 발족된 G20 산하 기구다. 2015년 12월 FSB는 마이클 블룸버그를 위원장으로 한 태스크포스를 발족했고, 32명의 금융, 비재무정보 전문가가 여기에 참여했다. 이후 2017년 6월 G20 정상회담에서 기업의 기후변화 관련 재무정보를 공개토록 하는 TCFD 권고안을 발표했다. 권고안의 핵심은 금융 및 비금융기업의 기후변화 관련 정보를 보고서로 공시토록 하는 것이었다. 기후변화 관련 정보는 지배구조, 전략, 위험 관리, 지표(온실가스 배출량) 및 목표로 분류한다.
- TNFD(Task Force on Nature-related Financial Disclosures, 자연 관련 재무정보 공개 협의체) 생물다양성 리스크의 재무적 영향을 측정하고 관련 정보 공개 기준을 수립하기 위해 유엔환경계획(UNEP)과 WWF 등의 주도로 2021년 6월 공식 출범한 글로벌 협의체. 세계은행, OECD, 우리금융지주, 신한금융그룹, 블랙록, BHP 등 세계 420여 개 기관과 기업이 참여하고 있다. 2022년 말까지 생물다양성과 자연 보존에 관한 금융 프레임워크를 만들 계획이다.

U

- UN PRI(United Nations Principles of Responsible Investment, UN 책임투자원칙) 코피 아난 전 유엔 사무총장이 주도해 만든 책임투자 이니셔티브. 2022년 6월 말 현재 여기에 가입 서명한 기관 수가 4996곳에 달하고, 투자 자산도 120조 달러가 넘는다. 6개 책임투자원칙에는 투자 분석과 의사결정 과정에 ESG 이슈를 통합하고, 투자 대상에게 ESG 관련 정보를 공개하며, 투자산업의 책임투자 원칙 수용과 이행을 촉진하는 내용이 담겨 있다.

- UNEP FI(United Nations Environment Programme-Finance Initiative, 유엔환경계획 금융이니셔티브) 1991년 유엔환경계획과 세계 주요 금융기관이 지속가능발전을 위해 금융이 제 역할을 수행하도록 하기 위해 만든 국제 파트너십. 2004년 UNEP의 자산운용 워킹그룹에서 ESG 요소가 주가에 어떤 영향을 미치는지를 알기 위해 전 세계 사례를 모으면서 ESG 라는 용어가 사용되기 시작했다.
- UNFCCC(United Nations Framework Convention on Climate Change, 유엔기후변화협약) 1992년 브라질 리우회의에서 처음 채택됐다. 매년 당사국총회(COP)를 개최하는데, 2022년에는 이집트에서 열린다.
- UNGC(United Nations Global Compact, 유엔글로벌콤팩트) 2000년 코피 아난 전 유엔 사무총장이 주도해 만든 사회적 책임에 관한 국제협약이다. 전 세계 170개국 1만 4000여 개 회원사가 참여하고 있고, 한국에는 유엔글로벌콤팩트 한국협회가 국내기업의 가입과 참여를 담당한다.
- UNRISD(United Nations Research Institute for Social Development, 유엔사회개발연구소) 지속가능발전, 사회정책, 젠더 등의 주제에 대한 학제 간 연구 및 정책 분석을 하는 연구기관. 기업의 지속가능경영 활동이 환경과 사회의 구조적 전환으로 이어질 수 있도록 하는 연구도 수행하고 있다.

V

- VBA(Value Balancing Alliance) ESG 성과를 화폐 가치로 측정하고 이를 회계에 반영하는 글로벌 표준 기업 연합체. 의장사는 독일 바스프이며 BMW, 보쉬, SK, 포스코 등이 가입해 있다.
- Vigeo Eiris(비지오 아이리스) 투자자와 공공기관, 민간기업을 위한 ESG 연구 및 서비스 제공 기업으로 신용평가기업 무디스에 2019년 인수됐다. 2022년 현재 V.E. 브랜드는 더 사용하지 않고, '무디스 ESG 솔루션'으로 대체됐다. 기업의 전략과 운영에서 리스크 평가와 지속가능성 요소의 통합 수준을 평가한다. CSR 가이던스인 ISO 26000 지침을 기준으로 환경, 인적자원, 인권, 지역사회 참여, 비즈니스 행동 및 기업 거

버넌스 6개 영역으로 구성돼 있다.

W

- WBA(World Benchmarking Alliance) 유엔의 지속가능발전목표(SDGs)를 달성하기 위해 연합한 기업, 투자자 등의 글로벌 연합체. 기업이 SDGs에 기여하는 정도를 측정하고 벤치마크를 개발하고 있다.
- WBCSD(World Business Council for Sustainable Development, 세계지속가능발전기업협의회) 기후변화, 에너지, 순환경제, 소셜 임팩트 등 지속가능성 이슈에 대한 비즈니스 솔루션을 제공하는 글로벌 기업 연합체. 회원사들 간에 지식을 공유하고 글로벌 네트워크를 통해 지속가능한 기업활동을 추구한다. 한국지부는 KBCSD다.
- WEF-IBC-MSC(Measuring Stakeholder Capitalism Towards Common Metrics and Consistent Reporting of Sustainable Value Creation) ESG 글로벌 표준 중 하나. 세계경제포럼(WEF) 산하 120개 글로벌 CEO 모임인 국제비즈니스협의회(IBC)가 기업의 지속가능성을 확장하기 위해 거버넌스의 원칙, 지구, 사람, 번영의 4가지 영역에 ESG 관련 21개 핵심 지표, 34개 확장 지표를 제시한 것이다.

Z

- ZWTL(Zero Waste To Landfill) 땅에 매립하는 쓰레기를 줄여서 토양 오염을 방지하고 비용을 줄이자는 취지의 캠페인.

ㄱ

- 검정(Survey, Inspection) 화물을 원거리로 운송할 때 선적과 도착 시점의 물품 품질이 같음을 증명하는 서비스.
- 검증(Verification) 기업이 보고서에 공시한 내용이 실제와 같은지를 증명하는 것. TCFD, GRI 같은 표준들은 지속가능보고서를 작성할 때 그에 부합하는지 여부를 제3자 검증을 통해 확인하도록 한다.

- 경쟁 저해 행위(Anticompetitive behavior) 경쟁 효과를 제한하려는 목적으로 조직이나 근로자가 잠재적 경쟁사와 담합하여 가격 고정, 입찰 조정, 시장이나 생산량 제한, 지리적 할당량 부과나 고객, 공급업체, 지리적 영역 및 생산라인을 배정하는 행위를 말한다.
- 그리드 패러티(Grid Parity) 신재생에너지로 전기를 생산하는 비용이 화력발전에너지로 생산하는 비용과 같아지거나 그보다 더 낮아지는 지점. 신재생에너지의 경제성을 따질 때 고려되는 요소다.
- 그린·블루·그레이·브라운 수소 수소는 생산방식에 따라 네 가지로 나뉜다. 그린 수소는 태양광이나 풍력 등 재생에너지에서 나온 전기로 물을 전기분해하여 만든다. 그레이 수소는 천연가스를 고온·고압 수증기와 반응시키는 개질수소와 석유화학 공정에서 발생하는 부생수소를 말한다. 브라운 수소는 갈탄과 석탄을 태워 생산한다. 블루 수소는 그레이 수소를 만드는 과정에서 발생한 이산화탄소를 포집·저장해 탄소배출을 줄일 경우를 말한다.
- 그린스완(Green Swan) 급격한 기후변화로 인해 금융위기가 명백하게 발생할 가능성이 있을 때를 말하는 용어. 각국 중앙은행의 협력기구인 국제결제은행(BIS)은 2020년 1월 「기후변화 시대의 중앙은행과 금융안정」이라는 보고서에서 기후변화가 환경과 사회를 위협하는 실물경제 위기를 발생시켜 결국 금융위기로 이어질 수 있으므로 그린스완을 분석해 관리해야 한다고 제언했다.
- 그린워싱(Greenwashing) ESG에 대한 관심과 투자가 늘어나면서 기업이 친환경 기업의 이미지를 얻기 위해 자사의 친환경적 측면을 실제보다 부풀리거나 거짓으로 위장하는 행동을 말한다. '위장 환경주의'라고도 부른다. 캐나다 친환경 컨설팅그룹 테라초이스(Terra Choice)는 그린워싱을 다음의 7가지로 분류했다. △상충 효과 감추기(친환경적 속성만 강조해 다른 속성의 영향은 감추는 행위) △증거 불충분 △애매모호한 주장 △관련성 없는 주장 △유해 상품 정당화 △거짓말 △부적절한 인증 라벨.
- 기후중립(Climate Neutrality) 유엔 기후변화에 관한 정부 간 협의체(IPCC)의

2018년 특별 보고서 '지구 온난화 1.5℃(Global Warming of 1.5℃)에 따르면 기후중립은 인간 활동이 기후 시스템에 어떠한 영향도 초래하지 않는 상태를 말한다. 기후중립이 되기 위해서는 넷 제로(Net Zero·탄소와 그 밖의 온실가스 순 배출량이 0이 되는 것)나 탄소중립(탄소 순 배출량이 영이 되는 것)이 이루어져야 한다. 또 태양의 복사 표면반사율이나 국지 기후에 영향을 미치는 인간 활동의 생물·지구물리학적(bio-geophysical) 결과도 설명되어야 한다.

ㄴ

- **녹색분류체계(Green Taxonomy)** 녹색금융이라고 이름 붙은 자금이 녹색이 아닌 곳에 사용되는 것을 막고자 어떤 경제활동이 녹색인지를 규정한 체계.
- **녹색채권(Green Bond)** 투자은행, 대형은행, 증권사, 자산운용사 등 600여 개 기관으로 구성된 국제자본시장협회(International Capital Market Association, ICMA)가 만든 녹색채권 원칙(GBP)을 기반으로 발행하는 채권. 채권 발행금 사용처, 프로젝트의 녹색성 평가, 채권 발행금 관리, 사업 내용 등 네 가지 중 하나라도 충족하면 녹색채권 요건을 충족하는 것으로 본다.

ㄷ

- **다양성 지표(Indicators of diversity)** 다양성 지표를 작성하기 위해 조직이 수집하는 데이터에는 시민권, 조상 및 민족 기원, 신념 및 장애에 관한 것도 포함된다.
- **대표자가 불충분한 사회집단(Underrepresented social group)** 특정 사회에서 그 인구 비율 대비 경제적, 사회적 또는 정치적 요구와 견해를 분명히 밝힐 수 있는 기회가 상대적으로 적은 인구 계층으로, 이에 속하는 특정 계층은 모든 조직별로 다양하게 분포하기 때문에 조직은 운영상에서 관련 집단을 확인한다.
- **독과점 등 불공정한 거래행위(Antitrust and monopoly practices)** 시장 진입 장

벽을 높이기 위한 담합, 불공정사업 관행, 시장지위 남용, 카르텔, 경쟁 제한 합병, 가격담합 및 경쟁에 방해가 되는 기타 결탁행위를 일으킬 수 있는 조직의 행위들이 이에 속한다.

ㄹ

- **렙리스크(RepRisk)** ESG 데이터 분야의 선구적 기업으로 2006년부터 AI와 머신러닝을 이용해 18만 5000개 이상의 기업에 대한 정량적 리스크 분석과 측정 기준을 제공해왔다. 렙리스크는 인권, 노동 관행, 부패 및 환경을 포함한 광범위한 이슈를 다룬다.

ㅂ

- **비재생 물질(Nonrenewable materials)** 광물, 금속, 석유, 가스나 석탄처럼 단시일 내에 재생되지 않는 자원.
- **비재생 에너지원(Nonrenewable energy sources)** 생태순환을 통해 단기적으로 재보충, 재생산, 성장 또는 생성할 수 없는 에너지원. 석유나 원유에서 증류된 연료, 천연가스, 천연가스 처리 및 석유 정제 과정을 통해 추출된 연료, 석탄, 원자력 등이 여기에 속한다.

ㅅ

- **사회성과 연계채권(Social Impact Bond)** 민간의 투자 재원을 활용해 공공사업을 수행한 뒤 정부가 예산으로 원금과 이자를 함께 상환해 그 성과를 구매하는 계약 방식. '채권(bond)'이라는 단어를 포함하지만 통상적으로 시장에서 거래되는 확정금리부 증권은 아니고 수익과 손실 리스크가 상존하는 계약이다.
- **사회책임투자(SRI, Socially Responsible Investing)** 윤리적이고 가치 중심적인 투자방식을 말하는데 '임팩트 투자'나 'RI'라고도 한다. 같은 지속가능성 차원의 투자방식이지만 수익에 무게를 두는 ESG 투자와는 약간 차이가 있다.

- **생물다양성 가치가 높은 지역**(Areas of high biodiversity value) 법적인 보호를 받지는 못하지만 생물다양성 때문에 많은 정부 또는 비정부기구가 가치를 인정한 지역. 가령 유엔의 '생물다양성 협약' 83에 의한 '국가 생물다양성 전략 및 행동 계획(National Biodiversity Strategies and Action Plans)' 하에 우선적으로 보전돼야 할 서식지가 이에 해당한다.
- **설리번 원칙** 인종에 관계 없이 모든 노동자는 보편적인 인권을 존중받고 동등하고 공정한 대우를 받아야 한다는 원칙. 원래는 1977년 남아프리카공화국에서 GM사의 감독위원이었던 설리번 목사가 기업의 사회적 책임을 요구하며 음식, 휴식, 근무 시설 등에서 인종 차별 금지 등 7가지 원칙을 내세웠다. 1999년 코피 아난 유엔 사무총장과 설리번 목사가 '글로벌 설리번 원칙'을 만들어 외국에 진출한 다국적 기업이 자국 수준의 엄격한 사회적 책임을 수행하도록 요구했다.
- **소셜 택소노미**(Social Taxonomy) 사회적으로 지속가능한 경제활동이 무엇인지 판별하는 원칙.
- **순환경제**(Circular Economy): 제조공정에서 나온 폐기물을 처리해서 재활용하고, 재생에너지를 활용해 제품을 만들며, 기존 재료나 상품을 재활용·수리·임대·공유 등을 통해 가능한 한 오래 쓰는 경제시스템. 3R로 표현되는 '폐기물 감량(Reduce)' '재사용(Reuse)' '재활용(Recycle)'이 핵심이다.
- **스코프 1**(Scope 1) 직접적 온실가스 배출(Direct GHG Emissions). 조직이 소유하거나 관리하는 물리적 장치나 공정에서 바로 대기에 배출되는 온실가스를 말한다.
- **스코프 2**(Scope 2) 에너지 간접 온실가스 배출. 조직이 구매 또는 획득하여 소비한 전기, 냉난방 및 증기 장치에서 발생한 배출가스를 말한다.
- **스코프 3**(Scope 3) 공급망과 제품 이용 과정 등에서 생기는 온실가스 배출치.
- **스튜어드십 코드**(Stewardship Code) 기관투자자의 수탁자책임에 관한 원칙. 돈을 맡아서 관리하는 기관이 자신의 단기적 이익이 아니라 돈을 맡긴

주인의 이익을 위해 일을 해야 한다는 지침이다. 국민연금은 스튜어드십 코드 도입 목적을 다음 세 가지로 규정하고 있다. ①투자 대상 회사의 중장기 가치 향상 및 지속가능성장 ②고객·수익자의 중장기 이익 도모 ③한국 자본시장 및 경제의 건전한 성장과 발전.

- 신챠오(SynTao Green Finance) 중국 기반 ESG 정보 제공업체

ㅇ

- 알버트 탄소 발자국(Albert carbon calculator) 영국의 TV와 영화 제작산업에서 쓰레기와 탄소발자국을 줄이기 위해 생긴 이니셔티브. 2011년 영국 BBC에서 시작됐고, 영국영화아카데미(BAFTA)에 도입됐다.
- 에너지 절감(Energy reduction) 동일한 공정 또는 작업을 수행하는 데 더이상 사용하지 않거나 불필요한 에너지의 양. 단 생산 능력 감축이나 조직 활동의 외부 위탁에 의한 전체 에너지 소비 감축은 포함되지 않는다.
- 여성임원할당제 기업이나 공공기관에서 여성 임원이 일정 비율 이상 차지하도록 규정한 제도. 2003년 노르웨이에서 시작될 때 할당한 여성 임원 비율은 전체의 40%였다.
- 온실가스 감축(GHG reductions) 기준배출량 대비 온실가스 감축량 또는 대기 중 온실가스 제거 또는 포집 증가량을 의미. 1차 효과인 온실가스 감축 이후 몇 가지 2차 효과가 동반된다. 이니셔티브별 온실가스 감축량은 관련 1차 및 주요 2차 효과(온실가스 배출량 감소 또는 상쇄 증가)의 합으로 정량화된다.
- 원주민(Indigenous peoples) 다른 지배국가 공동체와 사회, 문화, 정치 및 경제적 환경이 완전히 구별되는 사람을 의미. 혹은 정복, 식민지 또는 현 국가 경계가 수립된 시기에 선조들이 그 나라에 거주했거나 현 국가가 지리적으로 그 지역에 속하는 경우 또는 법적 지위에 상관없이 그들만의 사회, 경제, 문화 및 정치적 제도를 일부 또는 전체를 보유하고 있는 자들을 원주민으로 간주한다.
- 이산화탄소환산량(Carbon dioxide equivalent) 온실가스의 지구 온난화 지수

(GWP)를 기준으로 다양한 온실가스 배출을 비교하는 데 사용되는 범용 측정 단위로 한 기체에 대한 이산화탄소환산량은 그 기체의 미터톤에 연간 지구 온난화 지수를 곱한 값이다.

- **이원적 이사회 제도**(Two-tier board system) 감독과 경영이 분리되거나 현지법에 의해 비임원으로 구성된 감독 이사회가 고위 임원 경영 이사회를 감독할 수 있는 소수 관할 지역에서 발견되는 거버넌스 제도의 형태.
- **이중 중대성**(Double Materiality) 기업의 지속가능성에 영향을 미치는 환경·사회적 요인(외부적 관점)뿐만 아니라 기업이 세계에 미치는 영향(내부적 관점)을 모두 보아야 한다는 의미.
- **이해관계 상충**(Conflict of interest) 한 개인이 자신의 역할에 따른 임무와 개인의 이익 사이에서 선택의 기로에 서 있는 상황이다.
- **이해관계자**(Stakeholders) 조직의 활동, 제품 및 서비스의 영향을 크게 받거나, 이와 반대로 그들의 행동이 조직의 성공적인 전략 수행 및 목표 달성에 상당한 영향력을 행사할 수 있는 기관 또는 개인. 즉 법이나 국제협약에 따라 조직에 대한 적법한 청구권을 부여받은 기관이나 개인을 뜻한다.
- **이해관계자 자본주의**(Stakeholder Capitalism) 기업 경영에서 시장의 소비자, 정부, 종업원, 협력사 등 모든 이해관계자가 중심이 되는 사회. 2020년 세계경제포럼(WEF)에서 주주 자본주의를 넘어 이해관계자 자본주의의 중요성을 강조했다.
- **인정**(Accreditation) 인증기관에게 요구되는 시스템 요구 조건을 의미. 인정기관이 인증기관의 감사를 진행할 때 ISO 17065 표준에 따라 내부 문서관리, 내부 감사, 자격 관리, 전문성 등의 내용을 다룬다.
- **인증**(Certification) 인증별 표준의 부합 여부를 판별해 품질을 증명하는 서비스. 친환경 인증은 산림 경영, 유기농 식품, 식품 안전, 지속가능한 수산 및 양식, 화장품, 섬유, 리사이클링, 동물복지, 순환자원 등이 있다.
- **인증업무**(Assurance engagement) 인증 대상 정보에 대한 신뢰 수준을 높이려는 목적으로 충분하고 적합한 증거를 입수하는 업무.

- 임팩트(Impact) 중대한 경제적, 환경적, 사회적 결과로서의 영향을 의미. GRI는 긍정적, 부정적, 실질적, 잠재적, 직간접적, 장단기적 그리고 의도적, 비의도적인 모든 영향을 포함하는 개념으로 정의했다.
- 임팩트 투자(Impact Investing) 사회에 긍정적 영향을 미치는 것을 목적으로 하는 투자. 재무적 성과뿐 아니라 사회적·환경적 임팩트를 성과로 측정하려는 투자 방법이다.

ㅈ

- 자원순환기본법 자원을 효율적으로 이용하여 폐기물의 발생을 최대한 억제하고, 발생된 폐기물의 순환이용 및 적정한 처분을 촉진하여 천연자원과 에너지의 소비를 줄임으로써 환경을 보전하고 지속가능한 자원순환사회를 만드는 데 필요한 기본적인 사항을 규정하고 있다. 이 법에 따라 폐기물처분부담금, 자원순환 성과관리, 순환자원 인성, 세품 등의 유해성 및 순환이용성평가 제도 등이 운영되고 있다.
- 재생가능물질(Renewable materials) 생태순환이나 농업 활동을 통해 단기간에 보충할 수 있는 방대한 자원으로부터 추출하는 물질을 말한다.
- 재생가능에너지원(Renewable energy sources) 생태순환을 통해 단기간에 보충될 수 있는 에너지원으로, 재생가능한 에너지원은 지열, 바람, 태양, 수력, 바이오매스 등이 있다.
- 적도원칙(Equator Principles) 개발 프로젝트 파이낸싱에서 환경파괴나 지역주민의 인권 침해를 일으킬 경우 대출을 하지 않겠다는 금융기관들의 행동 협약.
- 제3자 PPA(Power Purchase Agreement) 재생에너지 사업자와 전기 사용자의 합의에 기초해서 한전이 재생에너지 사업자와는 구매계약을 하고, 전기 사용자와는 판매계약을 체결해 전력을 공급받는 제도. RE100 이행을 촉진할 수 있는 제도인데, 한전이 부과하는 망 이용료가 기업에 부담이 된다는 지적이 있다.
- 중대성 혹은 중요성(Materiality) 기업의 지속가능성과 관련해 구체적인 토픽

과 정보의 중요성을 측정하는 것이다. 중요한 토픽일수록 중대성이 커진다. GRI, SASB 등 지속가능성 표준에서 제시하는 개념이 조금씩 다르다. GRI에 따르면 중대성 이슈를 선정할 때 기업이 경제·환경·사회에 미치는 영향을 반영하거나 이해관계자의 평가, 또는 의사결정에 실질적으로 영향을 미치는 이슈를 고려해야 한다. SASB는 기업에 재무적으로 중요한 영향을 미칠 가능성이 큰 지속가능성 요인을 중대성 이슈로 정의하며 77개 산업별 중대성 이슈를 제공한다. 기업에서는 일반적으로 글로벌 가이드라인과 국내외 동향 분석, 이해관계자 설문 및 인터뷰 등을 토대로 핵심 중대성 이슈를 결정한다. 중대성을 기업 내부적 관점과 외부적 관점을 모두 보아야 한다는 이중 중대성(Double Materiality) 문제가 중요한 요소로 떠오르고 있다.

- **중요한 경영상 변동(Significant operational changes)** 근로자에게 상당한 긍정적 또는 부정적 결과를 가져오는 조직의 사업장 패턴 변화. 구조 재조정, 사업장 외주, 폐쇄, 확장, 신 개장, 기업 인수, 조직 전체 또는 일부 매각 또는 합병이 이에 포함된다.
- **지구 온난화 지수(GWP, Global Warming Potential)** 정해진 기간에 이산화탄소 한 단위(1kg)를 비교했을 때 다른 특정 온실가스 한 단위의 가열 효과를 보여준다. 이 수치를 이용하여 비(非) 이산화탄소 온실가스에 대한 온실가스 배출 데이터를 이산화탄소환산량으로 전환한다. IPCC 6차 보고서에 따르면 100년을 기준으로 CO_2를 1로 볼 때 CH4가 29.8, N_2O가 273, HFCs가 1526, PFCs가 7380, SF6가 2520이다.
- **지속가능금융(Sustainable Finance)** 금융이 수익성뿐 아니라 사회적·환경적 가치를 통합적으로 고려해야 한다는 차원에서 나온 용어다.
- **지속가능금융 공시규제(SFDR, Sustainable Finance Disclosure Regulation)** 금융기관의 투자, 금융상품 등을 공시할 때 지속가능성 정보를 공시하도록 의무화하는 규제를 의미한다. EU는 2021년 3월부터 유럽 금융기관을 대상으로 시행했다. SFDR에 따르면 EU 금융기관은 모든 금융상품이 지속가능성 위험을 고려하는지 여부와 방법에 대해 사전 계약 문

서를 통해 공시해야 한다.

- 지속가능성(Sustainability) 미래세대의 필요를 충족시키는 능력을 훼손하지 않으면서 현재 세대가 필요를 충족하는 발전을 뜻하며 지속가능발전이라고도 한다. 지속가능한 발전은 경제, 환경, 사회 세 가지 범위를 포함한다. 이는 또 특정 기관의 이해보다는 광의의 환경과 사회 이해를 의미한다. GRI 표준에서는 지속가능한 개발과 지속가능성이 같은 의미로 번갈아 사용된다.

ㅊ

- 차별(Discrimination) 개인의 가치에 근거한 공평한 대우 대신 불공평하게 부담을 주거나 혜택을 누릴 기회를 주지 않는 등 불평등하게 사람을 대하는 행위 및 그 결과를 말한다. 또한 괴롭힘도 여기에 포함될 수 있는데, 개인에게 가해지는 적대적이거나 그렇게 볼 수 있는 비난 또는 행위를 말한다.
- 취약계층(Vulnerable groups) 일부 특정 신체적, 사회적, 정치적 또는 경제적 조건이나 특징으로 인해 고통받거나 조직 및 사업장의 사회적, 경제적 또는 환경적 영향에 불평등하게 노출될 위험에 처한 사람들이다. 가령 어린이, 청소년, 노인, 장애인, 참전자, 실향민, 난민 또는 귀환난민, HIV/AIDS감염자가 있는 가정, 원주민 및 소수인종이 이에 속할 수 있다. 취약성과 영향의 정도는 성(性)에 따라 다를 수 있다.

ㅌ

- 탄소국경조정제도(CBAM, Carbon Border Adjustment Mechanism) 탄소 규제가 느슨한 국가로부터 수입하는 상품에 세금을 부과하는 제도. 온실가스 배출 규제 격차에 따른 가격차를 보전하려는 취지다.
- 탄소중립 연료(E-fuel) 전기 기반 연료의 약자. 수소를 이산화탄소, 질소 등과 결합해 만든 인공 연료를 뜻한다.

ㅍ

- **프록시 보팅(proxy voting)** 주주총회에 참석할 의사가 없는 주주를 대신한 기업이나 사람이 대리로 투표하는 것. 주주는 이사회에 참석할 이사 선출, 인수합병, 이사 보수, 자본평가 등의 문제에 대해 투표할 권리가 있다.

ㅎ

- **현대적 노예(Modern Slavery)** 이전의 노예와 마찬가지로 힘을 통제받으면서 자신의 의사에 반하여 노동을 강요당하는 사람을 의미한다. 여기에는 강제노동, 담보 노동, 조혼, 강제 결혼, 인간·장기 매매 등이 포함된다.

참고문헌

- 강태균, 정호일. 2015, 우리나라 공시 제도의 현황과 발전방안, 경영사학 제30집 제4호 pp.307-325
- 과학 기반 감축목표 이니셔티브(SBTi) 홈페이지 [sciencebasedtargets.org]
- 국회예산정책처. (2017) "지속가능금융 활성화를 위한 기업 ESG 정보공개 제도의 국내외 현황. 주요사례 및 시사점"
- 금융위원회. 2021. 1. 14. "기업공시제도 종합개선방안". 보도자료
- 금융위원회. 2021.12.9. "제4차「녹색금융 추진 협의체(TF)」 전체회의 개최". 보도자료
- 금융위원회. 2021.5.24. "「기후변화 관련 재무정보 공개 협의체(TCFD)」에 대한 지지선언과 정책금융기관 간「그린금융 협의회」 출범으로 녹색금융 추진에 더욱 박차를 가하겠습니다.". 보도자료
- 김세진, 이시은. 2021. 녹색 채권 시장의 그린워싱 방지를 위한 정책 제언-한국거래소의 역할을 중심으로. 한국신재생에너지학회 학술대회 초록집. p.74
- 김재필. 2021. 'ESG 혁명이 온다 2: 미래 전략과 7가지 트렌드 편'. 한스미디어
- 김정인. 2021. 탄소 중립과 산업의 대응. 동아일보·신동아 사회적 가치 경제를 살리다 포럼
- 김호철. 2021. 탄소국경조정 도입의 WTO 합치성 쟁점: GATT 제2조, 제3조, 제20조. 통상법률 2021-02

- 나수미. 2021. ESG 확산이 중소기업에 미치는 영향 및 지원 방향. 중소벤처기업연구원
  [https://www.kosi.re.kr/kosbiWar/front/functionDisplay?menuFrontNo=3&menuFrontURL=front/focusDetail?dataSequence=J210809K01]
- 대한상공회의소. 2022. 지속가능경영을 위한 기업 가이드 ESG A to Z
- 대한상공회의소·삼정KPMG. 2021. 중소기업 ESG 추진전략 연구보고서
- 대한상공회의소·삼정KPMG. 2021. 중소·중견기업 CEO를 위한 알기 쉬운 ESG
- 로라 칼로드니. 2022년 5월 19일. 테슬라는 왜 S&P 500 ESG지수에서 쫓겨났나. CNBC
  [https://www.cnbc.com/2022/05/18/why-tesla-was-kicked-out-of-the-sp-500s-esg-index.html]
- 미국증권거래위원회(SEC) 홈페이지
  [www.sec.gov]
- 박란희. 2022년 5월 23일. 테슬라의 ESG지수 탈락, S&P담당자가 밝힌 이유. 임팩트온
  [https://www.impacton.net/news/articleView.html?idxno=4092]
- 블랙록 홈페이지
  [www.blackrock.com]
- 사회적가치연구원. 2021년 2월 25일. CSES ESG 핸드북 베이직 편
  [https://www.cses.re.kr/publishedData/reportView.do?boardSeq=633¤tPage=1&listUrl=%2FpublishedData%2FreportList.do&keyword=all&search=]
- 신지영. 2022. '지금 당장 ESG: 전 직원이 함께하는 ESG 실무 교과서'. 천그루숲
- 신지현. 2022. '한 권으로 끝내는 ESG 수업'. 중앙books

- 안치용·이윤진. 2022. 'ESG 배려의 정치경제학'. 마인드큐브
- 위민비즈니스 보스 "기업이 저탄소 전환에서 살아남으려면 ESG를 뿌리 내려야"
  [https://www.edie.net/we-mean-business-boss-companies-must-embed-esg-to-survive-low-carbon-transition/]
- 유럽연합집행위원회홈페이지
  [ec.europa.eu]
- 윤제용. 2021. 사회적 가치로서의 탄소중립. 동아일보·신동아 사회적 가치 경제를 살리다 포럼
- 이상호. 2021. 『ESG 정보 유용성 제고를 위한 기업공시 개선방안』. 자본시장연구원 이슈보고서 21-12
- 이인형, 이상호. 2021. 지속가능보고 의무공시 이행을 위한 논의 방향. 자본시장연구원 조사보고서 21-01
- 이정임, 동그라미. 2016. 친환경 위장제품(그린워싱)의 현황과 과제. 경기연구원 이슈 & 진단 245호
  [https://www.gri.re.kr/web/contents/issdiag.do?schM=view&schPrjType=ISS&schProjectNo=5199&schBookResultNo=5878]
- 이종오. 2021. Green Taxonomy 제정과 ESG 워싱 리스크관리전략. 강연자료
- 이천기, 박지현, 박혜리. 2021. EU 탄소국경조정 메커니즘에 대한 통상법적 분석 및 우리 산업에의 시사점, KIEP 오늘의 세계경제 2021년 7월 21일 Vol. 21 No 15
- 조엘 마카워. 2022년 5월 23일. '일론 머스크는 ESG를 구할 수 있을까?'. 그린비즈
  [https://www.greenbiz.com/article/can-elon-musk-save-esg]
- 중소벤처기업부. 2022. ESG 벤처투자 표준 지침
  [https://www.korea.kr/news/pressReleaseView.do?newsId=156516412]

- 중소벤처기업진흥공단 ESG 자가 진단
  [https://kdoctor.kosmes.or.kr/smartintro/esgdiagram.do]
- 최유경, 정아름, 2021. 사회적 가치 창출을 위한 ESG 활용방안, 국내외 ESG 공시 동향과 법제화 전망. 한국법제연구원, 사회적가치연구원
- 최준석. 2022년 8월 6일. '최준석의 CO_2 파이터' 서울 이산화탄소 농도 증가 "사람이 한 짓 맞다". 아주경제
  [https://www.ajunews.com/view/20220611192544373]
- 최효정, 김준섭. ESG insight: 여성 이사 할당제보다 DE&I(다양성·형평성·포용성)
  [https://rcv.kbsec.com/streamdocs/pdfview?id=B520190322125512762443&url=aHR0cDovL3JkYXRhLmtic2VjLmNvbS9wZGZfZGF0YS8yMDIyMDYxMDE3NDgyNjY5M0sucGRm#]
- 한국거래소 ESG 포털
  [https://esg.krx.co.kr/]
- ESG 파이낸스 허브
  [https://www.esgfinancehub.or.kr/]
- 한국ESG기준원 홈페이지
  [www.cgs.or.kr]
- 한국ESG기준원. 2021. 『ESG 모범규준』
- 한국은행. 2018. 기후변화와 금융안정
- 현인아. 2022년 6월 13일. 이산화탄소 농도 420ppm 돌파. "410만 년 만의 기후 위기". MBC
  [https://imnews.imbc.com/replay/2022/nwdesk/article/6378087_35744.html]
- 홍지연. 2019. 국내기업의 경영진단의견서(MD&A) 기재 현황 및 과제. 자본시장포커스 2019-17호
- 환경부. 2020. 녹색채권 가이드라인
- 환경부. 2021. 한국형 녹색분류체계 가이드라인

• BARDOEL, J. and L. D'HAENENS. 2004. Media meets citizen: beyond market mechanisms and government regulations. European journal of communication. 19(2), pp.165-194
• BBC TRUST. 2010. The BBC Trust's review and assessment [https://downloads.bbc.co.uk/annualreport/pdf/bbc_trust_2008 _09.pdf]
• BBC 환경 지속가능성 보고서 [https://www.bbc.com/aboutthebbc/reports/policies/sustainability]
• BBC. 2009. Corporate responsibility report 2008/2009 [http://downloads.bbc.co.uk/outreach/csr_report_2008_2009.pdf]
• BLOWFIELD, M. and A. MURRAY. 2008. Corporate responsibility: a critical introduction. New York: Oxford University Press
• Bowen, H. R. 1953. Social Responsibilities of the Businessman. Harper & Brothers
• CARROLL, A. B. 1979. A three-dimensional conceptual model of corporate social performance. Academy of management review. 4(4), pp.497-505
• CARROLL, A. B. 1991. The Pyramid of Corporate Social Responsibility: Toward the Moral Management of Organizational Stakeholders. Business Horizons. 34(4), pp 39-48
• CDP and Climate Group. 2021. RE100 annual disclosure report 2021
• CDP and Climate Group. 2021. RE100 Technical Criteria
• CDP 스코어 [https://www.cdp.net/en]
• CDP홈페이지 [www.cdp.net]
• CHENG, B, IOANNOU, I, SERAFEIM, G. 2013. Corporate Social

Reesponsibility and Access to Finance. Strategic Management Journal/ Volume 35, Issue 1 p. 1-23

- CHRISTIAN AID. 2004. Behind the mask: the real face of corporate social responsibility
  [https://baierle.files.wordpress.com/2007/11/behind-mask.pdf]
- CONFINO, J. 2009a. Guardian joins forces with world's media to create common sustainability reporting standard
  [http://www.guardian.co.uk/sustainability/csr-media-sustainability-reporting]
- CONFINO, J. 2009b. How the media can be more transparent in its sustainability reporting
  [http://www.guardian.co.uk/sustainability/blog/csr-media-accountability-global-reporting-initiative-media-sector]
- CROTEAU, D. and W. HOYNES. 2001. The business of media; corporate media and the public interest. London: Sage Publications
- CURRAN, J. and J. SEATON. 2003. Power without responsibility. London: Routledge
- DEEPHOUSE, D. L. 2000. Media reputation as a strategic resource: an integration of mass communication and resource-based theories. Journal of Management, 26, 1091-1112
- DJSI 평가방법
  [http://djsi.or.kr/wp]
- EFRAG PTF-ESRS. 2022. European Sustainability Reporting Standards Exposure Draft
- ELKINGTON, J. 2004. Enter the Triple Bottom Line. In: A. HENRIQUES. and J. RICHARDSON, ed. The triple bottom line, does it all add up? : assessing the sustainability of business and CSR. London:

Earthscan, pp.1-16
- EU Commission (2018) "Action Plan: Financing Sustainable Growth"
- Fiona Harvey, Ashifa Kassam, Nina Lakhank, Amrit Dhillon. 18 Jun 2022. Burning planet: why are the world's heatwaves getting more intense? [https://www.theguardian.com/world/2022/jun/18/burning-planet-why-are-the-worlds-heatwaves-getting-more-intense]
- FREEMAN, R. and S.R. VELAMURI. 2005. A New Approach to CSR: Company Stakeholder Responsibility. Available at SSRN: [https://ssrn.com/abstract=1186223]
- Freshfields Bruckhaus Deringer. 2005. A legal Framework for the integration of environmental, social and governance issues into institutional investment. UNEP Finance Initiative
- FRIEDMAN, M. 1970. The social responsibility of business is to increase its profits. New York Times Magazine. 122. P 32-33
- GARRIGA, E. and D. MELE. 2004. Corporate social responsibility theories: mapping the territory. Journal of business ethics. 53, pp.51-71
- GNM. 2015. GNM Sustainability report 2015 [http://www.guardian.co.uk/sustainability]
- GRI G4 Media Sector Disclosures [https://www.globalreporting.org/search/?query=G4+Media+Sector+Disclosures]
- GRI 리소스 센터 [https://www.globalreporting.org/how-to-use-the-gri-standards/resource-center]
- HITCHCOCK, D. & M. WILLARD. 2008. The Step-by-Step Guide to Sustainability Planning. Earthscan
- ICAP Allowance Price Explorer [https://icapcarbonaction.com/en/ets-prices]

- International Sustainability Standards Board (ISSB). 2022. Exposure Draft ED/2022/S1 General Requirements for Disclosure of Sustainability-related Financial Information
- International Sustainability Standards Board (ISSB). 2022. Exposure Draft ED/2022/S2 Climate-related Disclosures
- ISSB development process. 31 Mar 2022
  [https://www.ifrs.org/news-and-events/news/2022/03/issb-communicates-plans-to-build-on-sasbs-industry-based-standards/]
- KITA. 2022. EU의회의 탄소국경조정제도 수정안 평가와 시사점
- Lele, S. M. 1991. Sustainable Development: A Critical Review. World Development. 19(6), pp. 607-621
- MCC. That's how fast the carbon clock is ticking
  [https://www.mcc-berlin.net/en/research/co2-budget.html]
- MCMILLAN, C. 2007. Why corporate social responsibility? Why now? How? In: MAY, S., G. CHENEY, and J. ROPER, ed. The debate over corporate social responsibility. Oxford: Oxford University Press. pp.15-29
- MOON, J. 2007. The contribution of corporate social responsibility to sustainable development. Sustainable development. 15, pp.296-306
- NGFS 홈페이지
  [www.ngfs.net]
- NIDUMOLU, R. 2009. Why sustainability is now the key driver of innovation. Harvard Business Review. 87(9), pp.56-67
- PORTER, M. E. & KRAMER, M. R. 2006. Strategy and society: The Link Between Competitive Advantage and Corporate Social Responsibility. Harvard Business Review, 84, 78-92
- RASCHE, A. MORSING, M. and MOON J. 2017. Corporate social

responsibility : strategy, communication, governance. Cambridge University Press
- RE100홈페이지
  [www.there100.org]
- ROBERTS, J. 2003. The manufacture of corporate social responsibility: constructing corporate sensbility. Organzsation. 10(2), pp.249-256
- SILTAOJA, M.E. 2006. Value priorities as combining core factors between CSR and reputation - a qualitative study. Journal of business ethics. 68, pp.91-111
- STOP & WHO. 2022. Talking Trash: Behind the Tobacco Industry's "Green" Public Relations
  [https://exposetobacco.org/wp-content/uploads/Talking_Trash_EN.pdf]
- Tainter, J. 1995. Sustainability of complex societies. Futures. 27(4), pp. 397-407
- TCFD 지식 허브
  [https://www.tcfdhub.org/]
- TCFD 홈페이지
  [www.fsb-tcfd.org]
- TCFD. 2017. Recommendations of the Task Force on Climate-related Financial Disclosures
- The Business of Society. CSR is Dead. Long Live CSR
  [http://www.bos-cbscsr.dk/2017/03/17/csr-dead-long-live-csr/]
- The Global Compact. 2004. Who Cares Wins; Connecting Financial Markets to a Changing World
- UNEP. 2021. The Emissions Gap Report 2021
- UTTING, P. 2005. Corporate responsibility and the movement of business.

Development in Practice, 15(3), pp.375-388

- WBCSD(World Business Council on Sustainable Development). 2000. Corporate Social Responsibility: Making Good Business Sense [www.wbcsd.org]
- WEBER, M. 2008. The business case for corporate social responsibility: a company-level measurement approach for CSR. European Management Journal. 26, p 247-261
- WRI and WBCSD. 2011. The GHG Protocol Corporate Value Chain (Scope 3) Accounting and Reporting Standard
- WRI and WBCSD. 2015. The GHG Protocol Scope 2 Guidance
- ZADEK, S. 2007. The civil corporation: the new economy of corporate citizenship. London : Earthscan

100대 기업 ESG 담당자가 가장 자주 하는 질문

초판 1쇄 발행 2022년 11월 4일
초판 2쇄 발행 2022년 12월 29일
초판 3쇄 발행 2023년 10월 25일

지은이 김태한, 정현상
펴낸이 신현만
펴낸곳 ㈜커리어케어 출판본부 SAYKOREA
출판본부장 이강필
편집 박진희, 손성원
마케팅 허성권
디자인 오필민디자인

등록 2014년 1월 22일 (제2008-000060호)
주소 서울시 강남구 테헤란로 87길 35 금강타워3, 5-8F
전화 02-2286-3963
팩스 02-6008-3980
홈페이지 www.saykorea.co.kr
인스타그램 instagram.com/saykoreabooks
블로그 blog.naver.com/saykoreabooks

ISBN 979-11-977345-4-0 13320

SAY KOREA는 (주)커리어케어의 출판브랜드입니다.